Spieltheorie

Florian Bartholomae • Marcus Wiens

Spieltheorie

Ein anwendungsorientiertes Lehrbuch

2., überarbeitete und ergänzte Auflage

 Springer Gabler

Florian Bartholomae
Munich Business School
München, Deutschland

Marcus Wiens
Karlsruher Institut für Technologie
Karlsruhe, Deutschland

ISBN 978-3-658-28278-3   ISBN 978-3-658-28279-0 (eBook)
https://doi.org/10.1007/978-3-658-28279-0

Die Deutsche Nationalbibliothek verzeichnet diese Publikation in der Deutschen Nationalbibliografie; detaillierte bibliografische Daten sind im Internet über http://dnb.d-nb.de abrufbar.

Springer Gabler
© Springer Fachmedien Wiesbaden GmbH, ein Teil von Springer Nature 2016, 2020

Springer Gabler ist ein Imprint der eingetragenen Gesellschaft Springer Fachmedien Wiesbaden GmbH und ist ein Teil von Springer Nature.
Die Anschrift der Gesellschaft ist: Abraham-Lincoln-Str. 46, 65189 Wiesbaden, Germany

Vorwort: Motivation und Aufbau

Als Wissenschaftsdisziplin befasst sich die Spieltheorie mit der mathematischen Analyse und Bewertung strategischer Entscheidungen. Spieltheoretische Anwendungsfelder sind in unserem Alltag omnipräsent, denn letztlich lässt sich jede gesellschaftliche Fragestellung, bei der mindestens zwei Parteien in Interaktion treten und dabei strategische Überlegungen anstellen, mit dem Instrumentarium der Spieltheorie untersuchen. Aus dem Bereich der Wirtschaft zählen hierzu Maßnahmen der Finanz- und Sozialpolitik, unternehmerische Entscheidungen wie die Abschätzung der Effekte eines Markteintritts, einer Fusion oder einer Tarifstruktur, die Verhandlungen von Tarifparteien bis hin zu extremen Verhaltensrisiken wie Wirtschaftsspionage oder Terrorismus. Die hohe Relevanz spieltheoretischer Fragestellungen und die gleichzeitig zunehmende Kompatibilität mit anderen Disziplinen, wie etwa Psychologie oder Operations Research, machen die Spieltheorie zu einem mittlerweile unverzichtbaren Bestandteil wirtschaftswissenschaftlicher Grundausbildung.

Gleichzeitig aber machen es der oft hohe Abstraktionsgrad spieltheoretischer Modelle und die für die Anwendung erforderlichen mathematischen Fertigkeiten Anfängern in diesem Bereich oft schwer, einen Zugang zu dieser Disziplin zu finden. Zudem bietet die heutige Bachelor-Master-Struktur den Studierenden immer weniger Spielraum zur Vertiefung und fordert von ihnen stattdessen immer mehr Flexibilität zum fächerübergreifenden Breitenstudium. Diese Tendenz wird auch durch die zunehmende Durchlässigkeit zwischen Fachhochschulen und Universitäten in Zukunft noch weiter verstärkt. Vor diesem Hintergrund erscheint es umso wichtiger, dass auch diejenigen Studierenden, die nicht den höchsten Standard an mathematischer Vorbildung vorzuweisen haben und denen mathematische Formeln weniger zur Klarheit verhelfen als Stress bereiten, einen verständlichen Zugang zu dieser wichtigen Disziplin bekommen.

Die Autoren dieses Buches haben als langjährige Dozenten und Übungsleiter spieltheoretische Vorlesungen und Seminare an der Universität der Bundeswehr in München betreut. Durch diese Zeit gewannen sie ein gutes Gespür für die besonderen Hürden, Fallstricke und Missverständnisse, mit denen Studierende in spieltheoretischen Grundlagenveranstaltungen konfrontiert werden und damit auch für die Techniken und Tricks, mit denen sich diese Hürden schnell überwinden lassen.

Aus den Erfahrungen dieser gleichermaßen fachlich wie didaktisch herausfordernden Zeit ist die Idee für dieses Buch hervorgegangen. Wir hoffen, dass wir mit unserem Ziel, die Spieltheorie einer breiteren Masse an Studierenden näher zu bringen und ihnen zum Einstudieren der Konzepte ein breites „Trainingsprogramm" zur Verfügung zu stellen, Erfolg haben. Und dass es Ihnen dadurch nicht nur leichter fällt, an den Grundlagen dieser spannenden Disziplin teilzuhaben, sondern dass Ihnen das spieltheoretische Analysieren und Modellieren auch Spaß und Freude bereitet.

Vom Aufbau her umfasst das Buch einen theoretischen Grundlagenteil („Theorie") und einen Aufgabenteil („Aufgaben"). Der theoretische Grundlagenteil führt auf kompakte und verständlich gehaltene Weise in sechs Teilkapiteln in die grundlegenden Konzepte ein. An jedes Teilkapitel schließen sich unmittelbar ein paar Verständnisfragen in Form einiger Multiple Choice Fragen an, mit denen der Leser das Gelernte überprüfen und anwenden kann. Zur weiteren Vertiefung der in den Kapiteln vorgestellten Konzepte folgen noch eine Reihe typischer Aufgaben, die eine aktive Auseinandersetzung mit den Konzepten fördern und anspruchsvollere Aspekte vertiefen. Der Aufgabenteil enthält eine Vielzahl an Anwendungsbeispielen mit unterschiedlichem Schwierigkeitsgrad, die thematisch alle im ersten Teil erläuterten Konzepte abdecken. Die Aufgaben sind überwiegend thematischen Schwerpunkten aus verschiedenen Anwendungsfeldern der Spieltheorie zugeordnet, um dem Leser das Spektrum an praxisrelevanten Kontexten aufzuzeigen.

Der im Vergleich zu umfassenden Lehrbüchern relativ kurz gehaltene Vorspann zusammen mit einer Vielzahl an Beispielaufgaben ermöglicht es den Studierenden, einen beschleunigten Zugang zu spieltheoretischen Grundkonzepten zu gewinnen und sich gewissermaßen in das Verständnis „hineinzuüben". Der fortgeschrittene Leser, der bereits über die Grundlagen verfügt, findet eine Fülle an Aufgaben vor, die die bekannten Grundlagen erweitern und herausfordernd vertiefen. Wir möchten jedoch betonen, dass sich dieses Buch in erster Linie an studentische Leser wendet. Die Struktur des Buches und viele Zusatzerklärungen geben dem mit der Materie noch wenig vertrauten Studierenden wichtige Orientierungen an die Hand. Damit ist das Buch auch für Studierende der Politikwissenschaften, für Juristen, Ingenieure und viele andere geeignet.

Schließlich enthält das Buch, vor allem im einführenden Startkapitel, vielerlei Hinweise und Tipps dazu, was beim Aufsetzen eines Spiels zu beachten ist. Wir möchten bewusst nicht nur dem passiv konsumierenden Leser eine Hilfestellung geben, sondern auch denjenigen, die sich kreativ betätigen und selbst ein Spiel aufsetzen möchten. Diesbezüglich richtet sich das Buch nicht zuletzt auch an Verfasser von Bachelor- und Masterarbeiten, die eigene Ideen und Argumente spieltheoretisch fundieren und in der Literatur vorgefundene Spiele eigenständig erweitern möchten.

Wir danken besonders Prof. Dr. Karl Morasch, an dessen Professur diese Erfahrungen gewonnen wurden und im Rahmen dessen Vorlesung viele der in diesem Buch besprochenen Aufgaben entstanden sind. Wir danken unserer Kollegin Kirsten Johannemann, die uns mit dem einen oder anderen Ratschlag hilfreich zur Seite stand. Und schließlich danken wir allen früheren und aktuellen Studierenden an der Fakultät für Wirtschafts- und Organisationswissenschaften an der Universität der Bundeswehr München, die an unseren

Veranstaltungen teilnahmen und deren Feedback uns zu stetigen Verbesserungen der spieltheoretischen Lehrveranstaltungen ermuntert haben. Alle Fehler gehen zu unseren Lasten.

München im August 2015

Vorwort zur 2. Auflage

Für die zweite Auflage wurde der Text komplett durchgesehen, aktualisiert und ergänzt. Insbesondere wurde die Lesbarkeit der einzelnen Kapitel durch präzisere und einfachere Formulierungen verbessert und kleinere sowie größere Fehler, die sich leider eingeschlichen hatten, behoben. Im neu hinzugefügten Abschn. 3.2 wird nun ausführlicher auf das Nash-Gleichgewicht eingegangen und vor allem auch darauf, unter welchen Bedingungen ein solches existiert. Dieser Abschnitt ist aber als optional zu sehen und soll vor allem das Verständnis der mathematischen Grundlagen dieses wichtigen Konzepts fördern. Somit richtet sich dieser Abschnitt insbesondere an Leser, die sich etwas genauer mit diesem Lösungsverfahren beschäftigen wollen (oder müssen).

Hintergrund für die Anpassungen war zum einen, die Qualität des Lehrbuches weiter zu verbessern und zum anderen aber auch, unsere Erfahrungen, die wir durch die Konzeption vertiefender Vorlesungen und weiterer Veranstaltungen sammeln konnten, einfließen zu lassen. Wir möchten unseren Lesern damit einen noch besseren und verständlicheren Zugang zur Spieltheorie ermöglichen und ihnen dabei helfen, das Gelernte weiter zu vertiefen. Zudem wurden auch weitere Aufgaben hinzugefügt bzw. bestehende ergänzt, um weitere Anwendungsbeispiele anzuführen und – gewissermaßen nebenbei – zentrale ökonomische Konzepte (z. B. in Abschn. 9.1.6) vorzustellen.

Natürlich können nach wie vor einige Formulierungen etwas umständlich oder unverständlich sein bzw. Fehler übersehen oder (leider) hinzugekommen sein. Wir sind Ihnen, unseren Leserinnen und Lesern, daher sehr dankbar, wenn Sie uns darauf aufmerksam machen, sodass wir dieses Buch beständig weiter verbessern können, da die Spieltheorie immer weitere Anwendungsbereiche findet und mittlerweile sogar schon Eingang in die Lehrpläne der gymnasialen Oberstufe gefunden hat.

München, Deutschland   Florian Bartholomae

Karlsruhe, Deutschland   Marcus Wiens
August 2019

Inhaltsverzeichnis

Teil I

Theorie

Entscheidungstheorie

Die Spieltheorie analysiert die Auswirkungen und Interdependenzen von Entscheidungen verschiedener Akteure, weshalb sie auch als Teil der Entscheidungstheorie zu sehen ist. Aus diesem Grund soll im Vorfeld geklärt werden, was unter Entscheidungen verstanden wird und wie diese von Individuen in verschiedenen Situationen getroffen werden. Vereinfacht gesprochen, ist eine Entscheidung eine bewusst getroffene Wahl zwischen verschiedenen Handlungsalternativen bzw. Aktionen.

1.1 Grundlagen der Entscheidungsfindung

In einer Entscheidungssituation muss ein Individuum, der Entscheider, zwischen mindestens zwei Möglichkeiten auswählen. Um in einer solchen (strategischen) Situation eine rationale Entscheidung zu treffen, muss der Entscheider in der Lage sein, die einzelnen möglichen Entscheidungsergebnisse beurteilen zu können. Das heißt, er muss nicht nur jedes mögliche Ergebnis kennen, sondern auch wissen, wie sie in Bezug zueinander zu bewerten sind. Ökonomisch formuliert muss es möglich sein, die Entscheidungsergebnisse in eine vollständige und transitive Ordnung zu bringen. Gehen wir davon aus, dass es n mögliche Ergebnisse gibt, die mit $\{e_1, e_2, \cdots, e_n\}$ bezeichnet werden. Bei einer *vollständigen* Ordnung der Ergebnisse kennt der Entscheider alle n möglichen Ergebnisse und kann diese gegeneinander abwägen, das heißt er kann beurteilen, ob

- e_i besser ist als e_j, $e_i \succ e_j$,
- e_i schlechter ist als e_j, $e_i \prec e_j$ oder
- e_i genauso gut ist wie e_j, $e_i \approx e_j$.

Eine Ordnung ist *transitiv*, wenn die Reihung konsistent und damit widerspruchsfrei ist. Wird etwa Ergebnis A besser als Ergebnis B und Ergebnis B wiederum besser als Ergebnis C bewertet, dann muss bei einer transitiven Ordnung Ergebnis A ebenfalls besser als Ergebnis C bewertet werden.

Um ein Entscheidungsproblems vollständig darzustellen, benötigen wir Kenntnis über

- alle n verfügbaren Handlungsaktionen $\{a_1, a_2, \cdots, a_n\}$,
- alle m möglichen Zustände der Welt $\{z_1, z_2, \cdots, z_m\}$ und
- alle aus den Handlungsaktionen und Zuständen resultierenden Ergebnisse $\{e_{11}, e_{12}, \cdots, e_{21}, e_{22}, \cdots, e_{nm}\}$.

Um zu verstehen, wie hierdurch eine konkrete Entscheidungssituation abgebildet werden kann, betrachten wir folgendes Beispiel: Ein Individuum kann sich entscheiden, ob es am Nachmittag ins Freibad (Aktion a_1) oder ins Kino (Aktion a_2) gehen möchte. Da die beiden Freizeitorte weit voneinander entfernt liegen, ist nur eine Aktion möglich und die getroffene Entscheidung im Nachhinein auch nicht mehr revidierbar. Es sind dabei zwei *Zustände der Welt* möglich: Entweder das Wetter wird warm und sonnig (Zustand z_1) oder es wird kalt und regnerisch (Zustand z_2). Abhängig davon, kann es somit zu vier möglichen Ergebnissen kommen: bei gutem Wetter im Freibad (Ergebnis e_1), bei schlechtem Wetter im Freibad (Ergebnis e_2), bei gutem Wetter im Kino (Ergebnis e_3) und bei schlechtem Wetter im Kino (Ergebnis e_4). Das Individuum muss nun für sich diese vier Ergebnisse bewerten. Nehmen wir an, dass das Individuum basierend auf seiner Präferenzordnung die vier möglichen Ergebnisse in folgender Reihenfolge favorisiert: $e_1 \succ e_4 \succ e_3 \succ e_2$. Um die Ordnung besser darstellen zu können, ist es sinnvoll, den *Nutzen* der Ergebnisse anzugeben. Mithilfe des Nutzens lassen sich Präferenzen numerisch beschreiben: Wird ein Ergebnis einem anderen vorgezogen, so stiftet es einen höheren Nutzen und ihm wird ein höherer numerischer Wert zugeordnet. Somit lässt sich aus der (transitiven und vollständigen) Präferenzordnung eines Individuums eine *Nutzenfunktion* ableiten, die jedem möglichen Ergebnis eine Zahl zuordnet. Wir können den Ergebnissen beispielsweise die in Tab. 1.1 angegebenen Nutzenwerte zuweisen.[1]

In Abb. 1.1 wird die Situation aus Tab. 1.1 anhand eines *Spielbaums* dargestellt. Dieser Baum liefert zusätzliche Informationen und ist wie folgt zu lesen: Am ersten Punkt bzw. Knoten zieht die Natur den Zustand der Welt. Die „Natur" ist dabei kein Entscheider im eigentlichen Sinn, sondern repräsentiert den Zufall, der blind (und damit nicht strategisch)

---

[1]Der zugewiesene Nutzenwert ist hinsichtlich der Bewertung der Reihung und des Abstands des Nutzens möglicher Bündel relevant, das heißt, es handelt sich hier um ein *kardinales Konzept*. Solange die Reihung (bevorzugtes Ergebnis hat höheren numerischen Wert) und der relative Abstand zwischen den einzelnen Nutzenwerten (ein bestimmtes Ergebnis ist n-mal so gut wie ein anderes) unverändert bleibt, können wir auch beliebige andere numerische Werte wählen, ohne dass sich die Entscheidung des Individuums ändert. Versuchen Sie, die in den folgenden Abschnitten abgeleiteten Ergebnisse auch mit $u(e_1) = 400$, $u(e_2) = -200$, $u(e_3) = 0$ und $u(e_4) = 200$ zu replizieren!

Tab. 1.1 Nutzenmatrix

	sonnig & warm (z_1)	kalt & regnerisch (z_2)
Freibad (a_1)	4 [$= u(e_1)$]	1 [$= u(e_2)$]
Kino (a_2)	2 [$= u(e_3)$]	3 [$= u(e_4)$]

Abb. 1.1 Entscheidungsbaum

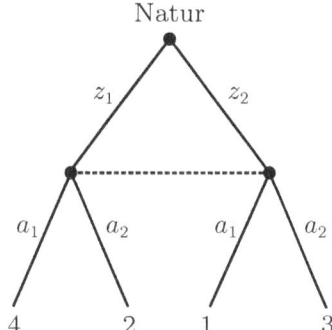

einen Zustand aus allen möglichen Zuständen realisiert. Anschließend trifft das Individuum seine Entscheidung zwischen den beiden Aktionen. Die gestrichelte Linie zwischen den beiden Entscheidungspunkten gibt an, dass das Individuum nicht weiß, in welchem Zustand es sich befindet. Formal gesprochen liegen beide Entscheidungspunkte in einer Informationsmenge, das heißt, sie sind bezüglich des Zustands nicht voneinander unterscheidbar.

Welche Entscheidung wird das Individuum nun treffen? Offensichtlich hängt die Entscheidung vom realisierten Zustand des Wetters ab: Der Freibadbesuch (a_1) ist nur sinnvoll, wenn das Wetter gut ist (z_1), während bei schlechtem Wetter (z_2) der Kinobesuch (a_2) vorgezogen wird. Das heißt, wenn wir den Zustand kennen, können wir die optimale Entscheidung treffen. Grundsätzlich gibt es zwei Möglichkeiten, was wir über den Zustand wissen können: Entweder wir wissen überhaupt nichts über die Zustände (mit Ausnahme ihrer Auswirkungen auf unser Ergebnis) oder wir können den Zuständen (objektive oder subjektive) Wahrscheinlichkeiten zuordnen. Wenn keine Kenntnis über die Eintrittswahrscheinlichkeit der Zustände vorliegt, wird von einer Entscheidung unter *Ungewissheit* gesprochen, sind die Wahrscheinlichkeiten hingegen bekannt, wird dies als Entscheidung unter *Risiko* bezeichnet. Je nach Kenntnisstand müssen wir dabei auf unterschiedliche Entscheidungsmethoden zurückgreifen.

1.2 Entscheidung unter Ungewissheit

Gehen wir zunächst davon aus, dass unbekannt ist, mit welcher Wahrscheinlichkeit welches Wetter tatsächlich vorherrschen wird, das heißt, der Zustand der Welt ungewiss ist. Da die Entscheidung vor der Realisierung des Zustands zu treffen ist, müssen wir uns überlegen, auf welcher Grundlage eine Entscheidung getroffen werden kann. Es gibt hierzu einige Entscheidungsregeln, mit denen sich solche Probleme lösen lassen. Wir wollen uns einige davon kurz anschauen:

Maximin-Regel Die Maximin-Regel (auch Wald-Regel genannt) besagt, dass diejenige Aktion a_i gewählt werden soll, die im schlechtesten Fall die höchste Auszahlung liefert:

$$\max_{a_i} \left(\min_{z_j} u(e_{ij}) \right), \tag{1.1}$$

wobei e_{ij} das Ergebnis bezeichnet, das Aktion a_i in Zustand z_j liefert. Diese Formel ist dabei von innen nach außen zu lesen: Suche zuerst das schlechteste Ergebnis für jede Aktion und wähle dann aus diesen Minima den größten Wert.

Im vorliegenden Beispiel beträgt die schlechteste Auszahlung bei Aktion a_1 1 ($= u(e_2)$) und bei Aktion a_2 2 ($= u(e_3)$). Demnach würde sich das Individuum für den Kinobesuch (a_2) entscheiden, da hier die am wenigsten schlechte Auszahlung möglich ist.

Diese Regel stellt ein sehr pessimistisches Kriterium dar, da es immer vom Eintreten des ungünstigsten Umweltzustands ausgeht und daher versucht wird, den dort auftretenden Schaden zu begrenzen.

Maximax-Regel Die Maximax-Regel besagt, dass diejenige Aktion a_i gewählt werden soll, die im besten Fall die höchste Auszahlung liefert:

$$\max_{a_i} \left(\max_{z_j} u(e_{ij}) \right) \tag{1.2}$$

Im vorliegenden Beispiel liegt die höchste Auszahlung von Aktion a_1 bei 4 ($= u(e_1)$) und von Aktion a_2 bei 3 ($= u(e_4)$). Das Individuum wird sich somit für den Freibadbesuch (a_1) entscheiden, da hier die höchste Auszahlung möglich ist.

Im Unterschied zur Maximin-Regel stellt die Maximax-Regel ein sehr optimistisches Entscheidungskriterium dar.

Hurwicz-Regel Die Hurwicz-Regel stellt einen Kompromiss zwischen Maximin- und Maximax-Regel dar und berücksichtigt den schlechtesten und den besten Ausgang jeder Entscheidung:

$$\max_{a_i} \left[\lambda \cdot \max_{z_j} u(e_{ij}) + (1 - \lambda) \cdot \min_{z_j} u(e_{ij}) \right] \tag{1.3}$$

Eine große Bedeutung kommt dem sogenannten Optimismus-Parameter λ zu, der vom Entscheidungträger nach eigenen Präferenzen zwischen 0 und 1 gewählt werden kann. Für $\lambda = 1$ erhält man das optimistische Ergebnis der Maximax-Regel und für $\lambda = 0$ das pessimistische Ergebnis der Maximin-Regel.

Im vorliegenden Beispiel würde Aktion a_1 demnach mit $\lambda \cdot 4 + (1 - \lambda) \cdot 1$ und Aktion a_2 mit $\lambda \cdot 3 + (1 - \lambda) \cdot 2$ bewertet werden. Für $\lambda > 0{,}5$ wird a_1 höher als a_2 bewertet und das Individuum wird sich folglich für den Freibadbesuch entscheiden. Entsprechend würde es für $\lambda < 0{,}5$ den Kinobesuch vorziehen und wäre für $\lambda = 0{,}5$ indifferent zwischen beiden Freizeitaktivitäten.

Das Ergebnis der Entscheidung hängt somit stark vom Optimismus-Parameter ab und kann folglich je nach Stimmungslage unterschiedlich ausfallen.

Laplace-Regel Bei der Laplace-Regel wird angenommen, dass alle Zustände mit gleicher Wahrscheinlichkeit eintreten. Es wird dann diejenige Aktion a_i gewählt, welche den größten Erwartungswert aufweist:

$$\max_{a_i} \left(\sum_{z_j=1}^{n} u\left(e_{ij}\right) \cdot \frac{1}{n} \right) \tag{1.4}$$

In unserem Beispiel wäre der Erwartungswert des Freibadbesuchs $E(a_1) = 4 \cdot 1/2 + 1 \cdot 1/2 = 2{,}5$ und derjenige des Kinobesuchs $E(a_1) = 2 \cdot 1/2 + 3 \cdot 1/2 = 2{,}5$. Der gleiche numerische Wert bedeutet, dass das Individuum bei dieser Regel indifferent zwischen beiden Aktionen ist.

1.3 Entscheidung unter Risiko: Erwartungsnutzentheorie[2]

Von einer Entscheidung bei Risiko bzw. Unsicherheit wird gesprochen, wenn die Wahrscheinlichkeiten der Zustände $\rho(z_j)$ bekannt sind. Diese Wahrscheinlichkeiten können subjektiv oder objektiv sein. Eine subjektive Wahrscheinlichkeit basiert auf persönlichen Erfahrungen und „Bauchgefühl", wohingegen sich eine objektive Wahrscheinlichkeit aus einer (statistischen) Häufigkeitsverteilung ableiten lässt (beim Würfeln liefert etwa im Schnitt jeder sechste Wurf eine 6). Die Wahrscheinlichkeiten aller Zustände müssen sich dabei natürlich auf 1 (= 100 %) addieren.

---

[2]Dieser Abschnitt beschäftigt sich mit der Erwartungsnutzentheorie und ist eher technisch gehalten. Für das weitere Verständnis der in diesem Buch behandelten Konzepte ist dieses Grundlagenwissen nicht zwingend erforderlich und kann übersprungen werden. Für ein tieferes Verständnis der Auszahlungsstruktur in einem Spiel und ihrer Bedeutung, empfiehlt sich jedoch die Lektüre dieses Abschnitts. Die mit * gekennzeichneten Aufgaben am Ende dieses Kapitels beziehen sich auf diesen Abschnitt.

Wir können eine unsichere Entscheidung als *Lotterie* a_i darstellen, die bestimmt ist durch

- die möglichen Zustände der Welt $\{z_1, z_2, \cdots, z_m\}$,
- deren Eintrittswahrscheinlichkeiten $\{\rho(z_1), \rho(z_2), \cdots, \rho(z_m)\}$ sowie
- die realisierten (monetären) Auszahlungen $\{y_{11}, y_{12}, \cdots, y_{21}, y_{22}, \cdots, y_{nm}\}$.

Zu beachten ist, dass nun (monetäre) Auszahlungen anstelle von (bewerteten) Ergebnissen vorliegen müssen. In unserem Beispiel könnten wir solche Auszahlung etwa dadurch generieren, dass wir das Individuum fragen, was ihm in jedem der Zustände das einzelne Ergebnis wert ist – zum Beispiel wie viel man ihm bei gutem Wetter zahlen müsste, damit es auf den Freibadbesuch verzichtet. Zur besseren Vergleichbarkeit wählen wir die Euro-Beträge y_{ij} analog zu den Nutzenwerten aus Tab. 1.1, sodass in Tab. 1.2 die Auszahlungen in den einzelnen Zuständen wiedergegeben werden.

Gehen wir in unserem Beispiel nun davon aus, dass die Wahrscheinlichkeiten der beiden Zustände gleich hoch sind, das heißt $\rho(z_1) = 0{,}5$ und $\rho(z_2) = 1 - \rho(z_1) = 0{,}5$. Es ist naheliegend, wie schon bei der Laplace-Regel, den Erwartungswert zu betrachten und darauf basierend eine Entscheidung zu treffen. Der *Erwartungswert* gibt die durchschnittliche Auszahlung einer Lotterie bei unendlich häufiger Wiederholung an.

Er wird berechnet, indem alle Auszahlungen in den verschiedenen Zuständen der Welt mit ihrer Eintrittswahrscheinlichkeit gewichtet und anschließend aufsummiert werden. Formal bestimmt sich der Erwartungswert einer Lotterie a_i durch

$$E(a_i) = \sum_{z_j} \rho(z_j) \cdot y_{ij} \tag{1.5}$$

Hierbei müssen alle möglichen Auszahlungen der Lotterie berücksichtigt werden, das heißt, es muss $\sum_{z_j} \rho(z_j) = 1$ erfüllt sein. Im konkreten Beispiel beträgt der Erwartungswert des Freibadbesuchs $E(a_1) = 0{,}5 \cdot 4 + 0{,}5 \cdot 1 = 2{,}5$ und derjenige des Kinobesuchs $E(a_2) = 0{,}5 \cdot 2 + 0{,}5 \cdot 3 = 2{,}5$. Somit ist das Individuum indifferent und eine eindeutige Entscheidung nicht möglich.

Betrachten wir nur den Erwartungswert, dann berücksichtigen wir dabei allerdings nicht, dass beide Lotterien unterschiedlich riskant sind: Während der Freibadbesuch die höchste (4 Euro) und die geringste Auszahlung (1 Euro) aufweist, ist beim Kinobesuch weniger Streuung in den Auszahlungen zu erwarten (2 Euro und 3 Euro). Wir können das

Tab. 1.2 Auszahlungsmatrix

	sonnig & warm (z_1)	kalt & regnerisch (z_2)
Freibad (a_1)	4 Euro (= y_{11})	1 Euro (= y_{12})
Kino (a_2)	2 Euro (= y_{21})	3 Euro (= y_{22})

Risiko einer Zufallsgröße durch dessen Streuung um den Erwartungswert abbilden, was durch die Standardabweichung gemessen wird. Allgemein berechnet sich diese für eine Aktion a_i als

$$\sigma(a_i) = \sqrt{\sum_{z_j} \left(y_{ij} - E[a_i]\right)^2 \cdot \rho\left(z_j\right)}. \tag{1.6}$$

Im konkreten Beispiel beträgt das Risiko beim Freibadbesuch

$$\sigma(a_1) = \sqrt{\left(4 - 2{,}5\right)^2 \cdot 0{,}5 + \left(1 - 2{,}5\right)^2 \cdot 0{,}5} = \sqrt{2{,}25} = 1{,}5$$

und beim Kinobesuch

$$\sigma(a_2) = \sqrt{\left(2 - 2{,}5\right)^2 \cdot 0{,}5 + \left(3 - 2{,}5\right)^2 \cdot 0{,}5} = \sqrt{0{,}25} = 0{,}5.$$

Das Risiko ist somit beim Freibadbesuch (a_1) höher. Ein rationaler Entscheider wird immer auch das Risiko einer Entscheidung berücksichtigen, weshalb dieses auch in die Bewertung der Lotterie mit einfließen muss. Es erscheint plausibel, dass sich ein Individuum, das Risiko scheut (etwa, weil es den Familienausflug plant), für den Kinobesuch (a_2) und ein Individuum, das Risiko sucht, für den riskanteren Freibadbesuch entscheiden würde.

Exkurs: Das Sankt-Petersburg-Paradoxon

Ein berühmtes Beispiel zur Begründung der Erwartungsnutzentheorie ist ein Glücksspiel, das Daniel Bernoulli im Jahr 1738 formulierte: Es wird eine faire Münze geworfen, bei der Kopf und Zahl mit der gleichen Wahrscheinlichkeit von 50 % auftreten können. Das Spiel dauert so lange, bis das erste Mal „Kopf" fällt. Solange „Zahl" fällt, wird die Auszahlung immer verdoppelt und das Spiel fortgesetzt: Zeigt die Münze beim ersten Wurf „Kopf", beträgt die Auszahlung 2 Euro. Zeigt die Münze beim zweiten Wurf „Kopf", verdoppelt sich die Auszahlung auf 4 Euro, zeigt sich „Kopf" beim dritten Wurf, verdoppelt sich die Auszahlung weiter auf 8 Euro usw. Die Gewinnauszahlung steigt somit exponentiell in der Anzahl der Gesamtwürfe, bis schließlich „Kopf" fällt. Allgemein beträgt die Auszahlung, wenn beim k-ten Wurf „Kopf" fällt, 2^k Euro. Bernoulli wollte nun wissen: Wie viel ist ein Spieler bereit zu bezahlen, um an dieser Lotterie teilnehmen zu können?

Es erscheint naheliegend, maximal einen *fairen Preis* zu bezahlen, also gerade so viel, dass man auf lange Sicht keinen Gewinn erzielt. Mit anderen Worten, man sollte maximal bereit sein, den Erwartungswert der Lotterie zu bezahlen. Dieser ergibt sich als

$$E = \frac{1}{2} \cdot 2^1 + \frac{1}{2} \cdot \frac{1}{2} \cdot 2^2 + \frac{1}{2} \cdot \frac{1}{2} \cdot \frac{1}{2} \cdot 2^3 + \cdots =$$

$$= \frac{1}{2^1} \cdot 2^1 + \frac{1}{2^2} \cdot 2^2 + \frac{1}{2^3} \cdot 2^3 + \cdots = \sum_{k=1}^{\infty} \frac{1}{2^k} \cdot 2^k = \sum_{k=1}^{\infty} 1 = \infty.$$

Demzufolge wäre man dazu bereit, unendlich viel für die Lotterie zu bezahlen! Diese Zahlungsbereitschaft ist allerdings mehr als unrealistisch. Aus Befragungen und Experimenten weiß man, dass viele Spieler maximal etwa 4 Euro dafür bezahlen würden. Folglich legen die Spieler einen anderen als den nominalen Wert bei ihrem Kalkül zugrunde. Bernoulli mutmaßte, dass der Grenznutzen (= der Nutzen, den ein zusätzlicher Euro dem Spieler bringen würde) des Auszahlungsbetrags mit steigender Höhe abnimmt. Hierzu unterstellte er den Spielern, dass sie die Auszahlung entsprechend bewerten und nahm als Nutzenfunktion $u(x) = \ln x$ an. Daraus ergibt sich

$$EU = \sum_{k=1}^{\infty} \frac{1}{2^k} \cdot \ln 2^k \cong \ln 4.$$

Eine Zahlung von 4 Euro stiftet demnach den gleichen Nutzen wie die Lotterie und ist folglich die maximale Zahlungsbereitschaft des Spielers. Wird eine solche Nutzenfunktion unterstellt, löst sich das Paradoxon, dass die Spieler nicht bereit sind, jeden Betrag für diese Lotterie zu bezahlen, wie es der Erwartungswert nahelegt.

Das Konzept des *(Von-Neumann-Morgenstern-)Erwartungsnutzen* erlaubt es, die Risikoeinstellung des Entscheiders zu berücksichtigen. Dieses Nutzenkonzept wurde speziell entwickelt, um unsichere Auszahlungen und damit im Besonderen Lotterien zu bewerten (siehe hierzu auch die Box „Das Sankt-Petersburg-Paradoxon"). Während in Abschn. 1.2 eine Nutzenfunktion unterstellt wurde, die Ergebnisse in verschiedenen Zuständen der Welt ordnen konnte (ordinales Konzept), benötigen wir nun ein *kardinales* Nutzenkonzept, sodass Unterschiede im Nutzenniveau gemessen und interpretiert werden können.

Der *Erwartungsnutzen* gibt den erwarteten Nutzen der Lotterie an, der sich aus der Summe der mit den jeweiligen Eintrittswahrscheinlichkeiten gewichteten und mit einer Nutzenfunktion bewerteten Auszahlungen der Lotterie ergibt. Formal berechnet sich der Erwartungsnutzen gemäß

$$E[u(a_i)] = \sum_{z_j} [\rho(z_j) \cdot u(y_{ij})]. \tag{1.7}$$

Bei einer Nutzenfunktion der Form $u(y_{ij}) = y_{ij}$ entspricht der Erwartungswert der Lotterie dem Erwartungsnutzen. Diese spezielle Nutzenfunktion bildet ein *risikoneutrales* Individuum ab, also ein Individuum, dem Risiko nichts ausmacht. Ein *risikoscheues* bzw. *risikoaverses* Individuum könnte hingegen die Nutzenfunktion $u(y_{ij}) = \ln y_{ij}$ aufweisen.

Dessen Erwartungsnutzen beim Freibadbesuch wäre $E[u(a_1)] = 0{,}5 \cdot \ln 4 + 0{,}5 \cdot \ln 1 \approx 0{,}69$ und beim Kinobesuch $E[u(a_2)] = 0{,}5 \cdot \ln 3 + 0{,}5 \cdot \ln 2 \approx 0{,}90$. Es würde sich somit für die Aktion bzw. Lotterie mit dem geringeren Risiko entscheiden (den Kinobesuch). Diese Tendenz des Entscheidungsträgers, die Entscheidung stärker auf geringeres Risiko auszurichten, wird durch die konkave Krümmung der Logarithmusfunktion erzeugt.

Die Risikoeinstellung eines Individuums kann drei Ausprägungen aufweisen:

- Ein *risikoaverses* Individuum erleidet einen Nutzenverlust durch Risiko.
- Ein *risikoneutrales* Individuum steht dem Risiko indifferent gegenüber.
- Ein *risikofreudiges* Individuum hat einen Nutzenzuwachs durch Risiko.

Um allgemein die Risikoeinstellung, die eine bestimmte Nutzenfunktion impliziert, festzustellen, gibt es mehrere Möglichkeiten:

Vergleich zwischen Erwartungsnutzen und Nutzen des Erwartungswerts Der *Nutzen des Erwartungswerts* ist durch den mit der Nutzenfunktion bewerteten Erwartungswert der Lotterie bestimmt, $u[E(a_i)]$. Ein risikoaverses Individuum zieht die *sichere* Zahlung (die Eintrittswahrscheinlichkeit beträgt 1) des Erwartungswerts der Lotterie der unsicheren Auszahlung aus der Lotterie immer vor. Dies liegt daran, dass ihm durch das Risiko der Lotterie ein Nutzenverlust entsteht. Ein risikoneutrales Individuum ist gerade indifferent zwischen dem Erwartungswert und der Lotterie, während ein risikofreudiges Individuum die Lotterie dem Erwartungswert vorziehen wird, da es durch das Risiko zusätzlichen Nutzen erfährt. Dies spiegelt sich schließlich auch in der Krümmung der Erwartungsnutzenfunktion wider (siehe auch Abb. 1.2): Der Erwartungswert ergibt sich aus einer Linearkombination (das heißt der mit den Eintrittswahrscheinlichkeiten gewichteten Summe) der Auszahlungen – bei einer konkaven Krümmung der Funktion wird der resultierende Wert immer geringer als der Funktionswert sein und somit ein risikoaverses Individuum repräsentieren, während bei einem konvexen Verlauf die Linearkombination immer höher ist (Risikofreude). Somit folgt:

$$E[u(a_i)] < u[E(a_i)] \quad \text{Risikoavers}$$
$$E[u(a_i)] = u[E(a_i)] \quad \text{Risikoneutral}$$
$$E[u(a_i)] > u[E(a_i)] \quad \text{Risikofreudig}$$

Vergleich zwischen Erwartungswert und Sicherheitsäquivalent Als *Sicherheitsäquivalent* einer Lotterie, y_S, wird diejenige sichere Zahlung bezeichnet, die ein Individuum erhalten muss, damit es gerade indifferent zwischen der Lotterie und der sicheren Zahlung y_S ist, das heißt $u(y_S) = E[u(a_i)]$. Mit anderen Worten bezeichnet es die sichere Auszahlung, die aus Sicht des Individuums äquivalent zur Lotterie ist. Ein risikoaverses Individuum ist bereit, für eine im Vergleich zum Erwartungswert geringere, dafür aber sichere Zahlung auf

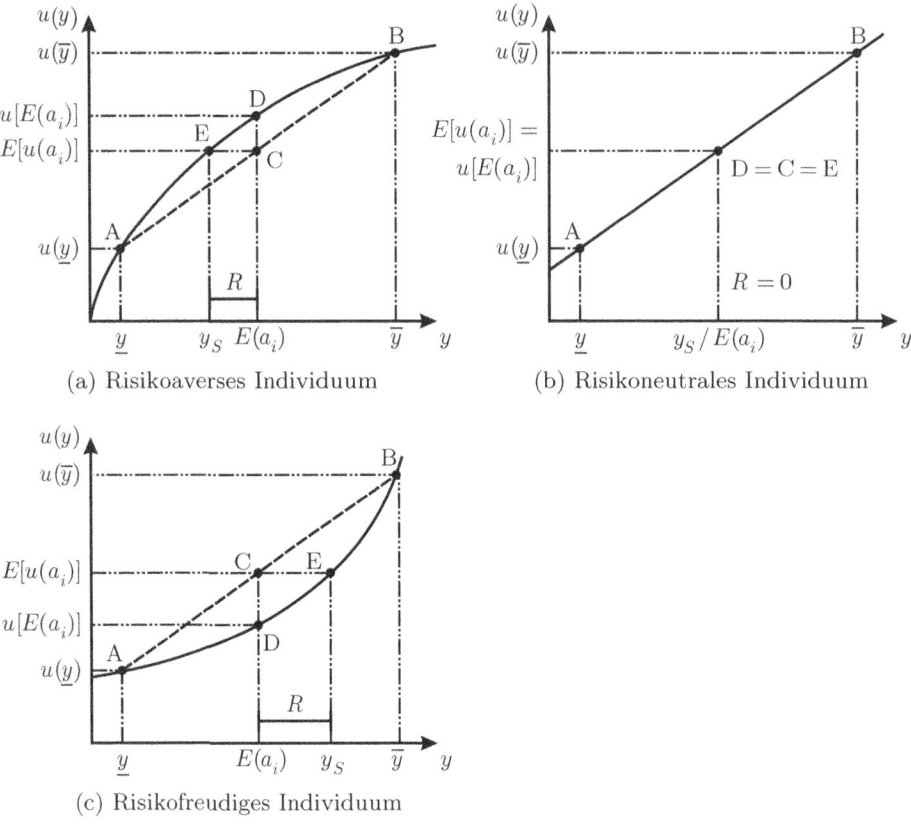

(a) Risikoaverses Individuum   (b) Risikoneutrales Individuum

(c) Risikofreudiges Individuum

Abb. 1.2 Grafischer Zusammenhang der Konzepte anhand der Nutzenfunktion (Erwartungsnutzen-diagramm)

die Lotterie zu verzichten – wie wir aus voriger Überlegung wissen, würde es den Erwartungswert schließlich immer der Lotterie vorziehen. Demgegenüber wird ein risik-oneutrales Individuum nur den Erwartungswert der Lotterie akzeptieren, während einem risikofreudigen Individuum ein höherer sicherer Betrag gezahlt werden muss, damit es bereit ist, auf das Risiko der Lotterie zu verzichten:

$$y_S < E(a_i) \quad \text{Risikoavers}$$
$$y_S = E(a_i) \quad \text{Risikoneutral}$$
$$y_S > E(a_i) \quad \text{Risikofreudig}$$

Messung der Risikoprämie Unter der *Risikoprämie* einer Lotterie, R, wird der Betrag verstanden, den ein Individuum bereit ist aufzugeben, um anstelle der Lotterie die sichere Auszahlung des Erwartungswerts der Lotterie zu erhalten. Anders ausgedrückt, berechnet sie sich als die Differenz zwischen dem Erwartungswert der Lotterie und dem Sicherheitsäquivalent, $R = E(a_i) - y_S$. Ein risikoaverses Individuum wird gerne bereit sein, einen Teil des Erwartungswerts zugunsten einer sicheren Auszahlung aufzugeben, um das Risiko zu vermeiden, das heißt, es wäre bereit, eine positive Risikoprämie zu bezahlen. Ein risikoneutrales Individuum wird keine Risikoprämie bezahlen wollen, wohingegen ein risikofreudiges Individuum als Kompensation eine negative Risikoprämie einfordern würde.

$$R > 0 \quad \text{Risikoavers}$$
$$R = 0 \quad \text{Risikoneutral}$$
$$R < 0 \quad \text{Risikofreudig}$$

Um uns die Konzepte und ihren Zusammenhang besser zu verdeutlichen, betrachten wir eine Lotterie, die mit Wahrscheinlichkeit ρ eine geringe Auszahlung von $\underline{y}$ und mit der Gegenwahrscheinlichkeit $1 - \rho$ eine hohe Auszahlung $\bar{y}$ liefert. Abb. 1.2 stellt diese Lotterie sowie jeweils gesondert die Nutzenfunktionen eines risikoaversen, risikoneutralen und eines risikofreudigen Individuums in einem Erwartungsnutzendiagramm dar.

Der Erwartungswert, wie auch der Erwartungsnutzen, ergeben sich aus einer Linearkombination der Auszahlungen bzw. der Nutzen:

$$E(a_i) = \rho \cdot \underline{y} + (1 - \rho) \cdot \bar{y} \tag{1.8}$$

$$E[u(a_i)] = \rho \cdot u\left(\underline{y}\right) + (1 - \rho) \cdot u(\bar{y}) \tag{1.9}$$

Grafisch entspricht die Linearkombination einer Geraden, welche die Punkte A und B, deren Koordinaten $\{y, u(y)\}$ sich aus der Auszahlung der Lotterie und dem zugehörigen Nutzen ergeben, miteinander verbindet. Auf der entstandenen Geraden befindet sich Punkt C, dessen genaue Lage durch die Wahrscheinlichkeiten der beiden Zustände bestimmt wird: $\overline{AC}/\overline{AB} = 1 - \rho$ (bzw. $\overline{CB}/\overline{AB} = \rho$), das heißt, je höher die Wahrscheinlichkeit der geringen Auszahlung (Punkt A) ist, desto näher befindet sich Punkt C an Punkt A (desto kürzer ist die Strecke $\overline{AC}$). Sind beide Zustände gleich wahrscheinlich, liegt Punkt C genau in der Mitte der Strecke $\overline{AB}$.

Aus den Koordinaten von Punkt C ergibt sich sowohl der Erwartungswert (abzulesen auf der y-Achse) als auch der Erwartungsnutzen der Lotterie (abzulesen auf der $u(y)$-Achse). Wird dessen $u(y)$-Wert (der Erwartungsnutzen der Lotterie) konstant gehalten, kann ausgehend von Punkt C auf der Nutzenfunktion Punkt E gefunden werden, dessen zugehöriger y-Wert das Sicherheitsäquivalent der Lotterie angibt. Die Differenz zwischen dem Erwartungswert und dem Sicherheitsäquivalent ergibt schließlich die Risikoprämie. Wird der y-Wert von Punkt C konstant gehalten, kann auf der Nutzenfunktion Punkt D gefunden werden, dessen zugehöriger $u(y)$-Wert den Nutzen des Erwartungswerts angibt.

Um die einzelnen Konzepte abzulesen, ist es wichtig zu wissen, wie die Werte gemessen werden, um diese auch an der richtigen Stelle zu bestimmen: Auf der horizontalen Achse werden immer die monetären Größen bestimmt (Auszahlungen, Erwartungswert der Lotterie, Sicherheitsäquivalent und Risikoprämie), wohingegen auf der vertikalen Achse die Nutzengrößen abzulesen sind (Nutzen der Auszahlungen, Erwartungsnutzen der Lotterie).

Zusammenhang zwischen Nutzenfunktion und Indifferenkurve In Abb. 1.2 wurde die Nutzenfunktion in Abhängigkeit von nur einer Auszahlung dargestellt. Wie wir gesehen haben, zeichnet sich eine Lotterie allerdings nicht durch eine (sichere) Auszahlung, sondern durch mindestens zwei (unsichere) Auszahlungen in verschiedenen Zuständen der Welt aus. Wir hatten hier nur eine vereinfachte Darstellung der Nutzenfunktion gewählt. Abb. 1.3 stellt demgegenüber die tatsächliche Nutzenfunktion bzw. das Nutzengebirge dar.

In der Abbildung ist unten die Nutzenfunktion eines risikoaversen Individuums, wie wir sie aus Abb. 1.2 kennen, dargestellt. Betrachten wir die dort abgetragenen Auszahlungen als sicher (sie sind in jedem Zustand gleich hoch), können wir sie direkt auf das Nutzengebirge übertragen und die entsprechenden Punkte kennzeichnen. Das Nutzengebirge gibt die Nutzenwerte aller Auszahlungskombinationen an und ist daher dreidimensional: Jeder der beiden (zweidimensionalen) Auszahlungskombinationen wird ein Nutzenwert zugeordnet. Somit kann auch die Lotterie auf dem Gebirge abgetragen werden. Sie muss dabei den gleichen Nutzenwert wie das Sicherheitäquivalent haben, also auf gleicher Höhe liegen. Die Höhenlinien können, wie in der Abbildung rechts geschehen, als *Indifferenz-kurven* abgebildet werden (die „Draufsicht" auf das Nutzengebirge), das heißt als der geometrische Ort aller Auszahlungskombinationen, die dem Individuum den gleichen Nutzen stiften (und zwischen denen das Individuum somit indifferent ist). Die Nutzenfunktion wiederum lässt sich in der Seitenansicht des Nutzengebirges erkennen. Die Lotterie L liegt auf der gleichen Indifferenzkurve wie Punkt C.

Zur Bestimmung einer Indifferenzkurve werden alle Auszahlungskombinationen gesucht, die den gleichen Nutzen aufweisen. Betrachten wir beispielsweise die Nutzenfunktion $u(y) = \sqrt{y}$ und suchen alle Auszahlungskombinationen, die einen Nutzen von $\bar{u}$ generieren, das heißt $\bar{u} = \rho_1 \cdot \sqrt{y_1} + (1 - \rho_1) \cdot \sqrt{y_2}$. Um die Indifferenzkurve zu zeichnen, lösen wir diesen Ausdruck nach y_2 auf, $\sqrt{y_2} = (\bar{u} - \rho_1 \cdot \sqrt{y_1})/(1 - \rho_1)$, und erhalten so die Gleichung der Indifferenzkurve,

$$y_2 = \left[\frac{1}{1 - \rho_1} \cdot \bar{u} - \frac{\rho_1}{1 - \rho_1} \cdot \sqrt{y_1} \right]^2.$$

Wie zu erkennen ist, gibt das Wahrscheinlichkeitsverhältnis $\rho_1/(1 - \rho_1)$ das subjektive Austauschverhältnis der Auszahlungen an.

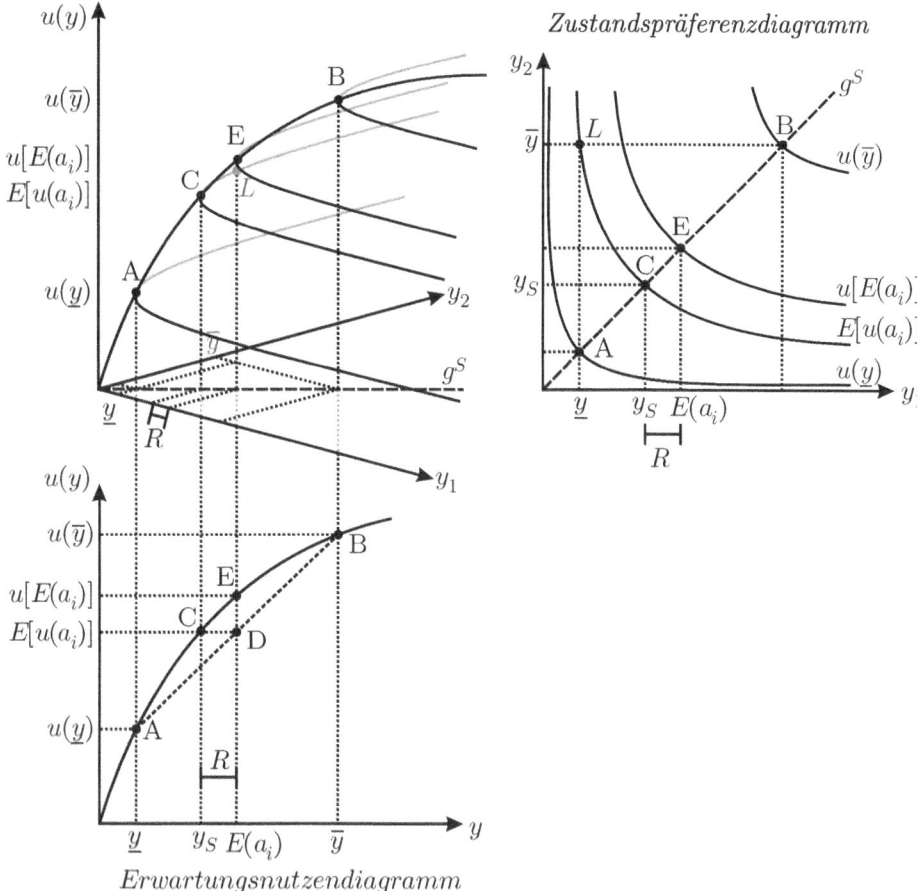

Abb. 1.3 Grafischer Zusammenhang zwischen Nutzenfunktion, Nutzengebirge und Indifferenzkurve

Die Indifferenzkurven werden im Zustandspräferenzdiagramm dargestellt. In diesem Diagramm können gleichfalls wie im Erwartungsnutzendiagramm alle bekannten Konzepte abgelesen werden. Jede einzelne (sichere) Auszahlung der Lotterie liegt auf einer Indifferenzkurve, aber auch die Lotterie selbst mit ihren unsicheren Auszahlungen befindet sich auf einer bestimmten Indifferenzkurve. Der fallende Verlauf der Indifferenzkurve impliziert, dass das Individuum nur dann bereit ist, in einem Zustand auf einen Teil der Auszahlung zu verzichten, wenn es dafür im anderen Zustand eine höhere Auszahlung erhält. Der konkave Verlauf (das heißt, das Abflachen der Kurve) bedeutet dabei, dass das Individuum, wenn es im schlechten Zustand bereits eine geringe Auszahlung relativ zum guten Zustand hat und ihm im schlechten Zustand mehr und mehr genommen wird, es mit einer immer höheren Auszahlung im guten Zustand kompensiert werden muss. Hierdurch steigt zwar der Erwartungswert der Lotterie, allerdings verhindert der Risikozuwachs das Erreichen eines höheren Nutzens (und damit einer höheren Indifferenzkurve).

Die im Diagramm eingezeichnete *Sicherheitsgerade* g^S repräsentiert alle sicheren Auszahlungskombinationen, das heißt alle Kombinationen, die in beiden Zuständen den gleichen Wert aufweisen. Sie hat folglich eine Steigung von 1 bzw. von 45°. Anhand des Schnittpunkts zwischen der Indifferenzkurve der Lotterie und der Sicherheitsgeraden, Punkt C, können wir das Sicherheitsäquivalent der Lotterie auf einer der Achsen ablesen. Auf der Sicherheitsgeraden kann ebenso der Erwartungswert der Lotterie eingezeichnet werden (Punkt E). Sowohl im Nutzengebirge als auch im Zustandspräferenzdiagramm ist zu erkennen, dass der Erwartungswert einen höheren Nutzen als die Lotterie generiert – er liegt entweder höher bzw. auf einer weiter außen liegenden Indifferenzkurve.

Die Differenz zwischen Erwartungswert und Sicherheitsäquivalent liefert die Risikoprämie. Diese kann allerdings nur an den Achsen abgelesen werden, da es sich um eine monetäre Auszahlung handelt. Der direkte Abstand zwischen Punkt E und Punkt C gibt lediglich die Nutzendifferenz an (das heißt den Nutzenwert der Risikoprämie) – nur auf den Achsen kann der entsprechende monetäre Wert abgelesen werden (dabei ist es egal, ob auf der y_1- oder y_2-Achse).

Arrow-Pratt-Maß Die Nutzenfunktionen der drei Risikotypen in Abb. 1.2 legt nahe, dass die Krümmung der Nutzenfunktion mit der Risikoneigung zusammenhängt. Dies ist die Grundidee des Arrow-Pratt-Maßes. Die Nutzenfunktion eines risikoaversen Individuums verläuft *konkav*,[3] diejenige eines risikoneutralen Individuums *linear* und diejenige eines risikofreudigen Individuums *konvex*. Während die Risikoeinstellung eines Individuums mit der Krümmung bzw. der diese beschreibenden zweiten Ableitung der Nutzenfunktion $d^2u(x)/dx^2$ leicht ermittelt werden kann, ist ein Vergleich zwischen verschiedenen Individuen nicht möglich. Dies liegt daran, dass das Nutzenkonzept kardinal ist, was bedeutet, dass jede positive lineare Transformation möglich ist, welche die Entscheidung des Individuums zwischen verschiedenen Lotterien nicht verändert. Jede Transformation gemäß $v(y) = a + b \cdot u(y)$, wobei $b > 0$, ist daher eine zulässige Änderung der Nutzenfunktion $u(y)$, wodurch sich allerdings auch die Krümmung der Nutzenfunktion ändert (durch die Multiplikation mit b). Das *Arrow-Pratt-Maß der absoluten Risikoaversion* ist gegen diese

---

[3]Ein solcher Kurvenverlauf wird auch rechtsgekrümmt genannt – würden Sie die Kurve entlangfahren, müssten Sie Ihr Lenkrad immer nach rechts drehen. Eine einfache Merkregel zur Unterscheidung von konkav und konvex (linksgekrümmt) ist, ob die Kurve wie ein Höhleneingang (englisch „cave") aussieht und damit konkav (englisch „concave") ist oder nicht („convex"). Mathematisch ergibt sich die Krümmung aus der zweiten Ableitung der Funktion. Zur Erinnerung: Die erste Ableitung gibt die Steigung (Änderung) der Funktion an und die zweite Ableitung somit die Steigung der Steigung oder anders formuliert die Änderung der Steigung und damit die Krümmung der Funktion. Ist die zweite Ableitung negativ, $d^2u(x)/dx^2 < 0$, dann ist die Funktion konkav und analog konvex bei einem positiven Wert. Das bedeutet somit, dass bei einem konkaven Verlauf die Steigung abnimmt (vgl. abnehmender Grenznutzen), während sie bei einem konvexen Verlauf zunimmt.

Transformation robust und erlaubt damit interpersonelle Vergleiche über das Ausmaß der Risikoeinstellung. Es ist definiert als das negative Verhältnis zwischen der zweiten und der ersten Ableitung:

$$r_A(y) = -\frac{d^2u(y)/dy^2}{du(y)/dy} \qquad (1.10)$$

Das negative Vorzeichen dient der Standardisierung und führt zu positiven Werten bei risikoaversen Individuen. Wir können leicht überprüfen, dass dadurch tatsächlich eine positive lineare Transformation neutralisiert werden kann:

$$r_A(y) = -\frac{d^2[a + b \cdot u(y)]/dy^2}{d[a + b \cdot u(y)]/dy} = -\frac{b \cdot d^2u(y)/dy^2}{b \cdot du(y)/dy} = -\frac{d^2u(y)/dy^2}{du(y)/dy}. \qquad (1.11)$$

Die Risikoeinstellung kann am Vorzeichen von $r_A(y)$ abgelesen werden:

$$r_A(y) > 0 \quad \text{Risikoavers}$$
$$r_A(y) = 0 \quad \text{Risikoneutral}$$
$$r_A(y) < 0 \quad \text{Risikofreudig}$$

Da interpersonelle Vergleiche möglich sind, impliziert ein höherer positiver (negativer) Wert von $r_A(y)$ eine höhere Risikoaversion (Risikofreude) des Individuums im Vergleich zu einem anderen mit einem entsprechend niedrigeren Wert.

Das Arrow-Pratt-Maß erlaubt zudem auch Aussagen darüber, wie sich die Risikoeinstellung eines Individuums in Abhängigkeit von seinem (erwarteten) Einkommen ändern kann. Steigt etwa $r_A(y)$ mit zunehmendem y, so wird von zunehmender absoluter Risikoaversion (*increasing absolute risk aversion*) gesprochen, das heißt, je reicher das Individuum wird, desto mehr scheut es Risiko. Es kann zwischen drei Verläufen unterschieden werden:

$$\frac{dr_A(y)}{dy} > 0 \quad \textit{increasing absolute risk aversion (IARA)}$$
$$\frac{dr_A(y)}{dy} = 0 \quad \textit{constant absolute risk aversion (CARA)}$$
$$\frac{dr_A(y)}{dy} < 0 \quad \textit{decreasing absolute risk aversion (DARA)}$$

Ein weiteres Maß ist das *Arrow-Pratt-Maß der relativen Risikoaversion*, welches die Nutzenelastizität angibt. Es ist definiert als

$$r_R(y) = -y \cdot \frac{d^2 u(y)/dy^2}{du(y)/dy} = y \cdot r_A(y). \tag{1.12}$$

Auch hier ändert sich das Maß in Abhängigkeit vom erwarteten Einkommen:

$$\frac{dr_R(y)}{dy} > 0 \quad \textit{increasing relative risk aversion} \ (\text{IRRA})$$

$$\frac{dr_R(y)}{dy} = 0 \quad \textit{constant relative risk aversion} \ (\text{CARA})$$

$$\frac{dr_R(y)}{dy} < 0 \quad \textit{decreasing relative risk aversion} \ (\text{DRRA})$$

Wir können uns die beiden Konzepte an folgendem Beispiel verdeutlichen: Ein Entscheider hat ein Vermögen von 100 Euro und ist bereit, für eine Lotterie 20 Euro auszugeben. Nimmt sein Vermögen absolut um 100 Euro zu, während seine Zahlungsbereitschaft absolut nur um 10 Euro steigt, liegt steigende absolute Risikoaversion vor. Ist der Entscheider bereit, 20 % seines Vermögens für eine Lotterie auszugeben, nach einer Erhöhung seines Vermögens aber nur noch 10 % seines neuen Gesamtvermögens, hat der Entscheider eine steigende relative Risikoaversion.

1.4   Entscheidung mit Gegenspieler: Interdependente Entscheidungssituation

Im nächsten Schritt betrachten wir eine Situation mit zwei Entscheidern, deren Entscheidungen sich aufeinander auswirken. Dies bedeutet im Prinzip, dass der Zustand der Welt, dem sich ein Entscheider gegenübersieht, durch den anderen Entscheider bewusst herbeigeführt und nicht zufällig von der Natur bestimmt wurde. Betrachten wir etwa die Situation, in der sich zwei Entscheider $i = 1, 2$ erneut zwischen Freibadbesuch (a_{i1}) und Kinobesuch (a_{i2}) entscheiden können, sich dabei aber aus dem Weg gehen möchten – eine gemeinsame Freizeitgestaltung führt bei beiden zu einem Nutzen von 0. Ferner nehmen wir an, dass Entscheider 1 lieber (alleine) im Freibad wäre als im Kino und Entscheider 2 eher das Kino bevorzugt. Die Nutzen der beiden Spieler sind in Tab. 1.3 dargestellt.

Die Nutzen der beiden Entscheider sind *interdependent*, das heißt sie beeinflussen sich gegenseitig: Die Entscheidung des einen legt fest, wie der Nutzen des anderen ausfallen

Tab. 1.3 Entscheidung mit Gegenspieler

Entscheider 1	a_{21}	a_{22}
a_{11}	0	4
a_{12}	2	0

Entscheider 2	a_{11}	a_{12}
a_{21}	0	2
a_{22}	4	0

Tab. 1.4 Entscheidung mit Gegenspieler: Auszahlungsmatrix

1, 2	a_{21}	a_{22}
a_{11}	(0, 0)	(4, 4)
a_{12}	(2, 2)	(0, 0)

kann. Wählt etwa Entscheider 1 a_{12}, so kann der Nutzen von Entscheider 2 entweder 0 oder 2 betragen. Zugleich hat jedoch die Entscheidung von 2 Auswirkungen auf 1 und legt damit fest, ob 1 bei Wahl von a_{12} entweder 0 oder 2 erhält. Wir können uns die Abhängigkeit der Entscheidungen voneinander besser verdeutlichen, wenn wir beide Tabellen, wie in Tab. 1.4 geschehen, in einer Matrix zusammenfassen, wobei jeweils die erste Zahl in der Klammer die Auszahlung von Entscheider 1 und die zweite diejenige von Entscheider 2 beschreibt.

Durch diese Zusammenfassung ändert sich auch die Betrachtungsweise: Die Entscheidung des jeweils anderen Entscheiders wird nun nicht mehr als (zufälliger) Zustand, sondern als bewusste Entscheidung gesehen und die Auswirkungen der Entscheidungen aufeinander lassen sich klar erkennen. Die in Tab. 1.4 dargestellte Form wird als Auszahlungsmatrix bezeichnet und stellt ein einfaches „Spiel" dar.

Auch in der Nutzenfunktion der Entscheider findet diese Interdependenz ihre Entsprechung: $u_i(a_i, a_{-i})$. Neben der Entscheidung a_i von Individuum i wird dessen Nutzen auch von den Entscheidungen anderer Individuen beeinflusst – „$-i$" steht hier symbolisch für alle anderen Individuen außer i. Ferner sei unterstellt, dass der Nutzen durch die in Abschn. 1.3 behandelte Erwartungsnutzenfunktion bestimmt ist, sodass das (Verhaltens-)Risiko, dem sich der Entscheider gegenübersieht, vollständig berücksichtigt wird. Wie kann in einer solchen Situation eine Entscheidung getroffen werden? Wir wollen nun überprüfen, ob unsere bisherigen Regeln auch in der Lage sind, dem Individuum eine Entscheidungshilfe zu geben.

Betrachten wir zunächst die Maximin-Regel. Gegenüber ihrer Formulierung in (1.1) müssen wir sie ein wenig modifizieren, um die Interdependenz mit den anderen Entscheidern zu berücksichtigen:

$$\max_{a_i} \left\{ \min_{a_{-i}} u_i(a_i, a_{-i}) \right\} \tag{1.13}$$

Entscheider i geht bei dieser Regel davon aus, dass alle anderen Individuen („$-i$") mit ihren Entscheidungen versuchen, seine Auszahlung zu minimieren, das heißt, er überlegt sich, mit welcher schlechtesten Auszahlung er bei der seiner Entscheidung rechnen muss. Unter dieser Prämisse sucht sich Entscheider i schließlich die bestmögliche aus. In unserem Beispiel hilft Entscheider 1 diese Regel allerdings nicht, da die schlechteste Auszahlung sowohl bei a_{11} als auch bei a_{12} 0 beträgt. Gleiches gilt auch für Entscheider 2.

Auch die Maximax-Regel aus (1.2) kann umformuliert werden, um hier als Entscheidungshilfe zu dienen:

$$\max_{a_i} \left\{ \max_{a_i} u_i(a_i, a_{-i}) \right\} \tag{1.14}$$

Entscheider 1 wird sich gemäß dieser Regel für das Freibad (a_{11}) entscheiden, da ihm hier mit 4 eine höhere Auszahlung als im Kino mit 2 entsteht. Für Entscheider 2 sieht es genau anders aus, er wird sich für das Kino (a_{22}) mit einer Auszahlung von 4 und gegen den Freibadbesuch mit 2 entscheiden. Beide Entscheider sind über diesen Ausgang sehr glücklich, da sie jeweils alleine ihrer bevorzugten Aktivität nachgehen und jeweils eine Auszahlung von 4 realisieren können.

Die gegenüber (1.3) modifizierte Hurwicz-Regel lautet

$$\max_{a_i} \left[\lambda \cdot \max_{a_i} u_i(a_i, a_{-i}) + (1 - \lambda) \cdot \min_{a_i} u_i(a_i, a_{-i}) \right]. \tag{1.15}$$

Ohne Kenntnis des Optimismus-Parameters λ können wir hier keine konkrete Aussage treffen. Je optimistischer die beiden Entscheider sind, desto wahrscheinlicher werden sie den für sie vorteilhaften Ausgang der Maximax-Regel realisieren können.

Schließlich lautet die gegenüber (1.4) modifizierte Laplace-Regel

$$\max_{a_i} \left(\sum_{a_i}^{n} u_i(a_i, a_{-i}) \cdot \frac{1}{n} \right). \tag{1.16}$$

Entscheidet sich Individuum 1 für das Freibad (a_{11}) erhält es $0 \cdot 1/2 + 4 \cdot 1/2 = 2$ und bei a_{12} entsprechend $2 \cdot 1/2 + 0 \cdot 1/2 = 1$. Die Entscheidung fällt damit erneut zugunsten des Freibads. Analog sieht es für Individuum 2 aus, welches wieder den Kinobesuch (a_{22} mit 2) dem Freibadbesuch (a_{21} mit 1) vorziehen wird.

Zusammenfassend zeigt sich, dass sich diese Regeln grundsätzlich als Entscheidungshilfe zu eignen scheinen. Allerdings unterstellen diese Regeln, dass der Entscheider von einem deterministischen, also gewissermaßen vorprogrammierten, Verhalten der anderen Entscheider ausgeht. Bei der Maximin-Regel lautet die sehr pessimistische, deterministische Verhaltensannahme in Bezug auf die anderen Entscheider „Alle anderen Entscheider verfolgen das (einzige) Ziel, dir maximalen Schaden zuzufügen". Umgekehrt unterstellt die Maximax-Regel die enorm optimistische (und vielleicht naive) Haltung, dass alle anderen nur das Ziel verfolgen, den Entscheider maximal zu unterstützen und ihm nur das Beste wünschen. Rein mechanisch werden die anderen Individuen mithilfe der Laplace-Regel abgebildet, wird ihnen hier doch eine rein zufällige Entscheidungsfindung unterstellt.

Erschwerend kommt hinzu, dass wir die sehr berechtigte Frage stellen können, zu welchem Ergebnis wir kommen, wenn jeder Entscheider nach einer anderen Regel entscheidet. Oder noch viel grundsätzlicher: Auf welcher Basis wählen die Individuen ihre Entscheidungsregel? Beide Fragen zeigen, dass die bisherige Darstellung der Entscheidungssituation unzureichend ist und wir vor allem auch die Anreize und Motivationen aller Entscheider besser abbilden müssen. Genau dies ist die Aufgabe der Spieltheorie. Im nächsten Kapitel werden wir uns daher mit den notwendigen Annahmen beschäftigen und Lösungen für strategische Entscheidungsprobleme erarbeiten.

1.5 Verständnisfragen

1. Die Präferenzordnung $e_1 \prec e_2$, $e_2 \approx e_4$ und $e_3 \succ e_4$ ist transitiv, wenn...

A	$e_1 \succ e_3$.
B	$e_2 \succ e_3$.
C	$e_3 \succ e_1$.
D	$e_4 \succ e_1$.

2. Welche der Aussagen sind zutreffend?

A	Gemäß der Maximin-Regel soll diejenige Aktion gewählt werden, die im besten Fall die schlechteste Auszahlung liefert.
B	Gemäß der Maximax-Regel soll diejenige Aktion gewählt werden, die im schlechtesten Fall die höchste Auszahlung liefert.
C	Gemäß der Maximax-Regel soll diejenige Aktion gewählt werden, die im besten Fall die höchste Auszahlung liefert.
D	Weder die Maximin- noch die Maximax-Regel spiegeln eine Grundhaltung des Entscheiders wider.

3. Der Erwartungsnutzen...

A	berücksichtigt das Risiko einer Entscheidung.
B	ist immer positiv.
C	erlaubt jede lineare Transformation.
D	enthält keine Information über die Risikoeinstellung des Entscheiders.

4. Die Risikoeinstellung eines Entscheiders kann gemessen werden...

A	durch den Vergleich von Erwartungswert und Risikoprämie.
B	durch den Vergleich von Erwartungsnutzen und Erwartungswert.
C	durch alleinige Betrachtung der Risikoprämie.
D	durch alleinige Betrachtung des Sicherheitsäquivalents.

1C,D; 2C [D: Doch! Optimist oder Pessimist]; 3A, [B: Nein! Er kann auch negativ sein, je nach Spezifikation der Nutzenfunktion und der Auszahlungen; C: Nein! Nur positive Transformationen]; 4C

1.6   Aufgaben

1.6.1   Entscheidung bei Ungewissheit

Treffen Sie basierend auf der Maximin-, Maximax-, Laplace- und Hurwicz-Regel (mit $\lambda = 0{,}7$) eine Entscheidung für eine der vier Aktionen!

	z_1	z_2	z_3	z_4
a_1	1100	700	1200	300
a_2	600	1000	1500	1700
a_3	1000	1000	1000	1000
a_4	400	700	1500	1800

Lösung in Abschn. 1.7.1

1.6.2   Kritik an Maximin- und Maximax-Regel

Ein Individuum kann zwischen drei Anlagen A, B und C entscheiden, weiß aber nicht, wie wahrscheinlich die sieben möglichen Zustände sind. Wie wird sich das Individuum basierend auf der Maximin- und der Maximax-Regel entscheiden? Halten Sie die Entscheidung für plausibel?

	z_1	z_2	z_3	z_4	z_5	z_6	z_7
Anlage A (a_1)	-10	-10	-10	-10	16	-10	-10
Anlage B (a_2)	10	10	10	10	10	10	10
Anlage C (a_3)	15	15	15	15	9	15	15

Lösung in Abschn. 1.7.2

1.6.3   Lotterie-Vergleich mithilfe des Erwartungsnutzens[*]

Gegeben sind die folgenden drei Lotterien:

$$\text{Lotterie A } (a_A) : \ 64 \text{ Euro mit } 55\% \text{ und } 144 \text{ Euro mit } 45\%$$
$$\text{Lotterie B } (a_B) : \ 100 \text{ Euro mit } 50\% \text{ und } 100 \text{ Euro mit } 50\%$$
$$\text{Lotterie C } (a_C) : \ 256 \text{ Euro mit } 35\% \text{ und } 16 \text{ Euro mit } 65\%$$

Bestimmen Sie den Erwartungswert und das Risiko (die Standardabweichung) der drei Lotterien! Für welche Lotterie wird sich ein Individuum mit der Nutzenfunktion

(i) $u_1(y) = \sqrt{y}$

(ii) $u_2(y) = 0{,}1 \cdot y$

(iii) $u_3(y) = 10 \cdot (0{,}1 \cdot y)^2$

entscheiden? Welche Aussage können Sie über die Risikoeinstellung der drei Individuen treffen?

Lösung in Abschn. 1.7.3

1.6.4 Grafische Darstellung des Erwartungsnutzens*

Bei einer Lotterie a ergeben sich jeweils mit gleicher Wahrscheinlichkeit die Auszahlungen $y_1 = 4$ und $y_2 = 16$. Als Nutzenfunktion wird $u(y) = \sqrt{y}$ angenommen.

a) Bestimmen Sie rechnerisch die erwartete Auszahlung $E(a)$, den Erwartungsnutzen der Lotterie $E[u(a)]$, den Nutzen der erwarteten Auszahlung $u[E(a)]$ sowie das Sicherheitsäquivalent der Lotterie y_S und die Risikoprämie R!

b) Zeichnen Sie die Erwartungsnutzenfunktion und bestimmen Sie grafisch die in (a) berechneten Konzepte!

c) Erläutern Sie unter Verwendung der grafischen Darstellung die Idee der Risikoaversion!

d) Stellen Sie die Lotterie a, das Sicherheitsäquivalent y_S, die Risikoprämie R sowie die entsprechende Indifferenzkurve der Erwartungsnutzenfunktion in einem Zustandspräferenzdiagramm dar! Zeichnen Sie zusätzlich die Sicherheitsgerade und die durch die Lotterie verlaufende Indifferenzkurve eines risikoneutralen Akteurs ein und erläutern Sie analog zu Teilaufgabe (c) die Idee der Risikoaversion!

e) Was würde sich im Zustandspräferenzdiagramm ändern, wenn die Nutzenfunktion des Individuums $u(y) = y^2$ lauten würde?

f) Wie ändert sich die jeweilige Lage der Indifferenzkurven, wenn die Wahrscheinlichkeit für die Auszahlung y_1 bei $\rho_l = 1/3$ oder bei $\rho_h = 2/3$ liegt? Wie lässt sich dies intuitiv erklären? Welche der drei Lotterien würde das Individuum bevorzugen?

Lösung in Abschn. 1.7.4

1.6.5 Arrow-Pratt-Maß*

Gegeben sind folgende Erwartungsnutzenfunktionen:

(i) $u(y) = \sqrt{y}$

(ii) $u(y) = 100 + 6 \cdot y$

(iii) $u(y) = \ln y$

(iv) $u(y) = \frac{y}{a+y}$

(v) $u(y) = a \cdot y - b \cdot y^2$ mit $a, b > 0$

(vi) $u(y) = 1 - e^{-r \cdot y}$ mit $r > 0$

Bestimmen Sie das Arrow-Pratt-Maß der absoluten und relativen Risikoaversion! In welchen Fällen liegt Risikoaversion und in welchen Fällen Risikoneutralität vor?

Lösung in Abschn. 1.7.5

1.6.6 Interdependente Entscheidung

Das Semester ist zu Ende und die Klausuren stehen an. Ein (repräsentativer) Student (Entscheider 1) überlegt sich, wie er sich auf die anstehende Prüfung vorbereiten soll. Er kann etwa viel Zeit in eine gute Vorbereitung (a_{11}) investieren oder sich kaum vorbereiten (a_{12}). Die Professorin (Entscheider 2) überlegt ihrerseits, ob sie eine schwere (a_{21}) oder eine leichte (a_{22}) Klausur stellen soll. Grundsätzlich bevorzugt die Professorin eine leichte Klausur, da dies weniger Korrekturaufwand bedeutet, möchte aber auch, dass die Studenten für die Prüfung lernen, während der Student lieber weniger Zeit mit der Vorbereitung verbringen möchte. Die Nutzen in den einzelnen Situationen betragen: $u_1(a_{11}|a_{21}) = 3$ (lies: der Nutzen von Entscheider 1 bei Wahl von a_{11} gegeben a_{21} wurde von Entscheider 2 gewählt), $u_1(a_{11}|a_{22}) = 2$, $u_1(a_{12}|a_{21}) = 1$ und $u_1(a_{12}|a_{22}) = 4$ sowie $u_2(a_{21}|a_{11}) = 3$, $u_2(a_{21}|a_{12}) = 1$, $u_2(a_{22}|a_{11}) = 4$ und $u_1(a_{22}|a_{12}) = 2$.

Stellen Sie die Situation in einer Auszahlungs-Matrix dar! Welches Ergebnis stellt sich ein, wenn beide Spieler jeweils ihre Entscheidung basierend auf der Maximin-, der Maximax- oder der Laplace-Regel treffen? Welches Ergebnis ergibt sich, wenn ein Entscheider gemäß Maximin-Regel und der andere gemäß Maximax-Regel wählt?

Lösung in Abschn. 1.7.6

1.7 Lösungen

1.7.1 Entscheidung bei Ungewissheit

Aufgabentext in Abschn. 1.6.1

Folgende Tabelle zeigt die für die Entscheidungsregeln relevanten Auszahlungen:

	Minimum	Maximum	Hurwicz	Laplace
a_1	300	1200	930	825
a_2	600	1700	1370	1200
a_3	1000	1000	1000	1000
a_4	400	1800	1380	1100

- Maximin-Regel: Der höchste Wert aller Minima liegt bei 1000 und die Entscheidung fällt zugunsten von a_3.
- Maximax-Regel: Der höchste Wert aller Maxima liegt bei 1800 und die Entscheidung fällt zugunsten von a_4.
- Hurwicz-Regel: Der höchste Wert liegt bei 1380 und die Entscheidung fällt zugunsten von a_4.
- Laplace-Regel: Der höchste Erwartungswert liegt bei 1200 und die Entscheidung fällt zugunsten von a_2.

1.7.2 Kritik an Maximin- und Maximax-Regel

Aufgabentext in Abschn. 1.6.2

Folgende Tabelle zeigt die für die Entscheidungsregeln relevanten Auszahlungen:

	Minimum	Maximum
Anlage A (a_1)	−10	16
Anlage B (a_2)	10	10
Anlage C (a_3)	9	15

Bei Anwendung der Maximin-Regel entscheidet sich das Individuum für Anlage B (a_2), da es dort mit 10 die höchste Auszahlung unter allen Minima erhält. Bei Anwendung der Maximax-Lösung fällt die Entscheidung für Anlage A (a_1), da hier mit einem Wert von 16 die relevante Auszahlung maximiert wird – ungeachtet dessen, dass es sich hier um eine hoch riskante Anlage handelt, die in den meisten Fällen zu negativen Auszahlungen führt.

Wir können uns an diesem Beispiel leicht grundlegende Probleme dieser beiden Regeln verdeutlichen: Es zeigt sich, dass in keinem Fall zugunsten von Anlage C entschieden wird, welche im Schnitt besser als die beiden übrigen Anlagen ist und für viele vermutlich die naheliegende Entscheidung wäre. Dies liegt daran, dass bei beiden Regeln die Entscheidungsgrundlage im Prinzip auf Zustand z_5 beschränkt wird. Während in diesem Zustand bei Verwendung der Maximin-Regel Anlage B gegenüber Anlage C (ausnahmsweise) besser ausfällt, wird Anlage C bei Anwendung der Maximax-Regel von Anlage A übertroffen. Sofern Zustand z_5 nicht mit Sicherheit eintritt, führen die beiden Regeln zu verzerrten Entscheidungen.

1.7.3   Lotterie-Vergleich mithilfe des Erwartungsnutzens*

Aufgabentext in Abschn. 1.6.3

Berechnung der Erwartungswerte der drei Lotterien:

$$\text{Lotterie A}: E(a_A) = 0{,}55 \cdot 64 + 0{,}45 \cdot 144 = 100$$
$$\text{Lotterie B}: E(a_B) = 0{,}5 \cdot 100 + 0{,}5 \cdot 100 = 100$$
$$\text{Lotterie C}: E(a_C) = 0{,}35 \cdot 256 + 0{,}65 \cdot 16 = 100$$

Alle drei Lotterien weisen den gleichen Erwartungswert auf!
Risiko bzw. Standardabweichung der drei Lotterien:

$$A: \sigma(a_A) = \sqrt{0{,}55 \cdot (64 - 100)^2 + 0{,}45 \cdot (144 - 100)^2} = \sqrt{1584} \approx 39{,}80$$

$$B: \sigma(a_B) = \sqrt{0{,}5 \cdot (100 - 100)^2 + 0{,}5 \cdot (100 - 100)^2} = 0$$

$$C: \sigma(a_C) = \sqrt{0{,}35 \cdot (256 - 100)^2 + 0{,}65 \cdot (16 - 100)^2} = \sqrt{13104} \approx 114{,}47$$

Bei Lotterie B handelt es sich um eine sichere Auszahlung (Risiko beträgt null), während Lotterie C das höchste Risiko aufweist.

(i) Erwartungsnutzen von Individuum 1:

$$A: E[u_1(a_A)] = 0{,}55 \cdot \sqrt{64} + 0{,}45 \cdot \sqrt{144} = 9{,}8$$
$$B: E[u_1(a_B)] = 0{,}5 \cdot \sqrt{100} + 0{,}5 \cdot \sqrt{100} = 10$$
$$C: E[u_1(a_C)] = 0{,}35 \cdot \sqrt{256} + 0{,}65 \cdot \sqrt{16} = 8{,}2$$

Der Entscheider wird Lotterie B mit der sicheren Auszahlung wählen. Es handelt sich demnach um ein risikoaverses Individuum.

(ii) Erwartungsnutzen von Individuum 2:

$$A: E[u_2(a_A)] = 0{,}55 \cdot (0,1 \cdot 64) + 0{,}45 \cdot (0,1 \cdot 144) = 10$$
$$B: E[u_2(a_B)] = 0{,}5 \cdot (0,1 \cdot 100) + 0{,}5 \cdot (0,1 \cdot 100) = 10$$
$$C: E[u_2(a_C)] = 0{,}35 \cdot (0,1 \cdot 256) + 0{,}65 \cdot (0,1 \cdot 16) = 10$$

Der Entscheider ist indifferent zwischen den drei Lotterien. Es handelt sich demnach um ein risikoneutrales Individuum.

(iii) Erwartungsnutzen von Individuum 3:

$$A: E[u_3(a_A)] = 0.55 \cdot \left[10 \cdot (0,1 \cdot 64)^2\right] + 0.45 \cdot \left[10 \cdot (0,1 \cdot 144)^2\right] = 11.584$$

$$B: E[u_3(a_B)] = 0.5 \cdot \left[10 \cdot (0,1 \cdot 100)^2\right] + 0.5 \cdot \left[10 \cdot (0,1 \cdot 100)^2\right] = 10$$

$$C: E[u_3(a_C)] = 0.35 \cdot \left[10 \cdot (0,1 \cdot 256)^2\right] + 0.65 \cdot \left[10 \cdot (0,1 \cdot 16)^2\right] = 23.104$$

Der Entscheider wird sich für die riskante Lotterie C entscheiden. Es handelt sich demnach um ein risikofreudiges Individuum.

1.7.4 Grafische Darstellung des Erwartungsnutzens*

Aufgabentext in Abschn. 1.6.4

Teil a)
Da beide Zustände gleich wahrscheinlich sind, beträgt die Wahrscheinlichkeit für jeden der beiden Zustände $\rho_1 = (1 - \rho_1) = \rho_2 = 1/2$. Wir berechnen den Erwartungswert der Lotterie somit als

$$E(a) = \rho_1 \cdot y_1 + \rho_2 \cdot y_2 = 0.5 \cdot 4 + 0.5 \cdot 16 = 10$$

und den Erwartungsnutzen gemäß

$$E[u(a)] = \rho_1 \cdot u(y_1) + \rho_2 \cdot u(y_2) = 0.5 \cdot \sqrt{4} + 0.5 \cdot \sqrt{16} =$$
$$= 0.5 \cdot 2 + 0.5 \cdot 4 = 3.$$

Als Nutzen des Erwartungswerts ergibt sich

$$u[E(a)] = \sqrt{10} \approx 3.16$$

und als Sicherheitsäquivalent

$$\sqrt{y_S} = 3 \Leftrightarrow y_S = 3^2 = 9.$$

Die Risikoprämie lautet schließlich

$$R = 10 - 9 = 1.$$

Teil b)

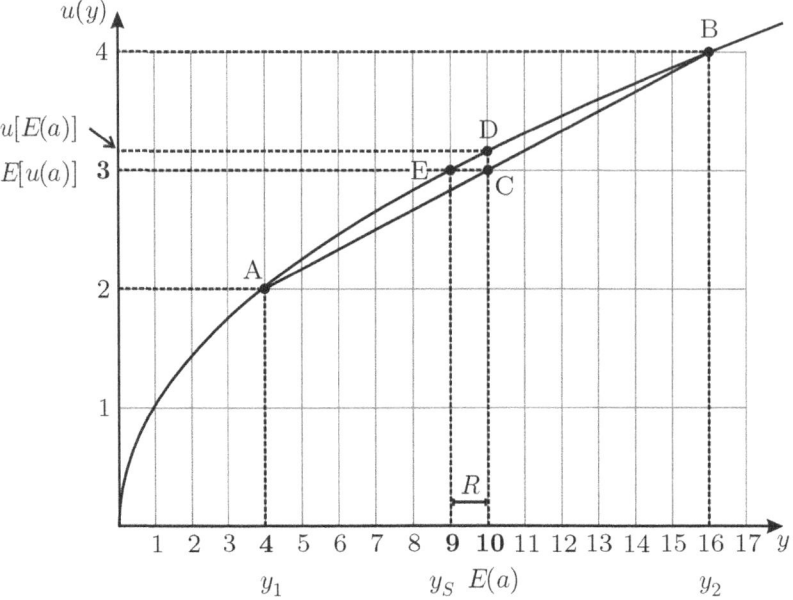

Die Auszahlungen in beiden Zuständen der Welt ergeben die Punkte A und B, in denen das Individuum einen Nutzen von 2 bzw. 4 aufweist.

Teil c)

Vereinfacht ausgedrückt hat ein risikoaverses Individuum eine Nutzeneinbuße durch Risiko. In der grafischen Darstellung wird dies durch den konkaven Verlauf der Nutzenfunktion repräsentiert. Die Krümmung lässt sich hierbei auf zwei Arten interpretieren – monetär und in Nutzeneinheiten.

Die monetäre Messung erfolgt auf der horizontalen Achse. Die Risikoeinstellung zeigt sich durch den Vergleich von Erwartungswert und Sicherheitsäquivalent bzw. durch die Risikoprämie. Da der Erwartungswert höher als das Sicherheitsäquivalent ist, $E(a) = 10 > 9 = y_S$, würde das Individuum für eine geringere aber sichere Zahlung im Vergleich zum Erwartungswert auf die Lotterie verzichten.

Die Messung in Nutzeneinheiten erfolgt auf der vertikalen Achse. Hier sehen wir, dass der Nutzen des Erwartungswerts größer ist als der Erwartungsnutzen, $u[E(a)] \approx 3,16 > 3 = E[u(a)]$. Das Individuum würde für die sichere Zahlung des Erwartungswerts auf die Lotterie verzichten, da es durch das Risiko der Lotterie einen Nutzenverlust erleidet.

Eine risikoneutrale Nutzenfunktion hat einen linearen Verlauf, sodass monetär der Erwartungswert dem Sicherheitsäquivalent entspricht, $E(a) = y_S$, und in Nutzeneinheiten der Nutzen des Erwartungswerts der Lotterie dem Erwartungsnutzen der Lotterie, $u[E(a)] = E[u(a)]$. Ein risikofreudiges Individuum hat demgegenüber einen Nutzenzuwachs aus dem Risiko, sodass seine Nutzenfunktion konvex verläuft. Hier gilt, dass $E(a) < y_S$ und $u[E(a)] < E[u(a)]$.

Teil d)

Das Zustandspräferenzdiagramm stellt die Auszahlungskombination in beiden Zuständen dar. Hierin lassen sich die Indifferenzkurven des Individuums darstellen. Um diese einzuzeichnen, haben wir zwei Möglichkeiten: Zum einen können wir sie durch bereits bekannte Punkte skizzieren und zum anderen aus der Nutzenfunktion formal bestimmen.

Da die gesuchte Indifferenzkurve alle Auszahlungskombinationen umfasst, die den gleichen Nutzen wie die Lotterie stiften, liegt die Lotterie selbst auf der Indifferenzkurve, Punkt A mit (16, 4). Aus dem Umstand, dass beide Zustände gleich wahrscheinlich sind, können wir zudem schließen, dass sich die Kombination (4, 16) ebenfalls auf der Indifferenzkurve befinden wird (Punkt B). Schließlich ist auch das Sicherheitsäquivalent Teil der Indifferenzkurve. Eine sichere Auszahlung ist dadurch bestimmt, dass sie in jedem Zustand gleich hoch ist, das heißt, diese Zahlung ist durch Punkt C mit (9, 9) beschrieben. Mit diesen drei Punkten können wir die Indifferenzkurve näherungsweise einzeichnen.

Wir können die Indifferenzkurve formal dadurch bestimmen, dass wir alle Kombinationen berechnen, die den gleichen Nutzen wie die Lotterie stiften. Allgemein ist eine Indifferenzkurve mit einem gegebenen Nutzen $\bar{u}$ bei zwei möglichen Zuständen bestimmt durch

$$\bar{u} = \rho \cdot \sqrt{y_1} + (1 - \rho) \cdot \sqrt{y_2}.$$

Um die Indifferenzkurve zeichnen zu können, lösen wir die Gleichung nach y_1 auf. Dadurch lässt sich diejenige Auszahlung im ersten Zustand der Welt (y_1) bestimmen, die für eine gegebene Auszahlung im zweiten Zustand der Welt (y_2) den gleichen Nutzen wie die Lotterie stiftet:

$$\rho \cdot \sqrt{y_1} = \bar{u} - (1 - \rho) \cdot \sqrt{y_2}$$
$$y_1 = \left[\frac{1}{\rho} \cdot \bar{u} - \frac{1 - \rho}{\rho} \cdot \sqrt{y_2} \right]^2$$

Die Lotterie hat einen Erwartungsnutzen von $E[u(a)] = 3$ und die jeweilige Wahrscheinlichkeit der Zustände ist $\rho = 1 - \rho = 0{,}5$, sodass die gesuchte Indifferenzkurve mit dem Nutzen $\bar{u} = E[u(a)] = 3$ beschrieben wird durch

$$y_2 = \left(6 - \sqrt{y_2} \right)^2.$$

Die Sicherheitslinie schneidet die Indifferenzkurve im Sicherheitsäquivalent. Hier liegt zudem eine Besonderheit vor: Da beide Zustände mit gleicher Wahrscheinlichkeit eintreten, verläuft die Indifferenzkurve symmetrisch um die Sicherheitsgerade.

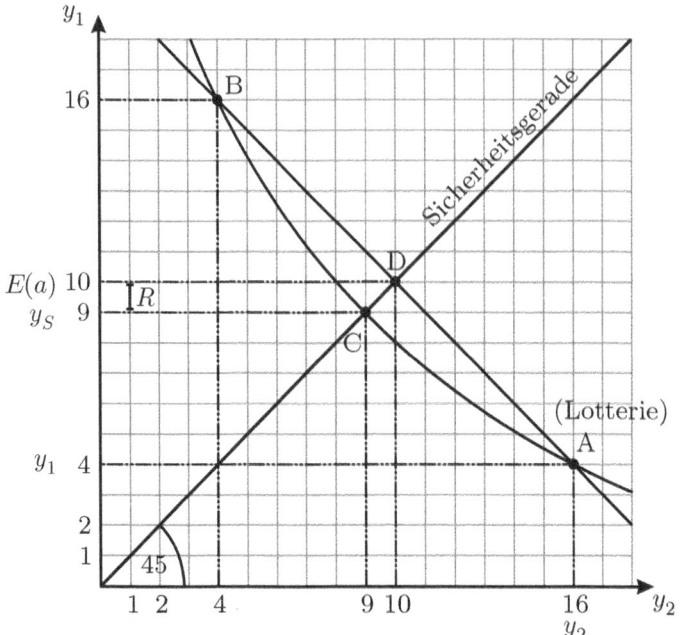

Wir können die Nutzenfunktion eines risikoneutralen Individuums ebenfalls auf die beschriebenen zwei Arten bestimmen. Zum einen liegen die beiden Lotterien auf der Indifferenzkurve und zum anderen auch der Erwartungswert der Lotterie (10, 10) (Punkt D). Wie im Fall der Nutzenfunktion, ist die Indifferenzkurve eines risikoneutralen Individuums linear, sodass die Indifferenzkurve sogar schon durch zwei Punkte vollständig beschrieben ist.

Für die formale Bestimmung der Indifferenzkurve benötigen wir die Nutzenfunktion eines risikoneutralen Individuums. In der allgemeinsten Form lautet diese $u(y) = a \cdot y + b$. Da es sich bei der Nutzenfunktion um ein kardinales Konzept handelt und somit jede positive lineare Transformation zulässig ist, können wir sie auch wesentlich einfacher als $u(y) = y$ auffassen. Zusammen mit dem Wissen, dass der Erwartungsnutzen der Lotterie bei einem risikoneutralen Individuum dem Erwartungswert entspricht, lässt sich nun die Indifferenzkurve bestimmen:

$$0{,}5 \cdot y_1 + 0{,}5 \cdot y_2 = E(a) = 10$$
$$0{,}5 \cdot y_1 = 10 - 0{,}5 \cdot y_2$$
$$y_1 = 20 - y_2$$

Bei der Bestimmung der Risikoprämie ist zu beachten, dass sie an den Achsen abgelesen wird (die Strecke $\overline{CD}$ gibt nicht die Risikoprämie an). Es spielt aber keine Rolle, ob die Risikoprämie als Differenz zwischen dem Erwartungswert und dem Sicherheitsäquivalent der Lotterie auf der y_1- oder auf der y_2-Achse abgelesen wird.

Anhand der Krümmung der Indifferenzkurve kann schließlich die Risikoeinstellung des Individuums abgelesen werden. Der konvexe (linksgekrümmte) Verlauf der Indifferenzkurve weist auf ein risikoaverses Individuum hin. Der Erwartungswert liegt somit auf einer höheren Indifferenzkurve als die Lotterie, was bedeutet, dass das Individuum eine Nutzeneinbuße aus der Lotterie erfährt. Je stärker die Indifferenzkurve gekrümmt ist, desto höher ist die Risikoaversion des Individuums.

Teil e)

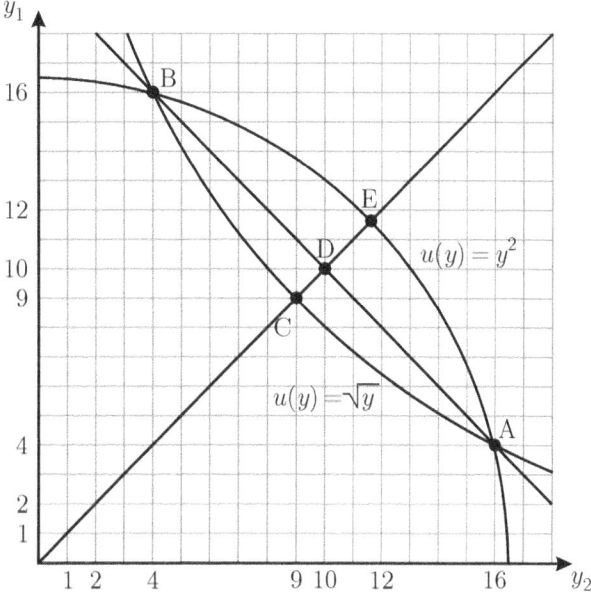

Diese Nutzenfunktion beschreibt ein risikofreudiges Individuum. Als Erwartungsnutzen der Lotterie können wir $E[u(a)] = 0{,}5 \cdot 4^2 + 0{,}5 \cdot 16^2 = 136$ berechnen. Daraus ergibt sich als Sicherheitsäquivalent $y_S = \sqrt{136} \approx 11{,}7$ und somit Punkt E auf der Sicherheitsgeraden. Die Gleichung der Indifferenzkurve ist durch $y_1 = \sqrt{272 - y_1^2}$ gegeben. Die Indifferenzkurve verläuft, wie in der Abbildung zu erkennen, konkav (analog würde die zugehörige Nutzenfunktion konvex verlaufen), das heißt, der Erwartungswert der Lotterie liegt auf einer niedrigeren Indifferenzkurve als die Lotterie, da das Individuum einen Nutzen aus dem Risiko zieht.

Teil f)

Um den jeweiligen Verlauf der Indifferenzkurven zu bestimmen, empfiehlt sich das Aufstellen ihrer formalen Gleichung. Analog zu Teil d) lautet diese für allgemeines ρ

$$y_1 = \left[\frac{1}{\rho} \cdot \left(\rho \cdot \sqrt{4} + (1-\rho) \cdot \sqrt{16}\right) - \frac{1-\rho}{\rho}\sqrt{y_2}\right]^2.$$

Für $\rho = \rho_l = 1/3$ ergibt sich die Indifferenzkurve

$$y_1(\rho_l) = \left[10 - 2 \cdot \sqrt{y_2}\right]^2$$

und für $\rho = \rho_h = 2/3$

$$y_1(\rho_h) = \left[4 - 0{,}5 \cdot \sqrt{y_2}\right]^2.$$

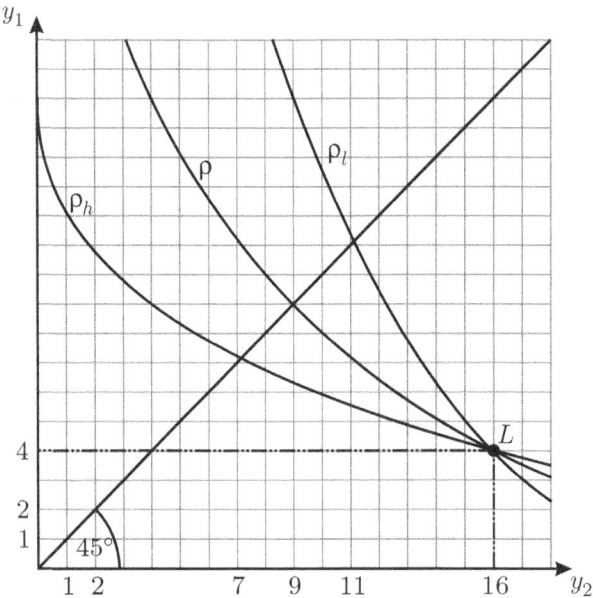

Die neuen Indifferenzkurven verlaufen nun nicht mehr symmetrisch zur die Sicherheits-geraden. Wird Zustand 1 wahrscheinlicher (wie im Fall von ρ_h) dreht sich die Indiffe-renzkurve nach innen, das heißt, bei einer gegebenen Auszahlung in Zustand 1 ist eine geringere Auszahlung in Zustand 2 bereits ausreichend, um das Individuum indifferent zu halten (dieser Zustand ist weniger wahrscheinlich und fällt damit nicht mehr so stark ins Gewicht). Umgekehrt dreht sich die Indifferenzkurve bei einer geringeren Wahrschein-lichkeit von Zustand 1 nach außen: Im wahrscheinlicheren Zustand 2 muss bei gegebener Auszahlung in Zustand 1 mehr geboten werden, um das Individuum indifferent zu halten.

Das Individuum wird sich für die Lotterie mit ρ_l entscheiden. Grafisch ist dies daran abzulesen, dass das Sicherheitsäquivalent bei dieser Lotterie bei identischer Nutzenfunk-tion mit 100/9 höher als bei den anderen ausfällt. Konkret beträgt der Erwartungsnutzen der drei Lotterien: $E[u(a_l)] = 10/3$, $E[u(a)] = 9/3$ und $E[u(a_h)] = 8/3$.

1.7.5 Arrow-Pratt-Maß[*]

Aufgabentext in Abschn. 1.6.5

Nutzenfunktion	$r_A(y)$	Grad	$r_R(y)$	Grad
(i) $\sqrt{y}$	$+\frac{1}{2\cdot y} > 0$	DARA	$\frac{1}{2} > 0$	CRRA
(ii) $100 + 6 \cdot y$	0	Neutral	0	Neutral
(iii) $\ln y$	$\frac{1}{y} > 0$	DARA	$1 > 0$	CRRA
(iv) $\frac{y}{a+y}$	$\frac{1}{a+y} > 0$	DARA	$\frac{y}{a+y} > 0$	IRRA
(v)* $a \cdot y - b \cdot y^2$	$\frac{2\cdot b}{a-2\cdot b\cdot y}$		$\frac{2\cdot b\cdot y}{a-2\cdot b\cdot y}$	
(vi) $1 - e^{-r\cdot y}$	$r > 0$	CARA	$r \cdot y > 0$	IRRA

[*]Bei (v) ist eine Fallunterscheidung erforderlich: Der Ausdruck ist positiv (und das Individuum damit risikoavers), wenn der Nenner die Bedingung $a - 2 \cdot b \cdot y > 0$ bzw. $y < a/(2 \cdot b)$ erfüllt. Für $y > a/(2 \cdot b)$ ist das Individuum hingegen risikofreudig. Somit ist die Risikoeinstellung des Individuums bei dieser Nutzenfunktion von seinem Einkommen abhängig: Ab einem bestimmten Einkommen wird das vormals risikoaverse Individuum plötzlich risikofreudig. Eine derartige Nutzenfunktion findet oftmals bei CAPM-Modellen[4] Anwendung, weshalb wir an dieser Stelle auf einen achtsamen Umgang bei der dortigen Modellierung hinweisen möchten.

1.7.6 Interdependente Entscheidung

Aufgabentext in Abschn. 1.6.6

Die Auszahlungsmatrix lautet:

1, 2	a_{21}	a_{22}
a_{11}	(3, 3)	(2, 4)
a_{12}	(1, 1)	(4, 2)

Folgende Tabellen zeigen die für die Entscheidungsregeln relevanten Auszahlungen:

Entscheider 1 (Student)	Minimum	Maximum
a_{11}	2	3
a_{12}	1	4

Entscheider 2 (Professorin)	Minimum	Maximum
a_{21}	1	3
a_{22}	2	4

- Beide nutzen Maximin-Regel: Student wählt a_{11} und Professorin a_{22}, Ergebnis ist (2, 4).
- Beide nutzen Maximax-Regel: Student wählt a_{12} und Professorin a_{22}, Ergebnis ist (4, 2).

[4]CAPM = Capital Asset Pricing Model ist ein theoretisch fundiertes Modell des Kapitalmarkts.

- Beide nutzen Laplace-Regel: Student ist indifferent (a_{11}: 2,5 und a_{12}: 2,5), Professorin wählt a_{22} (3 > 2). Es ergibt sich damit entweder (2, 4) oder (4, 2).
- Student wählt Maximin-Regel und Professorin wählt Maximax-Regel: Es ergibt sich (2, 4).
- Student wählt Maximax-Regel und Professorin wählt Maximin-Regel: Es ergibt sich (4, 2).

Das vorausgehende Kapitel behandelte Entscheidungsprobleme eines einzelnen Individuums („Entscheider"), das in einer von Unsicherheit oder Ungewissheit geprägten Situation eine optimale Wahl zu treffen hat. Erst im letzten Abschn. 1.4 bekam die Entscheidungssituation durch das Hinzufügen eines anderen Entscheiders einen strategischen Charakter, womit wir zum zentralen Thema der Spieltheorie kommen: Der Untersuchung interaktiver und strategischer Entscheidungssituationen. Von jetzt an stehen stets mindestens zwei Entscheider bzw. Spieler miteinander in Interaktion, wobei „Interaktion" bedeutet, dass jeder Spieler das Spielergebnis des anderen immer zu einem gewissen Grad mit beeinflusst. Damit kommt es für jeden Spieler darauf an, beim Treffen der eigenen Entscheidung stets auch das Handeln des Mitspielers zu antizipieren und sich bestmöglich darauf einzustellen.

Bevor wir die Lösungsmethoden erläutern, wollen wir in einem ersten Schritt die wesentlichen Eckdaten eines Spiels beschreiben. Wir werden in diesem Kapitel einige grundlegende Begriffe und Annahmen erläutern, die für das Verständnis der im weiteren Verlauf des Buches diskutierten Spiele von grundlegender Bedeutung sind.

2.1 Spiel, Spieler und Strategien

Wird im Alltag von „Spielen" gesprochen, meint man oft Freizeitaktivitäten wie Gesellschaftsspiele, Computerspiele oder sportliche Wettkämpfe. In der Spieltheorie hingegen wird unter einem Spiel eine genau beschriebene, strategische Interaktion von Akteuren (Spielern) verstanden. Grundsätzlich lässt sich jede Form strategischer Interaktion zwischen zwei oder mehreren Personen, Gruppen oder Institutionen als Spiel auffassen, egal ob es sich hierbei um Gesellschaftsspiele, kriegerische Auseinandersetzungen, Unternehmenswettbewerb oder politische Wahlen handelt. Konkret ist ein Spiel $\Gamma(N, S, u)$ formal bestimmt durch

© Springer Fachmedien Wiesbaden GmbH, ein Teil von Springer Nature 2020   35
F. Bartholomae, M. Wiens, *Spieltheorie*,
https://doi.org/10.1007/978-3-658-28279-0_2

- die Menge $N = \{1, \cdots, n\}$ der Spieler (n = Anzahl der Spieler),
- die Menge S der möglichen Strategien $S = \{s_1, \cdots, s_i, \cdots, s_n\}$ für jeden einzelnen Spieler (s_i = Strategie von Spieler i aus seiner Strategiemenge S_i),
- die Nutzen- bzw. Auszahlungsvektoren $u(s) = \{u_1(s), \cdots, u_n(s)\}$ die angeben, welche Auszahlung der einzelne Spieler in Abhängigkeit von den gewählten Strategien aller Spieler erhält ($u_i(s)$ = Nutzen des Spielers i bei Strategiekombination s) und
- den Spielregeln, die etwa angeben, in welcher Abfolge die Spieler zum Zug kommen oder über welche Information welcher Spieler zu welchem Zeitpunkt verfügt.

Wer sind die Spieler? Die *Menge der Spieler* legt sowohl die Anzahl der Spieler fest, als auch die Information darüber, wer genau als strategische Partei aktiv wird. Als Spieler werden diejenigen Akteure verstanden, die an der betrachteten strategischen Situation teilnehmen und/oder eine Entscheidung treffen können. Wie schon oben angedeutet, verstehen wir unter einem Spieler nicht notwendigerweise eine einzelne Person. Wenn wir zum Beispiel das Verhalten eines steuerpflichtigen Bürgers gegenüber dem Finanzamt spieltheoretisch untersuchen wollen, können wir die Interaktion sinnvollerweise als Spiel zwischen einem „repräsentativen" Bürger und der Finanzbehörde modellieren. Der erste Spieler, der Steuerpflichtige, repräsentiert damit die „Gesamtheit aller steuerpflichtigen Bürger" (im Sinne ihrer Interessen) und der zweite Spieler, das Finanzamt, repräsentiert den Staat (bzw. die Interessen des Staates). Grundsätzlich kann somit ein Spieler auch eine Gruppe oder Institution darstellen, sofern sie sich wie ein einzelnes Individuum verhält. Dies setzt voraus, dass es innerhalb der Gruppe eine klare Präferenzordnung gibt (etwa das Interesse an einer fairen Besteuerung aller Bürger) und die Entscheidungsprozesse innerhalb der Gruppe keine Rolle spielen (so ist etwa nur die bloße Umsetzung der Steuergesetze relevant und nicht die politische Entscheidung über deren Ausgestaltung). Uns interessiert bei einem Spiel somit nicht, welche konkreten Personen in Wirklichkeit interagieren. Jedes Spiel ist schließlich ein Modell, das nur auf die strategisch relevanten Merkmale einer Interaktion zugeschnitten ist und daher in geeigneter Weise von der Realität abstrahieren muss.

Was ist eine Strategie? Die *Menge der möglichen Strategien* umfasst die Handlungsoptionen der betrachteten Spieler. In Analogie zur Entscheidungstheorie (Kap. 1) bezeichnen wir einen einzelnen strategischen Zug eines Spielers als Aktion. Entsprechend ist a_i die von Spieler i gewählte Aktion. Als Strategie verstehen wir dann einen vollständigen Plan über alle Aktionen.

Im einfachsten Fall besteht eine Strategie nur aus einer einzigen Aktion ($s_i = a_i$). Betrachten wir hierzu folgendes Beispiel: Ein Energieunternehmen steht vor der Wahl, entweder in den Ausbau konventioneller oder erneuerbarer Energien zu investieren. Es hofft dabei, dass der Staat seine Energiepolitik auch auf den gleichen Schwerpunkt (also auf konventionelle oder erneuerbare Energie) ausrichtet. Nehmen wir zunächst an, beide Spieler, Unternehmen und Staat, können zum Zeitpunkt ihrer Entscheidung nicht erkennen,

Tab. 2.1 Spielmatrix für das Simultanspiel „Zukunftsenergie"

Unternehmen (Spieler 1), Staat (Spieler 2)	Konventionell s_{21}	Erneuerbar s_{22}
Konventionell s_{11}	(2, 1)	(0, 0)
Erneuerbar s_{12}	(−1, 0)	(1, 2)

was der jeweils andere Spieler wählt. Beide Spieler können sich mangels Information bei ihrer Entscheidung nicht an der Entscheidung des anderen ausrichten. In einem solchen Fall sprechen wir von einem *Simultanspiel*, das man üblicherweise als Spielmatrix wie in Tab. 2.1 darstellt und was der Auszahlungsmatrix in Tab. 1.4 entspricht.

Konzentrieren wir uns zunächst nur auf die Strategien der Spieler. Die Strategiemenge des Unternehmens hat zwei Elemente – die beiden Strategien „Ausbau konventioneller Energie" und „Ausbau erneuerbarer Energie". Um die Strategien platzsparend aufzuschreiben, teilen wir den Spielern und den Strategien Nummern zu, und zwar auf die gleiche Weise, wie wir bereits im Teil zur Entscheidungstheorie die Aktionen und Zustände mit Ziffern indiziert haben. Das Unternehmen sei hier Spieler 1 und der Staat Spieler 2. Formal lässt sich dann die Strategiemenge des Energieunternehmens wie folgt beschreiben:

$$S_{1\,=\,\text{Unternehmen}} = \left\{ s_{11\,=\,\text{konventionelle Energie}}, s_{12\,=\,\text{erneuerbare Energie}} \right\}$$

Unabhängig von Spieler 1 wird der Staat als Spieler 2 darüber entscheiden, ob er den Ausbau konventioneller oder erneuerbarer Energien wirtschaftspolitisch fördert (etwa durch Subventionen oder öffentliche Infrastrukturinvestitionen). Die Strategiemenge des Staates wäre dann analog:

$$S_{2\,=\,\text{Staat}} = \left\{ s_{21\,=\,\text{konventionelle Energie}}, s_{22\,=\,\text{erneuerbare Energie}} \right\}$$

In Kurzform können wir nun die Strategiemengen beider Spieler vereinfacht wie folgt angeben: $S_1 = \{s_{11}, s_{12}\}$ für das Energieunternehmen und $S_2 = \{s_{21}, s_{22}\}$ für den Staat.[1] Genauso könnten wir in diesem Fall auch $S_1 = \{a_{11}, a_{12}\}$ bzw. $S_2 = \{a_{21}, a_{22}\}$ schreiben, da im betrachteten Beispiel die Strategien der Spieler mit ihren Aktionen identisch sind.

Dass die Strategiemenge eines Spielers aus nur einer einzigen Aktion besteht, ist der denkbar einfachste Fall, der hauptsächlich bei Simultanspielen von Bedeutung ist. Demgegenüber treffen die Spieler bei einem sogenannten *sequenziellen Spiel* ihre Entscheidungen nacheinander. Der entscheidende Unterschied zu einem Simultanspiel liegt darin, dass derjenige Spieler, der als zweites zum Zug kommt – der *Second-Mover* oder *Follower* – sich optimal an die vorausgehende Entscheidung seines Mitspielers – des *First-Movers* – anpassen kann. Da der Second-Mover zum Zeitpunkt seiner Entscheidung

---

[1]Merke: Die erste Ziffer im Index der Strategie bezeichnet immer den Spieler, die zweite Ziffer dessen Strategie.

Abb. 2.1 Spielbaum für das sequenzielle Spiel „Zukunftsenergie"

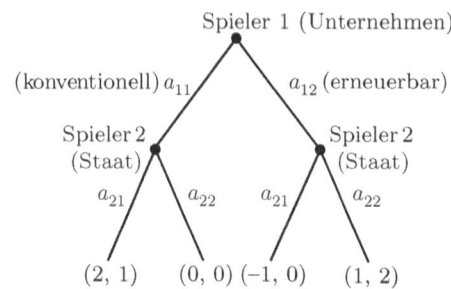

über die Strategiewahl des First-Movers perfekt informiert ist, kann er seine Entscheidung ohne strategische Unsicherheit treffen. Sequenzielle Spiele werden üblicherweise in der sogenannten extensiven Form, nämlich als Spielbaum, dargestellt. Hierzu zeigt Abb. 2.1 den Spielbaum für das Spiel „Zukunftsenergie", das wir nun als sequenzielles Spiel betrachten wollen.

Wie bereits im vorangehenden Kapitel zur Entscheidungstheorie anhand von Abb. 1.1 kurz angesprochen, gibt jeder Entscheidungspunkt bzw. Entscheidungsknoten eines Spiel-baumes an, welcher Spieler an dieser Stelle des Spiels zum Zug kommt. Am Ausgangs-punkt, dem ersten Entscheidungsknoten, entscheidet das Unternehmen. Anschließend entscheidet der Staat, der an zwei verschiedenen Entscheidungsknoten zum Zug kommen kann, je nachdem, was das Unternehmen zuvor gewählt hat. Da das Unternehmen im sequenziellen Spiel als First-Mover agiert und den Eröffnungszug wählt, ist seine Strate-giemenge mit derjenigen aus dem Simultanspiel identisch. Diese können wir daher wieder als Menge $S_1 = \{s_{11}, s_{12}\}$ oder gleichfalls $S_1 = \{a_{11}, a_{12}\}$ schreiben. Für den Staat allerdings ändert sich die Strategiemenge im Vergleich zum Simultanspiel, da er als Second-Mover auf ein bereits eingetretenes Spielgeschehen, die *Geschichte des Spiels*, reagiert. Der Staat hat zwar an jedem Entscheidungsknoten die Wahl zwischen seinen beiden Aktionen „Förderung konventioneller Energie" und „Förderung erneuerbarer Ener-gie", allerdings wird er die Wahl zwischen beiden Aktionen davon abhängig machen, was zuvor passiert ist. Anders (aber spieltheoretisch korrekter) formuliert, macht er seine Entscheidung von der Geschichte des Spiels abhängig. Dabei ist zu beachten, dass seine Strategie definitionsgemäß ein *vollständiger Plan* über alle Aktionen sein muss, das heißt, jede Strategie des Staates muss sowohl für den linken als auch für den rechten Entschei-dungsknoten eine eindeutige Handlungsanweisung beinhalten – ein Spieler muss zu jedem Zeitpunkt des Spiels wissen, was er zu tun hat. Eine Strategie des Staates könnte sein:

$$s_{21} = \{a_{21}|a_{11}, a_{21}|a_{12}\}$$

Diese Strategie enthält zwei *bedingte Aktionen* als Handlungsanweisungen. Die be-dingte Aktion $a_{21}|a_{11}$ schreibt dem Staat vor: „Fördere die konventionelle Energie (a_{21}), *wenn* (oder: *unter der Voraussetzung, dass*) das Unternehmen zuvor in den Ausbau konventioneller Energie investiert (a_{11}) hat." Im Spielbaum soll der Staat den linken Ast

(a_{21}) wählen, wenn er sich am linken Knoten befindet (Spieler 1 also zuvor a_{11} gewählt hat).

Demgegenüber schreibt die bedingte Aktion $a_{21}|a_{12}$ dem Staat seine Handlung am rechten Knoten vor: „Fördere die konventionelle Energie (a_{21}), *wenn* das Unternehmen zuvor in den Ausbau erneuerbarer Energie (a_{12}) investiert hat." Erst beide Handlungsanweisungen zusammen bilden die Strategie s_{21}. Würde eine der beiden bedingten Aktionen fehlen, dann wüsste der Staat an einem der Entscheidungsknoten nicht, was er zu tun hat und seine Strategie wäre unvollständig.[2]

Insgesamt verfügt der Staat als Second-Mover in diesem sequenziellen Spiel über vier Strategien – diese Anzahl ergibt sich kombinatorisch daraus, dass er an zwei Knoten aus jeweils zwei Aktionen wählen kann, woraus $2 \cdot 2 = 4$ Kombinationen resultieren. Jede dieser Strategien stellt folglich eine Kombination aus zwei bedingten Aktionen dar:

$s_{21} = \{a_{21}|a_{11}, a_{21}|a_{12}\}$ Wähle „links" am linken Knoten, wähle „links" am rechten Knoten

$s_{22} = \{a_{21}|a_{11}, a_{22}|a_{12}\}$ Wähle „links" am linken Knoten, wähle „rechts" am rechten Knoten

$s_{23} = \{a_{22}|a_{11}, a_{21}|a_{12}\}$ Wähle „rechts" am linken Knoten, wähle „links" am rechten Knoten

$s_{24} = \{a_{22}|a_{11}, a_{22}|a_{12}\}$ Wähle „rechts" am linken Knoten, wähle „rechts" am rechten Knoten

Die Strategiemenge des Staates ist mit diesen vier Strategien vollständig beschrieben: $S_2 = \{s_{21}, s_{22}, s_{23}, s_{24}\}$.

Grundsätzlich können wir ein sequenzielles Spiel auch in Matrixform darstellen, wie in Tab. 2.2 für das sequenzielle Spiel „Zukunftsenergie" geschehen. Aufgrund der vier Strategien von Spieler 2 hat die resultierende Matrix mehr Spalten bekommen – sie wird von der Dimension her größer. Um sequenzielle Spiele in Matrixform zu transferieren, benötigen wir alle Kombinationen bedingter Aktionen, was bereits bei diesem kurzen Spiel recht aufwändig wird. Aus diesem Grund werden sequenzielle Spiele in der deutlich intuitiveren Spielbaum-Variante dargestellt – zudem wird sich zeigen, dass die Matrixform auch unplausible Lösungen beinhalten kann. An dieser Stelle wollten wir nur aufzeigen, dass die Darstellungsform (Spielbaum oder Matrix) nicht zwingend an eine bestimmte Art des Spiels (sequenziell oder simultan) gebunden ist, sondern frei gewählt werden kann. Grundsätzlich empfehlen wir aber, die Baumdarstellung (extensive Form) bei sequenziellen Spielen und die Matrixdarstellung (strategische Form) bei simultanen Spielen zu wählen.

Eine Strategie stellt gemäß unserer Definition einen *Plan* über sämtliche, infrage kommenden Handlungsoptionen dar, sie trifft aber noch keine Aussage darüber, ob es sich um eine *optimale* Wahl handelt. Die für den Spieler optimale Strategie sehen wir erst dann,

---

[2]Stellen Sie sich hier einfach vor, Sie müssten einen Roboter für die Erkundung eines fremden Planeten programmieren und daher in dessen Programmcode für jede denkbare (und eigentlich auch nicht-denkbare) Eventualität eine Anweisung vorsehen – andernfalls kommt es zu einer Fehlermeldung und das Projekt ist gescheitert.

Tab. 2.2 Spielmatrix
für das sequenzielle
Spiel „Zukunftsenergie"

	$\{a_{21}\|a_{11},$ $a_{21}\|a_{12}\}$	$\{a_{21}\|a_{11},$ $a_{22}\|a_{12}\}$	$\{a_{22}\|a_{11},$ $a_{21}\|a_{12}\}$	$\{a_{22}\|a_{11},$ $a_{22}\|a_{12}\}$
$s_{11} = a_{11}$	(2, 1)	(2, 1)	(0, 0)	(0, 0)
$s_{12} = a_{12}$	(−1, 0)	(1, 2)	(−1, 0)	(1, 2)

wenn wir das Spiel lösen, also Gleichgewichte des Spiels bestimmen, womit wir uns später ausgiebig befassen werden. Bevor wir allerdings aus einer Strategiemenge die optimalen Strategien identifizieren können, müssen wir zunächst verstehen, was eine Strategiemenge ist und wie man sie darstellt.

Die Beschreibung von Strategien ist bereits bei verhältnismäßig einfachen Spielen mit wenigen Stufen und wenigen Aktionen sehr aufwändig. Bei Spielen wie Schach wird der Strategieraum schließlich so komplex, dass es selbst mit Unterstützung durch modernste Großrechner nicht möglich ist, den optimalen (zum Sieg führenden) Eröffnungszug zu bestimmen.

Wir werden uns mit der Beschreibung und Lösung mehrstufiger Spiele ausführlicher in Kap. 4 (Sequenzielle Spiele) auseinandersetzen.

Diskrete versus stetige Strategien Der Strategieraum lässt sich bezüglich seines Umfangs in *diskret* und *stetig* unterscheiden. Etwas verkürzt gesagt entsprechen diskrete Strategien einer abzählbaren Liste an Aktionen, die sich einer quantitativen oder qualitativen Skala zuordnen lassen. Betrachten wir hierzu das Spiel zwischen einem steuerpflichtigen Bürger und dem Finanzamt. Beschränkt man sich bei der Beschreibung der Strategien des Steuerpflichtigen auf die beiden Optionen „Steuern hinterziehen" oder „Keine Steuern hinterziehen", dann würde es sich um diskrete Strategien einer quantitativen Skala handeln, da der Steuerpflichtige den messbaren Geldbetrag X, den er dem Finanzamt vorenthält, aus einer zweielementigen Liste $X \in \{0, X^{Max}\}$ wählt: Entweder er hinterzieht den maximal möglichen Geldbetrag ($X = X^{Max}$) oder nichts ($X = 0$). Da beides messbare Größen sind, ist die Skala quantitativ. Beispiele für diskrete Strategien einer qualitativen Skala wäre die Entscheidung des Finanzamts zwischen „Kontrolle" und „Keine Kontrolle", die Investitionen in konventionelle bzw. erneuerbare Energien durch unser Energieunternehmen oder die aus dem vorangehenden Kapitel bereits bekannte Entscheidung zwischen den Freizeitaktivitäten „Freibad" oder „Kino". Eine qualitative Skala besteht somit aus Namen und Bezeichnungen.

Bei stetigen Strategien hingegen gibt es keine solche Liste als Strategieraum, sondern stattdessen ein kontinuierliches Spektrum, aus dem der Spieler – zumindest theoretisch – zwischen potenziell unendlich vielen Möglichkeiten auswählen kann. Beispielsweise könnte der Steuerpflichtige den zu hinterziehenden Geldbetrag aus dem gesamten, kontinuierlichen Spektrum $X \in [0, X^{Max}]$ wählen. Im Gegensatz zu den geschweiften Klammern oben kennzeichnen die eckigen Klammern ein stetiges Intervall, das heißt, der Steuerpflichtige kann 0, X^{Max} oder jeden beliebigen Betrag dazwischen wählen.[3] Die meisten der in diesem Buch besprochenen Spiele beinhalten diskrete Strategien (etwa alle Matrixspiele). In den Fällen, in denen wir eine stetige Formulierung des Strategieraums bevorzugen, erfolgt dies maßgeblich aus zwei Gründen: Erstens interessieren wir uns bei manchen spieltheoretischen Fragestellungen für präzise quantifizierbare Strategien, wie etwa bei der Wahl von Mengen und Preisen durch ein Unternehmen. Zweitens können wir bei stetigen Formulierungen die Vorzüge der Differenzialrechnung nutzen und optimale Strategien ableiten.

Gemischte Strategie Eine gemischte Strategie ordnet jeder Aktion des Spielers eine bestimmte Wahrscheinlichkeit zu (Summe $= 1$): So kann der Steuerpflichtige sich überlegen, seine Steuern mit Wahrscheinlichkeit p zu hinterziehen oder mit der Gegenwahrscheinlichkeit $(1 - p)$ seine Steuern zu bezahlen. Er entscheidet somit nun nur noch über die (stetige) Wahrscheinlichkeit $p \in [0; 1]$. Da unendlich viele Möglichkeiten bestehen, wie die Wahrscheinlichkeiten zugeordnet werden können, hat der Steuerpflichtige trotz ursprünglich diskreter Wahlmöglichkeit nun einen stetigen Strategieraum. Dieser Strategietyp wird ausführlich in Abschn. 3.2 behandelt. Da eine reine Strategie immer dann vorliegt, wenn eine bestimmte Aktion mit Wahrscheinlichkeit 1 und alle anderen mit Wahrscheinlichkeit 0 gespielt werden, stellen reine Strategien letztlich Sonderfälle gemischter Strategien dar.

Hinweise zur Identifikation relevanter Strategien Möchten wir eine konkrete, strategisch interessante, Fragestellung in ein Spiel übersetzen, müssen wir auch die Entscheidung treffen, welche Handlungsoptionen wir für den betreffenden Spieler als relevant erachten und die deshalb Eingang in die Strategiemenge finden sollten. Bei Gesellschaftsspielen, wie Schach oder Mühle, stellt sich diese Frage nicht, da dort der Raum aller Handlungsoptionen zwar sehr komplex sein kann, allerdings fest vorgegeben ist. Wie aber sieht es zum Beispiel beim Elfmeterschießen aus, einer auf den ersten Blick doch recht einfachen Variante sportlicher Auseinandersetzung? Im einfachsten Fall könnte man die Entscheidung des Schützen auf die beiden Schussrichtungen „links" und „rechts" (gemeint sind hier natürlich die linke und rechte Ecke des Tores) beschränken. Auch für den Torwart wären dies die entsprechenden Richtungen, in die er sich zur Abwehr des Schusses werfen kann. Eine Beschränkung des Strategieraumes auf „links" und „rechts" wirkt jedoch sehr restriktiv, da ein Schütze natürlich auch in die Mitte schießen, zwischen „oben" und „unten" wählen und mit unterschiedlicher Stärke und Schusstechnik schießen kann. Auch an dieser Stelle soll noch einmal ausdrücklich betont werden, dass ein Spiel stets nur ein Modell ist. Es geht also bei der Formulierung eines Spiels nicht darum, alle Facetten der

---

[3]Im streng mathematischen Sinne handelt es sich allerdings auch hierbei um eine diskrete Strategiemenge, weil Geldbeträge letztlich nur in abzählbaren Cent-Schritten darstellbar und nicht unendlich fein teilbar sind. Dieser Punkt ist jedoch für die spieltheoretische Modellierung nicht von Relevanz.

Entscheidungssituation so realitätsgetreu wie möglich abzubilden, sondern auf die spar-
samste Weise den *zentralen strategischen Aspekt der Interaktion* zu erfassen. Damit
verlagert sich der Fokus auf die Frage: Was ist der zentrale, strategische Aspekt beim
Elfmeterschießen? Aufgrund des direkten Interessenkonfliktes zwischen Schütze und
Torwart liegt der wohl wichtigste Aspekt zunächst im Phänomen des „gegenseitigen
Belauerns". Die Implikationen dieses Belauerns lassen sich wiederum am einfachsten
und deutlichsten mit der simplen Wahl zwischen „links" und „rechts" abbilden. Wir
werden die Lösung des Elfmeter-Spiels eingehender in Abschn. 3.2 besprechen und in
diesem Zusammenhang auch diskutieren, in welcher Hinsicht die Erweiterung der Strategiemenge um die Option „in die Mitte schießen" den zentralen strategischen Aspekt der
Interaktion verändern könnte. In diesem besonderen Fall lässt sich die Erklärungskraft des
Spiels aus empirischer Sicht erhöhen und somit das Hinzunehmen dieser dritten Strategie
rechtfertigen.

Bei der Übertragung einer realen Entscheidungssituation in die spieltheoretische Sprache müssen wir uns im Vorfeld somit genau überlegen, welche Handlungsoptionen für den
jeweils vorliegenden Kontext strategisch relevant sind. Unsere Erfahrung zeigt, dass
Studierenden hier relativ häufig zwei Arten von Fehlern unterlaufen: Entweder es wird
mit der Strategie schon das Ergebnis des Spiels vorweggenommen oder es werden Ereig-
nisse zu Strategien erklärt, die der betreffende Spieler gar nicht oder nur mit erheblicher
Einschränkung beeinflussen kann. Ein Beispiel für den ersten Fall wäre, als Strategien des
Torwarts „Tor verhindern" und „Tor ermöglichen" zu wählen. Ob es dem Torwart letztendlich gelingt, den Ball abzuwehren oder nicht, hängt von der Strategiewahl *beider
Spieler*, Torwart und Schütze, ab. Ob der Ball am Ende im Tor landet, ist somit vom
Spielverlauf abhängig und ein *Ergebnis* des Spiels und keine Strategie. Der zweite Fehler
geht in eine ähnliche Richtung und ist besonders für entscheidungstheoretische Fragestellungen relevant, wie wir sie in Kap. 1 besprochen haben. Hier wird der Einfluss des Zufalls
unterschätzt oder ausgeblendet. Angenommen, es soll die Innovationsstrategie eines
Unternehmens modelliert werden und man würde hierfür die beiden Strategien „Innovation
schaffen" und „keine Innovation schaffen" wählen. Sicher wird das Ergebnis der Investition in eine Produktinnovation am Ende auf eine dieser beiden Möglichkeiten hinauslaufen
(*ex post*-Betrachtung), aber das Unternehmen muss über seine Investition zu einem Zeitpunkt entscheiden, an dem noch keineswegs absehbar ist, ob die Investition überhaupt zu
einer Innovation führt (*ex ante*-Betrachtung). In dieser Unsicherheitskomponente liegt
gerade das unternehmerische Risiko. Allerdings kann das Unternehmen eventuell mit der
Höhe der Investition die Chancen für eine Innovation positiv beeinflussen. In einem
solchen Fall ist es somit wichtig, zwischen der beeinflussbaren und der nicht-beeinfluss-
baren Komponente der Entscheidung zu unterscheiden. Letztere könnte man auf folgende
Weise in der Modellierung des Spiels berücksichtigen: Der Unternehmer bestimmt als die
von ihm kontrollierbare Größe seine Ausgaben für Forschung und Entwicklung (F&E),
wodurch wiederum die *Wahrscheinlichkeit* für das Gelingen einer Innovation beeinflusst
wird. Das Unternehmen kann mit seiner Investition also lediglich die Chancen für eine

Innovation beeinflussen, die Innovation selbst wird jedoch durch den Zufall herbeigeführt. Was der Spieler entscheidet darf nicht damit vermischt werden, was der Zufall bzw. in der spieltheoretischen Sprache die Natur entscheidet.

2.2 Auszahlungen als Zielgröße der Spieler

Das dritte wesentliche Element eines Spiels wird durch die *Nutzenfunktionen* bzw. durch die *Auszahlungen der Spieler* bestimmt. Wie in Kap. 1 beschrieben, nehmen wir vereinfachend an, dass jeder Spieler jeden möglichen Ausgang mit einer Nutzenfunktion bewertet, den Spielausgängen also Nutzeneinheiten oder „Nutzenwerte" zuweist. Als Nutzenfunktion unterstellen wir die in Abschn. 1.3 vorgestellte Erwartungsnutzenfunktion, da der Spielausgang riskant ist und dieses Risiko von den Spielern entsprechend ihrer Risikoeinstellung berücksichtigt werden muss. Die Nutzenwerte bezeichnen wir auch synonym als „Auszahlungen" der Spieler und die Gesamtheit aller Auszahlungen als *Auszahlungsstruktur* eines Spiels. Die Auszahlungen sind gewissermaßen der „Motor" eines Spiels, denn sie bestimmen die Ziele der Spieler. Erst aus diesen Zielen ergibt sich die Motivation eines Spielers für die Wahl einer bestimmten Strategie. Insofern ist die Auszahlungsstruktur eines Spiels auch anschaulich als *Motivationsstruktur* bzw. *Anreizstruktur* auffassbar. Wir gehen im Normalfall davon aus, dass jeder Spieler stets nur auf den eigenen Nutzenwert achtet und sich nicht dafür interessiert, welche Nutzen die Mitspieler erhalten, das heißt, jeder Spieler ist (strikt) *eigennützig motiviert*.

Bei der Festlegung der Auszahlungen ist zu beachten, dass diese für den jeweils modellierten Kontext eine *plausible Motivation* der Spieler abbilden. Betrachten wir hierzu noch einmal das in Tab. 2.1 dargestellte Simultanspiel „Zukunftsenergie", bei dem wir bereits von bestimmten Auszahlungen ausgegangen sind. In dem Spiel wurden die symmetrischen Fälle, bei denen sich der Staat und das Unternehmen für den gleichen Energieträger entscheiden, mit den höchsten Auszahlungen (2, 1) und (1, 2) belegt. Wenn man die Auszahlungen so wählt, geht man also davon aus, dass das Hauptinteresse beider Spieler (Unternehmen und Staat) darin liegt, dass die Richtung von Investition und Förderung zusammenfallen. Der Staat profitiert allerdings etwas mehr als das Unternehmen, wenn sich die erneuerbare Energie durchsetzt, da der Staat damit sein (von ihm gesetztes) wirtschaftspolitisches Ziel erreichen kann. Das Unternehmen hingegen befindet sich in der besten Situation, wenn es unter Subventionsbedingungen seine bisherige Technologie beibehalten kann und nicht wechseln muss. Der für das Unternehmen ungünstigste Fall (Auszahlung −1) tritt dementsprechend dann ein, wenn es die Technologie wechseln muss, dafür jedoch keine Förderung erhält. Dieses kleine Beispiel zeigt, dass es bei der Abbildung der Spielermotivation weniger auf die absolute Höhe der Auszahlungen ankommt, sondern primär auf die *Rangordnung* der Auszahlungen. Wenn wir also eine 2×2-Matrix mit Auszahlungen belegen möchten, müssen wir uns für alle vier möglichen Spielergebnisse überlegen, wie der jeweilige Spieler diese Ausgänge *im Vergleich* bewertet. Welche unterstellte Motivation letzten Endes die „richtige" ist, hängt vom Kontext ab und ist somit in erster Linie eine empirische Frage.

Das wohl wichtigste Kriterium zur Beschreibung der Anreizstruktur ist der *Grad des Interessenkonflikts* eines Spiels. Spiele, die einen extremen Interessenkonflikt beinhalten, stellen etwa kriegerische Auseinandersetzungen oder Duellsituationen dar. In diesen Fällen haben die Spieler völlig gegensätzliche Interessen, sodass bei jedem Spielausgang immer einer der Spieler einen Verlust erleidet. Zu diesen konfliktträchtigen Spielen gehören die sogenannten Konstantsummenspiele, die nachfolgend genauer betrachtet werden. In anderen Spielen wiederum sind zwar durchaus Kompromisslösungen möglich, diese sind jedoch nur schwer durchsetzbar. Ein Beispiel hierfür ist das sogenannte Gefangenendilemma, das wir in Abschn. 3.3 eingehender analysieren werden. Und schließlich gibt es Spiele, bei denen bestenfalls ein sehr schwacher Interessenkonflikt vorliegt und bei denen die Spieler mit bereits sehr wenig Kommunikation oder einer minimalen Intuition zu einer für sie günstigen Lösung gelangen. Wir werden in Kap. 3 ausführlicher darauf eingehen, woran man den Spielraum für Kommunikation erkennt und was mit der Formulierung „günstige Lösung" gemeint sein kann.

Die Bestimmung der Auszahlungen der Spieler ist bei manchen Spielen naheliegend, bei anderen wiederum eine ausgesprochen anspruchsvolle Aufgabe. Betrachten wir hierzu beispielhaft die Schüler einer Schulklasse, die vor der Wahl stehen, sich intensiv oder nachlässig auf eine Prüfung vorzubereiten. Das Prüfungsergebnis ist für jeden Schüler bei einer intensiven Vorbereitung stets besser als bei einer nachlässigen Vorbereitung, und natürlich wird jeder Schüler an einer guten Note interessiert sein. Intensives Lernen ist jedoch auch mit einem Aufwand verbunden, der mindestens Zeiteinsatz erfordert, und dieser Zeiteinsatz kann von den Schülern sehr unterschiedlich empfunden und bewertet werden: Manche Schüler lernen gerne, haben Spaß an der Aneignung neuen Lernstoffs und freuen sich auf die Prüfung in Erwartung eines guten Ergebnisses. Für andere Schüler jedoch ist das Lernen mit einer starken nervlichen Beanspruchung verbunden, sei es durch Frustration, durch geringen Lernfortschritt oder durch Versagensängste. Für manche Schüler sind also die zeitlichen und psychischen Kosten des Lernens sehr hoch, für andere sehr niedrig und vielleicht sogar negativ (negative psychische Kosten sind „psychische Gewinne", die man als Vorfreude und Spaß interpretieren könnte).

Darüber hinaus gibt es noch den „überehrgeizigen" Schüler, der nicht nur eine gute Note erreichen möchte, sondern sich erst dann richtig zufrieden fühlt, wenn er eine bessere Note hat als die anderen. In der Auszahlung des überehrgeizigen Schülers kommt also eine *soziale Motivation* zum Tragen. Im Gegensatz zu einem Spieler mit strikt eigennütziger Motivation orientiert sich ein Spieler mit sozialer Motivation bei der Bewertung seiner Lage nicht nur am eigenen Abschneiden sondern auch am Abschneiden der anderen Spieler.

Die soziale Motivation eines Spielers kann sich negativ oder positiv auf den Mitspieler auswirken, je nachdem, ob es sich bei der sozialen Einstellung des betreffenden Spielers eher um eine kooperative oder eher um eine gegnerische bzw. adverse Haltung handelt. Dies hängt wiederum entscheidend vom Kontext des Spiels ab. Im Fall des überehrgeizigen

Schülers handelt es sich um eine gegnerische, weil wettbewerblich orientierte, Haltung gegenüber den Mitschülern. Soziale Motivationen sind vor allem im Kontext *sozialer Normen* relevant, etwa in Bezug auf Hilfsbereitschaft oder Fairness. Soziale Normen führen der Tendenz nach zu kooperativem Verhalten gegenüber einem kooperativen Mitspieler, aber durchaus auch zu adversem Verhalten gegenüber unkooperativen Mitspielern. Ein fair eingestellter Spieler würde es als unbefriedigend empfinden, wenn sein Mitspieler (wesentlich) schlechter dasteht als er selbst und wird darum bemüht sein, diesen Nachteil auszugleichen (kooperative Haltung). Stellt er jedoch fest, dass seine Großzügigkeit ausgenutzt wird, so erzeugt dies eine adverse Haltung und er würde sich gegenüber seinem Mitspieler aggressiver verhalten als es ein Spieler tun würde, der keiner sozialen Motivation unterliegt. Die Teildisziplin der sogenannten verhaltensorientierten Spieltheorie untersucht vorrangig solche Fragen sozialer Motivation, die stark mit sozialpsychologischer Forschung verbunden ist.

Der Fall der Schulklasse zeigt erstens, dass bei einem Spiel gleichermaßen harte und weiche Faktoren in die Gesamtauszahlung eines Spielers einfließen können: Die Zeit oder die Punktzahl in der Prüfung wären eher harte Faktoren, da sie beide messbar und auch interpersonell vergleichbar sind. Psychische Auszahlungen wie Freude oder Angst sind dagegen natürlich sehr subjektiv und somit eher weiche Faktoren. Zweitens verdeutlicht das andiskutierte Beispiel, dass es manchmal sinnvoll sein kann, mehrere „Typen" von Spielern zu modellieren, so wie die Schulklasse auch aus unterschiedlichen „Schülertypen" besteht. Anstelle einer *homogenen* Schülergruppe, die durch einen einzigen, repräsentativen Schüler (gewissermaßen als „Schüler-Prototyp") dargestellt werden kann, könnte man eine *heterogene* Gruppe modellieren, die etwa aus schwächeren, eher überforderten Schülern (wir sprechen dann vom schwächeren „Typ") und sehr leistungsstarken, souveränen Schülern (dem leistungsstarken „Typ") besteht. Bei der Frage, wie viele und welche Spielertypen unterschieden werden sollen, müssen wir aber wieder im Auge behalten, dass ein Spiel nur ein Modell darstellt. Man sollte also nicht allein deshalb von einer möglichst hohen Zahl an Spielertypen ausgehen, um das Spiel bunter und damit scheinbar realistischer zu machen. Mit keinem Modell der Welt lässt sich eine Schulklasse vollständig realistisch erfassen. Die Entscheidung für Heterogenität sollte (und muss) nur dann erfolgen, wenn es bei der zu untersuchenden Fragestellung besonders auf den konkreten Unterschied zwischen den modellierten Spielertypen ankommt. Wenn wir also zum Beispiel untersuchen möchten, wie sich ein bestimmtes Bewertungsschema (etwa für eine Prüfung) auf die Motivation der leistungsstärkeren und leistungsschwächeren Schüler sowie auf die Interaktion beider Schülergruppen auswirkt (lernen sie eher zusammen, ziehen sie sich gegenseitig mit oder führt der Erfolg der einen Gruppe eher zur Frustration bei der anderen Gruppe?), dann ist die explizite Unterscheidung der Schülertypen sinnvoll.

Unabhängig davon, ob die Auszahlungen eher durch harte oder durch weiche Faktoren bestimmt sind, ist die am Ende resultierende Gesamtauszahlung stets eine subjektive Bewertung, das heißt, es ist grundsätzlich nicht möglich, Aussagen über den Vergleich der Auszahlungen zweier Spieler zu treffen. Denn selbst bei harten, messbaren Faktoren, wie etwa Zeitverlust oder der erreichten Punktzahl, wissen wir schließlich nicht, wie der betreffende Schüler diese Faktoren bewertet. Führen etwa sechs Stunden Lernen zum Erreichen von 60 % der Maximalpunktzahl, kann dies von einem Schüler als hervorragendes Ergebnis angesehen werden, während ein anderer es als herbe Enttäuschung empfindet. Aus diesem Grund dürfen wir stets nur die Auszahlungen eines Spielers miteinander vergleichen (*intra*personeller Nutzenvergleich), nicht aber die Auszahlungen unterschiedlicher Spieler (*inter*personeller Nutzenvergleich). Nicht anders verhält es sich bei der aus der Mikroökonomie bekannten Nutzenfunktion zur Bewertung verschiedener Güterbündel.

Konstantsummenspiele und Nullsummenspiele Im Gegensatz zum eben dargestellten Beispiel der Schülermotivation ist die Festlegung der Auszahlungen bei Gesellschaftsspielen oder Sportwettkämpfen wesentlich leichter, da wir hier die plausible Verhaltenshypothese treffen können, dass jeder Spieler das ausschließliche Ziel verfolgt, den Wettkampf zu gewinnen. In der linken Matrix in Tab. 2.3 ist exemplarisch eine mögliche Auszahlungsstruktur beim Elfmeterschießen dargestellt.

Der Elfmeterschütze ist Spieler 1, der zwischen den vertikal abgetragenen Strategien wählt: Er kann entweder in die linke oder in die rechte Ecke des Tors schießen. Der Torwart als Spieler 2 wählt zwischen den horizontal abgetragenen Strategien und kann sich dementsprechend nach links oder rechts werfen, um den Ball abzuwehren.[4] Die Motivation der beiden Spieler ist in diesem einfachen, klar strukturierten Spiel selbsterklärend: Der Schütze möchte ein Tor schießen und der Torwart will dies verhindern. Derjenige Spieler, der das Duell gewinnt, erhält einen Nutzen bzw. eine Auszahlung von 1; der Verlierer erhält eine Auszahlung von 0. Immer dann, wenn beide die gleiche Ecke des Tors wählen (beide links oder beide rechts), gewinnt der Torhüter das Duell und der Schütze verliert es. Wenn beide unterschiedliche Ecken wählen, gewinnt der Schütze das Duell und der Torwart ist der Verlierer. Schauen wir uns jede einzelne Zelle dieser Matrix genauer an, erkennen wir, dass die Summe der Auszahlungen beider Spieler stets 1 ergibt. Dies resultiert daraus, dass es bei diesem Duell für jeden Spieler nur die Ergebnisse „Sieg" und „Niederlage" gibt und sich diese beiden Spielergebnisse auch strikt gegenseitig bedingen: Immer dann, wenn der eine Spieler verliert, gewinnt der andere und umgekehrt. Da die Summe der Auszahlungen in jeder Zelle konstant ist (in diesem Beispiel beträgt der konstante Wert 1), bezeichnet man ein solches Spiel auch als *Konstantsummenspiel*. Eine spezielle Variante eines Konstantsummenspiels liegt dann vor, wenn die Auszahlungssumme in jeder Zelle 0 beträgt. In diesem Spezialfall spricht man von einem *Nullsummenspiel*. Die rechte Matrix aus Tab. 2.3 stellt das Elfmeter-Spiel als Nullsummenspiel dar. Um aus dem Konstantsummenspiel mit Auszahlungssumme 1 ein Nullsummenspiel zu machen, haben wir lediglich die Auszahlung des Verlierers von 0 auf -1 abgesenkt. Zur

---

[4]Die Richtungen „links" und „rechts" beziehen sich auf die Perspektive eines dritten, unbeteiligten Beobachters, etwa der eines Kameramanns oder eines Sportjournalisten. Da sich Schütze und Torwart gegenüberstehen, verstehen sie „links" und „rechts" aus ihrer jeweils individuellen Perspektiven natürlich gegensätzlich.

Tab. 2.3 Auszahlungen für das Konstantsummen-Spiel „Elfmeterschießen"

Schütze (1)	Torwart (2)			Schütze (1)	Torwart (2)	
	links	rechts			links	rechts
links	(0 , 1)	(1 , 0)		links	(−1 , 1)	(1 , −1)
rechts	(1 , 0)	(0 , 1)		rechts	(1 , −1)	(−1 , 1)

Beschreibung der Spielermotivationen in Duellsituationen wählt man üblicherweise Nullsummenspiele, da ein Nullsummenspiel das raue „Alles oder nichts"-Schicksal der Spieler gut beschreibt: Entweder man gewinnt (positive Auszahlung) oder man verliert (negative Auszahlung), wobei der Gewinn des Siegers exakt dem Verlust des Verlierers entspricht.

Es spielt letztlich keine Rolle, ob die Situation als (allgemeineres) Konstantsummen-spiel oder als Nullsummenspiel modelliert wird: Die absolute Höhe der Auszahlungen ist für die Lösung der Spiele so gut wie nie von Bedeutung. Es kommt bei der Lösung vielmehr auf die Relation, also auf den Abstand bzw. den Vergleich, bestimmter Auszah-lungen an. Es ist also für die Lösung und Interpretation eines Spiels von großer Bedeutung zu wissen, *dass* ein Konstantsummenspiel vorliegt. Ob die Summe der Zellenauszahlungen nun aber genau 0, 1, −18 oder 372 beträgt, ist hingegen (fast immer) ohne Bedeutung. Die Begründung hierfür ist naheliegend: Sie können aus *jedem* Konstantsummenspiel mit beliebiger Auszahlungssumme eines mit anderer Auszahlungssumme machen, indem Sie jede Auszahlung von jedem Spieler einfach um einen festen Wert erhöhen oder reduzieren – die hinter den Auszahlungen stehende Nutzenfunktion erlaubt schließlich jede positive lineare Transformation (siehe Abschn. 1.3). Da von dieser Änderung alle Auszahlungen gleichermaßen betroffen sind, bleibt die *Auszahlungsstruktur* unverändert: Da sich die relative Attraktivität der jeweiligen Strategie für einen Spieler nicht ändert, ändert auch kein Spieler seine Strategiewahl.

Präferenzparameter Neben den Präferenzen für Spielergebnisse gibt es auch eine Reihe von Präferenzparametern, die sich zwar auf andere Dimensionen des Spiels (als auf die Ausgänge) beziehen, aber durchaus Einfluss auf die Entscheidung der Spieler nehmen können. Ein Beispiel für einen solchen Präferenzparameter wäre das bereits aus Abschn. 1.3 bekannte *Arrow-Pratt-Maß*, das über die Krümmung der Erwartungsnutzenfunktion den Grad der Risikoneigung eines Individuums erfasst. Wenn wir also den Einfluss der Risikobereitschaft der Spieler auf den Ausgang eines Spiels untersuchen wollen, ist es sinnvoll, die Risikoneigung zu variieren und das betreffende Spiel für die Annahme risikofreudiger, risikoneutraler und risikoaverser Spieler zu untersuchen. Wenn es uns allerdings nicht auf diese Frage ankommt, ist es nach dem Prinzip sparsamer Modellierung angebracht, den Einfluss dieser Risiko-Dimension bei der Analyse auszublenden. Dies erreicht man am einfachsten dadurch, dass man annimmt, die im Spiel auftretenden Auszahlungen seien zuvor schon durch eine Erwartungsnutzenfunktion bewertet, womit es sich dann um bereits *risikoadjustierte Auszahlungen* handelt. Da wir uns im Folgenden überwiegend für die strategische Interaktion und weniger für die Risikoimplikationen interessieren, treffen wir diese Annahme für alle nachfolgenden Kapitel. Würden wir diese Annahme nicht treffen, dann müssten wir für jedes Spiel die Nutzenfunktion (und damit auch die Risikopräferenz) jedes Spielers explizit angeben und bei der Lösung der Spiele berücksichtigen, was die Analyse unnötig aufwändig und komplex macht.

Andere Beispiele für Präferenzparameter wären der ebenfalls bereits aus Kap. 1 bekannte Optimismus-Pessimismus-Parameter der Hurwicz-Entscheidungsregel oder der *Diskontfaktor*. Ein Diskontfaktor gibt an, wie ein Individuum Auszahlungen bewertet und vergleichbar macht, die zu unterschiedlichen Zeitpunkten anfallen. Im Unterschied zur Risikopräferenz, die durch das Arrow-Pratt-Maß erfasst wird, handelt es sich beim Diskontfaktor somit um ein Maß für die Zeitpräferenz eines Individuums. Der Diskontfaktor wird in Kap. 5 eine wichtige Rolle spielen, da dort die zeitliche Dimension, das heißt die Dauer bzw. die Wiederholung eines Spiels, relevant wird.

Abb. 2.2 stellt die verschiedenen Dimensionen dar, die in die Bestimmung der Auszahlungen einfließen können. Dem Grundsatz der sparsamen Modellierung folgend sollten nur diejenigen Auszahlungsdimensionen explizit dargestellt werden, die beim betreffenden Spiel von Relevanz sind und die dementsprechend auch einen wesentlichen Beitrag zur Erklärung des Spielergebnisses liefern.

Symmetrie Viele Spiele weisen eine *Symmetrie* in der Auszahlungsstruktur auf, die man sich auf vielfache Art zunutze machen kann. Man unterscheidet zwischen Spiegelsymmetrie und Punktsymmetrie. Abb. 2.3 veranschaulicht grafisch die Eigenschaften der Spiegel- bzw. Punktsymmetrie am Beispiel einer 2 × 2-Matrix mit allgemein gehaltenen Auszahlungen.

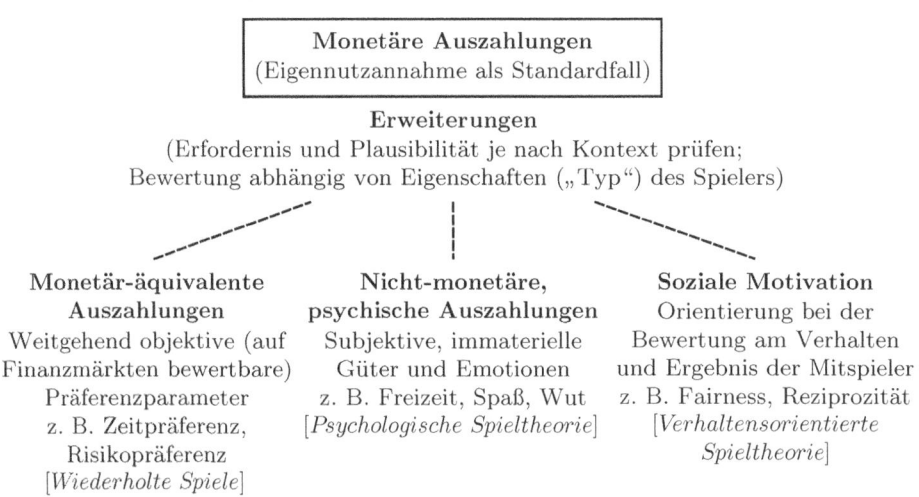

Abb. 2.2 Auszahlungsdimensionen

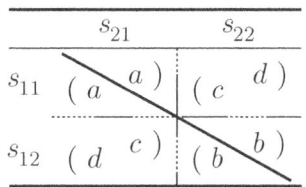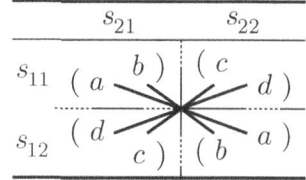

Abb. 2.3 Spiegel- und Punktsymmetrie der Auszahlungsstruktur

Die Punktsymmetrie impliziert, dass die Spieler bei einem Wechsel ihrer Strategien (das heißt beide wechseln jeweils auf ihre alternative Strategie) auch ihre Positionen im Spiel wechseln (beide „tauschen" gewissermaßen ihre Auszahlungen). Angenommen beide Spieler wählen ihre erste Strategie und erzielen damit die Auszahlungskombination (a, b). Würden sie jetzt beide wechseln, also nun beide ihre zweite Strategie wählen, würde dies zu einem Tausch der Auszahlungen führen, also zur Auszahlungskombination (b, a). Ist die Auszahlungsstruktur spiegelsymmetrisch, dann haben beide Spieler die gleiche Perspektive auf das Spiel, das heißt, sie sehen sich bei einem Rollentausch (Spieler 1 wird zu Spieler 2 und Spieler 2 wird zu Spieler 1) denselben Auszahlungen gegenüber. Die Eigenschaft der Spiegelsymmetrie kann vor allem bei Mehrpersonenspielen die Lösung eines Spiels erheblich erleichtern, da es ausreicht, das Spiel aus der Perspektive eines (repräsentativen) Spielers zu lösen. Die optimale Strategie dieses Spielers ist dann automatisch auch die optimale Strategie *aller* Spieler, da das Spiel aus der Perspektive jedes Spielers gleich aussieht. Wenn wir in den folgenden Kapiteln die Symmetrieeigenschaften eines Spiels ausnutzen, ist damit stets die Spiegelsymmetrie gemeint.

2.3 Spielstruktur und Spielregeln

Neben den Spielern, den Strategien und den Auszahlungen spielen schließlich noch die *Spielregeln* eine wichtige Rolle. Zu den Spielregeln zählen in erster Linie die *zeitliche Struktur* eines Spiels, die *Informationsstruktur* sowie bestimmte *Verhaltens- und Erwartungsannahmen*. Die zeitliche Struktur eines Spiels beschreibt die Anzahl und Reihenfolge der Spielzüge sowie die Anzahl der Spielwiederholungen. Grundlegend ist hier die bereits bekannte Unterscheidung zwischen einem *Simultanspiel*, bei dem die Spieler ihre Strategiewahl gleichzeitig treffen, und einem *sequenziellen Spiel*, bei dem ein Spieler zuerst seine Entscheidung trifft und der andere Spieler auf die vorausgegangene Entscheidung reagiert.

Die Informationsstruktur legt fest, ob für einen Spieler die Spielzüge seines Gegenspielers beobachtbar sind und ob er dessen Strategien und Auszahlungen kennt. Wenn es um die Beobachtbarkeit von Spielzügen geht, spricht man von *perfekter* bzw. *imperfekter Information*: Kann ein Spieler die Strategiewahl seines Gegenspielers beobachten liegt perfekte Information vor, andernfalls imperfekte Information.

Bei der zweiten Informationskategorie, bei der es um die Strategievarianten und Auszahlungen geht, wird zwischen *vollständiger* und *unvollständiger Information* unterschieden. Vereinfacht gesagt, geht es hier um die Erkennbarkeit des jeweiligen *Spielertypen*, dem man gegenübersteht. Ein Spielertyp ist dabei durch seine Strategien und Auszahlungsstruktur gekennzeichnet. Ist ein Spieler über den Typ seines Mitspielers informiert, handelt es sich um vollständige Information. Weiß er hingegen nicht, welchem „Typen" von Mitspieler er gegenübersteht, dann handelt es sich um unvollständige Information. Ein Beispiel für den letzten Fall wäre ein Lehrer, der nicht weiß, ob es sich bei einem bestimmten Schüler um einen leistungsstarken oder schwächeren „Typ" Schüler handelt oder ein Kunde, der eine Urlaubsreise buchen möchte, und nicht einschätzen kann, ob er bei einem (im Sinne der Qualität) guten oder schlechten Reiseanbieter bucht.

Gelten alle Informationsannahmen (sowohl bezüglich der Beobachtbarkeit als auch in Bezug auf die Typenunterscheidung) gleichermaßen für alle Spieler, dann spricht man von einem Spiel mit *symmetrischer Information* bzw. *symmetrischem Informationsstand*. Verfügen die Spieler hingegen über einen jeweils unterschiedlichen Informationsstand, liegt *asymmetrische Information* vor.

Zwischen der zeitlichen Struktur und der Informationsstruktur bestehen wichtige Zusammenhänge. Ein Simultanspiel ist ein Spiel mit imperfekter Information und symmetrischem Informationsstand. Es liegt imperfekte Information vor, da keiner der Spieler die Spielzüge des Gegenspielers (bzw. der Gegenspieler) beobachten kann. Diese Informationseinschränkung gilt gleichermaßen für alle Spieler, sodass der Informationsstand symmetrisch ist. Die Bezeichnung „Simultanspiel" ist somit etwas irreführend, da es bei einem Simultanspiel nicht darum geht, dass die Spieler tatsächlich simultan, also exakt zeitgleich, agieren, sondern es vielmehr darauf ankommt, dass jeder Spieler *nicht darüber informiert* ist, wie der andere Spieler agiert. Exakt zeitgleiches Handeln, wie man es beispielsweise vom bekannten Taktikspiel „Schere, Stein, Papier" kennt, ist nur eine mögliche Variante, wie imperfekte Information entstehen kann. Ein bereits diskutiertes Beispiel für eine „nahezu simultane" Zugreihenfolge wäre das bereits besprochene Spiel „Elfmeterschießen". Beim echten Elfmeterschießen wartet der Torwart so lange, bis er glaubt, erkennen zu können, in welche Ecke der Schütze schießen wird. Er muss sich aber fast zeitgleich mit dem Schützen für eine Ecke entscheiden, da die Fluggeschwindigkeit des Balles zu hoch ist, um den Schuss abzuwarten.[5] Viele strategische Situationen, bei denen imperfekte Information vorliegt und die man deshalb als Simultanspiel darstellt, laufen in Wirklichkeit eher sequenziell ab. So kann etwa in einem Fernsehduell, bei dem zwei Kandidaten nacheinander eine bestimmte Aufgabe bewältigen müssen, nur dann Chancengleichheit gewahrt werden, wenn derjenige Kandidat, der als zweites an der Reihe ist, nicht sehen kann, wie der Kandidat vor ihm agiert hat. In einem solchen Fall werden diesem die Augen verbunden oder

---

[5]Die Flugzeit des Balles bei einem Elfmeterschuss beträgt ca. 0,32 Sekunden und entspricht damit ungefähr der Zeit, die der Torhüter allein dafür benötigen würde, überhaupt festzustellen, in welche Richtung der Ball fliegt. Er muss sich daher zeitgleich mit dem Schützen für eine Ecke entscheiden und darauf hoffen, dass es dieselbe ist.

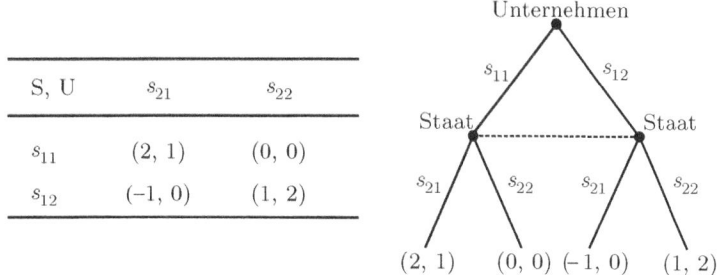

Abb. 2.4 Simultanspiel „Zukunftsenergie" in Matrix- und Spielbaumdarstellung

er wird kurz in einen abgeschirmten Raum gebracht. Diese Duell-Interaktion wäre also –
trotz der de facto sequenziellen Spielabfolge – ein Simultanspiel, da sichergestellt wird, dass
der zweite Kandidat nicht beobachten kann, was der erste macht.

Da es für ein Simultanspiel nur auf die Eigenschaft der imperfekten Information
ankommt, lässt sich ein solches Spiel sowohl als Matrix (die üblichere Darstellungsform)
als auch als Spielbaum darstellen. Wird die Spielbaum-Darstellung gewählt, verdeutlicht eine
gestrichelte Verbindungslinie zwischen den beiden Entscheidungsknoten des Second-
Movers, dass beide Entscheidungspunkte in einer *Informationsmenge* liegen. Diese Vorgehensweise wurde bereits in Kap. 1 angewandt (siehe Abb. 1.1). Dort wurde auf diese Weise
der Zufall abgebildet: Der Entscheidungsträger hatte imperfekte Information über die „Entscheidung" der Natur. In Abb. 2.4 wird am Beispiel des bereits bekannten Spiels „Zukunftsenergie" veranschaulicht, wie man dieses Spiel als Simultanspiel sowohl als Matrix als auch
als Spielbaum darstellen kann. Beide Darstellungen sind vollkommen äquivalent zueinander;
egal welche Darstellung gewählt wird, es handelt sich immer um ein und dasselbe Spiel.

Auch bei sequenziellen Spielen gibt es einen entsprechenden Zusammenhang zwischen
Spielform und Informationsstruktur.[6] Hier kann der Second-Mover die Strategiewahl des
ersten Spielers beobachten, das heißt, er hat perfekte Information darüber. Der First-Mover
weiß zum Zeitpunkt seiner Entscheidung hingegen noch nicht, wie der zweite Spieler auf
seinen Zug reagieren wird (er kann zwar Mutmaßungen anstellen, dadurch aber keine sichere
Information darüber erhalten, wie der Second-Mover entscheiden wird). Der First-Mover hat
somit imperfekte Information. Da die Informationslage für beide Spieler unterschiedlich ist,
weist ein sequenzielles Spiel zwangsläufig einen asymmetrischen Informationsstand auf.

Verhaltens- und Erwartungsannahmen: Rationalität und Common Knowledge Die
bisher beschriebenen Informationsannahmen legen für ein Spiel fest, ob jeder Spieler über
die relevanten Eigenschaften seines Mitspielers sowie über dessen bisher gewählte
Spielzüge informiert ist. Um das Verhalten des anderen aber optimal einschätzen und sich

---

[6]In Abschn. 2.1 haben wir bereits gezeigt, dass sich auch ein sequenzielles Spiel sowohl als
Spielbaum als auch als Matrix darstellen lässt, wobei sich der Spielbaum als die sinnvollere Variante
erwiesen hat.

entsprechend darauf einstellen zu können, muss jeder Spieler zusätzlich eine Vorstellung davon haben, wie berechenbar dessen Verhalten ist und inwieweit er bei spielrelevanten Details voraussetzen kann, dass diese allgemein bekannt sind. Die Spieltheorie trifft hierzu zwei relativ pragmatische Annahmen, die es erst ermöglichen, ein Spiel präzise zu lösen.

Die notwendigen Voraussetzungen über den Wissens- bzw. Kenntnisstand trifft die sogenannte *Common-Knowledge*-Annahme, die man im Deutschen als *gemeinsames Wissen* bezeichnet. Common Knowledge bzw. gemeinsames Wissen fordert, dass der Wissensstand der Spieler untereinander bekannt ist. Es reicht hierbei nicht aus festzulegen, was ein Spieler über den anderen weiß, sondern beide müssen auch übereinander wissen, dass sie es wissen. Diese Annahme geht also eine Informationsebene höher und verlangt – etwas technisch ausgedrückt – symmetrische Information über den Informationsstand selbst.

Eine interessante Verdeutlichung der Probleme, die auftreten können, wenn die Common-Knowledge-Annahme nicht erfüllt ist, liefert das Häftlingsbeispiel von Rieck (2007), das etwas verkürzt wie folgt lautet: Zwei Häftlinge sind in zwei getrennten Zellen untergebracht. Jeder von ihnen plant einen nächtlichen Ausbruch, der jedoch nur zu zweit realisiert werden kann, weshalb sie sich auf eine Nacht verständigen müssen. Beide haben keine Möglichkeit, direkt miteinander zu kommunizieren, sie können jedoch im Vorbeigehen (von der Wache unbemerkt) einen Papierschnipsel in die Zelle des anderen fallen lassen, mit dem sie dem anderen ihre Absicht mitteilen. Jeder wird aber erst dann den Ausbruch durchführen, wenn er die Rückbestätigung hat, dass der andere die Nachricht auch wirklich erhalten hat (und sie nicht von der Wache abgefangen wurde). Das Problem der Häftlinge liegt nun darin, dass sie sich ihre Nachrichten immer nur nacheinander zukommen lassen können. So kann die von beiden geforderte Bestätigung nie gleichzeitig bei beiden vorliegen, das heißt die Information über den geplanten Ausbruch kann hier nie zu gemeinsamem Wissen werden. Einer der Häftlinge wird immer unsicher darüber sein, ob der andere die letzte Nachricht erhalten hat. Da der andere das weiß, werden sie niemals in der Lage sein, einen Ausbruchsversuch zu wagen.

Beim Aspekt der Berechenbarkeit handelt es sich um die Annahme der *(strikten) Rationalität* der Spieler; diese Annahme wurde bereits mehr oder weniger implizit in Kap. 1 unterstellt. Sie impliziert, dass jeder Spieler auf konsistente (das heißt widerspruchsfreie) Weise eine zielgerichtete nutzenmaximierende Entscheidung trifft.

Dabei bedeutet „zielgerichtet", dass sich das Individuum ausschließlich an seinen Auszahlungen (inklusive Präferenzparametern) orientiert und „konsistent" setzt voraus, dass es dem Individuum möglich ist, die möglichen Spielausgänge in eine vollständige und transitive Ordnung zu bringen (vgl. Abschn. 1.1). Ein rationales Individuum versucht unter den gegebenen Umständen (Informationsstand, zur Verfügung stehende Alternativen, Entscheidung des Gegenspielers) stets seine Auszahlung zu maximieren. Natürlich ist die Annahme der (strikten) Rationalität eine extreme Annahme, mit der wir das Verhalten jedes Spielers so betrachten, als handle es sich um einen perfekt kalkulierenden Computer. Kritiker der Rationalitätsannahme plädieren daher verstärkt für Verhaltensbeschreibungen, welche die menschlichen Grenzen und Schwächen stärker berücksichtigen.

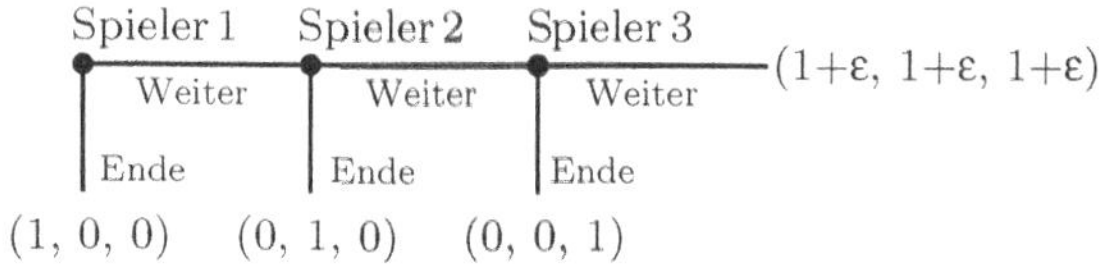

Abb. 2.5 Kleines
Tausendfüßlerspiel mit drei
Spielern

$$\text{Spieler 1} \quad \text{Spieler 2} \quad \text{Spieler 3}$$

Weiter — Weiter — Weiter $—(1+\varepsilon,\ 1+\varepsilon,\ 1+\varepsilon)$

Ende   Ende   Ende

$$(1,\ 0,\ 0) \qquad (0,\ 1,\ 0) \qquad (0,\ 0,\ 1)$$

Im Teilgebiet der verhaltensorientierten bzw. experimentellen Spieltheorie wird genau das im Modell theoretisch postulierte Verhalten mithilfe von Laborexperimenten überprüft. Diese Experimente helfen dabei zu unterscheiden, unter welchen Bedingungen die Rationalitätsannahme problemlos aufrechterhalten werden kann und unter welchen sie kritisch wird, da die theoretischen und experimentellen Spielergebnisse signifikant voneinander abweichen. Bei dem in Abb. 2.5 dargestellten Spiel ist es etwa durchaus wahrscheinlich, dass die theoretische Prognose von dem tatsächlich beobachteten Spielverhalten im Experiment abweicht. In diesem sequenziellen Dreipersonenspiel, das aufgrund seiner Struktur eine verkürzte Variante eines sogenannten Tausendfüßlerspiels darstellt, können drei Spieler nacheinander zwischen den Strategien „Weiter" und „Ende" wählen. Sobald einer der Spieler „Ende" wählt, ist das Spiel beendet und die entsprechenden Auszahlungen werden realisiert. Wenn alle drei Spieler „Weiter" wählen, dann wird der rechts abgetragene Auszahlungsvektor $(1 + \varepsilon, 1 + \varepsilon, 1 + \varepsilon)$ realisiert. Die Variable ε steht hier für einen extrem kleinen Auszahlungswert; bei Geldeinheiten würde dies der kleinstmögliche Wert sein (etwa ein Cent).

Wenn alle Spieler *strikt rational* sind und Rationalität *gemeinsames Wissen* ist, dann sollte jeder Spieler „Weiter" wählen, da sich hierdurch alle um den kleinen Betrag ε besserstellen als bei einseitigem Abweichen. Wenn wir aber die Möglichkeit zulassen, dass sich die Spieler nicht strikt rational verhalten, dann lassen sich mindestens drei Gründe dafür anführen, warum es bei diesem Spiel sehr plausibel ist, dass die Spieler durchaus auch „Ende" wählen könnten. Nehmen wir als Beispiel Spieler 1. Die erste Möglichkeit wäre, dass ε in der Wahrnehmung von Spieler 1 zu klein ist, um für seine Entscheidung ausschlaggebend zu sein. Die Experimentalökonomik bezeichnet dies als *Salienz*, das heißt, die Auszahlung ist nicht auffällig bzw. hervorstechend genug, um sich auf die Entscheidung auswirken zu können. Wäre dies der Fall, dann würde Spieler 1 die Auszahlungen 1 und $1 + \varepsilon$ als ungefähr gleich hoch ansehen und hätte dann keine Veranlassung mehr, die Züge der anderen Spieler abzuwarten. Diese Variante wäre ein Beispiel für *begrenzt rationales Verhalten* von Spieler 1. Die zweite Möglichkeit wäre, dass Spieler 1 zwar selbst strikt rational ist, aber an der strikten Rationalität der anderen Spieler zweifelt. Spieler 1 hätte dann *unvollständige Information* über die Rationalität der anderen Spieler. Wäre einer der nachfolgenden Spieler begrenzt rational und würde deshalb „Ende" wählen, dann wäre das für Spieler 1 auf jeden Fall nachteilig, unabhängig davon, welcher der nachfolgenden Spieler abweicht. Wenn er also in diesem Sinne der Rationalität der anderen Spieler misstraut, wäre es für ihn rational, sicherheitshalber „Ende" zu wählen. Die dritte Möglichkeit wäre, dass Spieler 1 selbst strikt rational ist und auch nicht daran zweifelt, dass die anderen strikt rational sind. Wenn die strikte Rationalität aber *nicht gemeinsames Wissen* ist, kann er sich nicht sicher sein, ob nicht Spieler 2 (unberechtigterweise) an der

Rationalität von Spieler 3 zweifelt und dann sicherheitshalber „Ende" wählt. Auch in diesem Fall bestünde die rationale Entscheidung von Spieler 1 darin, zur Sicherheit „Ende" zu wählen.

2.4   Gleichgewicht als Lösung eines Spiels

Die drei Komponenten Spieler, Strategien und Auszahlungen in Verbindung mit den Spielregeln sowie den Annahmen zur Information und Rationalität können jedes Spiel eindeutig beschreiben. Die korrekte und vollständige Beschreibung eines Spiels stellt die Voraussetzung für das eigentliche Ziel der Spieltheorie dar: die Lösung eines Spiels. In den nachfolgenden Kapiteln liegt daher auch der Schwerpunkt auf der Darstellung der Lösungskonzepte für verschiedene Arten von Spielen. Die Lösung eines Spiels ist in aller Regel gleichbedeutend mit der systematischen Suche nach Gleichgewichten eines Spiels. Wir werden uns in den nächsten Kapiteln intensiv damit beschäftigen, möchten daber in diesem Abschnitt zunächst klären, was genau man in der Spieltheorie unter einem Gleichgewicht, insbesondere dem *Nash-Gleichgewicht*, versteht.

Unter der Annahme, dass die Spieler bestimmten Verhaltensregeln folgen, stellt ein Gleichgewicht eine Strategiekombination dar, für die diese Verhaltensregeln miteinander kompatibel sind. Im Normalfall leiten sich diese Verhaltensregeln aus einem Optimierungsansatz ab, was allerdings nicht zwingend erforderlich ist. Betrachten wir als Beispiel ein Paar, das aus einer gewissen Alltagsroutine heraus bei ihren Freizeitaktivitäten an den Wochenenden den folgenden Prozeduren folgt: Beatrice schließt sich am Samstagabend ihrem Freund Andreas an, wenn dieser ins Kino geht, ansonsten verbringt sie den Abend alleine zu Hause. Den Sonntag verbringt Beatrice dann und nur dann mit Andreas, wenn sie den Samstagabend nicht mit ihm verbracht hat (egal mit welcher Aktivität); andernfalls geht sie allein ins Kino oder zum Fußball. Andreas geht am Samstagabend und am Sonntagabend entweder ins Kino oder zum Fußball, wobei er am Sonntag die Aktivität bevorzugt, die er am Samstag nicht gewählt hat. Dieses Spiel hat zwei Gleichgewichte, also zwei miteinander kompatible Konstellationen der Verhaltensregeln: Beim ersten Gleichgewicht geht Andreas am Samstag zum Fußball und Beatrice bleibt zu Hause; am Sonntag geht Andreas mit Beatrice ins Kino. Beim zweiten Gleichgewicht geht Andreas am Samstag mit Beatrice ins Kino; am Sonntag geht er zum Fußball und sie geht wieder (nur diesmal allein) ins Kino. Es gibt nur diese beiden Konstellationen, für welche die Pläne der beiden zur Abendgestaltung miteinander kompatibel sind.

In diesem Beispiel ist kein Optimierungsansatz nötig, da die Bewertung aller möglichen Konstellationen zur Abendgestaltung bereits in den Verhaltensregeln „eingebaut" ist (zum Beispiel Wunsch nach Geselligkeit bei ihr, Wunsch nach Abwechslung bei ihm). Da wir künftig aber stets die Auszahlungen für alle möglichen Strategiekombinationen explizit angeben, erfolgt die Bestimmung kompatibler Strategieprofile mittels *Optimierung*.

Tab. 2.4 Nash-Gleichgewichte im Simultanspiel „Zukunftsenergie"

Staat (Sp. 2) Unternehmen (Sp. 1)	konventionell (s_{21})	erneuerbar (s_{22})
konventionell (s_{11})	($\underline{2}$, $\underline{1}$)	(0 , 0)
erneuerbar (s_{12})	(−1 , 0)	($\underline{1}$, $\underline{2}$)

Es ist naheliegend, die eigene Auszahlung für eine gegebene Strategie des anderen Spielers (bzw. der anderen Spieler) zu maximieren. Miteinander kompatible Strategieprofile, die diesem Ansatz folgen, stellen ein Nash-Gleichgewicht dar. Formal ausgedrückt ist in einem Nash-Gleichgewicht die Auszahlung von jedem Spieler i bei gegebener Strategie aller anderen Spieler $(-i)$ maximal, das heißt es gilt:[7]

$$u_i\left(s_i^*, s_{-i}^*\right) \geq u_i\left(s_i, s_{-i}^*\right) \forall s_i \in S_i, \forall i$$

Das Nash-Gleichgewicht ist daher auch das am stärksten etablierte Lösungskonzept der Spieltheorie. Betrachten wir als Beispiel das Spiel „Zukunftsenergie" in Tab. 2.4, in dem ein Unternehmen sich zwischen einer Investition in konventionelle oder in erneuerbare Energieträger und der Staat sich zwischen der Förderung dieser beiden Energieträger entscheiden kann. Da wir das Spiel hier als Simultanspiel betrachten wollen, ist es wieder in Matrixform dargestellt. Wie lässt sich in diesem Spiel ein Nash-Gleichgewicht finden? Betrachten wir hierfür zunächst die Optionen von Spieler 1 (Unternehmen), der zwischen den vertikal abgetragenen Strategien s_{11} und s_{12} wählen kann. Unter der Annahme, dass Spieler 2 (der Staat) konventionelle Energie fördert (s_{21}), ist es für Spieler 1 besser, auch in konventionelle Energie zu investieren (s_{11}): Befinden wir uns in der ersten Spalte der Matrix, erhält das Unternehmen bei der Wahl von s_{11} eine Auszahlung in Höhe von 2 (obere Zeile) und bei der Wahl von s_{12} lediglich eine Auszahlung in Höhe von -1 (untere Zeile). Auf die erste Spalte bezogen ist die Investition in konventionelle Energieträger somit besser als die Investition in erneuerbare Energieträger, was in der Abbildung durch den nach oben gerichteten Pfeil zum Ausdruck gebracht wird. Die für diese Konstellation optimale Auszahlung in Höhe von 2 wird zur Kennzeichnung unterstrichen. Die gleiche Überlegung des Unternehmens erfolgt nun auch für die zweite Spalte, das heißt für den Fall, dass der Staat erneuerbare Energie fördert (s_{22}). Gegeben, dass der Staat erneuerbare Energieträger fördert, ist es nun für das Unternehmen optimal, auch in erneuerbare Energien zu investieren, da hier die Auszahlung größer ist $(1 > 0)$. Der kleine nach unten gerichtete Pfeil macht dies kenntlich und die größere Auszahlung, in diesem Fall 1, wird

---

[7]Das mathematische Zeichen „$\forall$" bedeutet „für alle".

wieder unterstrichen. Mit diesen zwei Schritten, also dem spaltenweisen Suchen nach der besten Option, haben wir nun für beide möglichen Entscheidungen des Staates die jeweils beste Antwort des Unternehmens gefunden. Es ist sehr wichtig zu erkennen, dass wir hierbei keine pauschal optimale Strategie des Unternehmens gesucht haben, sondern immer nur die beste Antwort des Unternehmens für eine gegebene Entscheidung des Staates. Wir können die optimale Reaktion des Unternehmens auf die gegebene Strategie-wahl des Staates auch formal wie in Ausdruck (2.1) darstellen:

$$r_1^* = \left\{ r_1^*(s_{21}) = s_{11}, r_1^*(s_{22}) = s_{12} \right\} \qquad (2.1)$$

wobei r_1^* als Reaktionsabbildung bzw. als Beste-Antwort-Korrespondenz von Spieler 1 bezeichnet wird. Die beiden Gleichungen sind wie folgt zu lesen: Die beste Reaktion des ersten Spielers (r_1^*) auf die erste Strategie von Spieler 2 (s_{21}) ist es, die erste Strategie zu wählen (s_{11}). Die beste Reaktion auf die zweite Strategie von Spieler 2 (s_{22}) ist hingegen, dass Spieler 1 seine zweite Strategie wählt (s_{12}).

Nun betrachten wir auf die gleiche Weise das Entscheidungsproblem des Staates. Während wir beim Unternehmen spaltenweise vorgegangen sind, erfolgt die Prüfung für den Staat zeilenweise. Unter der Annahme, dass Spieler 1 (Unternehmen) in konventio-nelle Energie investiert (obere Zeile), ist es für den Staat optimal, konventionelle Energie-träger zu fördern. Dies wird in der oberen Zeile durch den nach links gerichteten, gestri-chelten Pfeil deutlich, der wieder auf die höhere Auszahlung (in diesem Fall 1) weist ($1 > 0$). Sollte das Unternehmen jedoch in erneuerbare Energieträger investieren (untere Zeile), dann ist es für den Staat optimal, auch erneuerbare Energieträger zu fördern (s_{22}). Der gestrichelte Pfeil weist in diesem Fall nach rechts und die höhere Auszahlung 2 wird unterstrichen. Damit haben wir auch für den Staat die jeweils beste Antwort auf eine gegebene Strategie des Unternehmens gefunden. Ausdruck (2.2) stellt die Reaktions-abbildung des Staates (r_2^*) dar und ist analog zu Ausdruck (2.1) zu lesen:

$$r_2^* = \left\{ r_2^*(s_{11}) = s_{21}, r_1^*(s_{12}) = s_{22} \right\} \qquad (2.2)$$

Ein Nash-Gleichgewicht liegt nun dort vor, wo die beiden Beste-Antwort-Korrespon-denzen miteinander übereinstimmen. In Abb. 2.6 haben wir zur besseren Veranschauli-chung die Reaktionsabbildungen beider Spieler untereinander abgebildet.

Betrachten wir zunächst die links dargestellten Reaktionsabbildungen. Das Pfeilkreuz zeigt, dass die Reaktionsabbildungen der Spieler miteinander konsistent sind: Gegeben, der Staat fördert konventionelle Energie, ist es für das Unternehmen optimal, auch in konven-

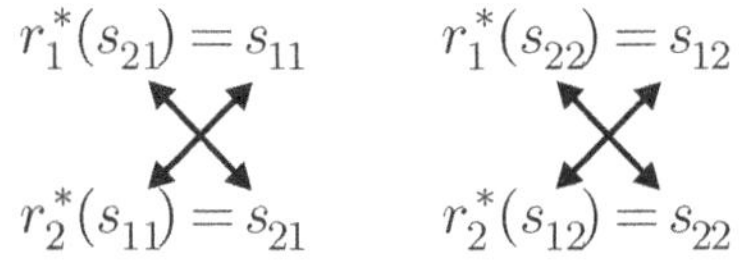

Abb. 2.6 Wechselseitig konsistente Reaktionsabbildungen im Nash-Gleichgewicht

$$r_1^*(s_{21}) = s_{11} \qquad r_1^*(s_{22}) = s_{12}$$
$$\diagdown\diagup \qquad\qquad \diagdown\diagup$$
$$r_2^*(s_{11}) = s_{21} \qquad r_2^*(s_{12}) = s_{22}$$

tionelle Energie zu investieren (obere Zeile). Hier schließt sich nun direkt das Kalkül des Staates an: Gegeben, das Unternehmen investiert in konventionelle Energie, ist es für den Staat am besten, auch konventionelle Energie zu fördern. Ein Nash-Gleichgewicht beschreibt somit ein Profil wechselseitig bester Antworten. Wird ein Nash-Gleichgewicht erreicht, hat keiner der Spieler einen Anreiz, hiervon abzuweichen.

Das Strategieprofil $(s_{11}, s_{21})^*$ stellt folglich ein Nash-Gleichgewicht des Spiels dar. Wir kennzeichnen ein Nash-Gleichgewicht stets mit einem Sternsymbol (*). Wir sehen an der in Abb. 2.6 dargestellten Reaktionsabbildung zudem, dass es mit $(s_{12}, s_{22})^*$ auch noch ein zweites Strategieprofil gibt, das wechselseitig optimal ist.[8] In der Matrix aus Tab. 2.4 sind die Nash-Gleichgewichte über beide von uns verwendeten Markierungsarten (Pfeile und Unterstreichung) leicht zu finden: Die die Zelle der Matrix beschreibenden Strategien repräsentieren ein Nash-Gleichgewicht, wenn die Pfeile *beider Spieler* in diese Zelle weisen. Die Pfeilrichtung gibt gewissermaßen die Richtung der Abweichung an: Aus dieser Zelle würde keiner der beiden Spieler abweichen, sofern der andere Spieler seine Strategie beibehält. Auch über die Unterstreichung lässt sich das Nash-Gleichgewicht finden: Da wir stets die jeweils optimale Auszahlung bei gegebener Strategie des Mitspielers per Unterstreichung markiert haben, müssen die Strategien, welche die Zelle der Matrix beschreiben, in denen beide Auszahlungen unterstrichen sind, ein Nash-Gleichgewicht sein. Pfeile und Unterstreichungen kennzeichnen denselben Sachverhalt, von daher ist es grundsätzlich egal, welche der beiden Markierungen wir als Hilfsmittel verwenden.

> ▶ **Hinweis und Tipp** Wenn Sie noch mit der Zuordnung der Spalten und Zeilen zu den Spielern unsicher sind und vielleicht nicht genau wissen, ob Sie für eine gegebene Spalte die Zeilen auswählen müssen oder umgekehrt, dann empfehlen wir Ihnen die Pfeilmarkierung. An jedem Pfeil können Sie nämlich direkt ablesen, welche Auszahlungen verglichen wurden und insbesondere, ob es sich um einen zeilen- oder spaltenweisen Vergleich handelt. Sobald Sie diesbezüglich mehr Sicherheit gewonnen haben, sollten Sie auf die Unterstreichungsmethode übergehen. Diese Markierung ist sparsamer und vor allem bei größeren Matrizen auch wesentlich übersichtlicher.

Das Nash-Gleichgewicht ist ein sehr überzeugendes Lösungskonzept, da hier jeder Spieler versucht, seine Auszahlung zu maximieren und dabei gleichzeitig die Anreize des Gegenspielers gewissermaßen als Nebenbedingung seiner Entscheidung beachtet. Es ist damit grundsätzlich besser als Entscheidungsgrundlage geeignet als die in Abschn. 1.4

---

[8] Die zwei über Reaktionsabbildungen ermittelten Gleichgewichte sind in diesem Spiel zwar nicht die einzigen Nash-Gleichgewichte, jedoch die einzigen, die direkt aus der Matrix ablesbar sind. Man spricht bei Letzteren von Nash-Gleichgewichten in *reinen Strategien*. In Kap. 3 wird demgegenüber das Konzept der gemischten Strategie erläutert. Es ist möglich, dass ein Matrixspiel auch (maximal) ein Nash-Gleichgewicht in gemischten Strategien aufweist, was auch hier der Fall ist.

diskutierten Entscheidungsregeln, wie etwa die Maximin- oder Maximax-Regel, die auf der Annahme von deterministischem Verhalten der Gegenspieler basieren.

2.5   Verständnisfragen

1. Ein Spiel ist bestimmt durch...

A	die Anzahl der Spieler
B	den Grad der Risikoaversion.
C	die Strategien der Spieler.
D	Anzahl und Art der Nash-Gleichgewichte.

2. Der Informationsstand in einem...

A	Simultanspiel ist stets symmetrisch und umfasst imperfekte Information.
B	Simultanspiel ist asymmetrisch und umfasst stets unvollständige Information.
C	sequentiellen Spiel ist stets symmetrisch und umfasst perfekte Information beim Second-Mover.
D	sequentiellen Spiel ist stets asymmetrisch und umfasst imperfekte Information beim First-Mover.

3. Addiert man bei einem Konstantsummen-Spiel mit der Auszahlungssumme X zu jeder Auszahlung den Wert Z, dann erhält man...

A	für $Z = X$ ein Nullsummenspiel.
B	für $Z = -X$ ein Nullsummenspiel.
C	für $Z = -0{,}5 \cdot X$ ein Nullsummenspiel.
D	für keinen Wert von Z ein Nullsummenspiel.

4. Zu den Präferenzparametern eines Spiels zählt beispielsweise...

A	der Diskontfaktor der Spieler.
B	die Anzahl der Strategien eines Spielers.
C	die Rationalität der Spieler.
D	die Risikoneigung der Spieler.

5. In einem Nash-Gleichgewicht...

A	liegen wechselseitig beste Antworten vor.
B	erreichen beide Spieler die höchsten Auszahlungen des Spiels.
C	wählen alle Spieler stets die gleichen Strategien.
D	hat keiner der Spieler einen Anreiz abzuweichen.

1A,C; 2A,D; 3C; 4B,D; 5A,D

2.6 Aufgaben

2.6.1 Was ist ein Spiel?

Angenommen, Sie möchten ein konkretes Problem, dem Sie im Alltag begegnen, spiel-theoretisch untersuchen und wollen zu diesem Zweck die Interaktion, die für Sie von Interesse ist, in ein Spiel übersetzen. Welche Elemente bzw. Eigenschaften eines Spiels müssen Sie zunächst festlegen, um das Spiel korrekt zu beschreiben?

Lösung in Abschn. 2.7.1

2.6.2 Beschreibung konkreter Spiele

Geben Sie für die folgenden Spiele an, ob es sich um ein simultanes oder sequenzielles Spiel handelt, wie die Mengen der Spieler und der Strategien aussehen und ob der Strategieraum diskret oder stetig ist!

a) Radarfalle (Spiel zwischen einem Autofahrer und der Verkehrspolizei an einem unfall-trächtigen Punkt einer Stadt)
b) Tic-Tac-Toe (auch bekannt als „Drei gewinnt")
c) Schere, Stein, Papier

Lösung in Abschn. 2.7.2

2.6.3 Darstellung eines Spiels

Zwei Spieler spielen einmalig das Spiel Schere, Stein, Papier. Stellen Sie das Spiel sowohl in strategischer Form (Matrix) als auch in extensiver Form (Spielbaum) dar!

Lösung in Abschn. 2.7.3

2.6.4   Spiel mit mehreren Spielern: Spielstruktur, Informationsstand und Common-Knowledge-Annahme

Betrachten Sie das folgende Tausendfüßler-Spiel:

$$
\begin{array}{cccc}
\text{Spieler 1} & \text{Spieler 2} & \text{Spieler 3} & \text{Spieler 4} \\
\bullet \underrightarrow{\text{Weiter}} & \bullet \underrightarrow{\text{Weiter}} & \bullet \underrightarrow{\text{Weiter}} & \bullet \underrightarrow{\text{Weiter}} \quad (4+\varepsilon,\ 3+\varepsilon, \\
\big| \text{Ende} & \big| \text{Ende} & \big| \text{Ende} & \big| \text{Ende} \qquad\qquad 2+\varepsilon,\ 1+\varepsilon) \\
(4,\,4,\,4,\,4) & (3,\,3,\,3,\,3) & (2,\,2,\,2,\,2) & (1,\,1,\,1,\,1)
\end{array}
$$

In diesem sequenziellen Spiel wählen vier Spieler nacheinander zwischen den Strategien „Weiter" und „Ende". Sobald einer der Spieler „Ende" wählt, ist das Spiel beendet und die entsprechenden Auszahlungen werden realisiert. Nur wenn alle Spieler „Weiter" wählen, wird der Auszahlungsvektor $(4 + \varepsilon, 3 + \varepsilon, 2 + \varepsilon, 1 + \varepsilon)$ realisiert. Der Parameter ε steht hier für einen extrem kleinen Auszahlungswert. Welches Spielergebnis erwarten Sie, wenn sich alle vier Spieler strikt rational und strikt eigennützig verhalten und dies auch allen bekannt wäre? Überlegen Sie anschließend, ob sich Spieler 1 zur Wahl von „Ende" entschließen sollte, wenn

1. Spieler 1 nicht strikt rational handelt.
2. Spieler 1 strikt rational handelt, aber damit rechnen muss, dass (mindestens) einer der anderen Spieler nicht strikt rational handelt.
3. Spieler 1 strikt rational handelt und damit rechnet, dass alle anderen Spieler ebenfalls rational handeln, aber Rationalität nicht gemeinsames Wissen ist.
4. Spieler 1 nicht strikt eigennützig handelt sondern stark an Fairness orientiert ist.
5. Spieler 1 zwar strikt eigennützig handelt, aber damit rechnen muss, dass (mindestens) einer der anderen Spieler stark an Fairness orientiert ist.
6. Spieler 1 strikt eigennützig handelt und damit rechnet, dass alle anderen Spieler ebenfalls strikt eigennützig handeln, aber strikter Eigennutz nicht gemeinsames Wissen ist.

Lösung in Abschn. 2.7.4

2.6.5   Maximin-Strategie und Nash-Gleichgewicht

Betrachten Sie folgendes Simultanspiel:

1, 2	s_{21}	s_{22}
s_{11}	(3, 0)	(2, 1)
s_{12}	(1, 2)	(0, 3)

Welche zwei Besonderheiten in Bezug auf die Auszahlungsstruktur können Sie bei diesem Spiel feststellen? Bestimmen Sie formal das Gleichgewicht, wenn beide Spieler nach Maximin entscheiden sowie das Nash-Gleichgewicht über Reaktionsabbildungen! Vergleichen Sie die Ergebnisse und erklären Sie diese!

Lösung in Abschn. 2.7.5

2.6.6 Auszahlungen und Gleichgewichte in einfachen Matrixspielen (reine Strategien)

Betrachten Sie das Simultanspiel „Zukunftsenergie" (Tab. 2.1), passen Sie die Auszahlungsstruktur aber so an, dass dadurch die folgende Motivation des Unternehmens abgebildet wird: Das Unternehmen möchte am liebsten seine bisherige Technologie beibehalten und idealerweise hierfür auch vom Staat gefördert werden. Eine Investition in erneuerbare Energien zu tätigen ist für das Unternehmen die unattraktivere Wahl, und zwar selbst dann, wenn es dafür vom Staat eine Förderung erhält.

Stellen Sie das modifizierte Spiel in Matrixform dar und lösen Sie es grafisch mittels der Pfeilmethode, der Unterstreichmethode sowie formal über die Darstellung bester Antworten über die Reaktionsabbildung!

Lösung in Abschn. 2.7.6.

2.7 Lösungen

2.7.1 Was ist ein Spiel?

Aufgabentext in Abschn. 2.6.1

Sie sollten sich zunächst fragen, welche Akteure oder Akteursgruppen von strategischer Relevanz sind (Spieler), welche Strategien als Handlungsoptionen ihnen zur Verfügung stehen und welche Interessen sie verfolgen (Auszahlungen). Schließlich bleibt zu klären, wie die Struktur des Spiels gestaltet ist, welche Informationsannahmen plausibel sind und ob sonstige Rahmenbedingungen das Handeln der Spieler beeinflussen.

2.7.2 Beschreibung konkreter Spiele

Aufgabentext in Abschn. 2.6.2

Teil a)
Simultanspiel: Sofern der Autofahrer nicht durch entgegenkommende Fahrzeuge gewarnt wird, hat er imperfekte Information über die Aktion der Polizei. Beachten Sie: Der tatsächliche Ablauf ist sequenziell, da natürlich zuvor die Polizei den Standort bestimmt und die Kamera in Stellung bringt. Für die strategische Interaktion zwischen Polizei und Autofahrer ist aber allein entscheidend, ob der Autofahrer über diese Aktion informiert ist

(sequenzielles Spiel mit perfekter Information des Autofahrers) oder nicht (Simultanspiel mit imperfekter Information des Autofahrers).

Zwei-Personen-Spiel: Repräsentativer Autofahrer gegen Verkehrspolizei als Repräsentant staatlicher Autorität.

Strategie des Autofahrers: Diskrete Wahl zwischen „Geschwindigkeitsbegrenzung einhalten" und „Geschwindigkeitsbegrenzung übertreten". Beachten Sie: Die Wahl der Geschwindigkeit ist zwar eine stetige Strategiewahl, jedoch ist die strategisch relevante Frage nicht die, wie schnell genau der Autofahrer fährt, sondern ob er die zulässige Höchstgeschwindigkeit überschreitet oder nicht.

Strategie der Polizei: Diskrete Wahl zwischen „Radarfalle aufstellen" und „Radarfalle nicht aufstellen".

Teil b)

Bei diesem Spiel setzen zwei Spieler auf einem quadratischen, 3×3 Felder großen Spielfeld nacheinander eine Markierung (üblicherweise Kreuz und Kreis). Ziel des Spiels ist es, als erster drei Zeichen in einer Zeile, einer Spalte oder in einer Diagonalen zu platzieren.

Sequenzielles Spiel: Der Spielstart wird ausgelost, anschließend setzen die Spieler nacheinander und beobachtbar ihre Markierung.

Zwei-Personen-Spiel: Es wird stets zu zweit gespielt.

Strategien: Das Spiel ist (spiegel)symmetrisch, daher haben beide Spieler denselben Strategieraum, der maximal neun Felder umfasst, jedoch periodenabhängig ist: Die Strategie eines Spielers i zum Zeitpunkt t besteht darin, seine Markierung in eines der zum Zeitpunkt t noch freien Felder zu setzen. Es handelt sich um diskrete Strategien.

Teil c)

Dieses Spiel ist ein „Duell mit Handbewegungen" zwischen zwei Spielern, bei dem mit der Hand symbolisch die drei Gegenstände Schere (gespreizter Mittel- und Zeigefinger), Stein (geballte Faust) oder Papier (flache Hand) nachgestellt werden. Die Rangfolge bzw. Wertigkeit der Gegenstände ist dabei intransitiv: Schere schneidet Papier (Schere gewinnt), Papier umwickelt Stein (Papier gewinnt) und Stein macht Schere stumpf (Stein gewinnt).

Simultanspiel: Die Handbewegungen erfolgen zeitgleich; beide Spieler haben also zum Zeitpunkt ihrer Entscheidung jeweils imperfekte Information über die Strategiewahl des Gegenspielers.

Zwei-Personen-Spiel: Es wird üblicherweise zu zweit gespielt.

Strategien: Das Spiel ist (spiegel)symmetrisch, daher haben beide Spieler denselben Strategieraum. Sie verfügen über die drei diskreten Strategien Schere, Stein und Papier.

2.7.3 Darstellung eines Spiels

Aufgabentext in Abschn. 2.6.3

Schere-Stein-Papier in strategischer Form (Matrix):

1, 2	Schere	Stein	Papier
Schere	(0, 0)	(−1, 1)	(1, −1)
Stein	(1, −1)	(0, 0)	(−1, 1)
Papier	(−1, 1)	(1, −1)	(0, 0)

Schere-Stein-Papier in extensiver Form (Spielbaum):

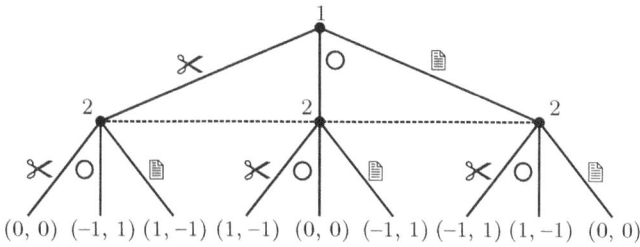

2.7.4 Spiel mit mehreren Spielern: Spielstruktur, Informationsstand und Common-Knowledge-Annahme

Aufgabentext in Abschn. 2.6.4

Sind alle Spieler strikt rational und ist Rationalität gemeinsames Wissen, sollte jeder Spieler „Weiter" wählen, da sich hierdurch alle um den kleinen Betrag ε besserstellen als bei einseitigem Abweichen.

1. Spieler 1 nimmt die Auszahlungen 4 und $4 + \varepsilon$ als ungefähr gleich hoch wahr und hat somit keine Veranlassung, die Züge der anderen Spieler abzuwarten. Bei Spieler 1 wäre dieser Effekt am ehesten zu erwarten, da ε in der Auszahlungssumme $4 + \varepsilon$ prozentual schwächer ins Gewicht fällt als bei $3 + \varepsilon$, $2 + \varepsilon$ oder bei $1 + \varepsilon$.
2. Spieler 1 ist selbst strikt rational, zweifelt aber an der strikten Rationalität der anderen Spieler. Spieler 1 hätte dann unvollständige Information über die Rationalität der anderen Spieler. Wäre einer der nachfolgenden Spieler begrenzt rational und würde deshalb „Ende" wählen, wäre es für Spieler 1 die rationale Antwort, dem zuvorzukommen und sicherheitshalber „Ende" zu wählen.

3. Spieler 1 ist strikt rational und zweifelt nicht daran, dass alle anderen ebenfalls strikt rational sind. Wenn die strikte Rationalität aber nicht gemeinsames Wissen ist, kann er sich nicht sicher sein, ob nicht zum Beispiel Spieler 2 (unberechtigterweise) an der Rationalität von Spieler 3 zweifelt und dann sicherheitshalber „Ende" wählt. Die rationale Entscheidung von Spieler 1 wäre dann, zur Sicherheit „Ende" zu wählen.

4. Diese Variante hat nichts mit der Rationalität sondern mit der Motivation, also mit dem Nutzen bzw. der Auszahlung, der Spieler zu tun. In diesem Beispiel wird eine Fairness-Norm unterstellt, bei der die Spieler Wert darauf legen, dass die resultierenden Auszahlungen nach bestimmten Kriterien als fair gelten können. Im einfachsten Fall besteht Fairness in der simplen Gleichverteilung, also in gleich hohen Auszahlungen für alle Spieler. Wäre Spieler 1 in diesem Sinne ein „fairer" Spieler, dann würde er „Ende" wählen. So könnte er nämlich allen anderen Spielern die hohe Auszahlung von 4 verschaffen und müsste dafür selbst lediglich auf den sehr kleinen Betrag ε verzichten.

5. Spieler 1 ist selbst strikt eigennützig, vermutet aber, dass einer der anderen Spieler ein fairer „Typ" sein könnte. Auch in diesem Fall hätte er unvollständige Information über mindestens einen der anderen Spieler, wobei sich die unvollständige Information aber auf deren Motivation und nicht auf ihre Rationalität bezieht. Warum müsste er befürchten, dass ein fair eingestellter Spieler 2 „Ende" wählt? Spieler 2 könnte so erreichen, dass alle die gleiche Auszahlung erreichen, wobei lediglich Spieler 1 nennenswert verliert. Den Verlust von Spieler 1 könnte Spieler 2 aber durchaus in Kauf nehmen: Auf Fairness bedachte Spieler neigen nämlich auch dazu, andere Spieler zu bestrafen, wenn sich diese nicht fair verhalten. Wenn Spieler 1 „Weiter" wählt, dann wäre dies ein „nicht fairer" Zug, da Spieler 1 die Möglichkeit auslässt, den anderen die hohe Auszahlung 4 zukommen zu lassen, nur um sich den minimalen Zusatzbetrag ε zu sichern.

6. Spieler 1 ist zwar über die eigennützige Motivation der anderen Spieler informiert, über diese Motivation besteht aber kein gemeinsames Wissen. Der eigennützige Spieler 1 kann also nicht ausschließen, dass der eigennützige Spieler 2 über die Motivation von Spieler 3 (die Spieler 1 vielleicht kennt) unsicher ist und deshalb sicherheitshalber „Ende" wählt. Um diesem Problem zuvorzukommen, sollte ein strikt rationaler und eigennütziger Spieler 1 gleich zu Anfang „Ende" wählen.

2.7.5 Maximin-Strategie und Nash-Gleichgewicht

Aufgabentext in Abschn. 2.6.5

In der Auszahlungsstruktur sind folgende zwei Besonderheiten zu erkennen: Es ist ein Konstantsummenspiel und das Spiel ist punktsymmetrisch.

Bei Anwendung der Maximin-Strategie ergibt sich für Spieler 1: $\max\{\min\{3, \underline{2}\}, \min\{1, \underline{0}\}\} = 2$. Er wird daher s_{11} wählen: Spielt Spieler 1 s_{11}, kann er die Auszahlungen 3 und 2 erreichen; das Schlimmste, was ihm passieren kann wäre also die Auszahlung 2 (unterstrichen). Spielt er hingegen s_{12}, kann er die Auszahlungen 1 und 0 erreichen, wobei 0 seine pessimistische Erwartung wäre (unterstrichen). Er sollte also s_{11} spielen.

Bei Anwendung der Maximin-Strategie ergibt sich für Spieler 2: $\max\{\min\{\underline{0}, 2\}, \min\{\underline{1}, 3\}\} = 1$. Er wird daher s_{22} wählen.

Beachten Sie: Sie müssen die optimale Strategie von Spieler 2 bestimmen und können sich hier nicht die Symmetrieeigenschaften des Spiels zu Nutze machen, da das Spiel punktsymmetrisch ist. Nur wenn es spiegelsymmetrisch wäre, dürften Sie die Ergebnisse von Spieler 1 auf Spieler 2 übertragen.

Das Gleichgewicht in Maximin-Strategien liegt somit in der Strategiekombination (s_{11}, s_{22}) mit der Auszahlungskombination (2,1).

Die Reaktionsabbildung von Spieler 1 lautet $r_1^* = \{r_1^*(s_{21}) = s_{11}, r_1^*(s_{22}) = s_{11}\}$. Erläuterung: Die beste Reaktion des ersten Spielers (r_1^*) auf s_{21} ist s_{11} (3 > 1). Auch bei s_{22} bleibt s_{11} die beste Antwort von Spieler 1 (2 > 0). Spieler 1 wird also immer s_{11} wählen (siehe hierzu Abschn. 3.1: dominante Strategie).

Entsprechend lautet die Reaktionsabbildung von Spieler 2 $r_2^* = \{r_2^*(s_{11}) = s_{22}, r_2^*(s_{12}) = s_{22}\}$. Auch Spieler 2 hat eine dominante Strategie: für beide Entscheidungen von Spieler 1 ist s_{22} seine beste Antwort.

Das Nash-Gleichgewicht liegt folglich ebenfalls in der Strategiekombination $(s_{11}, s_{22})^*$ mit dem Auszahlungsvektor (2, 1).

Wir sehen damit, dass das Gleichgewicht in Maximin-Strategien und das Nash-Gleichgewicht übereinstimmen. Das ist bei diesem Spiel kein Zufall, denn es gilt die folgende Regel: In einem Konstantsummenspiel ist ein Gleichgewicht in Maximin-Strategien stets auch ein Nash-Gleichgewicht. Dies lässt sich leicht erklären: Bestimmt ein Spieler seine Maximin-Strategie, wählt er die jeweils höchste Auszahlung aus allen seinen niedrigsten Auszahlungen. Die niedrigsten Auszahlungen dieses Spielers sind aber in einem Konstantsummenspiel die höchsten Auszahlungen des Gegenspielers. Das bedeutet, dass die Maximin-Strategie eines Spielers in einem Konstantsummenspiel stets die darauf optimale Antwort des Gegenspielers beinhaltet. Ein Gleichgewicht in Maximin-Strategien ist somit ein Profil wechselseitig bester Antworten, also definitionsgemäß ein Nash-Gleichgewicht.

2.7.6 Auszahlungen und Gleichgewichte in einfachen Matrixspielen (reine Strategien)

Aufgabentext in Abschn. 2.6.6

Modifiziertes Simultanspiel „Zukunftsenergie"

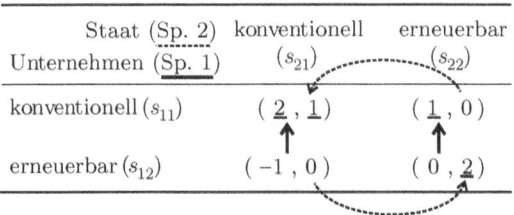

Die veränderte Motivation des Unternehmens lässt sich am leichtesten durch den Tausch der Auszahlungen in der zweiten Spalte herbeiführen (Tausch der 0 gegen die 1).

Durch Unterstreichen sowie mittels der Pfeilmethode ergibt sich die Strategiekombination $(s_{11}, s_{21})^*$ als einziges Nash-Gleichgewicht des Spiels. Formal lässt sich das Gleichgewicht per Reaktionsabbildung wie folgt ermitteln:

Optimales Strategieprofil von Spieler 1: $r_1^* = \{r_1^*(s_{21}) = s_{11}, r_1^*(s_{22}) = s_{11}\}$. Die beste Antwort von Spieler 1 auf die Strategie s_{21} ist, seine erste Strategie (s_{11}) zu wählen. Die Strategie s_{11} ist im modifizierten Spiel auch die beste Antwort auf s_{22}. Spieler 1 wählt also unabhängig von Spieler 2 stets seine erste Strategie.

Optimales Strategieprofil von Spieler 2: $r_2^* = \{r_2^*(s_{11}) = s_{21}, r_2^*(s_{12}) = s_{22}\}$. Da die Auszahlungen von Spieler 2 von der Modifikation des Spiels nicht betroffen waren, bleiben die Reaktionsabbildungen unverändert: Die beste Antwort auf s_{11} ist die erste Strategie von Spieler 2 und die beste Antwort auf s_{12} ist die zweite Strategie von Spieler 2.

Gleicht man die Reaktionsabbildungen der Spieler miteinander ab, so zeigt sich, dass jetzt nur noch die Strategiekombination $(s_{11}, s_{21})^*$ aus wechselseitig besten Antworten besteht und somit ein Nash-Gleichgewicht darstellt.

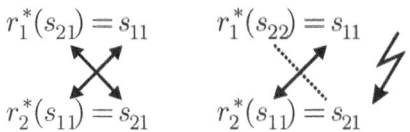

Literatur

Rieck C (2007) Spieltheorie: Eine Einführung. Christian Rieck, Eschborn

Simultanspiele

3

In Kap. 2 wurden die zentralen Elemente eines Spiels beschrieben und auch bereits das Nash-Gleichgewicht als wichtigstes Lösungskonzept der Spieltheorie eingeführt. In diesem Kapitel wenden wir uns der systematischen Lösung von Spielen zu und betrachten dabei zunächst Simultanspiele. Da Simultanspiele in strategischer Form, das heißt als Spielmatrix, dargestellt werden, hätte dieses Kapital auch „Matrixspiele" genannt werden können. Allerdings steht hier nicht das Finden von Nash-Gleichgewichten in Matrixspielen im Mittelpunkt, sondern das systematische Vorgehen sowie das Erkennen und Einschätzen der jeweils zugrunde liegenden Konfliktstruktur der Spiele. Der erste Schwerpunkt dieses Kapitels liegt auf der Identifikation dominanter bzw. dominierter Strategien, die stets am Anfang einer Gleichgewichtsbestimmung stehen sollten. Anschließend wollen wir uns mit dem Nash-Gleichgewicht genauer beschäftigen und insbesondere darauf eingehen, unter welchen Umständen ein solches existiert. Gerade bei diskreten Strategien ist dies nicht immer sichergestellt, weshalb wir auf das Konzept der gemischten Strategien eingehen werden und zeigen, wie dort ein Nash-Gleichgewicht zu bestimmen ist. Schließlich werden wir uns intensiv mit der Konfliktstruktur in Matrixspielen auseinandersetzen, wobei die aufgefundenen Nash-Gleichgewichte insbesondere in Bezug auf Effizienz und Stabilität beurteilt werden sollen.

3.1 Dominanzüberlegungen

Bei der Bestimmung von Nash-Gleichgewichten in Matrixspielen bietet es sich an, mit *Dominanzüberlegungen* zu beginnen. Dominanzüberlegungen umfassen die Ermittlung von dominanten und dominierten Strategien, wobei generell zwischen strikter und schwacher Dominanz unterschieden wird.

Strikt dominante Strategien Verfügt ein Spieler i über eine strikt dominante Strategie s_i', dann erzielt er bei dieser Strategie für jede Strategie des Gegenspielers s_{-i} eine echt höhere Auszahlung als bei der Wahl einer beliebigen anderen Strategie s_i'', das heißt es gilt

$$u_i\left(s_i', s_{-i}\right) > u_i\left(s_i'', s_{-i}\right) \quad \forall \ s_{-i} \in S_{-i} \tag{3.1}$$

Die Wahl einer strikt dominanten Strategie ist somit per Definition immer optimal, sodass ein rationaler Spieler, sollte er eine solche haben, diese mit Sicherheit wählen wird. Das bedeutet, hat ein Spieler eine dominante Strategie, wird er sich keine Gedanken über das Verhalten der anderen Spieler machen – es spielt keine Rolle, ob von einem deterministischen, rationalen oder vollkommen willkürlichen Verhalten der Gegenspieler ausgegangen wird!

Das Vorliegen einer strikt dominanten Strategie in einem Zweipersonen-Spiel erleichtert die Lösung des Spiels erheblich, da es in einem solchen Spiel keine strategische Unsicherheit gibt. Im einfachsten Fall verfügt auch der zweite Spieler über eine strikt dominante Strategie, wie es in der linken Matrix in Tab. 3.1 dargestellt ist.

In diesem Spiel ist für Spieler 1 die Strategie „Oben" strikt dominant, da er mit dieser Strategie stets eine echt höhere Auszahlung erhält als bei der Wahl seiner alternativen Strategie „Unten" (die relevanten Auszahlungsvergleiche sind 4 > 2 in der ersten Spalte und 2 > 0 in der zweiten Spalte). Kennzeichnen wir wieder die jeweils höheren Auszahlungen per Unterstreichung, so ist die strikt dominante Strategie von Spieler 1 daran zu erkennen, dass in der ersten Zeile *beide Auszahlungen* dieses Spielers unterstrichen sind. Bei Verwendung der Pfeilmethode erkennt man die strikt dominante Strategie von Spieler 1 daran, dass hier beide senkrechten Pfeile nach „Oben" weisen.

Da das Spiel symmetrisch ist, sieht sich Spieler 2 genau den gleichen Auszahlungen gegenüber wie Spieler 1, das heißt auch für ihn ist die erste Strategie „Links" eine strikt dominante Strategie. Wir können also davon ausgehen, dass Spieler 2 die Strategie „Links" mit Sicherheit wählen wird. Spielen somit beide Spieler ihre strikt dominante Strategie, dann ergibt sich als Lösung des Spiels die Strategiekombination („Oben", „Links"). Diese Strategiekombination stellt ein Nash-Gleichgewicht dar: Definitionsgemäß wählt in einem Nash-Gleichgewicht jeder Spieler die beste Antwort auf eine *gegebene* Strategie des Mitspielers. Verfügt nun ein Spieler über eine strikt dominante Strategie, dann stellt diese Strategie für diesen Spieler die optimale Strategie für *jede* Strategie des Gegenspielers dar (für einen Spieler mit strikt dominanter Strategie ist es schließlich egal, wie der Mitspieler entscheidet). Ein Nash-Gleichgewicht, das ausschließlich auf dominanten Strategien der Spieler beruht, wird als „Gleichgewicht in dominanten Strategien" bezeichnet.

Tab. 3.1 Gleichgewicht in dominanten Strategien: Symmetrische Fälle

1 , 2	Links	Rechts		1 , 2	Links	Rechts
Oben	($\underline{4}$, $\underline{4}$)*	($\underline{2}$, 2)		Oben	($\underline{4}$, $\underline{4}$)*	($\underline{2}$, 2)
Unten	(2 , $\underline{2}$)	(0 , 0)		Unten	(2 , $\underline{2}$)	($\underline{2}$, $\underline{2}$)*

Wie an den Unterstreichungen der Auszahlungen erkennbar ist, handelt es sich bei der Strategiekombination („Oben", „Links") auch um das einzige Nash-Gleichgewicht des Spiels, das heißt, dieses Nash-Gleichgewicht ist *eindeutig*. Dies ist bei strikt dominanten Strategien zwangsläufig der Fall: Verfügen beide Spieler über eine strikt dominante Strategie, dann werden sie diese Strategie spielen, völlig unabhängig davon, wie der andere Spieler entscheidet. Sie werden somit unter keinen Umständen ihre Strategie wechseln, was nur zu einem eindeutigen Spielergebnis führen kann. Somit handelt es sich hier um ein sehr überzeugendes Lösungskonzept, da keinerlei strategische Unsicherheit besteht, allerdings ist es nur selten anwendbar.

Die wünschenswerte Eigenschaft eines eindeutigen Spielergebnisses ist bereits dann nicht mehr garantiert, wenn die betreffenden Strategien nur *schwach dominant* sind. Verfügt Spieler i über eine *schwach dominante Strategie* s_i', dann erzielt er bei dieser Strategie für jede Strategie des Gegenspielers s_{-i} eine höhere oder gleich hohe Auszahlung im Vergleich zur Wahl einer beliebigen anderen Strategie s_i'', jedoch muss in mindestens einem Fall eine strikt höhere Auszahlung vorliegen. Formal ausgedrückt sind schwach dominante Strategien somit definiert als

$$
\begin{aligned}
u_i(s_i', s_{-i}) &\geq u_i(s_i'', s_{-i}) \quad \forall \, s_{-i} \in S_{-i} \; und \\
u_i(s_i', s_{-i}') &> u_i(s_i'', s_{-i}') \quad \text{für mindestens ein } s_{-i}' \in S_{-i}
\end{aligned}
\tag{3.2}
$$

Im Gegensatz zum Fall einer strikt dominanten Strategie können sämtliche Auszahlungen einer schwach dominanten Strategie mit den Auszahlungen der nächstbesten Alternative identisch sein, solange es mindestens eine Auszahlung gibt, die strikt größer ist. Die rechte Matrix von Tab. 3.1 zeigt dies beispielhaft: Erneut ist die jeweils erste Strategie beider Spieler eine dominante Strategie, wobei es sich aber nur um eine *schwach dominante Strategie* handelt. Um den Unterschied zu den zuvor besprochenen strikt dominanten Strategien auch grafisch hervorzuheben, wurde in der Matrix die Gleichheit zweier Auszahlungen mit einer gestrichelten Unterstreichung gekennzeichnet.[1] Die Kombination der dominanten Strategien (Oben, Links) führt erneut zu einem *Gleichgewicht in dominanten Strategien,* das die Auszahlungskombination (4, 4) aufweist. Im Gegensatz zum Fall der strikt dominanten Strategien lässt sich in der rechten Matrix von Tab. 3.1 nun aber noch ein weiteres Nash-Gleichgewicht identifizieren, das sich aus der Strategiekombination (Unten, Rechts) mit der Auszahlungskombination (2, 2) ergibt. Beide Auszahlungen weisen hier nur eine gestrichelte Kennzeichnung auf, was bedeutet, dass beide Spieler hier lediglich *indifferent* zwischen dem Verbleib in diesem Nash-Gleichgewicht und dem Abweichen zur (nächstbesten) Alternative sind. Ein derartiges Gleichgewicht wird als *schwaches*

---

[1]Aus Vereinfachungsgründen werden wir später wieder auf die durchgezogene Unterstreichung wechseln; in diesem Abschnitt soll die gestrichelte Kennzeichnung aber der besseren optischen Unterscheidbarkeit dienen.

Tab. 3.2 Gleichgewicht in dominanten Strategien: Gemischte Fälle

1 , 2	Links	Rechts	1 , 2	Links	Rechts
Oben	(4 , 4)*	(2 , 2)	Oben	(4 , 4)*	(2 , 4)*
Unten	(2 , 2)	(0 , 2)	Unten	(2 , 0)	(0 , 2)

Nash-Gleichgewicht bezeichnet, da es gewissermaßen nicht „stark genug" ist, um Abweichungen eindeutig zu unterbinden.

Ein Gleichgewicht in dominanten Strategien ist folglich dann und nur dann eindeutig, wenn beide Spieler über eine strikt dominante Strategie verfügen. Handelt es sich hingegen nur um eine schwach dominante Strategie, ist die Eindeutigkeit nicht mehr sichergestellt und es können weitere Nash-Gleichgewichte vorliegen. Gleiches gilt für die Mischvariante, bei der einer der Spieler eine strikt dominante Strategie, der andere hingegen nur eine schwach dominante Strategie hat. Tab. 3.2 stellt zwei Beispiele dieser Mischvariante dar.

In der linken Matrix findet sich das Gleichgewicht in dominanten Strategien bei der Strategiekombination (Oben, Links) mit der Auszahlungskombination (4, 4). In der rechten Matrix ist „Rechts" die schwach dominante Strategie von Spieler 2, sodass das Gleichgewicht in dominanten Strategien die Strategiekombination (Oben, Rechts) mit den Auszahlungen (2, 4) darstellt. In der linken Matrix ist das Gleichgewicht in dominanten Strategien eindeutig, in der rechten hingegen nicht: Auch die Strategiekombination (Oben, Links) führt zu einem Nash-Gleichgewicht mit den Auszahlungen (4, 4). Bei diesem zweiten Nash-Gleichgewicht handelt es sich jedoch um *kein Gleichgewicht in dominanten Strategien* (Spieler 2 spielt keine dominante Strategie) und auch um *kein schwaches Nash-Gleichgewicht* (nur Spieler 2 ist indifferent im Gegensatz zu Spieler 1).

Die zuvor diskutierten Regeln zur Eindeutigkeit von Nash-Gleichgewichten lassen sich vom Prinzip her auch auf die Fälle übertragen, bei denen von N Spielern $N - 1$ Spieler über eine dominante Strategie verfügen und nur ein Spieler keine dominante Strategie zur Verfügung hat. Bei 2 × 2-Matrix-Spielen würde das bedeuten, dass nur einer der beiden Spieler eine dominante Strategie hat. Wählt dieser Spieler nun seine dominante Strategie, wird sich der andere Spieler an diese Strategiewahl optimal anpassen, also seine *beste Reaktion* hierauf wählen. Tab. 3.3 stellt für diese Konstellation zwei Beispiele dar.

In der linken Matrix hat Spieler 1 die strikt dominante Strategie „Oben". Spieler 2 reagiert darauf mit der Antwort „Links" optimal. Die Strategiekombination (Oben, Links) ist somit ein Nash-Gleichgewicht. Da nur Spieler 1 eine dominante Strategie zur Verfügung hat und diese zudem auch strikt dominant ist, führt die optimale Reaktion hierauf stets zu einem eindeutigen Nash-Gleichgewicht: Wenn Spieler 1 eine strikt dominante Strategie hat, wird er unter keinen Umständen etwas anderes spielen als „Oben". Zu einem zweiten Nash-Gleichgewicht kann es dann nur kommen, wenn Spieler 2 auf die Strategiewahl „Oben" keine eindeutige Antwort hat, also indifferent wäre zwischen „Links" und „Rechts". Wäre Spieler 2 aber indifferent zwischen „Links" und „Rechts", dann hätte Spieler 2 automatisch eine schwach dominante Strategie, was annahmegemäß jedoch ausgeschlossen ist (wir hätten in diesem Fall eine der Situationen aus Tab. 3.2 vorliegen

Tab. 3.3 Dominante Strategie und beste Reaktion

1 , 2	Links	Rechts	1 , 2	Links	Rechts
Oben	(4̲ , 2̲)*	(2̲ , 0)	Oben	(4̲ , 2̲)*	(2̲ , 0)
Unten	(2 , 0)	(0 , 2̲)	Unten	(2 , 0)	(2̲ , 2̲)*

und nicht mehr aus Tab. 3.3). Wenn folglich Spieler 2 keine dominante Strategie (weder strikt noch schwach) zur Verfügung haben soll, wird seine Reaktion stets eindeutig sein und damit muss es sich auch um ein eindeutiges Nash-Gleichgewicht handeln. Anders verhält es sich, wenn Spieler 1 lediglich eine schwach dominante Strategie hat (rechte Matrix in Tab. 3.2). Bei dieser Konstellation ist es möglich, dass sich ein zweites Gleichgewicht in der Matrix findet. Im Beispiel liegt ein solches zweites Nash-Gleichgewicht bei der Strategiekombination (Unten, Rechts) mit den Auszahlungen (2, 2). Wieder gilt: Sobald schwach dominante Strategien im Spiel sind, ist die Eindeutigkeit des ersten, aus der Dominanz abgeleiteten, Nash-Gleichgewichts nicht mehr sichergestellt. Es ist dann möglich (wenn auch nicht zwingend), dass ein weiteres Gleichgewicht vorliegt.

Dominierte Strategien und das Verfahren der iterierten Elimination In vielen Spielen gibt es keine dominanten Strategien, sodass wir – zumindest auf den ersten Blick – die bisher diskutierten Lösungsverfahren nicht anwenden können. Es kann jedoch sein, dass in dem betreffenden Spiel wenigstens *dominierte Strategien* vorliegen. Dominierte Strategien sind gewissermaßen das Pendant zu den dominanten Strategien.

Eine *strikt dominierte Strategie* s_i' liefert Spieler i für jede Strategie des Gegenspielers s_{-i} eine echt niedrigere Auszahlung als mindestens eine alternative Strategie s_i'',

$$u_i\left(s_i', s_{-i}\right) < u_i\left(s_i'', s_{-i}\right) \quad \forall \; s_{-i} \in S_{-i}. \tag{3.3}$$

Wie Ausdruck (3.3) verdeutlicht, wechseln wir jetzt die Blickrichtung von den „überlegenen" Strategien hin zu den „unterlegenen" Strategien, gehen also nach dem Ausschlussprinzip vor und fragen, welche Strategien *nicht* als Gleichgewichtsstrategien infrage kommen. Analog zu unseren bei dominanten Strategien angestellten Überlegungen nehmen wir an, dass ein rationaler Spieler eine strikt dominierte Strategie *nicht* spielen wird.

Bei der obigen Definition ist vor allem die Formulierung „mindestens eine" zu beachten: Während eine strikt dominante Strategie stets echt besser abschneidet als jede beliebige alternative Strategie, reicht es für eine strikt dominierte Strategie bereits aus, dass sie strikt schlechter abschneidet als eine einzige alternative Strategie. Die Matrix aus Tab. 3.4 kann dies verdeutlichen.

Tab. 3.4 Dominante Strategie und beste Reaktion

1, 2	Links	Mitte	Rechts
Oben	(3, 2)	(1, 1)	(2, 3)
Unten	(4, 0)	(0, 2)	(1, 1)

In Tab. 3.4 verfügt Spieler 1 über keine dominante Strategie und – da er nur zwei Strategien hat – damit zwangsläufig auch über keine dominierte Strategie.[2] Spieler 2 verfügt ebenfalls über keine dominante Strategie. Allerdings liefert die Strategie „Links" von Spieler 2 immer (das heißt bei beiden Strategien von Spieler 1) niedrigere Auszahlungen als die Strategie „Rechts". Die Strategie „Links" ist somit eine strikt dominierte Strategie von Spieler 2. Die Strategie „Links" muss hierfür aber eben nicht von *allen* alternativen Strategien dominiert werden (die Strategien „Links" und „Mitte" dominieren einander nicht), sondern es reicht aus, eine einzige überlegene Strategie zu finden. Dies ist aus offensichtlichen Gründen ausreichend: Ein Entscheidungsträger, der die Strategien „Links" und „Rechts" miteinander vergleicht, kann sich nur verbessern, wenn er immer „Rechts" anstelle von „Links" wählt. Er kann also keinen Fehler machen, wenn er auf die Strategie „Links" fortan verzichtet. Etwas technischer formuliert sprechen wir bei diesem Verfahren von der *Elimination dominierter Strategien*. Wird dieses Verfahren nicht nur einmal sondern wiederholt auf eine Matrix angewandt, wird dies als *iterierte* Elimination bezeichnet. Die Elimination strikt dominierter Strategien ist vor allem für die Lösung komplexer Matrixspiele sehr hilfreich, da das Entfernen irrelevanter Strategien die Dimension der Matrix reduziert und so leichter handhabbar macht. Dies soll kurz am Beispiel des Spiels aus Tab. 3.4 verdeutlicht werden. Um die Verfahrensweise leichter nachvollziehen zu können, sind die Lösungsschritte in Tab. 3.5 gesondert dargestellt.

Dadurch, dass Spieler 2 die Strategie „Links" nicht spielen wird, können wir diese Strategie eliminieren, das heißt, die Strategie wird – wie in Schritt 1) in der Tabelle dargestellt – einfach in der Matrix gestrichen. Für die weitere Lösung des Spiels können wir uns ab jetzt auf die verbleibende, kleinere 2 × 2-Matrix beschränken, die in der Tabelle umrandet hervorgehoben ist. In dieser kleineren Matrix ist nun die Strategie „Oben" von Spieler 1 eine strikt dominante Strategie. Wir können jetzt also wieder unsere Lösungstechniken für die Fälle mit dominanten Strategien einsetzen. Da Spieler 2 auch in der kleineren Matrix keine dominante Strategie hat, bleibt nur zu klären, wie seine beste Reaktion auf „Oben" aussieht: Wählt Spieler 1 seine strikt dominante Strategie „Oben", dann ist es für Spieler 2 optimal, darauf mit „Rechts" zu antworten, das heißt, es ergibt sich die Strategiekombination (Oben, Rechts) als Nash-Gleichgewicht des Spiels. Die Lösung

---

[2]Hat ein Spieler nur zwei Strategien, dann unterscheiden sich die Konzepte „dominante Strategie" und „dominierte Strategie" nicht: Ist von zwei Strategien eine dominant, dann ist die andere automatisch dominiert.

Tab. 3.5 Iterierte Elimination strikt dominierter Strategien

1, 2	Links	Mitte	**2)** Rechts
Oben	(3 , 2)	($\underline{1}$, 1)	($\underline{2}$, 3)*
Unten	(4 , 0)	(0 , 2)	(1 , 1)

des reduzierten Spiels mit der 2 × 2-Matrix entspricht somit dem bereits aus Tab. 3.3 bekannten Problem, bei dem nur ein Spieler eine strikt dominante Strategie aufweist und sich der andere optimal daran anpasst. Das Nash-Gleichgewicht (Oben, Rechts) ist zudem eindeutig: Bei der eliminierten Strategie von Spieler 2 handelt es sich um eine *strikt dominierte* Strategie, die per Definition keine Gleichgewichtsstrategie sein kann. Da im verkleinerten Spiel nur Spieler 1 eine dominante Strategie hat und diese *strikt* dominant ist, kann es kein weiteres Nash-Gleichgewicht geben.

Allgemein gilt, dass Strategien, die eine beste Antwort auf die Strategiewahl des Gegenspielers darstellen, die iterierte Elimination *strikt* dominierter Strategien überleben. Solche Strategien werden auch als *rationalisierbare Strategien* bezeichnet. Dagegen sind Strategien, die keine beste Antwort auf die Strategie des Gegenspielers darstellen, nicht rationalisierbar, da kein rationaler Spieler eine solche Strategie spielen wird. In der Matrix aus Tab. 3.5 sind die Strategien „Mitte" und „Rechts" rationalisierbare Strategien: „Mitte" ist die beste Antwort von Spieler 2 auf „Unten" und „Rechts" ist die beste Antwort auf „Oben". Eine Gleichgewichtsstrategie, die per Definition eine rationalisierbare Strategie ist, wird somit durch die Eliminationsprozedur nie entfernt. Zudem spielt bei der iterierten Elimination strikt dominierter Strategien die Reihenfolge der Elimination *keine* Rolle. Das bedeutet, dass wir uns in dem Fall, bei dem wir mehrere Strategien streichen können, keine Gedanken machen müssen, mit welcher Streichung wir genau beginnen.

Dies gilt jedoch nicht für die iterierte Elimination schwach dominierter Strategien. Eine Strategie s_i', die von einer anderen Strategie s_i'' schwach dominiert wird, weist entweder gleich hohe oder niedrigere Auszahlungen als die Vergleichsstrategie s_i'' auf:

$$
\begin{aligned}
u_i(s_i', s_{-i}) &\leq u_i(s_i'', s_{-i}) \quad \forall\, s_{-i} \in S_{-i} \text{ und} \\
u_i(s_i', s_{-i}') &< u_i(s_i'', s_{-i}') \quad \text{für mindestens ein } s_{-i}' \in S_{-i}
\end{aligned}
\tag{3.4}
$$

Wenden wir nun das Verfahren der iterierten Elimination auf ein Spiel an, in dem schwach dominierte Strategien vorliegen, dann erhalten wir mit dieser Prozedur zwar ein Nash-Gleichgewicht als Lösung des Spiels, können uns dabei allerdings nicht sicher sein, ob wir wirklich alle Nash-Gleichgewichte gefunden haben. Gibt es in so einem Spiel mehrere schwach dominierte Strategien, dann kann sogar die Reihenfolge der Elimination für das resultierende Gleichgewicht entscheidend sein. Betrachten wir als Beispiel die folgende Matrix:

1, 2	Links	Mitte	Rechts
Oben	(2, 2)	(2, 0)	(0, 2)
Unten	(1, 1)	(2, 2)	(0, 2)

In diesem Spiel hat Spieler 1 die schwach dominierte Strategie „unten" (bzw. die schwach dominante Strategie „oben"). Spieler 2 hat insgesamt zwei schwach dominierte Strategien: Sowohl „Links" als auch „Mitte" werden von der Strategie „Rechts" schwach dominiert. Wir haben nun also insgesamt drei Möglichkeiten, die Elimination schwach dominierter Strategien anzusetzen. Streichen wir als erstes die Strategie „Unten" von Spieler 2, vereinfacht sich die Matrix zu

1, 2	Links	Mitte	Rechts
Oben	(2 , 2)*	(2, 0)	(0 , 2)*
Unten	(1 , 1)	(2, 2)	(0 , 2)

Spieler 2 wählt als beste Reaktion hierauf entweder „Links" oder „Rechts", da er indifferent zwischen diesen beiden Strategien ist. Im Ergebnis erhält man zwei Nash-Gleichgewichte: Eines mit der Strategiekombination (Oben, Links) und eines mit der Strategiekombination (Oben, Rechts). Alternativ können wir mit der Eliminationsprozedur auch bei einer der Strategien von Spieler 2 beginnen. Streichen wir etwa im ersten Schritt die Strategie „links", dann erhalten wir die Matrix

		1)		
1, 2	Links		Mitte	Rechts
Oben	(2 ,	2)	(2 , 0)	(0 , 2)*
Unten	(1 ,	1)	(2 , 2)	(0 , 2)*
			2)	

Nun ist die Strategie „Mitte" schwach dominiert, sodass wir diese im zweiten Schritt ebenfalls streichen können. Es bleiben schließlich mit (Oben, Rechts) und (Unten, Rechts) zwei identische Auszahlungskombinationen stehen, die somit beide Nash-Gleichgewichte darstellen. Während wir (Oben, Rechts) auch schon zuvor gefunden haben, ist (Unten, Rechts) unentdeckt geblieben, als wir die Elimination mit „Unten" begonnen haben. Demgegenüber wurde das zuvor gefundene Nash-Gleichgewicht (Oben, Links) hier als erstes gestrichen. Schließlich können wir als dritte Option damit beginnen, die Strategie „Mitte" zu streichen:

		1)	
1, 2	Links	Mitte	Rechts
Oben	$(2 , 2)^*$	$(2 , 0)$	$(0 , 2)^*$
~~Unten~~	~~$(1 , 1)$~~	~~$(2 , 2)$~~	~~$(0 , 2)$~~ 2)

Streichen wir die Strategie „Mitte" da sie von „Rechts" schwach dominiert wird, erhalten wir wieder eine reduzierte 2 × 2-Matrix. In dieser haben jetzt beide Spieler eine schwach dominierte Strategie: Bei Spieler 2 ist die Strategie „Links" und bei Spieler 1 die Strategie „Unten" schwach dominiert. Würden wir jetzt als Nächstes die Strategie „Links" streichen, dann hätten wir wieder die Situation wie zuvor. Streichen wir aber stattdessen im zweiten Schritt die Strategie „Unten" (wie dargestellt), erhalten wir als Ergebnis die Konstellation wie im ersten Fall, als wir mit der Streichung der Strategie „Unten" begonnen haben. Dies zeigt sehr eindrucksvoll, dass die Reihenfolge der Streichung sogar noch in der zweiten Eliminationsrunde für die Frage von Bedeutung ist, welche Nash-Gleichgewichte mit dem Verfahren gefunden werden und welche nicht. Der wahrscheinlich interessanteste

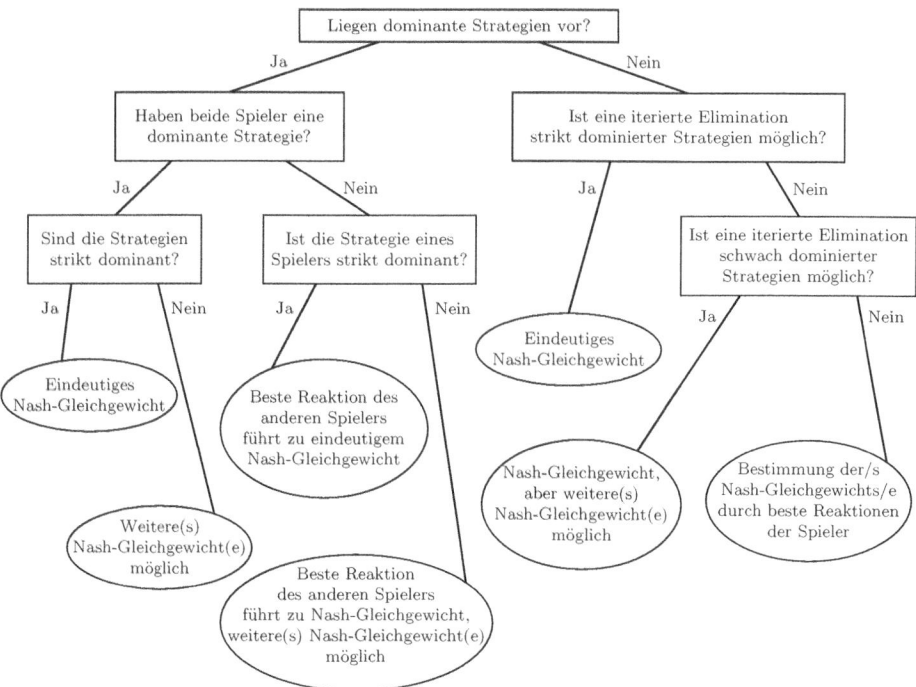

Abb. 3.1 Vorgehen bei Dominanzüberlegungen

Punkt an der vorausgehenden Analyse liegt nun darin, dass wir damit – trotz der drei getrennt verfolgten Ansätze – bis zum Schluss das vierte Nash-Gleichgewicht bei der Strategiekombination (Unten, Mitte) übersehen haben. Die Methode der Elimination schwach dominierter Strategien hat pro Eliminationsprozedur jeweils immer nur zwei der insgesamt vier Nash-Gleichgewichte gefunden.

Abb. 3.1 fasst noch einmal übersichtsartig zusammen, wie mit den in diesem Abschnitt besprochenen Verfahren auf systematische Weise Nash-Gleichgewichte aufgespürt werden können und in welchen Fällen sichergestellt ist, dass es sich bei den aufgefundenen Gleichgewichten auch um eindeutige und vollständige Lösungen handelt.

3.2   Nash-Gleichgewicht

Wir wollen uns in diesem Abschnitt nochmals etwas genauer mit dem Konzept des Nash-Gleichgewichts auseinandersetzen, um insbesondere seine Voraussetzungen und Bedeutung als Lösungskonzept besser zu verstehen.[3] Das Nash-Gleichgewicht geht auf den Mathematiker und Träger des Alfred-Nobel-Gedächtnispreises für Wirtschaftswissenschaften John F. Nash (1928–2015) zurück, der vielen durch den Spielfilm „A Beautiful Mind" (2001) bekannt ist. Wir haben uns die grundsätzliche Idee seines Konzepts schon mehrfach vor Augen geführt: Jeder Spieler wählt seine optimale Strategie, gegeben alle anderen Spieler wählen ebenfalls ihre optimale Strategie. Präziser ausgedrückt: Eine Strategiekombination s^* ist ein Nash-Gleichgewicht, wenn jeder Spieler durch Wahl seiner optimalen Strategie s_i^* eine Auszahlung erhält, die mindestens so hoch ausfällt wie eine Vergleichsstrategie s_i unter der Bedingung, dass alle anderen Spieler ihre optimale Strategie s_{-i}^* gewählt haben:

$$u_i(s_i^*, s_{-i}^*) \geq u_i(s_i, s_{-i}^*) \quad \forall \, s_i \in S_i \tag{3.5}$$

Absolute Grundvoraussetzung für das Vorliegen bzw. die Existenz des Nash-Gleichgewichts ist, dass alle Spieler rational sind und sich auch so verhalten. Selbstverständlich beinhaltet dies auch die Common-Knowledge-Annahme (siehe Abschn. 2.3). Würde sich ein Spieler nicht rational verhalten, das heißt, nicht die beste Antwort wählen, führt die eigentlich beste Antwort eines Spielers nicht zum für ihn optimalen Ergebnis.

---

[3]Dieser Abschnitt beschäftigt sich mit den Voraussetzungen des Nash-Gleichgewichts und kann daher, dem mathematischen Hintergrund der Spieltheorie geschuldet, für einige Leser etwas abstrakt wirken. Für das grundsätzliche Verständnis bzw. die konkrete Anwendung dieses Lösungskonzepts ist die Kenntnis der vorgestellten Bedingungen in den meisten (Anwendungs-)Fällen aber nicht zwingend erforderlich, sodass dieser Abschnitt auch übersprungen werden kann.

Exkurs: Zahlenwahlspiel

An einem sogenannten Zahlenwahlspiel können wir uns verdeutlichen, wie wichtig es für das Nash-Gleichgewicht ist, dass sich alle Spieler „richtig" verhalten. An einem Zahlenwahlspiel nehmen mehrere Spieler teil und jeder von ihnen ist aufgefordert, eine ganze Zahl zwischen 0 und 100 zu nennen. Aus allen genannten Zahlen wird anschließend der Mittelwert berechnet. Wessen Zahl dann näher an 80 % dieses Werts liegt, gewinnt das Spiel. Im Nash-Gleichgewicht dieses Spiels werden alle Spieler 0 wählen. Wie kommen wir darauf? Zunächst bildet jeder Spieler Erwartungen über das Verhalten aller anderen Spieler, das heißt, er überlegt sich, welche Zahlen diese wählen und mit welcher Zahl er selbst dann das Spiel gewinnen könnte. Geht er davon aus, dass alle Spieler die höchstmögliche Zahl, also 100, wählen, dann wäre der Durchschnitt 100. 80 % dieses Wertes wären 80, weshalb der Spieler niemals eine Zahl zwischen 80 und 100 wählen wird, da er damit nicht gewinnen würde. Er würde somit 80 wählen. Geht der Spieler davon aus, dass alle Spieler rational sind, müsste er sich im Klaren darüber sein, dass die anderen Spieler ebenfalls diese Überlegung angestellt haben und somit auch niemals eine Zahl aus diesem Bereich wählen werden. Das heißt, er kann davon ausgehen, dass sie ebenfalls 80 wählen. Damit wäre der Mittelwert 80 und 80 % davon 64, sodass auch der Bereich zwischen 64 und 80 als wählbare Strategie für den Spieler wegfällt. Er würde also 64 wählen. Aber auch hier muss der rationale Spieler wieder davon ausgehen, dass die anderen zum gleichen Schluss kommen. Somit wäre nicht 64, sondern 51,2 bzw. ganzzahlig 51, zu wählen. Diese Überlegungen setzen sich nun so lange fort, bis wir bei der kleinstmöglichen wählbaren Zahl, also 0, angekommen sind.

Was passiert nun aber, wenn nicht alle Spieler rational sind? Würde unser rationaler Spieler die Nash-Gleichgewichtsstrategie 0 wählen, würde er mit ziemlicher Sicherheit nicht gewinnen. Sind etwa alle anderen Spieler nur zum ersten Schluss gekommen und würden 80 wählen, hätten diese gewonnen, da 80 bei relativ hoher Spielerzahl näher an 64 (bzw. einem etwas geringeren Wert) liegt als 0. Ein rationaler Spieler würde dies berücksichtigen und somit eine andere Strategie als 0 wählen, so dass das Nash-Gleichgewicht nicht realisiert wird.

Sind jedoch die Grundvoraussetzungen der Rationalität und des Common Knowledge erfüllt, bildet jeder Spieler korrekte Erwartungen bezüglich des Verhaltens der Mitspieler und wählt entsprechend seine beste Antwort. Im Allgemeinen ergibt sich formal folgende Reaktionsabbildung für jeden Spieler:

$$r_i(s_{-i}) = \{\hat{s}_i \in s_i | u_i(\hat{s}_i, s_{-i}) \geq u_i(s_i, s_{-i}) \quad \forall s_i \in S_i\} \tag{3.6}$$

Das Nash-Gleichgewicht ist dann durch die wechselseitig besten Antworten der Spieler bestimmt: Die Erwartungen aller Spieler sind nur dann erfüllt, wenn die den Mitspielern unterstellten Strategien s_{-i} ihrerseits wiederum beste Antworten sind, das heißt $s^* \in r(s^*)$.

Damit ein Lösungskonzept wirklich überzeugt, ist es sinnvoll, wenn dieses immer angewendet werden kann – ein Problem, das wir etwa bei den Dominanzüberlegungen hatten, da die Spieler leider nicht immer über dominante bzw. dominierende Strategien verfügen. Wir wollen daher nun kurz aufzeigen, unter welchen Bedingungen ein Nash-Gleichgewicht existiert.

Existenz Nash-Gleichgewicht

Ein Nash-Gleichgewicht existiert dann, wenn für ein Spiel $\Gamma(N, S, u)$ gilt, dass

(i) der Strategieraum S kompakt und konvex ist und
(ii) die Auszahlungsfunktion $u_i(s)$ jedes Spielers stetig und begrenzt in $s \in S$ sowie quasi konkav in s_i sind.

Beginnen wir mit (i), die Strategiemenge muss kompakt und konvex sein. *Kompakt* bedeutet, dass die Menge *beschränkt* und *abgeschlossen* ist. Beschränkt bedeutet dabei, dass es eine obere und eine untere Schranke gibt und abgeschlossen, dass diese Beschränkungspunkte in der Menge enthalten sein müssen. Somit wäre der Zahlenraum aller natürlichen Zahlen N nicht kompakt, da er nicht beschränkt ist (nach jeder natürlichen Zahl folgt immer eine weitere natürliche Zahl). Das Intervall [1; 100) wiederum wäre zwar beschränkt, aber nicht abgeschlossen, da zwar die untere Schranke im Intervall enthalten ist (dargestellt durch die eckige, einschließende Klammer), aber nicht die obere Schranke (die schließende runde Klammer symbolisiert, dass diese Zahl nicht im Intervall enthalten ist). Eine Menge ist dann *konvex*, wenn alle Punkte auf einer Verbindungslinie zwischen zwei beliebigen Elementen der Menge ebenfalls in der Menge enthalten sind. Das einfachste Beispiel einer nicht-konvexen Menge ist ein Donut: Verbinden wir zwei beliebige Punkte, dann besteht die Gefahr, dass diese Verbindung durch das Loch in der Mitte geht und sich damit außerhalb des Donuts befindet. Bei einer konvexen Menge darf dies aber niemals der Fall sein. Bedingung (ii) ist eher technischer Natur und impliziert lediglich, dass die Auszahlungsfunktionen der Spieler differenzierbar sein müssen und sich daraus folgend konvexe Indifferenzkurven ergeben. Für ökonomische Anwendungen bzw. Modelle ist diese Bedingung de facto aber immer sichergestellt.

Das Kontrollspiel in Tab. 3.6 zeigt ein Spiel, das in dieser Form kein Nash-Gleichgewicht hat, da die Bedingungen an den Strategieraum nicht erfüllt sind. Die Situation ist hier die folgende: Ein Arbeitnehmer kann sich entscheiden, im Sinne der Firma zu arbeiten, was anstrengend ist, oder zu faulenzen und sich mit schöneren Dingen zu beschäftigen. Der

Tab. 3.6 Kontrollspiel

Arbeitnehmer (1), Manager (2)	s_{21} (Überwachen)	s_{22} (Nicht überwachen)
s_{11} (Arbeiten)	($\underline{1}$, 1)	(1, $\underline{2}$)
s_{12} (Faulenzen)	(−1, $\underline{2}$)	($\underline{2}$, 0)

Manager wiederum hat die Möglichkeit, die Arbeitsleistung zu überwachen, was allerdings von seiner Arbeitszeit abgeht und ihm daher Kosten verursacht oder den Arbeitnehmer nicht zu überwachen und darauf zu vertrauen, dass alles in Ordnung ist. Die Anreizstruktur ist damit folgendermaßen: Arbeitet der Arbeitnehmer, ist es für den Manager wenig sinnvoll, ihn zu überwachen. Wird der Arbeitnehmer nicht überwacht, möchte er lieber faulenzen als zu schuften. Faulenzt der Arbeitnehmer, sollte er aber vom Manager überwacht und zur Rede gestellt werden. Wird der Arbeitnehmer aber überwacht, wird er arbeiten, da er seinen Job nicht verlieren möchte. Von der Argumentation sind wir nun aber wieder am Anfang der Reihe – wie wir sehen können gibt es hier keinen Ruhepunkt, der folglich ein Nash-Gleichgewicht sein könnte.

Worin besteht beim Kontrollspiel genau das Problem? Konkret zeigt sich, dass der Strategieraum diskret ist und damit nicht konvex: So ist der Strategieraum des Arbeitnehmers zwar kompakt – es gibt genau zwei Strategien, die gewählt werden können – aber eben nicht konvex – er kann nur faulenzen oder arbeiten, aber nichts zwischen beiden Extremen machen, wie etwa nur ein bisschen zu faulenzen. Bei allen bisherigen Spielen mit diskretem Strategieraum hatten wir einfach Glück, dass ein Nash-Gleichgewicht vorlag – allgemein können wir bei einem solchen Strategieraum aber nicht davon ausgehen, dass wir ein Nash-Gleichgewicht finden. Wir müssten das Spiel somit modifizieren, um ein Nash-Gleichgewicht zu erhalten, das heißt konkret aus dem diskreten Strategieraum einen stetigen Strategieraum machen. So könnte der Arbeitnehmer sich etwa entscheiden, welchen beliebigen Anteil zwischen 0 % und 100 % seiner Arbeitszeit er für Arbeit aufwenden möchte, das heißt $0 \leq s_1 \leq 100$ bzw. $S_1 = [0; 100]$. Der Manager könnte seinerseits einen beliebigen Betrag seines verfügbaren Budgets von 50.000 Euro zum Aufbau eines Monitoring-Systems verwenden, $0 \leq s_2 \leq 50.000$ bzw. $S_2 = [0; 50.000]$. Da die Strategieräume beider Spieler nun kompakt und konvex sind, wird ein Nash-Gleichgewicht existieren.

Eine weitere Möglichkeit, um das Problem eines nicht konvexen Strategieraums zu überwinden, ohne das Spiel wie eben geschehen grundlegend zu verändern, ist die Verwendung von gemischten Strategien. Mit diesen wollen wir uns daher im nächsten Abschnitt genauer beschäftigen.

3.3 Gemischte Strategien

Bislang haben wir immer reine Strategien betrachtet, bei denen ein Spieler i seine Strategien aus einer diskreten Strategiemenge $s_i \in \{s_{i1}, s_{i2}\}$ wählt. Die daraus hervorgehenden Nash-Gleichgewichte waren dementsprechend stets *Gleichgewichte in reinen Strategien*, die man direkt aus der Matrix ablesen kann. Es ist aber auch möglich, dass ein Spieler die reinen Strategien nur mit einer gewissen Wahrscheinlichkeit spielt und damit – etwas technisch, aber genauer formuliert – über die reinen Strategien *randomisiert*. Da der Spieler in diesem Fall seine reinen Strategien über die Wahrscheinlichkeiten kombiniert bzw. „mischt", spricht man von gemischten Strategien. Nehmen wir an, p_i sei die Wahrscheinlichkeit, mit der Spieler i seine erste Strategie s_{i1} wählt, das heißt, mit der Gegenwahr-

Tab. 3.7 Elfmeterschießen

Schütze (1), Torwart (2)	s_{21} (links)	s_{22} (rechts)
s_{11} (links)	$(0, \underline{1})$	$(\underline{1}, 0)$
s_{12} (rechts)	$(\underline{1}, 0)$	$(0, \underline{1})$

scheinlichkeit $1 - p_i$ wählt er seine verbliebene zweite Strategie s_{i2}. Die strategische Variable des Spielers ist jetzt die Wahrscheinlichkeit p_i, die er aufgrund der Beschränkung $0 \leq p_i \leq 1$ aus einer stetigen Strategiemenge $p_i \in [0; 1]$ wählt. Die beiden reinen Strategien sind Sonderfälle der gemischten Strategien, das heißt, wir finden die diskrete Strategiemenge der reinen Strategien als Spezialfälle $p_i \in \{0; 1\}$ der gemischten Strategien wieder. Dabei entspricht die Wahl der Wahrscheinlichkeit $p_i = 1$ der reinen Strategie s_{i1} und entsprechend ist $p_i = 0$ gleichbedeutend mit der Strategiewahl s_{i2}.

Das Konzept gemischter Strategien ist intuitiv nicht unbedingt leicht zu verstehen. Immerhin kann jeder Spieler nur eine reine Strategie wählen, wodurch somit nicht klar ist, wie man sich die Strategiewahl „Randomisieren" genau vorstellen soll. Auch wenn das Konzept etwas abstrakt wirkt, so treffen wir doch die dahinterstehende Logik im Alltag oft an. Gemischte Strategien werden tendenziell immer dann relevant, wenn ein Interessenkonflikt zwischen zwei Spielern besteht, durch den *taktisches Verhalten* zu einer Option wird.[4] Nehmen wir als Beispiel das in Tab. 3.7 dargestellte Elfmeterschießen-Spiel aus Kap. 2.

Das taktische Element beim Elfmeterschießen liegt darin, dass Schütze und Torwart exakt entgegen gerichtete Interessen haben: Für den Torwart wäre es am besten, wenn die Aktion des Schützen für ihn bereits vor dem Schuss erkennbar wäre; für den Schützen hingegen ist es gerade wichtig, dass er in seiner Absicht undurchschaubar bleibt. Dasselbe gilt ebenso umgekehrt: Der Schütze würde gerne vorher wissen, in welche Ecke der Torwart springt, aber für den Torwart ist es optimal, in seiner Abwehrreaktion unberechenbar zu bleiben. Die optimale Strategie ist damit für beide gerade die Strategie, bei der ihr Kontrahent bezüglich ihrer Absicht unschlüssig bleibt. Der Kontrahent, beispielsweise der Torwart, kann aber nur dann unschlüssig sein, wenn er bis zur Ausführung des Spiels mit *beiden Strategien* des Schützen rechnet, also davon ausgeht, dass der Schütze beide Strategien mit einer positiven Wahrscheinlichkeit spielen wird. Damit wird deutlich, was genau mit „Randomisieren" gemeint ist: Der Schütze muss sich so verhalten, als würde er seine Entscheidung von einem Zufallsmechanismus (etwa einer Münze oder einem Würfel) abhängig machen, und er muss die Wahrscheinlichkeit für seine Strategie so wählen, dass der Torwart indifferent ist zwischen „links" und „rechts". Die folgende Gleichung zeigt, wie wir die Wahrscheinlichkeit p_1^* dieser optimalen Strategie von Spieler 1 berechnen können:

---

[4]Dies ist etwa beim in Abschn. 3.2 diskutierten Kontrollspiel zwischen dem Arbeitnehmer und dem Manager der Fall (Tab. 3.6).

$$\underbrace{p_1 \cdot 1 + (1 - p_1) \cdot 0}_{E[u_2(p_1, p_2=1)]} = \underbrace{p_1 \cdot 0 + (1 - p_1) \cdot 1}_{E[u_2(p_1, p_2=0)]} \Leftrightarrow p_1^* = \frac{1}{2} \qquad (3.7)$$

Spieler 1, der Schütze, wählt seine erste Strategie „links" mit Wahrscheinlichkeit p_1 und seine zweite Strategie „rechts" entsprechend mit der Gegenwahrscheinlichkeit $(1 - p_1)$. Auf der linken Seite der Gleichung steht die erwartete Auszahlung von Spieler 2 (Torwart), wenn dieser „links" wählt ($p_2 = 1$) und auf der rechten Seiten der Gleichung die entsprechende Auszahlung von Spieler 2, wenn dieser „rechts" ($p_2 = 0$) wählt. Der Schütze wählt jetzt seine Strategie p_1 so, dass beide Seiten der Gleichung identisch sind, wodurch er den Torwart indifferent hält. Wie sich leicht nachrechnen lässt, ergibt sich für die optimale Wahrscheinlichkeit $p_1^* = 1/2$, das heißt, der Schütze wählt beide Richtungen mit jeweils 50 % Wahrscheinlichkeit. Was wäre, wenn er stattdessen $p_1 > 1/2$, also etwa mit einer Wahrscheinlichkeit von 60 % nach links schießen würde? Hierfür reicht ein Blick auf Gl. (3.7): Wählt der Schütze $p_1 > 1/2$, dann ist die linke Seite der Gleichung größer als die rechte. Der Torwart erzielt somit eine höhere erwartete Auszahlung $E[u_2]$, wenn er nach links springt ($p_2 = 1$). Versucht der Schütze, häufiger nach links zu schießen, wird der Torwart ebenfalls stets nach links springen, was wiederum für den Schützen nicht optimal ist. Würde er hingegen häufiger nach rechts schießen, also $p_1 < 1/2$ wählen, dann ist in Gl. (3.7) die rechte Seite größer als die linke Seite. Der Torwart hätte dann eine höhere erwartete Auszahlung $E[u_2]$ wenn er nach rechts springt, was er als rationaler Spieler auch tun würde. Wir sehen also, dass eine Abweichung des Schützen von $p_1^* = 1/2$ in beide Richtungen nur dazu führt, dass der Torwart eine eindeutig beste Antwort auf die Strategiewahl des Schützen hat, durch die sich der Schütze verschlechtert. Betrachten wir nun das Problem aus Sicht des Torwarts. Auch für diesen ist es optimal, den Schützen indifferent zu halten:

$$\underbrace{p_2 \cdot 0 + (1 - p_2) \cdot 1}_{E[u_1(p_1=1, p_2)]} = \underbrace{p_2 \cdot 1 + (1 - p_2) \cdot 0}_{E[u_2(p_1=0, p_2)]} \Leftrightarrow p_2^* = \frac{1}{2} \qquad (3.8)$$

Da das Spiel „Elfmeterschießen" symmetrisch ist, ergibt sich für den Torwart dieselbe optimale Wahrscheinlichkeit für die Strategie „links", nämlich auch $p_2^* = 1/2$. Wir können mit den gleichen Überlegungen wie oben leicht nachvollziehen, dass es auch für den Torwart nicht optimal ist, von der Wahrscheinlichkeit 50 % abzuweichen.

Bei der hier vorgestellten Methode zur Bestimmung von Gleichgewichten in gemischten Strategien handelt es sich um den sogenannten *Erwartungsnutzen-Vergleich*, da hier die erwarteten Auszahlungen/Nutzen eines Spielers gleichgesetzt werden, die der Spieler abhängig von seiner Strategiewahl erhält. Dieses Verfahren zur Bestimmung eines Gleichgewichts in gemischten Strategien lässt sich relativ schnell durchführen, es muss nur darauf geachtet werden, die richtigen Auszahlungen gleichzusetzen. Ein alternativer Weg zur

Bestimmung eines Gleichgewichts in gemischten Strategien ist die Wahl eines *Optimierungsansatzes*.

Ausgangspunkt der Optimierung ist die erwartete Auszahlung der Spieler. Für Spieler i lautet diese allgemein

$$
\begin{aligned}
E(u_i) = {} & p_i \cdot p_j \cdot u_i(p_i = 1, p_j = 1) + \\
& + p_i \cdot (1 - p_j) \cdot u_i(p_i = 1, p_j = 0) + \\
& + (1 - p_i) \cdot p_j \cdot u_i(p_i = 0, p_j = 1) + \\
& + (1 - p_i) \cdot (1 - p_j) \cdot u_i(p_i = 0, p_j = 0)
\end{aligned}
\tag{3.9}
$$

Die erwartete Auszahlung von Spieler i setzt sich aus vier Summanden zusammen, welche die vier möglichen Strategiekombinationen beschreiben: Mit der Wahrscheinlichkeit $p_i \cdot p_j$ spielen beide Spieler ihre erste Strategie; in diesem Fall erhält Spieler i die Auszahlung $u_i(p_i = 1, p_j = 1)$. Mit einer Wahrscheinlichkeit von $p_i \cdot (1 - p_j)$ spielt Spieler i seine erste und Spieler j seine zweite Strategie; in diesem Fall erhält Spieler i eine Auszahlung in Höhe von $u_i(p_i = 1, p_j = 0)$. Die beiden verbleibenden Summanden ergeben sich auf die gleiche Weise. Beim Optimierungsansatz leiten wir nun diesen Ausdruck, der die erwartete Auszahlung von Spieler i für alle Strategiekombinationen (p_i, p_j) darstellt, nach der strategischen Variablen von Spieler i, p_i, partiell ab und setzen die Ableitung gleich Null. Für Spieler 1 wird die erwartete Auszahlung $E(u_1)$ nach p_1 abgeleitet und für Spieler 2 entsprechend die erwartete Auszahlung $E(u_2)$ nach p_2. Für Spieler 1 stellt sich beim Elfmeterspiel somit die erwartete Auszahlung dar als

$$
\begin{aligned}
E(u_1) = {} & p_1 \cdot p_2 \cdot 0 + p_1 \cdot (1 - p_2) \cdot 1 + (1 - p_1) \cdot p_2 \cdot 1 + \\
& + (1 - p_1) \cdot (1 - p_2) \cdot 0
\end{aligned}
\tag{3.10}
$$

Diese ist nach seiner strategischen Variablen p_1 partiell abzuleiten

$$
\frac{\partial E(u_1)}{\partial p_1} = p_2 \cdot 0 + (1 - p_2) \cdot 1 - p_2 \cdot 1 - (1 - p_2) \cdot 0 = 1 - 2 \cdot p_2,
\tag{3.11}
$$

Nullsetzen ergibt schließlich

$$
1 - 2 \cdot p_2 \overset{!}{=} 0 \quad \Leftrightarrow \quad p_2^* = \frac{1}{2}.
\tag{3.12}
$$

Schauen wir uns nun die Bedingung erster Ordnung (so nennt man die erste Ableitung einer Zielfunktion) aus Gl. (3.12) genauer an. Der Ausdruck $1 - 2 \cdot p_2$ ist der (erwartete) Grenznutzen von Spieler 1 in Bezug auf seine erste Strategie. Der Ausdruck gibt an, um welchen Betrag sich die erwartete Auszahlung von Spieler 1 ändert, wenn dieser die Wahrscheinlichkeit p_1 marginal erhöht. Man sieht, dass die Antwort auf diese Frage allein von Spieler 2 abhängt, da der Grenznutzen von Spieler 1 nur von der Strategievariablen p_2 (und eben nicht von p_1) abhängt. Wählt Spieler 2 seine erste Strategie („links") mit einer Wahrscheinlichkeit, die größer ist als 0,5 (etwa $p_2 = 0,8$), dann wird der Grenznutzen von Spieler 1 negativ ($1 - 2 \cdot p_2 < 0$). Das bedeutet, dass Spieler 1 seinen erwarteten Nutzen *verringert*, wenn er p_1 erhöht, also die Strategie „links" mit höherer Wahrscheinlichkeit spielt. Spieler 1 stellt sich in diesem Fall also besser, wenn er p_1 senkt, also eher nach „rechts" schießt. Wählt hingegen Spieler 2 seine erste Strategie mit einer Wahrscheinlichkeit, die kleiner ist als 0,5 (etwa $p_2 = 0,3$), das heißt, der Torwart springt eher nach rechts, dann wird der Grenznutzen von Spieler 1 positiv ($1 - 2 \cdot p_2 > 0$). In diesem Fall würde Spieler 1 also seinen erwarteten Nutzen *erhöhen*, wenn er p_1 erhöht, also mit höherer Wahrscheinlichkeit nach „links" schießt. Wenn Spieler 2 genau $p_2 = 0,5$ spielt, ist der Grenznutzen von Spieler 1 null, was nichts anderes bedeutet, als dass Spieler 1 in diesem Fall indifferent ist zwischen seinen beiden (reinen) Strategien – er kann sich weder durch eine Erhöhung von p_1 noch durch eine Reduzierung verbessern. Der Optimierungsansatz zeigt damit deutlich, dass die Indifferenz des Spielers tatsächlich auch eine beste Antwort auf die Strategie des Gegenspielers ist, da eben der Grenznutzen in diesem Fall null beträgt. Somit ist es bei einem Gleichgewicht in gemischten Strategien zum einen für Spieler i optimal, Spieler j indifferent zwischen dessen reinen Strategien zu halten und zum anderen auch für Spieler j optimal, indifferent zu bleiben, da sich für ihn aus diesem Gleichgewicht heraus keine Verbesserungsmöglichkeit ergibt.

Fassen wir die bisher angestellten Überlegungen nun als Reaktionsabbildung zusammen:

$$
p_1^*(p_2) = \begin{cases} 0 & p_2 \in \left(\frac{1}{2}; 1\right] \\ [0;1] & p_2 = \frac{1}{2} \\ 1 & p_2 \in \left[0; \frac{1}{2}\right) \end{cases} \qquad p_2^*(p_1) = \begin{cases} 0 & p_1 \in \left[0; \frac{1}{2}\right) \\ [0;1] & p_1 = \frac{1}{2} \\ 1 & p_1 \in \left(\frac{1}{2}; 1\right] \end{cases} \qquad (3.13)
$$

Es ist zu erkennen, dass es sich bei der Strategiekombination ($p_1 = 1/2$, $p_2 = 1/2$) um ein Nash-Gleichgewicht des Spiels handelt.

Die Reaktionsabbildungen bei gemischten Strategien sind genauso zu interpretieren, wie die für reine Strategien (vgl. Kap. 2): Wählt Spieler 2 (Torwart) seine erste Strategie („links") mit einer Wahrscheinlichkeit aus dem Intervall $(\frac{1}{2}; 1]$, das heißt, sie wird mit einer Wahrscheinlichkeit von mehr als 50 % gespielt (50 % ist selbst nicht im Intervall), ist die beste Antwort von Spieler 1, seine erste Strategie mit Wahrscheinlichkeit $p_1^* = 0$ zu wählen, also mit Sicherheit „rechts" zu spielen. Wählt Spieler 2 genau $p_2 = \frac{1}{2}$, ist Spieler 1 indifferent zwischen „links" und „rechts" und wird daher ein beliebiges p_1^* aus dem Intervall $[0; 1]$ als beste Antwort wählen. Wählt Spieler 2 p_2 aus dem Intervall $[0; \frac{1}{2})$, ist die beste Antwort von Spieler 1 $p_1^* = 1$, er wird somit mit Sicherheit „links" wählen. Entsprechend kann die optimale Reaktion von Spieler 2 auf die Wahrscheinlichkeitswahl von Spieler 1 im rechten

Ausdruck von (3.13) abgelesen werden. Man erkennt, dass die Reaktionsabbildungen symmetrisch sind und dass nur die Wahrscheinlichkeiten $p_1 = p_2 = \frac{1}{2}$ miteinander konsistente Strategien darstellen. Bei dieser Wahrscheinlichkeit stellen die Strategien der Spieler beste Antworten dar, das heißt, es handelt sich hier um ein Nash-Gleichgewicht.

▶ **Hinweis und Tipp** Wenn Sie die Reaktionsabbildungen für die Spieler aufstellen, achten Sie darauf, dass Sie die beste Antwort eines Spielers stets für die vollständige Strategiewahl des Gegenspielers angeben. Sie müssen etwa für Spieler 1 für alle Strategien von Spieler 2 aus dem gesamten Spektrum $p_2 \in [0;$ 1] eine beste Antwort von Spieler 1 angeben. Es darf hier also nie eine „Lücke" auftreten; jeder Spieler i muss für jede Strategiewahl von jedem Spieler j eine beste Antwort haben.

Jedes Nash-Gleichgewicht ist immer auch ein Schnittpunkt der Reaktionsabbildungen, wie wir anhand der grafischen Darstellung in Abb. 3.2 erkennen können.

Die grafische Darstellung ist eine direkte Übertragung der Reaktionsabbildungen aus (3.11). Betrachten wir beispielhaft die beste Antwort von Spieler 1: Im p_2-Intervall $(\frac{1}{2}; 1]$ ist die durchgezogene Linie eine Senkrechte, die genau über $p_1 = 0$ liegt. Bei $p_2 = \frac{1}{2}$ ist $p_1(p_2)$ eine Waagerechte, was bedeutet, dass die beste Antwort von Spieler 1 auf dem gesamten Spektrum $p_1 \in [0; 1]$ zu finden ist. Wählt Spieler 2 eine niedrigere Wahrscheinlichkeit als $\frac{1}{2}$, wird die Reaktionsabbildung von Spieler 1 erneut senkrecht, und zwar über $p_1^* = 1$. Die Reaktionsabbildung von Spieler 1 ist somit in denjenigen Wahrscheinlichkeitsbereichen p_2 senkrecht, in denen Spieler 1 eine beste Antwort hat und nicht indifferent ist. Analog erhalten wir die Reaktionsabbildung von Spieler 2, die in der Abbildung gestrichelt dargestellt und mit $p_2(p_1)$ bezeichnet wird, indem wir die Strategie von Spieler 2 aus (3.11) auf die gleiche Weise in das Diagramm übertragen. Das Nash-Gleichgewicht (NGG) ergibt sich als Schnittpunkt der Reaktionsabbildungen.

Wir sehen an der Reaktionsabbildung, dass es beim Spiel Elfmeterschießen neben dem Schnittpunkt $\left(p_1^* = \frac{1}{2}; p_2^* = \frac{1}{2}\right)$ keinen weiteren Schnittpunkt und damit auch kein weiteres Gleichgewicht gibt. Diesen Befund können wir auch in der Matrix aus Tab. 3.7 leicht bestätigen: Wenn wir in diesem Spiel wieder zeilenweise die Abweichungsrichtungen per Unterstreichung kennzeichnen, stellen wir fest, dass in diesem Spiel kein Gleichgewicht in reinen Strategien vorliegt. Das Spiel Elfmeterschießen hat also nur ein Nash-Gleichgewicht in gemischten Strategien. Hier ist als Merkregel hilfreich, dass die *Anzahl aller Nash-Gleichgewichte immer ungerade* ist.[5]

---

[5]Nachzulesen in Lemke, C.E./ Howson, J.T. Jr. (1964): Equilibrium Points of Bimatrix Games, Journal of the Society for Industrial and Applied Mathematics, Vol. 12, No. 2, 413–423.

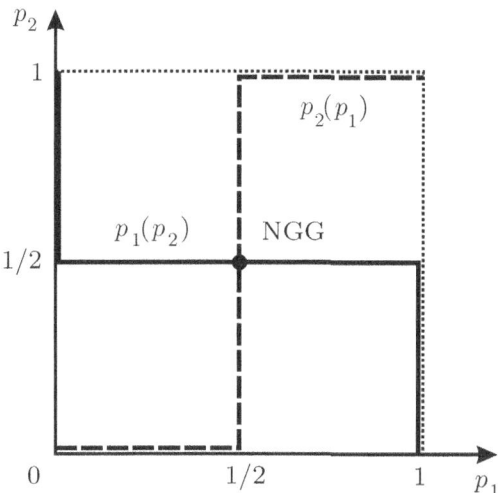

Abb. 3.2 Reaktionsabbildungen für das Spiel Elfmeterschießen

▶ **Hinweis und Tipp** Jedes Spiel weist eine ungerade Zahl an Nash-Gleichgewichten auf. Ist die Anzahl an Nash-Gleichgewichten in reinen Strategien
gerade, so wissen Sie, dass noch ein (aber nur ein!) weiteres Gleichgewicht in
gemischten Strategien vorliegen muss.

Wenn wir, wie beim Spiel Elfmeterschießen, kein Gleichgewicht in reinen Strategien
finden, dann können wir uns also sicher sein, dass zusätzlich noch genau ein Gleichgewicht
in gemischten Strategien vorliegen muss. In den von uns betrachteten Matrixspielen gibt es
stets nur ein Gleichgewicht in gemischten Strategien (neben einer geraden Anzahl an Nash-
Gleichgewichten in reinen Strategien).

Wir können uns an dieser Stelle nochmals unserem Problem aus Abschn. 3.2 zuwenden,
genauer gesagt dem Kontrollspiel in Tab. 3.6, bei dem wir ebenfalls kein Nash-
Gleichgewicht in reinen Strategien finden konnten. Wie wir jetzt wissen, können wir durch
Erweiterung des Strategieraums um gemischte Strategien nun auch in diesem Spiel ein
Nash-Gleichgewicht finden. Konkret zeigt sich, dass der Arbeitnehmer mit $p_1 = 2/3$
arbeitet und der Manager mit $p_2 = 1/3$ überwachen wird. Aufgrund einer analogen
Anreizstruktur ähneln die zugehörigen Reaktionsabbildungen denjenigen in Abb. 3.2.
Durch die Berücksichtigung gemischter Strategien wird somit aus einem diskreten Strate-
gieraum eine kompakte und konvexe Strategiemenge, wodurch die Existenz eines Nash-
Gleichgewichts sichergestellt wird.

Schließlich können wir noch die *Gleichgewichtsauszahlungen* der Spieler bestimmen.
Während wir diese bei reinen Strategien direkt aus der Matrix ablesen können, erhalten wir

sie bei gemischten Strategien dadurch, dass wir die erwartete Auszahlung beider Spieler berechnen, die sie erhalten, wenn sie ihre Gleichgewichtsstrategien spielen. Hierfür greifen wir auf die allgemeine Formel (3.9) zurück, die uns die erwartete Auszahlung der Spieler angibt und setzen die Gleichgewichtsstrategien ein. Allgemein berechnen wir somit die (erwartete) Gleichgewichtsauszahlung von Spieler i als

$$
\begin{aligned}
E(u_i) = {}& p_i^* \cdot p_j^* \cdot u_i(p_i = 1, p_j = 1) + \\
& + p_i^* \cdot \left(1 - p_j^*\right) \cdot u_i(p_i = 1, p_j = 0) + \\
& + \left(1 - p_i^*\right) \cdot p_j^* \cdot u_i(p_i = 0, p_j = 1) + \\
& + \left(1 - p_i^*\right) \cdot \left(1 - p_j^*\right) \cdot u_i(p_i = 0, p_j = 0)
\end{aligned}
\tag{3.14}
$$

Für Spieler 1 (Schütze) und Spieler 2 (Torwart) ergibt sich damit

$$
E(u_1) = \frac{1}{2} \cdot \frac{1}{2} \cdot 0 + \frac{1}{2} \cdot \frac{1}{2} \cdot 1 + \frac{1}{2} \cdot \frac{1}{2} \cdot 1 + \frac{1}{2} \cdot \frac{1}{2} \cdot 0 = \frac{1}{2}
$$

$$
E(u_2) = \frac{1}{2} \cdot \frac{1}{2} \cdot 1 + \frac{1}{2} \cdot \frac{1}{2} \cdot 0 + \frac{1}{2} \cdot \frac{1}{2} \cdot 0 + \frac{1}{2} \cdot \frac{1}{2} \cdot 1 = \frac{1}{2}
$$

Wenn beide Spieler ihre Gleichgewichtsstrategien spielen und damit sowohl der Torwart als auch der Schütze jeweils mit 50 % Wahrscheinlichkeit „links" oder „rechts" wählen, erhalten beide im Erwartungswert jeweils eine Auszahlung von 1/2.

Exkurs: Elfmeter – Warum nicht einfach in die Mitte schießen?

Im WM-Finale 1974 schoss der Niederländer Johan Neeskens als erster Elfmeterschütze in die Mitte des Tores und hatte damit Erfolg. Unter Sportjournalisten wird der von diesem Ereignis ausgehende Paradigmenwechsel als Neeskens-Effekt bezeichnet, da diese Elfmeter-Strategie erst ab dann häufiger gewählt wurde. Zuvor schien diese Möglichkeit tabu zu sein, weil für den Schützen ein erfolgloser Schuss in die Mitte als Blamage galt. Aber auch ein Torhüter, der mit einem Schuss in die Mitte rechnet, geht ein Risiko ein. Da er sich in diesem Fall nicht aus der Mitte bewegt, wirkt sein „Nichtstun" auf Beobachter ziemlich untätig. Bei einem Misserfolg könnte somit gleichermaßen gegenüber Spieler oder Torwart der Vorwurf aufkommen, sie hätten sich nicht genügend angestrengt.

Die deutschen Ökonomen Wolfgang Leininger und Axel Ockenfels (2007) untersuchten das strategische Verhalten von Schütze und Torwart für etwa 450 Elfmeter der Bundesliga und konnten empirisch untermauern, dass nach 1974 nicht nur die Häufigkeit der in die Mitte geschossenen Elfmeter zunahm, sondern auch die Erfolgsquote bei Elfmetern insgesamt. Die spieltheoretische Erklärung hierfür ist schlicht, dass die Strategiemenge für Schütze und Torwart erweitert wurde. Dadurch, dass der Schütze faktisch eine Option mehr zur Verfügung hat, verlagert sich die Duellsituation zu seinen

Tab. 3.8 Mutprobe

Spieler 1, Spieler 2	s_{21} (nachgiebig)	s_{22} (aggressiv)
s_{11} (nachgiebig)	(2, 2)	(1, 3)
s_{12} (aggressiv)	(3, 1)	(−1, −1)

Gunsten. Wie sich leicht nachrechnen lässt, erhöht sich im modifizierten Spiel „Elfmeterschießen", das um die Strategie „Mitte" erweitert wird, die erwartete Auszahlung des Spielers auf 2/3 wohingegen die erwartete Auszahlung des Torwarts auf 1/3 sinkt (Nullsummenspiel). Zwar gilt die Strategie „Mitte" mittlerweile als fest einzukalkulierende Option, dennoch wird sie bis heute signifikant weniger gewählt als die beiden konventionellen Schussrichtungen „links" und „rechts".

Betrachten wir nun als zweiten Anwendungsfall das Matrixspiel in Tab. 3.8. Das Spiel wird Mutprobe genannt, da es eine Konfliktsituation abbildet, wie man sie bei einem Duell unter Jugendlichen vorfindet. Das Spiel soll ursprünglich durch den Film „Denn sie wissen nicht, was sie tun" aus dem Jahr 1955 mit James Dean inspiriert worden sein. Dabei können die Spieler jeweils zwischen einer nachsichtigen Strategie und einer aggressiven Strategie wählen. „Aggressiv" bedeutet im Kontext einer Auseinandersetzung, dass der betreffende Spieler die Konfrontation mit dem Gegenspieler sucht. „Nachgiebig" bedeutet hingegen eher ausweichendes, konfliktvermeidendes Verhalten. Wählen die Spieler asymmetrische Strategien, dann stellt sich immer derjenige Spieler besser, der „aggressiv" spielt. Er erhält eine Auszahlung von 3, während der „nachgiebige" Spieler nur eine Auszahlung von 1 bekommt. Spielen beide „nachgiebig", so erhält jeder eine Auszahlung von 2. Spielen jedoch beide „aggressiv", kommt es zur „Katastrophe" und beide erhalten eine Auszahlung von −1. Im oben erwähnten Film besteht die Duellsituation darin, dass zwei Jugendliche mit dem Auto aufeinander zufahren und derjenige verliert, der als erster ausweicht. „Aggressiv" spielen bedeutet hier soviel wie „nicht ausweichen" und die Katastrophe besteht dann im lebensgefährlichen Zusammenstoß der Fahrzeuge. Wir erkennen direkt an der Matrix, dass zwei Nash-Gleichgewichte in reinen Strategien vorliegen, und zwar bei den asymmetrischen Strategiekombinationen (aggressiv, nachgiebig) und (nachgiebig, aggressiv). Gemäß unserer Merkregel muss bei einer geraden Anzahl an Gleichgewichten in reinen Strategien (hier zwei) noch ein weiteres in gemischten Strategien vorhanden sein. Dieses lässt sich leicht durch den Erwartungsnutzenvergleich finden,

$$p_1 \cdot 2 + (1 - p_1) \cdot 1 = p_1 \cdot 3 - (1 - p_1) \cdot 1 \Leftrightarrow p_1^* = \frac{2}{3}.$$

In diesem Fall liegt die optimale Wahrscheinlichkeit für Spieler 1, seine erste Strategie („nachgiebig") zu wählen bei 2/3, also bei 66,6 %. Woran liegt es, dass Spieler 1 hier nicht mit 50 % randomisiert, wie es beim Spiel Elfmeterschießen der Fall war? Die Antwort liegt in den Auszahlungen der Spieler. Würde Spieler 1 seine erste Strategie genau mit 50 % Wahrscheinlichkeit spielen, so würde Spieler 2 zu „nachgiebig" wechseln, da er damit eine höhere Auszahlung hätte (1,5 > 1). Spieler 1 wäre in diesem Fall zu aggressiv für Spieler 2, sodass dieser lieber ausweicht. Um Spieler 2 indifferent zu halten, muss Spieler 1 dafür sorgen, dass die nachgiebige Strategie für Spieler 2 an Attraktivität verliert. Dies erreicht er dadurch, dass er selbst etwas nachgiebiger spielt: Je stärker sich Spieler 1 zurücknimmt, desto attraktiver wird es für Spieler 2, selbst aggressiv zu spielen.

Da das Spiel symmetrisch ist, erhalten wir dieselbe optimale Wahrscheinlichkeit ebenso für Spieler 2. Die Reaktionsabbildungen für das Spiel „Mutprobe" lauten

$$p_1^*(p_2) = \begin{cases} 0 & p_2 \in \left(\frac{2}{3}; 1\right] \\ [0; 1] & p_2 = \frac{2}{3} \\ 1 & p_2 \in \left[0; \frac{2}{3}\right) \end{cases} \qquad p_2^*(p_1) = \begin{cases} 0 & p_1 \in \left[0; \frac{2}{3}\right) \\ [0; 1] & p_1 = \frac{2}{3} \\ 1 & p_1 \in \left(\frac{2}{3}; 1\right] \end{cases}$$

und sind in Abb. 3.3 grafisch dargestellt. In dieser Abbildung ist zu erkennen, dass die Reaktionsabbildungen beim Spiel Mutprobe insgesamt drei Schnittpunkte haben. Bei den Schnittpunkten ($p_1^* = 1$; $p_2^* = 0$) sowie ($p_1^* = 0$; $p_2^* = 1$) handelt es sich um die bereits bekannten Gleichgewichte in reinen Strategien. Wir können daran gut erkennen, dass das Konzept der gemischten Strategien ein allgemeineres Konzept ist, das die reinen Strategien als Spezialfälle stets mit enthält.

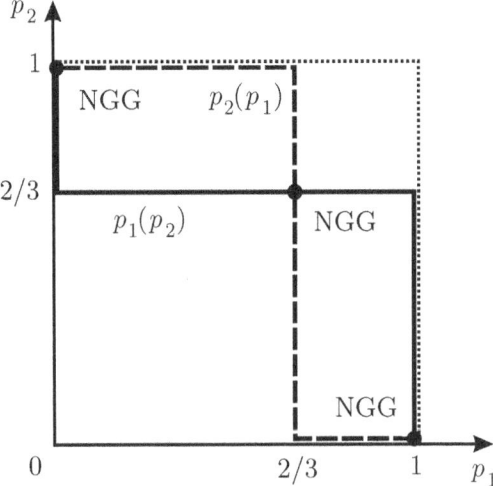

Abb. 3.3 Reaktionsabbildungen für das Spiel Mutprobe

Tab. 3.9 Allgemeiner Ansatz zur Bestimmung eines Nash-Gleichgewichts in gemischten Strategien

1, 2	s_{21}	s_{22}
s_{11}	(a, A)	(b, B)
s_{12}	(c, C)	(d, D)

Abschließend wollen wir das Nash-Gleichgewicht in gemischten Strategien nochmals für eine allgemeine Auszahlungsstruktur bestimmen. Dies ist hilfreich, um zu erkennen, wie die Auszahlungen das Ergebnis beeinflussen und kann zudem für eigene Kontrollzwecke verwenden werden, um zu überprüfen, ob die eigenen Berechnungen richtig sind. Ausgangspunkt ist die Matrix aus Tab. 3.9, in der wir die Auszahlungen beider Spieler in allgemeiner Form, also ohne Zahlenwerte, dargestellt haben.

Berechnet man nun das Nash-Gleichgewicht in gemischten Strategien für diese allgemeinen Werte, so lässt sich gut nachvollziehen, wie die Auszahlungen der Spieler in die optimalen Wahrscheinlichkeiten eingehen. Insbesondere wird deutlich, dass die optimale Wahrscheinlichkeit von Spieler i ausschließlich von den Auszahlungen des Gegenspielers j abhängen (und umgekehrt). Auch sollen hier nochmals die beiden bereits vorgestellten Methoden zur Bestimmung der Gleichgewichtsstrategien ausführlich dargestellt sowie ihre Grundidee erläutert werden.

Optimierungsansatz Die Grundidee bei dieser Vorgehensweise ist, dass jeder Spieler die Wahrscheinlichkeit(en), mit der er seine Strategien spielt, so wählt, dass seine erwartete Auszahlung maximiert wird. Zu diesem Zweck werden anstelle der eigentlich diskreten Strategien der Spieler, Wahrscheinlichkeiten dieser Strategien als strategische Variable gewählt, wodurch ein stetiger Strategieraum ensteht. Die Auszahlung ergibt sich dadurch, dass die jeweiligen Auszahlungen mit ihrer Eintrittswahrscheinlichkeit gewichtet werden. Diese Wahrscheinlichkeit ergibt sich wiederum aus der gemeinsamen Wahrscheinlichkeitswahl beider Spieler, das heißt, aus der Wahl der strategischen Variablen. Das Vorgehen ist das gleiche wie bei jeder Optimierung.

Vorgehen bei Optimierungsansatz

1. Bestimmung der Auszahlungsfunktion in Abhängigkeit von der eigenen strategischen Variablen und derjenigen der/des Gegenspieler/s
2. Partielle Ableitung der Funktion in Bezug auf die strategische Variable des Spielers
3. Nullsetzen der Bedingung erster Ordnung
4. Auflösen nach der strategischen Variablen

Dementsprechend stellt sich das Vorgehen für Spieler 1 allgemein wie folgt dar:

$$E(u_1) = p_1 \cdot p_2 \cdot a + p_1 \cdot (1 - p_2) \cdot b + (1 - p_1) \cdot p_2 \cdot c + + (1 - p_1) \cdot (1 - p_2) \cdot d$$

$$\frac{\partial E(u_1)}{\partial p_1} = p_2 \cdot a + (1 - p_2) \cdot b - p_2 \cdot c - (1 - p_2) \cdot d \overset{!}{=} 0$$

$$p_2 = \frac{d - b}{a - b - c + d}$$

Analog ist das Vorgehen für Spieler 2:

$$E(u_2) = p_1 \cdot p_2 \cdot A + p_1 \cdot (1 - p_2) \cdot B + (1 - p_1) \cdot p_2 \cdot C + + (1 - p_1) \cdot (1 - p_2) \cdot D$$

$$\frac{\partial E(u_2)}{\partial p_2} = p_1 \cdot A - p_1 \cdot B + (1 - p_1) \cdot C - (1 - p_2) \cdot D \overset{!}{=} 0$$

$$p_1 = \frac{D - C}{A - B - C + D}$$

Erwartungsnutzen-Vergleich Die Grundidee bei diesem Verfahren ist, die Strategie mit der höchsten erwarteten Auszahlung zu finden – das Vorgehen ist somit ähnlich wie bei der Entscheidung zwischen Lotterien (Abschn. 1.3), nur mit dem Unterschied, dass die Wahrscheinlichkeit der einzelnen Auszahlungen nicht exogen von der „Natur", sondern endogen von einem Gegenspieler gewählt wird. Diese Methode macht sich zunutze, dass es sich um diskrete Strategien handelt (und damit nur eine überschaubare Auswahl besteht). Es ist dann diejenige Wahrscheinlichkeit des Gegenspielers zu finden, sodass der betrachtete Spieler indifferent zwischen seinen beiden Strategien ist, das heißt, ihm beide die gleiche erwartete Auszahlung liefern.

Vorgehen beim Erwartungsnutzen-Vergleich

1. Bestimmung der erwarteten Auszahlung bei jeder Strategie (die Auszahlungen des betrachten Spielers werden mit der vom Gegenspieler gewählten Wahrscheinlichkeit gewichtet)
2. Vergleich der erwarteten Auszahlungen
3. Bestimmung der Wahrscheinlichkeit, für welche die erwarteten Auszahlungen gleich sind

▶ **Hinweis und Tipp** Diese Methodik ist insbesondere bei 2×2-Matrizen zu empfehlen, da ein geringerer Rechenaufwand (und damit eine geringere Fehleranfälligkeit) besteht und zudem die Reaktionsabbildung leichter abzulesen ist. Für Matrizen höherer Ordnung empfiehlt sich demgegenüber der Optimierungsansatz.

Bei Spieler 1 ist zu prüfen, für welche Werte von p_2 (Wahrscheinlichkeit, dass Spieler 2 seine erste Strategie wählt) es für ihn besser (oder gleich gut) ist, s_{11} zu wählen. Dies ist der Fall, wenn

$$E[u_1(s_{11})] \geq E[u_1(s_{12})]$$

$$a \cdot p_2 + b \cdot (1 - p_2) \geq c \cdot p_2 + d \cdot (1 - p_2)$$

$$p_2 \geq \frac{d - b}{a - b - c + d}$$

Hieraus kann nun einfach die Reaktionsabbildung von Spieler 1 abgelesen werden: Ist p_2 echt größer als der berechnete Wert, so wird Spieler 1 mit Sicherheit s_{11} wählen, das heißt $p_1 = 1$, da hier seine erwartete Auszahlung höher ist. Bei dem berechneten Wert ist Spieler 1 indifferent, das heißt er wählt irgendeine Wahrscheinlichkeit für s_{11} und für ein kleineres p_2 wählt er mit Sicherheit s_{12}, also $p_2 = 0$. Somit ergibt sich formal

$$p_1^*(p_2) = \begin{cases} 0 & p_2 \in \left[0; \dfrac{d - b}{a - b - c + d}\right) \\ [0; 1] & p_2 = \dfrac{d - b}{a - b - c + d} \\ 1 & p_2 \in \left(\dfrac{d - b}{a - b - c + d}; 1\right] \end{cases}$$

Analog ist für Spieler 2 zu prüfen, bei welchen Werten von p_1 (Wahrscheinlichkeit, dass Spieler 1 seine erste Strategie wählt) es für ihn besser (oder gleich gut) ist, s_{21} zu wählen. Dies ist der Fall, wenn

$$E[u_2(s_{21})] \geq E[u_2(s_{22})]$$

$$A \cdot p_1 + C \cdot (1 - p_1) \geq B \cdot p_1 + D \cdot (1 - p_1)$$

$$p_1 \geq \frac{D - C}{A - B - C + D}$$

Die Reaktionsabbildung von Spieler 2 lautet damit

$$p_2^*(p_1) = \begin{cases} 0 & p_1 \in \left[0; \dfrac{D-C}{A-B-C+D}\right) \\[3mm] [0;1] & p_1 = \dfrac{D-C}{A-B-C+D} \\[3mm] 1 & p_1 \in \left(\dfrac{D-C}{A-B-C+D}; 1\right] \end{cases}$$

▶ **Hinweis und Tipp** Vom Aussehen Aussehen der Reaktionsabbildungen kann immer auch auf die Anzahl der Nash-Gleichgewichte geschlossen werden, wie die folgende Abbildung verdeutlicht:

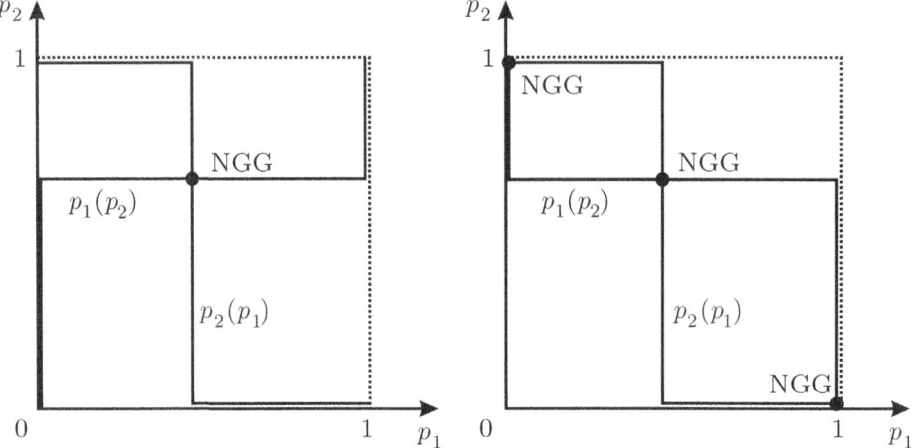

Links gibt es nur ein Nash-Gleichgewicht in gemischten Strategien, wohingegen es rechts drei Gleichgewichte (eines in gemischten und zwei in reinen Strategien) gibt. Die Kurven können auch spiegelverkehrt gezeichnet werden – je nachdem, wie die Wahrscheinlichkeiten gewählt wurden. Überprüfen Sie beim Zeichnen der Reaktionsabbildungen daher immer, ob sich die Anzahl der von Ihnen gefundenen Nash-Gleichgewichte auch in der Anzahl der Schnittpunkte der Reaktionsabbildungen wiederfindet.

Am Ende dieses Abschnitts wollen wir auch noch kurz einen Bezug zum Anfang, zu Abschn. 3.1 herstellen und aufzeigen, dass eine (strikt) dominante Strategie nicht notwendigerweise eine reine Strategie sein muss, sondern auch eine gemischte Strategie sein kann. Wir können uns dies anhand der beiden Matrizen in Tab. 3.10 verdeutlichen. Links ist das Grundspiel dargestellt. Da uns die Auszahlungen von Spieler 2 nicht interessieren, sind diese lediglich durch einen Platzhalter bezeichnet. Wie wir erkennen können, hat Spieler 1 keine dominante Strategie: Wählt Spieler 2 seine erste Strategie, ist s_{11} besser, wählt

Tab. 3.10 Gemischte Strategie als dominante Strategie

1, 2	s_{21}	s_{22}
s_{11}	$(4, \cdot)$	$(0, \cdot)$
s_{12}	$(0, \cdot)$	$(4, \cdot)$
s_{13}	$(1, \cdot)$	$(1, \cdot)$

1, 2	s_{21}	s_{22}
$p_1 \cdot s_{11} + (1 - p_1) \cdot s_{12}$	$(4 \cdot p_1, \cdot)$	$(4 \cdot (1 - p_1), \cdot)$
s_{13}	$(1, \cdot)$	$(1, \cdot)$

Spieler 2 seine zweite Strategie, dann ist s_{12} besser. Wir sehen aber auch bereits, dass Spieler 1 niemals seine dritte Strategie s_{13} wählen wird.

Betrachten wir nun eine gemischte Strategie, bei der Spieler 1 seine erste Strategie s_{11} mit der Wahrscheinlichkeit p_1, seine zweite Strategie s_{12} mit der Gegenwahrscheinlichkeit $(1 - p_1)$ und seine dritte Strategie s_{13} mit Wahrscheinlichkeit 0 spielt. Da wir nun Wahrscheinlichkeiten betrachten, erhält der Spieler keine sichere Auszahlung bei einer bestimmten Strategiekombination, sondern nur noch eine erwartete – je nachdem, welche reine Strategie bei dem gewählten Zufallsmechanismus nun genau realisiert wird. Somit ist die erwartete Auszahlung von Spieler 1 bei Wahl dieser gemischten Strategie für den Fall, dass Spieler 2 s_{12} wählt, $p_1 \cdot 4 + (1 - p_1) \cdot 0 = 4 \cdot p_1$ und für den Fall, dass Spieler 2 s_{22} wählt $p_1 \cdot 0 + (1 - p_1) \cdot 4 = 4 \cdot (1 - p_1)$. Diese Strategie dominiert s_{13} dann strikt, wenn sie für beide Strategien von Spieler 2 eine höhere Auszahlung als s_{13} generiert, das heißt $4 \cdot p_1 > 1$ bzw. $p_1 > 0,25$ und $4 \cdot (1 - p_1) > 1$ bzw. $p_1 < 0,75$. Eine gemischte Strategie, bei der beispielsweise die erste Strategie und die zweite Strategie mit gleicher Wahrscheinlichkeit gewählt werden, würde also die dritte Strategie dominieren und wäre damit eine dominante Strategie.

3.4 Effizienz, Gleichgewichtsanalyse und Konfliktstruktur in einfachen Matrixspielen

Bisher lag der Hauptfokus auf geeigneten Verfahren der Gleichgewichts*suche*; die Gleichgewichts*auswahl* hingegen hat bislang nur eine untergeordnete Rolle gespielt. In diesem Abschnitt wollen wir uns nun näher mit der ökonomischen Bewertung der möglichen Ausgänge eines Spiels, und zwar insbesondere in Bezug auf die Kriterien Effizienz und Plausibilität der jeweiligen Lösung, beschäftigen. Wir werden hierfür sechs Matrixspiele betrachten, die sich hinsichtlich ihrer Auszahlungs- bzw. Konfliktstruktur unterscheiden. Diese Spiele stehen paradigmatisch für verschiedene Arten von Interessenkonflikten und sind in der Spieltheorie unter prägnanten Bezeichnungen, wie etwa „Gefangenendilemma", bekannt.

Effizienz Bevor die eigentliche Gleichgewichtsanalyse bei Matrixspielen beginnt, sind zunächst drei grundlegende Effizienzkonzepte zu diskutieren. Die drei Konzepte stellen im weiteren Sinne ökonomische Wohlfahrtsmaße dar und sind daher auch für spieltheoretisch formulierte, ökonomische Analysen von großer Bedeutung. Schließlich möchten wir bei der Analyse eines Spiels nicht nur verstehen, welcher Spielausgang („Lösung") zu erwarten ist, sondern auch, welche Spielausgänge für alle Spieler wünschenswert wären. Der erste Analyseschritt umfasst die sogenannte *positive Analyse*, die sich auf die tatsächlichen Gegebenheiten konzentriert (Ist-Zustand). Der zweite Analyseschritt hingegen ist *normativ*, denn er sucht nach Verbesserungspotenzial (Soll-Zustand). Der systematische Vergleich von Ist- und Soll-Zustand kann dann Ansatzpunkte für den Einsatz wirtschaftspolitischer Instrumente liefern, den ein regulierender, sozialer Planer, der einen möglichst effizienten Spielausgang im Sinne aller Spieler anstrebt, implementieren würde.

Das wichtigste Effizienzkriterium der Ökonomie ist die *Pareto-Optimalität* (bzw. das *Pareto-Kriterium*). Eine Situation in einem Mehrpersonen-Spiel wird als pareto-optimal bezeichnet, wenn es nicht mehr möglich ist, einen Akteur besser zu stellen, ohne gleichzeitig einen anderen schlechter zu stellen.

Betrachten wir hierzu das Spiel aus Tab. 3.11. In diesem Spiel gibt es drei pareto-optimale Auszahlungskombinationen, die mit einem hochgestellten *P* gekennzeichnet sind. Wechselt man zwischen den drei pareto-optimalen Auszahlungskombinationen (2, 2), (3, 0) und (0, 3), dann verbessert sich zwar stets einer der Spieler, der andere verliert jedoch. Es ist somit nicht möglich, einen der Spieler besser zu stellen, ohne den anderen Spieler schlechter zu stellen. Eine pareto-optimale Auszahlungskombination ist somit dann *effizient*, wenn jede Änderung dieser Allokation nur einseitige und folglich konfliktträchtige Verbesserungen ermöglichen würde. Wenn man von einer effizienten Konstellation spricht, sollte man stets darauf hinweisen, von welchem Kriterium ausgegangen wurde. Die Auszahlungskombinationen (2, 2), (3, 0) und (0, 3) sind demzufolge als *„effizient nach dem Pareto-Kriterium"* zu bezeichnen. Das Pareto-Kriterium ist ein relativ schwaches Effizienzkonzept, da es am Minimalkonsens ausgerichtet ist. In vielen Fällen kann die Menge der effizienten Lösungen sehr groß sein, womit einem sozialen Planer kaum Anhaltspunkte für Entscheidungen bleiben.

Die verbleibende, vierte Auszahlungskombination (1, 1), das Nash-Gleichgewicht in dominanten Strategien, ist hingegen nicht pareto-optimal: Wechselt man von hier zu (2, 2), dann würden sich *beide* Spieler verbessern. Dies führt uns zum Konzept der *Pareto-Dominanz*: Allgemein kann die Aussage getroffen werden, dass eine Auszahlungskombination (A, B) eine andere (a, b) für $A > a$ und $B > b$ strikt *pareto-dominiert*. Alternativ kann man diesen Sachverhalt auch in der Passivform formulieren: Die Auszahlungskombination (a, b) wird von (A, B) strikt pareto-dominiert (für $a < A$ und $b > B$). Eine Auszahlungskombination, die von einer anderen pareto-dominiert wird, ist stets *ineffizient*. Im Beispiel aus Tab. 3.11 wird die Auszahlungskombination (1, 1) von (2, 2) *pareto-*

Tab. 3.11 Gefangenendilemma

1, 2	s_{21}	s_{22}
s_{11}	$(2, 2)^P$	$(0, \underline{3})^P$
s_{12}	$(\underline{3}, 0)^P$	$(\underline{1}, \underline{1})^*$

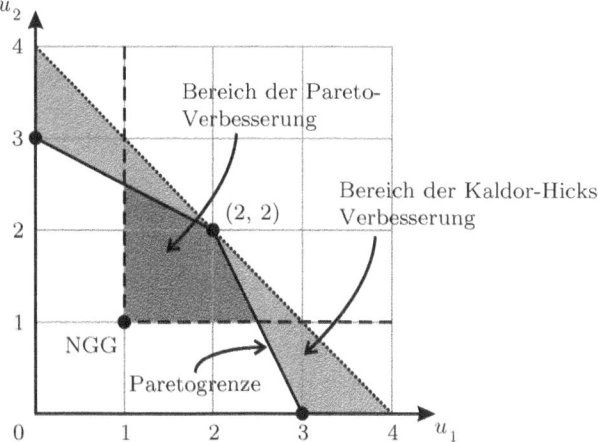

Abb. 3.4 Paretogrenze und Verbesserungsmöglichkeiten nach dem Pareto- und Kaldor-Hicks-Kompensationskriterium

dominiert und ist somit ineffizient. Schließlich existiert noch die *schwache Pareto-Dominanz* einer Auszahlungskombination (A, b) gegenüber einer Alternative (a, b) für $A > a$. Bei einer schwach pareto-dominanten Situation verschlechtert sich kein Spieler, aber mindestens einer verbessert sich im Vergleich zur Alternative.

In Abb. 3.4 ist der Auszahlungsraum für das Gefangenendilemma dargestellt. Die pareto-optimalen Auszahlungskombinationen sind daran zu erkennen, dass die sie verbindende Linie konkav gekrümmt ist und den oberen Rand der Auszahlungen darstellt. Man spricht bei dieser Linie von der *Effizienzlinie*, vom *effizienten Rand* oder von der *Paretogrenze*. Das Nash-Gleichgewicht bei $(1, 1)$ liegt unterhalb der Paretogrenze, wodurch zu erkennen ist, dass es sich um eine pareto-dominierte Auszahlungskombination handelt. Tragen wir nun ausgehend von Punkt $(1, 1)$ eine senkrechte und eine waagerechte Linie ab (vgl. die gestrichelte Linie in der Grafik), dann können wir zwischen diesen beiden Linien und der Paretogrenze einen Auszahlungsbereich erkennen, bei dem sich jeder der beiden Spieler verbessern kann, ohne dass sich der andere verschlechtert. Diese dunkelgrau markierte Fläche in der Abbildung kennzeichnet somit den Bereich der Pareto-Verbesserungen.

Das dritte Effizienzkriterium ist das *Kaldor-Hicks-Kompensationskriterium*. Dieses Kriterium unterstellt interpersonelle Vergleichbarkeit und Transferierbarkeit des individuellen Nutzens der Spieler. Während man sonst davon ausgeht, dass der Nutzen zweier Spieler nicht (direkt) vergleichbar ist, lässt dieses Kriterium sowohl Vergleiche als auch mögliche Umverteilungen zwischen den Spielern zu. Im Gefangenendilemma aus Tab. 3.11

wäre nur die Auszahlungskombination (2, 2) *effizient nach dem Kaldor-Hicks-Kompen-sationskriterium:* Durch eine Umverteilung von (2, 2) zu (3, 1) käme eine Auszahlungs-kombination zustande, die beide Spieler mindestens so hoch bewerten wie (3, 0) – die Gesamtauszahlungssumme steigt immerhin von 3 auf 4. Ebenso käme durch die mögliche Umverteilung von (2, 2) zu (1, 3) ein Ergebnis zustande, das beide Spieler mindestens so gut stellt wie bei der Allokation (0, 3). Ausgehend von (2, 2) sind somit Umverteilungen möglich, die alle anderen Auszahlungen strikt oder schwach pareto-dominieren. In Abb. 3.4 sind die Bereiche hellgrau gekennzeichnet, die nach dem Kaldor-Hicks-Kompensations-kriterium noch weitere Verbesserungen zulassen und die daher außerhalb der Paretogrenze liegen. Das Kompensationskriterium ist aufgrund der Annahmen ein wesentlich stärkeres und deutlich weniger konsensfähiges Effizienzkriterium als die Pareto-Effizienz. Es liefert einem sozialen Planer in den meisten Fällen eine geringere Menge an effizienten Lösungen und somit eine bessere Entscheidungshilfe. Gleichwohl ist es aus wohlfahrtsökonomischer Sicht diskussionswürdig, da angenommen wird, dass die Verluste des einen Spielers mit den Zugewinnen des anderen einfach aufgerechnet werden können und eine Umverteilung grundsätzlich möglich ist.

An die Beschreibung der drei Effizienzkonzepte schließt sich die Frage an, unter welchen Voraussetzungen *Nash-Gleichgewichte* (im Sinne des Pareto-Kriteriums) *effizient* sind. Auf diese Frage gibt es eine zwar recht allgemeine, aber dennoch eindeutige Antwort: Ein Nash-Gleichgewicht ist immer dann effizient, wenn *keine externen Effekte* vorliegen.

Um diese Aussage nachvollziehen zu können, müssen wir zunächst klären, was in der Ökonomie unter einem externen Effekt bzw. einer *Externalität* verstanden wird. Vereinfacht gesagt, bezeichnet ein externer Effekt die Auswirkung der Handlung von Akteur i auf eine unbeteiligte Person(engruppe) j, die Akteur i bei seiner Entscheidung nicht berücksichtigt. Dadurch, dass Akteur i diese Auswirkungen nicht berücksichtigt, ist das durch seine Entscheidung (mit) herbeigeführte Ergebnis aus kollektiver Sicht (das heißt aus der gemein-samen Perspektive von Akteur i und der Person(engruppe) j) nicht effizient. Aus dem Blickwinkel der Wirtschaftspolitik formuliert, weicht bei externen Effekten individuell optimales Verhalten von der gesellschaftlich optimalen Lösung (dem *sozialen Optimum*) ab. Man unterscheidet *positive* und *negative* externe Effekte. Bei positiven externen Effekten wirkt sich die Handlung von Akteur i positiv auf den Nutzen von j aus, was von Akteur i allerdings nicht berücksichtigt wird. Formal ausgedrückt, ist der Grenznutzen von Spieler j positiv, das heißt, sein Nutzen U_j nimmt zu, wenn Spieler i seine Aktivität x_i erhöht:

$$\text{Positiver externer Effekt} : \frac{\partial U_j}{\partial x_i} > 0. \tag{3.15}$$

Beispiele für positive Externalitäten sind Investitionen in Forschung und Entwicklung (F&E) oder Impfungen. Die F&E-Investitionen einer Firma sind im Regelfall zu niedrig, da die Firma nur die Auswirkungen dieser Investitionen auf den eigenen Gewinn betrachtet. Aus gesamtwirtschaftlicher Sicht jedoch wäre eine höhere F&E-Aktivität wünschenswert, da der Nutzen von Innovationen letztlich der gesamten Gesellschaft zugutekommt. Für das

Beispiel der Impfungen dürfte der Zusammenhang noch deutlicher werden: Eine Impfung bietet nicht nur jeder einzelnen Person Schutz gegen ansteckende Krankheiten, sondern reduziert auch das Ansteckungsrisiko für andere, die sich möglicherweise nicht impfen lassen können, und damit die Gefahr, dass sich eine Epidemie verbreitet (Herdenimmunität). Eine höhere Bereitschaft von Akteur i, sich impfen zu lassen, erhöht somit nicht nur den eigenen Nutzen U_i, sondern auch den Nutzen U_j anderer Personen.

Bei einer negativen Externalität wirkt sich die Handlung von Akteur i negativ auf den Nutzen von j aus, was Akteur i nicht berücksichtigt. Hier ist der Grenznutzen von Spieler j negativ, das heißt, sein Nutzen U_j würde ansteigen, wenn Spieler i seine Aktivität x_i drosselt:

$$\text{Negativer externer Effekt}: \frac{\partial U_j}{\partial x_i} < 0. \tag{3.16}$$

Beispiele für negative Externalitäten sind Emissionen oder der Verbrauch nicht-erneuerbarer Ressourcen. Die Produktion von Gütern oder der Straßenverkehr sind mit hohen Emissionen an Schadstoffen und Lärm verbunden, was sich nachteilig auf das Wohlbefinden aller Beteiligten auswirkt. Um diese externen Effekte zu berücksichtigen (*Internalisierung* eines externen Effektes), müsste jeder Produzent oder jeder Autofahrer die schädliche Aktivität reduzieren oder zumindest in äquivalenter Weise anpassen, indem entsprechende Gegenmaßnahmen, wie Lärmschutz oder Schadstofffilter, installiert werden. Im Beispiel der begrenzten Ressourcen liegt die ineffiziente Aktivität in einem zu hohen Verbrauch, der zu einer frühzeitigen Erschöpfung der Ressourcen (wie Öl, Fischgründe) führen kann. Würde dieser negative externe Effekt durch jeden Spieler internalisiert, würde dies zu einem geringeren Gesamtverbrauch führen und der Gesellschaft eine nachhaltige Nutzung der Ressource ermöglichen.

Konstantsummenspiele und Anti-Koordinationsspiele Wir beginnen unsere Analyse von (Matrix-)Spielen mit der konflikträchtigsten Variante, einem Konstantsummenspiel bzw. Nullsummenspiel. Wie bereits in Abschn. 2.2 erläutert, gibt es hier keinen Spielausgang, der einen anderen Spielausgang pareto-dominiert (Zugewinne des einen Spielers gehen immer zu Lasten des anderen Spielers) und so beiden Spielern einen Effizienzgewinn ermöglichen könnte. Daraus folgt, dass in einem Konstantsummenspiel jeder Spielausgang sowohl nach dem Pareto-Kriterium als auch nach dem Kaldor-Hicks-Kompensationskriterium effizient ist. Das aber bedeutet keineswegs, dass es den Spielern gleichgültig ist, welcher Spielausgang resultiert. Im Gegenteil: Ein Konstantsummenspiel weist vor allem dann einen starken Interessenkonflikt zwischen den Spielern auf, wenn in jeder Zelle eine hohe Auszahlungsdifferenz zwischen den Spielern vorliegt. In einem solchen Fall bietet das Spiel den Spielern keine Kompromisslösung; jeder mögliche Spielausgang wäre für den einen Spieler gut, aber für den anderen schlecht. Beispiele hierfür sind das bereits ausführlich besprochene Elfmeterspiel, das Spiel Schere-Stein-Papier sowie das Spiel „Kopf oder Zahl" (Matching Pennies). In jeder Zelle dieser Spiele hat immer einer der Spieler einen Anreiz abzuweichen, sodass es in diesen Spielen kein Nash-Gleichgewicht in reinen Strategien gibt. Aus diesem Grund lassen sich diese Spiele als *Anti-Koordinationsspiele* auffassen, da hier jeder Spieler immer genau das Gegenteil von dem erreichen möchte, woran der andere interessiert ist. Wie wir bereits beim Elfmeterspiel gesehen haben, liegt in diesen Spielen ein Gleichgewicht in gemischten Strategien vor, woran man die starke taktische Komponente an diesen Spielen erkennen kann.

Eine spezielle Kategorie von Anti-Koordinationsspielen, die vor allem für ökonomische Anwendungen sehr wichtig ist, sind *Kontrollspiele* (auch Inspektionsspiele genannt) – ein solches haben wir bereits in Tab. 3.6 kurz angesprochen. Kontrollspiele entsprechen von der Anreizstruktur her dem Elfmeterspiel bzw. „Kopf oder Zahl", thematisieren dabei aber primär die Interaktion zwischen einem Kontrolleur und einem potenziellen Delinquenten.[6] Für diese Art der Interaktion gibt es eine Vielzahl an möglichen Anwendungen: Die Interaktion zwischen Finanzamt und Steuerzahler, Fahrkartenkontrolleur und Fahrgast, Wirtschaftsprüfgesellschaft und Unternehmen, Gesundheitsamt und Restaurantbesitzer, Klausuraufsicht und Prüfling oder Polizei und Straftäter sind alles Beispiele, die zusammengenommen die hohe Relevanz und Allgegenwärtigkeit von Kontrollspielen aufzeigen.

Tab. 3.12 zeigt die allgemeine Anreizstruktur eines Kontrollspiels. Wir nehmen für dieses Beispiel an, dass der Kontrolleur einen (Brutto)Nutzen in Höhe von 2 realisiert, wenn der potenzielle Delinquent keinen Regelstoß begeht, allerdings 0, wenn der Delinquent einen Regelverstoß begeht. Eine Kontrolle ist mit Kosten K verbunden. Wenn der Kontrolleur den Delinquenten ertappt, muss dieser eine Strafzahlung in Höhe von S an den Kontrolleur entrichten. Für den Delinquenten ist ein nicht sanktionierter Regelverstoß attraktiv; er erhält in diesem Fall 2 anstelle von 1 bei Verzicht auf den Regelverstoß. Wir erhalten für $0 < K < S$ und zum Beispiel $K = 1$ die klassische anti-koordinative Anreizstruktur eines Kontroll- bzw. Inspektionsspiels – die Auszahlungsstruktur in Tab. 3.6 ergibt sich für $S = 3$ und $K = 1$. Nehmen wir an, der potenzielle Delinquent (Spieler 1) verzichtet auf einen Regelverstoß und wird trotzdem kontrolliert (obere linke Zelle in der Matrix). In diesem Fall wird die Kontrolle überflüssig, sodass der Kontrolleur (Spieler 2) auf diese verzichten wird (obere rechte Zelle in der Matrix). Ohne Kontrolle ist es jedoch für Spieler 1 interessant, die Regeln zu übertreten (unten rechts in der Matrix). Wenn er dies macht, ist es für den Kontrolleur besser zu kontrollieren (unten links in der Matrix). Das wiederum macht die Regelübertretung für den Delinquenten zu kostspielig, sodass er darauf verzichten wird, womit der Zyklus aufs Neue beginnt. In Aufgabe 3.7.2 am Ende dieses Kapitels werden wir für ein Kontrollspiel mit allgemein gehaltenen Auszahlungen das Gleichgewicht in gemischten Strategien bestimmen.

---

[6]Gelegentlich werden Kontrollspiele als Konstantsummenspiele dargestellt, was sie aber strenggenommen nicht sind (das obige Beispiel verdeutlicht das). Sie sind in erster Linie Anti-Koordinationsspiele und weisen damit *die gleichen Eigenschaften* auf wie die Konstantsummenspiele Elfmeterspiel oder Matching Pennies.

Tab. 3.12 Kontrollspiel

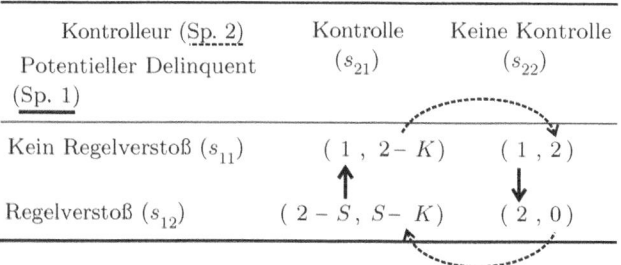

Kontrolleur (Sp. 2) Potentieller Delinquent (Sp. 1)	Kontrolle (s_{21})	Keine Kontrolle (s_{22})
Kein Regelverstoß (s_{11})	$(\ 1\ ,\ 2-K\ )$	$(\ 1\ ,\ 2\ )$
Regelverstoß (s_{12})	$(\ 2-S,\ S-K\ )$	$(\ 2\ ,\ 0\ )$

Gefangenendilemma

Als nächstes wollen wir uns das *Gefangenendilemma* (Prisoners' Dilemma) genauer anschauen. Die Auszahlungsstruktur haben wir in Tab. 3.11 bereits dargestellt. Das Gefangenendilemma ist das mit Abstand bekannteste Spiel, das in vielen ökonomischen, politischen und verwandten Kontexten zur Verdeutlichung von Interessenkonflikten herangezogen wird. Dem Namen nach beschreibt es die Situation zweier Häftlinge, die der Staatsanwalt mit einer Kronzeugenregelung konfrontiert. Zwar hat der Staatsanwalt gegen beide (mutmaßlichen) Delinquenten genug in der Hand, um sie aufgrund eines geringfügigen Vergehens anzuklagen, allerdings ist er zur Aufdeckung einer größeren Straftat auf die Aussagen der beiden angewiesen. Die Situation ist für beide Häftlinge symmetrisch, denn sie können zwischen einer kooperativen Strategie s_{i1} („Schweigen") und einer betrügerischen bzw. opportunistischen Strategie s_{i2} („Verrat") wählen. Kooperieren beide und schweigen, dann hätten sie nur mit einer geringen Strafe zu rechnen (Auszahlung 2). Verhält sich nur einer der beiden opportunistisch und nimmt die Kronzeugenregelung in Anspruch (während der andere schweigt), so geht der Kronzeuge straffrei aus (Auszahlung 3) und der andere erhält die Höchststrafe (Auszahlung 0). Entscheiden sich beide für eine Aussage, dann erhalten sie beide die abgeschwächte Höchststrafe (Auszahlung 1), da sie immerhin zur Aussage bereit waren. Für das Gefangenendilemma haben wir bereits gesehen, dass hier drei effiziente Auszahlungskombinationen nach dem Pareto-Kriterium vorliegen und eine nach dem Kaldor-Hicks-Kompensationskriterium. Die Auszahlungskombination (2, 2) ist nach beiden Kriterien effizient und bietet sich dementsprechend als ein für die Spieler erstrebenswertes Ziel an – die Häftlinge stellen sich am besten, wenn sie beide schweigen. Das Dilemma liegt nun darin, dass weder die anzustrebende effiziente Lösung (s_{11}, s_{21}) noch eine der beiden anderen, pareto-optimalen Auszahlungskombinationen ein Nash-Gleichgewicht des Spiels ist. Beide Spieler haben nämlich mit s_{i2} eine strikt dominante Strategie, das heißt, sie werden sich beide für „Verrat" entscheiden. Die Strategiekombination $(s_{12}, s_{22})\ast$ ist somit das eindeutige Nash-Gleichgewicht des Spiels. Dieses Gleichgewicht ist zudem auch *stabil*, da die Wahl einer strikt dominanten Strategie für beide Spieler eine eindeutige und risikofreie Entscheidung ist: Unabhängig von der Wahl ihres Gegenspielers stehen sie immer am besten da, wenn sie diese Strategie wählen.[7] Das Problem des Gefangenendilemmas, dass starke Anreize der Spieler zu einem ineffizienten Ergebnis führen, lässt sich auch als *starkes Kooperationsproblem* charakterisieren. Genauer gesagt sprechen wir von einem *starken Kooperationsproblem*, wenn das Nash-Gleichgewicht des Spiels durch eine Auszahlungskombination pareto-dominiert wird, die erstens *effizient* ist und die zweitens *weitgehend symmetrische Auszahlungen* aufweist, sodass sich die Spieler konfliktfrei auf diese Auszahlungskombination verständigen könnten, wenn *bindende Absprachen* möglich wären.

Die Auszahlungskombination (2, 2) erfüllt diese Bedingungen: Sie pareto-dominiert die Gleichgewichtslösung (1, 1), sie ist pareto-optimal und zudem „fair" in dem Sinne, dass sich beide Spieler auf diese Lösung verständigen würden, wenn sie bindende Absprachen treffen könnten. Das Gefangenendilemma könnte man also dadurch überwinden, dass man das Spiel um die Möglichkeit bindender Absprachen erweitert, etwa durch einen Vertrag, der im Bedarfsfall durch eine dritte Instanz (zum Beispiel das Rechtssystem) durchgesetzt werden kann. Beide Spieler hätten ein eindeutiges Interesse, einen solchen Vertrag zu unterschreiben, da dieser Vertrag beiden den opportunistischen Anreiz nimmt und sie damit besserstellt. Immer wenn Spieler auf eine solche externe, institutionelle Lösung zurückgreifen, spricht man auch von einem *Commitment* („Selbstbindung") der Spieler. Eine weitere Möglichkeit, das Gefangenendilemma zu überwinden, besteht darin, dass die Spieler in der darauffolgenden Runde mit glaubwürdigen Belohnungen oder Strafen für ihr Verhalten zu rechnen hätten. Wenn zum Beispiel beide Häftlinge sicher davon ausgehen könnten, dass sie bei Schweigen in ihren Kreisen als „Ehrenmänner" gelten (Belohnung durch eine positive Reputation) oder zurecht befürchten müssten, dass man sie bei Verrat aus der Gemeinschaft ausstößt (Strafe durch Verbannung), dann würde auch dadurch der opportunistische Anreiz eliminiert. Die vorgeschlagenen Lösungen zur Überwindung des Gefangenendilemmas, sei es durch Verträge, Belohnungen oder Strafen, stellen jedoch stets *Erweiterungen* des ursprünglichen Spiels dar. Um explizit zeigen zu können, wie sich hiermit der opportunistische Anreiz überwinden lässt, müsste man das Simultanspiel „Gefangenendilemma" daher entweder in ein sequenzielles Spiel (vgl. Kap. 4) oder in ein wiederholtes Spiel (vgl. Kap. 5) überführen und um die entsprechenden Belohnungen und Strafen ergänzen.

---

[7]Gelegentlich findet man in Beschreibungen des Gefangenendilemmas die zusätzliche Information bzw. Annahme, dass die Häftlinge in getrennten Zellen untergebracht sind und auch sonst keine Möglichkeit zur Kommunikation haben. Diese Annahme ist aus spieltheoretischer Sicht überflüssig: Da beide Häftlinge eine strikt dominante Strategie haben, ist ihre optimale Entscheidung unabhängig von der Strategiewahl des Gegenspielers. Die beiden Häftlinge könnten also durchaus auch erst einen Kaffee zusammen trinken und sich dabei auf eine gemeinsame Strategiewahl verständigen. Jeder wird dann hoffen, dass sich der andere an die Absprache hält, weil er sich selbst dann umso mehr auf die höhere Auszahlung 3 freuen kann. Die spieltheoretische Prognose ihrer Entscheidung bleibt davon jedenfalls unberührt: Beide werden mit Sicherheit „Verrat" wählen.

Das Gefangenendilemma steht beispielhaft für eine ganze Reihe von Anwendungsfällen, die sich durch die gleiche Anreizstruktur beschreiben lassen und die somit ebenfalls ein starkes Kooperationsproblem darstellen. Ein Anwendungsfall, der von der Handlung her ebenfalls eher aus dem illegitimen Bereich stammt, ist das der *Kollusion* bzw. *Kartellabsprache*. Hier entscheiden zwei Unternehmen, ob sie bei ihrer Preispolitik als Kartell „kooperieren" (s_{i1}) oder ob sie opportunistisch von der Kartellvereinbarung „abweichen" (s_{i2}). Da beide die strikt dominante Strategie haben, die Kartellvereinbarung zu brechen (s_{i2}), kommt die für beide Unternehmen vorteilhafte Kartelllösung nicht zustande. Das Beispiel der Kartellabsprache ist insofern interessant, als dass hieran eine wichtige Limitation unseres Effizienzbegriffs deutlich wird: Würden beide Unternehmen das Dilemma überwinden und ihre Kartellabsprache einhalten, dann wäre die daraus resultierende kooperative Lösung für die Unternehmen effizient. Gleichwohl wissen wir aus der Theorie der Wettbewerbspolitik, dass die Kartelllösung aus *gesellschaftlicher Sicht ineffizient* ist, da hier die Produktionsmengen zu niedrig und die Preise zu hoch sind – nur vollkommener Wettbewerb garantiert ein pareto-effizientes Ergebnis für die Gesellschaft. Würden wir also das Kartellspiel um die Nachfragergruppe als dritten Spieler erweitern, dann würde uns die strikt dominante, opportunistische Strategie der Firmen direkt in das gesellschaftliche Optimum führen und in kein Dilemma. Die normativen Implikationen eines Spiels, also die Frage, wie die wünschenswerte, effiziente Lösung aussieht, lassen sich daher nicht ohne Weiteres verallgemeinern, sondern hängen eben von der Definition des Spiels ab. Im nächsten Abschnitt, in dem wir ein Spiel mit stetigen Strategien lösen, werden wir uns mit dem Duopolwettbewerb nochmals genauer beschäftigen.

Weitere Anwendungsfälle des Gefangenendilemmas, deren Implikationen von hoher gesellschaftlicher Relevanz sind, stellen das *Öffentliche-Gut-Spiel* (Public Good) sowie das *Allmende-Spiel* (Tragedy of the Commons) dar. Im Öffentlichen-Gut-Spiel wird ein öffentliches Gut (etwa Schulbildung, medizinische Versorgung, innere Sicherheit, öffentliche Infrastruktur etc.) von einer Gruppe gemeinsam finanziert und gemeinsam genutzt, wobei die Finanzierung freiwillig ist und niemand von der Nutzung ausgeschlossen werden kann (*Nicht-Ausschließbarkeit* eines öffentlichen Gutes). Daraus ergibt sich für jedes Gruppenmitglied der opportunistische Anreiz zum Trittbrettfahren, und zwar wiederum als strikt dominante Strategie: Unabhängig davon, ob die anderen „beitragen" (s_{i1}), ist es für das einzelne Mitglied optimal, „nicht beizutragen" (s_{i2}). Da sich im Gleichgewicht alle so verhalten, scheitert die Bereitstellung des öffentlichen Gutes an der Finanzierung. Im Allmende-Spiel geht es um das Problem der Übernutzung natürlicher Ressourcen, wie etwa Rohstoffe oder Fischgründe. Wir können auch hier wieder von den zwei Strategien „Kooperation" und „Opportunistisches Verhalten" ausgehen, wobei „Kooperation" (s_{i1}) in diesem Kontext bedeutet, dass die Spieler bei der Ressourcennutzung aufeinander Rücksicht nehmen und nur so viel entnehmen, wie sie unbedingt benötigen. „Opportunistisches Verhalten" (s_{i2}) impliziert dementsprechend die Strategie, sich so viel von der Ressource zu sichern wie möglich. Im Gleichgewicht haben die Spieler den Anreiz, die opportunistische Strategie zu wählen, was schließlich dazu führt, dass sie die Ressource nicht nachhaltig nutzen und sich somit selbst schaden.[8]

Bei allen Anwendungen des Gefangenendilemmas tritt der externe Effekt, der die Ineffizienz des Nash-Gleichgewichts kenntlich macht, deutlich zutage. Ob es sich um einen positiven oder um einen negativen externen Effekt handelt, hängt lediglich davon ab, ob von der *kooperativen* oder von der *opportunistischen* Strategie ausgegangen wird. Die kooperative Strategie (s_{i1}) entspräche in den zuvor aufgeführten Beispielen den Strategien „Schweigen", „Beitragen" oder „nachhaltige Ressourcennutzung", wohingegen opportunistisches Verhalten (s_{i2}) hier die Strategien „Verrat", „Trittbrettfahren" oder „maximale Ressourcennutzung" umfasst. Geht man von den kooperativen Strategien aus, dann liegt ein *positiver* externer Effekt vor: Es wäre für alle Spieler besser, das heißt die Gesamtwohlfahrt steigt, wenn der Einzelne *mehr* kooperiert als er dazu im Gleichgewicht bereit ist (Abweichung in die *positive* Richtung). Geht man hingegen von der opportunistischen Strategie aus, dann liegt ein *negativer* externer Effekt vor: Die Gesamtwohlfahrt steigt, wenn sich jeder *weniger* opportunistisch verhält als es im Gleichgewicht der Fall ist. Welche Variante man bevorzugt, um die Ineffizienz des Nash-Gleichgewichts zu belegen, ist dabei unerheblich; beide Betrachtungsweisen sind völlig gleichwertig. Es ist schließlich egal, ob man sagt „mehr von dem Guten ist besser" oder „weniger von dem Schlechten ist besser". Wichtig ist nur, dass die Bezeichnungen „positiv" bzw. „negativ" bei den externen Effekten ausschließlich auf das „mehr" bzw. „weniger" hinweisen (und eben nicht auf „gut" oder „schlecht"). Egal, ob es sich um einen positiven oder um einen negativen externen Effekt handelt, aus ökonomischer Sicht sind beide in dem Sinne „schlecht", dass sie einen Effizienzverlust verursachen bzw. ein (allokatives) Marktversagen darstellen.

Falke-Taube Wir betrachten als Nächstes das Spiel in Tab. 3.13(a). Dieses Spiel wird Falke-Taube-Spiel oder auch Mutprobe genannt. Beide Varianten beschreiben die gleiche Konfliktstruktur; letztere haben wir bereits in Tab. 3.8 im Zusammenhang mit den gemischten Strategien angetroffen.

Die Bezeichnung Falke-Taube beschreibt in Analogie zum Futterkampf in der Tierwelt einen Verteilungskonflikt, der leicht auf eine Eskalation zulaufen kann und dann beiden Beteiligten schadet. Dabei steht „Falke" (s_{i1}) für eine aggressive bzw. offensive Strategie und „Taube" (s_{i2}) für eine nachgiebige bzw. friedfertige Strategie.[9] Wenn zwei Akteure die „Taube"-Strategie spielen, dann einigen sie sich friedfertig auf eine gleich hohe Aufteilung (2, 2). Spielt jedoch nur einer die „Taube"-Strategie und einer die „Falke"-Strategie, dann

---

[8]Der Ausdruck „Tragik der Allmende" geht auf das 18. Jahrhundert zurück und beschreibt das zu der Zeit beobachtbare Problem, dass die Bauern und Hirten das gemeinsam im Auftrag der Krone bewirtschaftete Weide- und Ackerland tendenziell überbeanspruchten. Der in der deutschen Version verwendete Begriff „Allmende" steht für Gemeinschaftseigentum bzw. Genossenschaftsbesitz.

[9]Die Bezeichnungen „Falke" und „Taube" stehen hier also für Strategien. In der evolutionären Spieltheorie, einem evolutionstheoretisch fundierten Teilgebiet der Spieltheorie, werden unter diesen Bezeichnungen hingegen Tierpopulationen verstanden.

Tab. 3.13 Falke-Taube und Schwaches Kooperationsproblem

(a) Falke-Taube			(b) Schwaches Kooperationsproblem		
1, 2	s_{21}	s_{22}	1, 2	s_{21}	s_{22}
s_{11}	$(2, 2)^P$	$(\underline{1}, \underline{3})^{P*}$	s_{11}	$(2, 2)^P$	$(\underline{1}, \underline{3})^{P*}$
s_{12}	$(\underline{3}, \underline{1})^{P*}$	$(0,0)$	s_{12}	$(0, 0)$	$(0, 0)$

setzt sich der aggressivere Spieler durch und erhält mit der Auszahlung 3 den entsprechend größeren Anteil, wohingegen der friedfertig agierende Spieler nur eine Auszahlung von 1 bekommt. Spielen beide Akteure die aggressive „Falke"-Strategie, kommt es zum Kampf über die Ressource, durch den sich beide gegenseitig einen so hohen Schaden zufügen, dass sie am Ende nur (0, 0) erhalten. Eine Gemeinsamkeit dieses Spiels mit dem Gefangenendilemma ist die „faire" Auszahlungskombination (2, 2) oben links, die sich wieder als Kompromiss für die Spieler anbietet und die sie auch als rationale Akteure wählen würden, wenn sie bindende Absprachen treffen könnten. Die erste wichtige Frage ist also, ob diese potenzielle Kompromisslösung in diesem Spiel ohne bindende Absprachen zustande kommt. Dazu müsste die Strategiekombination (s_{11}, s_{12}) ein Nash-Gleichgewicht darstellen. Wie man schnell erkennt, liegen zwar mit (s_{12}, s_{21}) und (s_{11}, s_{22}) zwei Nash-Gleichgewichte in reinen Strategien vor, allerdings ist die interessante Strategiekombination (s_{11}, s_{21}) *kein* Nash-Gleichgewicht. Damit liegt auch in diesem Spiel ein Kooperationsproblem vor. Im Unterschied zum Gefangenendilemma sind aber die beiden Nash-Gleichgewichte mit den Auszahlungskombinationen (3, 1) und (1, 3) pareto-optimal. Zwar lässt sich somit die Kompromisslösung (2, 2) wieder nicht realisieren, allerdings sind die zwei realisierbaren Lösungen (3, 1) und (1, 3) effizient – und das sowohl nach dem Pareto-Kriterium als auch nach dem Kaldor-Hicks-Kompensationskriterium. Aus Sicht des sozialen Planers ist das Problem im Falke-Taube-Spiel daher deutlich abgeschwächt, da die Spieler – von den pareto-optimalen Nash-Gleichgewichten ausgehend – zumindest theoretisch die Möglichkeit haben, durch eine nachträgliche Umverteilung der Ressourcen („Seitenzahlungen") die Kompromisslösung zu erreichen. Aus diesem Grund bezeichnen wir die Situation des Falke-Taube-Spiels als *schwaches Kooperationsproblem*. Eine Möglichkeit, ein schwaches Kooperationsproblem zu überwinden, besteht neben bindenden Absprachen im Einsatz von *korrelierten Strategien*, bei denen beide Spieler ihre Strategiewahl von einem gemeinsam beobachteten Zufallsmechanismus (zum Beispiel einem Münzwurf oder der Realisierung des Wetters) abhängig machen.

Im Falke-Taube-Spiel kommt allerdings noch ein weiteres Problem hinzu: Da hier zwei Nash-Gleichgewichte vorliegen, müssen die Spieler in der Lage sein, sich auf eines der

Gleichgewichte *implizit* zu verständigen. Ein solches Verständigungsproblem zwischen zwei Gleichgewichten nennt man *Koordinationsproblem*.

Wir sprechen hier von „impliziter" Verständigung, da es sich um ein Simultanspiel handelt, bei dem definitionsgemäß zum Zeitpunkt der Durchführung des Spiels beidseitig *imperfekte* Information über die (beabsichtigte) Handlung des Gegenspielers vorliegt. Die Spieler müssen also allein aus dem, was sie zu diesem Zeitpunkt bereits übereinander wissen, einen Anhaltspunkt über die mögliche Aktion des Gegenspielers ableiten. Einen solchen Anhaltspunkt nennt man Fokuspunkt und unterscheidet hier zwischen *exogenem* und *endogenem Fokuspunkt*. Ein endogener Fokuspunkt lässt sich direkt aus den Auszahlungen des Spiels herauslesen. Wenn beispielsweise eines der Nash-Gleichgewichte das andere pareto-dominiert, dann liegt es nahe, dass sich beide auch ohne Kommunikationsmöglichkeit an diesem attraktiveren Gleichgewicht orientieren. Liegt ein solcher endogener Fokuspunkt hingegen nicht vor (was hier der Fall ist), dann könnte immerhin noch ein exogener Fokuspunkt weiterhelfen. Ein solcher Orientierungspunkt wird „exogen" genannt, da er sich nicht aus den Auszahlungen bzw. der Auszahlungsstruktur ergibt, sondern außerhalb des Spiels liegt. So könnte es sein, dass die Spieler einfach ihren Gewohnheiten folgen oder sich von Traditionen und sozialen Konventionen leiten lassen, etwa indem man als Mann einer Frau den Vortritt lässt. Auch das Machtgefüge und die Hierarchie auf Ebene der Gesellschaft (etwa die Familie) oder einer Organisation (etwa eine Firma) können bei der Gleichgewichtsauswahl für Klarheit sorgen. Aussagen über einen exogenen Fokuspunkt lassen sich damit nur aus dem konkreten Kontext des Spiels ableiten.

Liegen keine Fokuspunkte vor, besteht die Gefahr der Fehlkoordination, bei der beide Spieler die effizienten Nash-Gleichgewichte verfehlen und in der ungünstigsten Konstellation $(0, 0)$ landen. Ein Umstand, der Fehlkoordination im Falke-Taube-Spiel wahrscheinlich macht, ist der direkte Interessenkonflikt über die beiden Nash-Gleichgewichte: Jeder Spieler möchte genau das Nash-Gleichgewicht durchsetzen, das der andere gerade verhindern will. Sofern also beide Spieler gleichzeitig versuchen, möglichst aggressiv aufzutreten, um den anderen zum Nachgeben zu zwingen, mündet die Konfrontation im für beide schlechtesten Ergebnis $(0, 0)$. Das Falke-Taube-Spiel veranschaulicht die Gefahr einer Konflikteskalation, die am Ende für alle Parteien tragisch endet („Katastrophe").

Beide an diesem Spiel diskutierten Probleme, das (schwache) Kooperationsproblem sowie das Koordinationsproblem, lassen sich unabhängig voneinander betrachten. Beim rechten Spiel in Tab. 3.13(b) wurde das Falke-Taube-Spiel leicht modifiziert (die Zelle unten links wurde durch die Auszahlungen $(0, 0)$ „neutralisiert"). Mit dieser Änderung haben wir das Koordinationsproblem entfernt, sodass jetzt nur noch das (schwache) Kooperationsproblem vorliegt. Isoliert man hingegen nur das reine Koordinationsproblem des Falke-Taube-Spiels, dann gelangt man zu dem linken Spiel in Tab. 3.14(a), das auch als „Kampf der Geschlechter" bekannt ist.

Kampf der Geschlechter Diese (etwas zu dramatisch geratene) Bezeichnung des Spiels beschreibt die Situation eines Ehepaares, das sich auf eine gemeinsame Freizeitaktivität verständigen möchte, beide aber unterschiedliche Wünsche haben. Eine Variante wäre beispielsweise, dass die Frau (Spieler 1) lieber ins Kino geht, während der Mann (Spieler 2)

Tab. 3.14 Kampf der Geschlechter und Versicherungsspiel

(a) Kampf der Geschlechter			(b) Versicherungsspiel		
1, 2	s_{21}	s_{22}	1, 2	s_{21}	s_{22}
s_{11}	(0, 0)	$(\underline{1}, \underline{3})^{P*}$	s_{11}	$(\underline{3}, \underline{3})^{P*}$	(0, 2)
s_{12}	$(\underline{3}, \underline{1})^{P*}$	(0, 0)	s_{12}	(2, 0)	$(\underline{1}, \underline{1})^*$

zu einem Fußballspiel möchte. Die Strategien wären hier – ähnlich wie im Falke-Taube-Spiel bzw. bei der Mutprobe – entweder „anpassen" bzw. „nachgeben" (s_{i1}) oder „durchsetzen" (s_{i2}). Dieses Spiel ist in gewisser Weise noch riskanter als das Falke-Taube-Spiel, da hier eine Fehlkoordination in beide Richtungen möglich ist. Im Falke-Taube-Spiel wird sich ein eher vorsichtiger, risikoaverser Spieler im Zweifel eher für die nachgiebige bzw. friedfertige Strategie entscheiden: Er kann sich mit dieser Strategie zwar nie gegen den anderen Spieler durchsetzen, aber er kann immerhin allein die Katastrophe verhindern, was für einen solchen Spieler die höhere Priorität hätte. Beim Kampf der Geschlechter gibt es keine solche sichere Fallback-Strategie. Da es in diesem Spiel auch keinen endogenen Fokuspunkt gibt (es spricht für (3, 1) genau so viel oder wenig wie für (1, 3)), könnte nur noch ein exogener Fokuspunkt als Koordinationshilfe dienen. So kann es beispielsweise sein, dass das Ehepaar bereits die letzten Male gemeinsam beim Fußball war, sodass jetzt wieder ein Kinobesuch an der Reihe ist.[10]

Versicherungsspiel Auch das rechte Spiel in Tab. 3.14(b) beinhaltet ein Koordinationsproblem. Dieses Spiel trägt mehrere Bezeichnungen; in der Literatur ist es als Versicherungsspiel (Assurance-Game), als Vertrauensspiel (Trust-Game), als Hirschjagd (Stag-Hunt) sowie unter der Bezeichnung „Rüstungswettlauf" (War of Attrition) bekannt. Im Gegensatz zum Koordinationsproblem in Tab. 3.14(a) gibt es hier einen endogenen Fokuspunkt bei der Strategiekombination (s_{11}, s_{21}) oben links. Die Auszahlungskombination (3, 3) pareto-dominiert alle anderen, das heißt, sie ist damit auch das einzige effiziente Ergebnis des Spiels, und sie ergibt sich gleichzeitig als Nash-Gleichgewicht. Es spricht also viel dafür, dass sich die Spieler auf dieses Gleichgewicht verständigen werden. Dennoch gibt

---

[10]Ein Beispiel für einen endogenen Fokuspunkt wäre, dass das Fußballspiel keine große Spannung verspricht, wohingegen der Kinofilm ein großer Blockbuster ist, auf den sich die Frau schon seit langem freut und mit dem sich auch der Mann arrangieren kann. In diesem Fall hätten die Spieler andere Auszahlungen: Die Auszahlungskombination beim Kinofilm könnte beispielsweise (6, 2) betragen, wobei die hohe Zahl 6 die Vorfreude der Frau zum Ausdruck bringt. Für Fußball wäre die Auszahlungskombination (1, 2,5) denkbar, das heißt, der Mann hätte in diesem Fall nur ein geringfügig größeres Interesse für Fußball als für den Kinofilm. Beide Auszahlungskombinationen wären zwar nach wie vor pareto-optimal, aber es ist sehr plausibel, dass sich die Variante (6, 2) als endogener Fokuspunkt durchsetzt.

es auch bei diesem Spiel ein Restrisiko für beide Spieler, das darin besteht, dass man den anderen falsch einschätzt. Kommt es nämlich trotz aller Plausibilität von (s_{11}, s_{21}) zu einer Fehlkoordination, dann landen die Spieler entweder bei (s_{12}, s_{21}) mit der Auszahlungs-kombination (2, 0) oder bei (s_{11}, s_{22}) mit den Auszahlungen (0, 2). Es gibt also auch hier einen Interessenkonflikt, der allerdings – im Gegensatz zum Falke-Taube-Spiel oder dem Kampf der Geschlechter – abseits der Gleichgewichte auftritt. Die Bezeichnung „Hirschjagd" für dieses Spiel beruht auf der Geschichte zweier Jäger, die entweder jeder für sich einen Hasen erlegen können ((s_{12}, s_{22}) mit (1, 1)) oder gemeinsam einen Hirsch ((s_{11}, s_{21}) mit (3, 3)). Zum Konflikt kommt es dann, wenn sich einer darauf verlässt, dass der andere ihn beim Jagen des Hirsches unterstützt, letzterer den ersten aber im Stich lässt, um sich lieber einen Hasen zu sichern (asymmetrische Auszahlungen (0, 2)). Bei der Variante des „Rüstungswettlaufes" kommt die gleiche Angst vor einer einseitigen Abweichung des Mitspielers (in diesem Fall wäre es ein Land) zum Tragen: Der endogene Fokuspunkt (3, 3) steht hier für allgemeines Abrüsten (s_{11}, s_{21}), was eindeutig für beide Länder vorteilhaft wäre. Dennoch kann ein Land allein durch das Restrisiko, dass das andere Land nicht den gleichen Interessen folgt, davon abgehalten werden, den sinnvollen Weg der Abrüstung einzuschlagen.

Dass ein Interessenkonflikt *abseits der Gleichgewichte* Einfluss auf den Spielausgang haben kann, verdeutlicht das Spiel in Tab. 3.15(a). Auch hierbei handelt es sich um eine Version des Versicherungsspiels, bei dem allerdings die Auszahlungen so gewählt wurden, dass das Risiko einer Fehlkoordination besonders deutlich hervortritt. Das Epsilon (ε) steht dabei für den kleinstmöglichen positiven Wert; bei Geldeinheiten wäre dies ein Cent. Aus Sicht von Spieler 1 wäre es zwar sehr plausibel für beide Spieler, jeweils die erste Strategie zu wählen. Es ist allerdings denkbar, dass Spieler 2 den marginalen Unterschied zwischen $2 + \varepsilon$ und 2 gar nicht wahrnimmt und einfach zufällig die zweite Strategie wählt, da er indifferent zwischen beiden Strategien ist. Eine zweite Möglichkeit wäre, dass Spieler 2 wettbewerblich eingestellt ist und das kleine ε gerne dafür in Kauf nimmt, besser als Spieler 1 abzuschneiden. Oder Spieler 2 hat einfach nur Angst, dass die ersten beiden Möglichkeiten auf Spieler 1 zutreffen, sodass er mit der Strategiewahl s_{22} lieber auf

Tab. 3.15 Risikoreiches Versicherungsspiel und Risikoarmes Koordinationsspiel

(a) Risikoreiches Versicherungsspiel			(b) Risikoarmes Koordinationsspiel		
1, 2	s_{21}	s_{22}	1, 2	s_{21}	s_{22}
s_{11}	$(\underline{2 + \varepsilon}, \underline{2 + \varepsilon})^{P*}$	$(-10, 2)$	s_{11}	$(\underline{2}, \underline{2})^{P*}$	$(0, 0)$
s_{12}	$(2, -10)$	$(\underline{1}, \underline{1})^{*}$	s_{12}	$(0, 0)$	$(\underline{1}, \underline{1})^{*}$

Nummer Sicher geht. Ebenso legitim ist es, dass keine dieser drei Überlegungen in Frage kommt, so lange strikte Rationalität und gemeinsames Wissen (Common Knowledge) aller Spieler unterstellt werden. Da wir aber auch an stabilen bzw. robusten Spielergebnissen interessiert sind, ist die Sensitivität der Common-Knowledge-Annahme in diesem Fall zentral:[11] Jeder Spieler muss sich bei diesem Spiel wirklich absolut sicher sein, dass der andere strikt rational handelt und dass dieser auch davon ausgeht, dass er selbst strikt rational handelt und seinerseits so über den anderen denkt. Kleinste Zweifel können sofort das Abweichen auf die zweite Strategie rechtfertigen. Aus diesem Grund wird dieses Spiel auch Versicherungsspiel und Vertrauensspiel genannt: Jeder Spieler muss sich zuvor der Rationalität des anderen vergewissern bzw. auf dessen Rationalität vertrauen.

Mit dem Konzept der *Risikodominanz* ist in der Spieltheorie ein Kriterium etabliert, mit dem sich für ein Nash-Gleichgewicht bestimmen lässt, ob das damit einhergehende Risiko für die Spieler zu hoch ist und sie stattdessen lieber auf ein anderes Gleichgewicht ausweichen, das ihnen sicherer erscheint. Für den Fall mit zwei Spielern und zwei Strategien ist ein Nash-Gleichgewicht *risikodominant*, wenn jeder Spieler die Gleichgewichtsstrategie unter der Annahme präferiert, dass der andere Spieler beide Strategien mit gleicher Wahrscheinlichkeit spielen wird. Dieses Kriterium impliziert für Koordinationsprobleme, dass ein rationaler und risikoaverser Spieler diejenige Strategie wählt, bei der sich sein maximaler Verlust in Grenzen hält. Für das risikoreiche Versicherungsspiel in Tab. 3.15(a) stellt

$$(2 + \varepsilon) \cdot 0{,}5 - 10 \cdot 0{,}5 \overset{?}{>} 2 \cdot 0{,}5 + 1 \cdot 0{,}5 \quad \leftrightarrow \quad \varepsilon \overset{?}{>} 11$$

die Bedingung dafür dar, dass das Nash-Gleichgewicht (s_{11}, s_{21}) risikodominant ist. Dafür muss die linke Seite der Ungleichung, welche die erwartete Auszahlung für die erste Strategie angibt, größer sein als die rechte. Da es sich um ein symmetrisches Spiel handelt, ist dieser Test damit gleichzeitig für beide Spieler vollzogen. Die Wahrscheinlichkeit, mit welcher der Gegenspieler seine Strategien wählt, beträgt annahmegemäß 0,5 – eine plausible Annahme, wenn kein Wissen über den anderen Spieler vorliegt. Wir sehen, dass hierfür $\varepsilon > 11$ gelten müsste, was gemäß unserer Ausgangsannahme (ε als kleinstmöglicher Betrag) nicht zulässig ist. An dem hohen geforderten Wert für ε lässt sich erkennen, dass die erste Strategie im Spiel in Tab. 3.15(a) für die Spieler viel zu riskant ist. Das risikodominante Nash-Gleichgewicht liegt somit eindeutig bei der zweiten Strategie (s_{12}, s_{21}).

Abschließend betrachten wir noch das Koordinationsproblem in Tab. 3.15(b). Auch hier besteht zwar – wie bei jedem Koordinationsproblem – die Gefahr der Fehlkoordination, allerdings liegt kein Interessenkonflikt vor, und zwar weder *zwischen* den Gleichgewichten

---

[11]Vgl. hierzu auch die Diskussion von Abb. 2.5 in Abschn. 2.3.

noch *abseits* der Gleichgewichte. Dass in diesem Spiel kein Interessenkonflikt für zusätzliches Risiko sorgt, können wir auch daran erkennen, dass in diesem Spiel die erste Strategie risikodominant ist. Ein solches konfliktfreies Koordinationsproblem lässt sich daher relativ problemlos durch den endogenen Fokuspunkt bei (2, 2) überwinden.

3.5   Spiele mit stetigen Strategien

Bisher haben wir unsere Ausführungen auf Matrixspiele beschränkt oder zumindest die wichtigsten Grundlagen am Beispiel von Matrixspielen nachvollzogen. Matrixspiele sind Spiele mit diskreten Strategien, bei denen jeder Spieler aus einer begrenzten Zahl an Optionen (wie etwa „kooperieren" oder „betrügen", nach „links" oder „rechts" schießen etc.) wählen kann. Bei einer 2×2-Matrix wählt jeder Spieler seine Strategien aus der zweielementigen Menge $s_i \in \{s_{i1}, s_{i2}\}$ aus. In manchen Fällen ist es jedoch sinnvoller, Spielsituationen mit einem stetigen Strategieraum abzubilden. Im Gegensatz zu diskreten Strategien umfassen stetige Strategien ein kontinuierliches Spektrum an Handlungsoptionen einer kardinalen Skala – dies impliziert auch eine konvexe Strategiemenge, sodass grundsätzlich die Existenz eines Nash-Gleichgewichts sichergestellt ist. Auf das Elfmeterspiel bezogen gäbe es dann nicht mehr nur die zwei Strategien „links" und „rechts", sondern jeder Punkt auf der Torlinie wäre ein Element der Strategiemenge von Schütze und Torwart. Würden wir gedanklich ein Maßband auf die Torlinie legen, dann deckt das Maßband die stetige Strategiemenge von Schütze und Torwart ab. Bei stetigen Strategien wählt also jeder Spieler seine Strategie(n) aus dem kompakten Intervall $s_i \in \left[s_i^{\min}, s_i^{\max} \right]$. Wenn dieses Intervall unendlich fein unterteilbar ist, dann hat Spieler i eine unendlich große Strategiemenge. Die Formulierung eines Spiels in stetigen Strategien ist dann sinnvoll, wenn die *Quantifizierbarkeit* gewählter Handlungen im Vordergrund steht, wie etwa die Mengen- oder Preisstrategien im Unternehmenswettbewerb. Bei Preiswettbewerb beispielsweise wählt jedes Unternehmen eine bestimmte Höhe des Produktpreises aus einem vorgegebenen Preisspektrum.

Spiele mit stetigen Strategien haben den Vorteil, dass man sie mit den Methoden der Differenzialrechnung lösen kann. Wenn wir für diese Spiele ein Nash-Gleichgewicht bestimmen wollen, müssen wir – wie bisher bei den Matrixspielen auch – den Nutzen jedes Spielers bei gegebener Strategiewahl des Gegenspielers maximieren. Die Maximierung erfolgt aber jetzt durch das Nullsetzen der ersten Ableitung der Zielfunktion jedes Spielers, also durch die Bestimmung der mathematischen „Bedingung erster Ordnung". Bei der Bestimmung eines Nash-Gleichgewichts in gemischten Strategien sind wir beim Optimierungsansatz ähnlich vorgegangen, wobei es hier einen wichtigen Unterschied gibt: Wir haben bei den gemischten Strategien nicht nach den Strategien abgeleitet, sondern nach der Wahrscheinlichkeit, mit der ein Spieler seine diskreten Strategien spielt. Da es sich bei jeder Wahrscheinlichkeit ebenfalls um eine stetige Variable handelt, konnten wir das Gleichgewicht mithilfe der Differenzialrechnung ermitteln. Bei stetigen Strategien hingegen handelt es sich stets um reine Strategien, weil sie von den Spielern direkt und eindeutig gewählt werden und nicht als „Mischung" oder Erwartungswert aus einem Zufallsprozess hervorgehen.[12]

Wir betrachten nun als Beispiel einen Markt mit nur zwei Unternehmen (man spricht von einem *Duopol*), die ein bestimmtes Gut produzieren und miteinander im Wettbewerb stehen. Die Firmen entscheiden über die Menge des von ihnen produzierten Produktes, die sie auf den Markt bringen möchten. Die hier beschriebene unvollkommene Wettbewerbssituation wird als *Cournot-Wettbewerb* bezeichnet. Würden die Unternehmen stattdessen über den Preis konkurrieren, wird von einem *Bertrand-Wettbewerb* gesprochen. Weiterhin gehen wir davon aus, dass es sich bei dem betreffenden Gut um ein *differenziertes* Gut handelt. Bei einem differenzierten Gut ist das von den Unternehmen verkaufte Produkt nicht für alle Nachfrager gleichwertig, sondern ein Teil der Nachfrager hat eine gewisse Vorliebe für das Produkt von Unternehmen 1 und ein anderer Teil der Nachfrager eine Präferenz für das Produkt von Unternehmen 2. Der relevante Preis, den Unternehmen i in Abhängigkeit von der von ihm ausgebrachten Menge x_i erzielen kann, beträgt konkret

$$p_i(x_i, x_j) = 120 - 2 \cdot x_i - x_j. \tag{3.17}$$

Der durch Unternehmen i erzielbare Preis steht in einer inversen Beziehung zur Menge: Je höher (bzw. niedriger) die Ausbringungsmengen beider Unternehmen, desto niedriger (bzw. höher) ist der Preis. Dies ist eine Standardeigenschaft einer „normalen" Marktnachfrage, wobei hier allerdings zu beachten ist, dass der Preis auf die Menge reagiert und nicht umgekehrt. Da wir *Mengenstrategien* betrachten, wählen die Unternehmen ihre Ausbringungsmenge (etwas ungenau kann man auch von „Produktionskapazität" sprechen) und der Preis stellt sich dann in Folge ein. Bei einer sehr hohen Ausbringungsmenge ist das Produkt auf dem Markt reichlich verfügbar, sodass die Zahlungsbereitschaft der Nachfrager sinkt. Bei einer sehr niedrigen Ausbringungsmenge hingegen ist das Gut auf dem Markt sehr knapp, was sich in einer entsprechend hohen Zahlungsbereitschaft – also in einem

---

[12]Wir können uns an folgendem Beispiel verdeutlichen, dass gemischte Strategien und stetige Strategien zwei verschiedene Konzepte sind: Angenommen, die Strategie ist, einen Kuchen zu essen. Bei zwei diskreten Strategien $s \in \{0, 1\}$ kann man entscheiden, ob der gesamte Kuchen ($s = 1$) oder nichts davon ($s = 0$) gegessen wird. Bei gemischten Strategien wird über diese beiden diskreten Strategien randomisiert, das heißt, mit einer beliebigen Wahrscheinlichkeit $p \in [0, 1]$, wird der gesamte Kuchen oder nichts davon gegessen. Beispielsweise kann für $p = 0{,}5$ eine Münze geworfen werden: Bei „Kopf" wird der Kuchen ganz ($s = 1$), bei „Zahl" gar nicht ($s = 0$) gegessen. Bei stetigen Strategien wird der exakte Anteil (zwischen 0 % und 100 %) des Kuchens bestimmt, der zu essen ist, das heißt, die Extremfälle „nichts essen" (0 %) oder „alles essen" (100 %) geben nur die minimale bzw. maximale Menge vor. Im gesamten Intervall $s \in [0, 1]$ kann jeder beliebige Anteil des Kuchens – sozusagen „bis auf den kleinsten Krümel" (etwa 13,7 %, 81,294 % usw.) – gewählt werden.

hohen Preis – widerspiegelt. Im Extremfall, bei dem keines der Unternehmen Güter auf dem Markt anbietet ($x_i = x_j = 0$), wäre der Preis maximal ($p = 120$). Dieser Maximalpreis ist der Achsenabschnitt unserer Preisfunktion und wird auch *Prohibitivpreis* genannt. Die unterschiedlichen Mengenkoeffizienten 2 bzw. 1 bedeuten, dass die Preisreaktion auf eine Änderung von x_i doppelt so stark ausfällt wie bei einer Änderung von x_j. Da es sich hier um ein differenziertes Gut handelt, hat die eigene Ausbringungsmenge von Unternehmen i stets einen stärkeren Effekt auf den eigenen Preis p_i als die Ausbringungsmenge des Konkurrenten. Erhöht beispielsweise Unternehmen i seine Menge x_i, dann sinkt sowohl die Zahlungsbereitschaft der eigenen Nachfragergruppe als auch die Zahlungsbereitschaft der gemeinsamen Nachfragergruppe. Erhöht hingegen Unternehmen j seine Menge x_j, dann hat das für Unternehmen i nur die Konsequenz, dass lediglich die Zahlungsbereitschaft der gemeinsamen Nachfragergruppe sinkt.[13]

Die zu optimierende Zielfunktion von Unternehmen i ist der erzielbare Gewinn. Zur Vereinfachung sehen wir hier von Kosten ab, sodass der Gewinn π_i dem Umsatz des Unternehmens i entspricht. Der Umsatz bzw. Erlös eines Unternehmens ergibt sich als Produkt aus dem Absatzpreis und der Absatzmenge ($E_i = p_i \cdot x_i$). Die Gewinnfunktion von Unternehmen i ist dann gegeben durch

$$\pi_i(x_i, x_j) = p_i(x_i, x_j) \cdot x_i = \left(120 - 2 \cdot x_i - x_j\right) \cdot x_i = \\ = 120 \cdot x_i - 2 \cdot x_i^2 - x_j \cdot x_i. \tag{3.18}$$

Um die gewinnmaximale Ausbringungsmenge zu bestimmen, wird der Gewinn π_i partiell nach x_i abgeleitet, die resultierende Bedingung erster Ordnung nullgesetzt und anschließend nach x_i aufgelöst:

$$\max_{x_i} \pi_i(x_i, x_j) \Rightarrow \frac{\partial \pi_i}{\partial x_i} \overset{!}{=} 0.$$

Das Ergebnis ist die optimale Ausbringungsmenge $x_i^*(x_j)$ von Unternehmen i, für die – bei gegebener Ausbringungsmenge x_j seines Konkurrenten – der Gewinn maximal ist. $x_i^*(x_j)$ ist damit nichts anderes als die Reaktionsfunktion von Firma i. Konkret lautet die Reaktionsfunktion von Unternehmen i

---

[13]Wenn Unternehmen j seine Menge erhöht, dann sinkt natürlich auch die Zahlungsbereitschaft der eigenen Nachfragergruppe von Unternehmen j. Bei einem vollständig differenzierten Gut gäbe es keine gemeinsame Nachfragergruppe mehr, das heißt, es handelt sich dann um zwei getrennte Märkte, auf denen jeweils eines der Unternehmen Monopolist wäre. Bei einem rein homogenen Gut hingegen, dem anderen Extrem, sind die Mengenkoeffizienten für beide Unternehmen identisch, das heißt, die Effekte einer gewählten Ausbringungsmenge auf den eigenen Preis und auf den Preis des Konkurrenten wären dann gleich hoch.

$$\frac{\partial \pi_i}{\partial x_i} = 120 - 2 \cdot 2 \cdot x_i - x_j \Rightarrow 120 - 4 \cdot x_i - x_j \overset{!}{=} 0$$

$$\Leftrightarrow x_i^*(x_j) = 30 - \frac{1}{4} \cdot x_j \tag{3.19}$$

Bislang haben wir das Spiel aus der Perspektive eines repräsentativen Unternehmens i betrachtet, das im Wettbewerb mit Unternehmen j steht. Diese allgemeinere Vorgehensweise bietet sich immer dann an, wenn ein Spiel symmetrisch ist, das heißt, wenn sich das Spielergebnis durch einen (hypothetischen) Rollentausch der Spieler nicht ändert. Der Vorteil dieser allgemeinen Darstellung besteht darin, dass wir mit einer einzigen Optimierung eine Reaktionsfunktion erhalten, die für alle Spieler gültig ist. Somit können wir mit (3.19) die Reaktionsfunktion der beiden Unternehmen angeben.

$$r_1(x_2): \quad x_1^*(x_2) = 30 - \frac{1}{4} \cdot x_2 \quad \Leftrightarrow \quad x_2(x_1^*) = 120 - 4 \cdot x_1$$

$$r_2(x_1): \quad x_2^*(x_1) = 30 - \frac{1}{4} \cdot x_1 \tag{3.20}$$

Die Reaktionsfunktion $r_1(x_2)$ stellt die beste Antwort von Unternehmen 1 auf die gewählte Menge von Unternehmen 2 dar und $r_2(x_1)$ entsprechend die beste Antwort von Unternehmen 2 auf die Menge von Unternehmen 1. Abb. 3.5 stellt die Reaktionsfunktionen grafisch dar.

Bei der Übertragung der Reaktionsfunktionen der Unternehmen in die grafische Darstellung ist zu beachten, dass die Reaktionsfunktion von Spieler 1 erst nach x_2 umgestellt werden muss, da beide Funktionen in dasselbe Diagramm mit x_2 auf der Ordinate und x_1

Abb. 3.5 Reaktionsabbildungen für das Duopol mit differenzierten Gütern

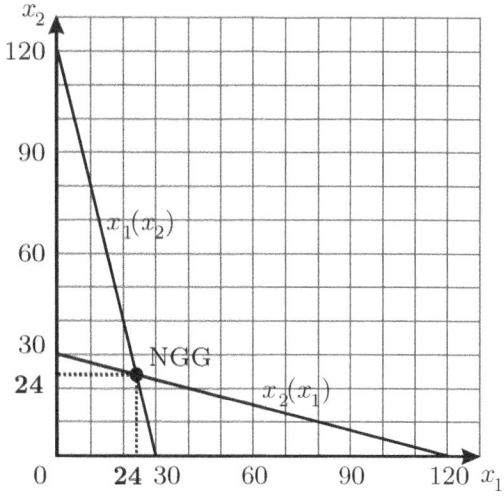

auf der Abszisse eingetragen werden. In Gl. (3.20) ist bereits die umgestellte Reaktions-funktion von Spieler 1 angegeben.

Das *Nash-Gleichgewicht* (NGG) des Spiels ergibt sich aus dem Schnittpunkt der Reaktionskurven. In diesem Punkt stellen die von den Unternehmen gewählten Mengen wechselseitig beste Antworten dar, das heißt, keines der Unternehmen hat einen Anreiz, hiervon abzuweichen. Rechnerisch findet man die Lösung, indem man die Reaktionsfunk-tionen ineinander einsetzt.

$$x_1^*\left(x_2^*\right) = 30 - \frac{1}{4} \cdot \left[30 - \frac{1}{4} \cdot x_1\right] \quad \Leftrightarrow \quad x_1^* = 24; \; x_2^* = 24$$

Im Gleichgewicht werden die Unternehmen also jeweils 24 Mengeneinheiten produ-zieren und verkaufen. Durch Einsetzen der Gleichgewichtsmengen in die Gl. (3.18) und (3.19) erhält man die zugehörigen Preise und Gewinne der Unternehmen, die sich im Gleichgewicht einstellen. Konkret erhalten wir die Preise $p_1^* = p_2^* = 48$ und Gewinne $\pi_1^* = \pi_2^* = 1.152$. Das folgende Schema fasst noch einmal übersichtsartig die Vorgehens-weise bei der Bestimmung von Nash-Gleichgewichten in stetigen Strategien zusammen.

Generelles Vorgehen bei stetigen Strategien

1. Bestimmung der strategischen Variablen der Spieler. (*Preis, Menge, …*)
2. Aufstellung der Auszahlungsfunktion in Abhängigkeit von der strategischen Variablen des betrachteten Spielers und derjenigen seines/r Gegenspieler. (*Gewinn-funktion*)
3. Partielle Ableitung der Auszahlungsfunktion nach der strategischen Variablen des betrachteten Spielers und Nullsetzen der resultierenden Bedingung.
4. Bedingung nach der strategischen Variablen des betrachteten Spielers auflösen, um dessen Reaktionsfunktion zu erhalten.
5. Schritte 3 und 4 für alle übrigen Spieler wiederholen.
6. Gegenseitiges Einsetzen der Reaktionsfunktionen aller Spieler zur Bestimmung des Nash-Gleichgewichts.

Wie bei den Matrixspielen können wir auch in Spielen mit stetigen Strategien die *Effizienz der Lösung* untersuchen. Dabei gibt es gleichzeitig eine Erschwernis und eine Erleichterung. Die Erschwernis besteht darin, dass wir bei Spielen mit stetigen Strategien pareto-optimale Lösungen nicht einfach auf einen Blick erkennen können, da die Stra-tegiemengen der Spieler unendlich groß sind und es somit unendlich viele pareto-optimale Lösungen gibt. Die Erleichterung ist jedoch die, dass wir effiziente, also sozial optimale, Lösungen auf direktem Weg über die gleiche Ableitungsprozedur bestimmen können wie wir auch die Nash-Gleichgewichte gefunden haben. Dafür müssen wir lediglich die *gemeinsame Zielfunktion* aller Spieler zusammen optimieren. Auf das Duopolspiel übertragen finden wir die sozial optimale Lösung dort, wo die *Summe aus dem Gewinn beider Unternehmen maximal* ist. Wir können uns hierfür vorstellen, die beiden Unternehmen würden fusionieren und fragen uns dann, welche Mengen das fusionierte Unternehmen wählen würde, um seinen Gesamtgewinn $\pi = \pi_1 + \pi_2$ aus beiden Produktgruppen x_1 und x_2 zu maximieren. Da es keinen Gewinn geben kann, der höher ist als dieser Gesamtgewinn, handelt es sich hierbei um die beste erreichbare Lösung.[14]

Der Optimierungsansatz, den ein sozialer Planer bzw. das hypothetische, fusionierte Unternehmen wählen würde, ist gegeben durch

$$\max_{x_i, x_j} \pi(x_i, x_j) \quad \Rightarrow \frac{\partial \pi}{\partial x_i} \overset{!}{=} 0, \frac{\partial \pi}{\partial x_j} \overset{!}{=} 0$$
$$\text{mit } \pi = \pi_i(x_i, x_j) + \pi_j(x_i, x_j).$$

Da wir nach x_i und x_j simultan ableiten, erhalten wir jetzt zwei Bedingungen erster Ordnung, die wir als Gleichungssystem lösen können. Konkret erhalten wir für unser Duopolspiel einen Gesamtgewinn von

$$\pi(x_1, x_2) = \pi_1(x_1, x_2) + \pi_2(x_1, x_2) =$$
$$= (120 - 2 \cdot x_1 - x_2) \cdot x_1 + (120 - 2 \cdot x_2 - x_1) \cdot x_2$$

woraus sich die partiellen Ableitungen

$$\frac{\partial \pi}{\partial x_1} = 120 - 4 \cdot x_1 - x_2 - x_2 \text{ und } \frac{\partial \pi}{\partial x_2} = 120 - 4 \cdot x_2 - x_1 - x_1 \qquad (3.21)$$

ergeben. Setzen wir beide Ableitungen null erhalten wir ein Gleichungssystem der Bedingungen erster Ordnung:

$$120 - 4 \cdot x_1 - 2 \cdot x_2 = 0$$
$$120 - 4 \cdot x_2 - 2 \cdot x_1 = 0$$

---

[14]Es handelt sich hier natürlich nur um die „beste erreichbare Lösung" für die in diesem Spiel betrachteten Spieler, also ausschließlich für das Duopol. Insbesondere die Wohlfahrt der Konsumenten bleibt hierbei unberücksichtigt; sie treten hier nicht als Spieler explizit in Erscheinung. Die gemeinsame Gewinnmaximierung eines Duopols ist mit dem Verhalten eines Kartells identisch. Aus gesamtwirtschaftlicher Sicht, die auch die Lage der Konsumenten mitberücksichtigt, führt dies zu einer ineffizient niedrigen Menge bei zu hohen Preisen.

Die Lösung dieses Gleichungssystems liefert als effiziente Ausbringungsmengen $x_1^* = x_2^* = 20$. Hiermit berechnen wir als Preise $p_1^* = p_2^* = 60$ und als Gesamtgewinn $\pi^* = 2400$.

Wenn wir nun die sozial effiziente Lösung mit der zuvor bestimmten Wettbewerbslösung vergleichen, sehen wir, dass der Gewinn eines Unternehmens im Wettbewerbsgleichgewicht mit 1152 niedriger ist als eine gleichmäßige Aufteilung des Gesamtgewinns, was für jedes Unternehmen 1200 abwerfen würde. Der Vergleich der Mengen und Preise verdeutlicht, woran das liegt: Im Nash-Gleichgewicht sind die Ausbringungsmengen größer und daher die Preise niedriger als bei der effizienten Lösung. Würden die Unternehmen fusionieren und in diesem Sinne gemeinsam agieren, würden sie zu höheren Preisen weniger produzieren und damit höhere Gewinne erreichen.

Da offensichtlich die Gleichgewichtslösung von der effizienten Lösung abweicht, muss hier ein *externer Effekt* vorliegen. Wir können diesen externen Effekt exakt quantifizieren, indem wir die partiellen Ableitungen aus Ausdruck (3.19) und (3.21) miteinander vergleichen,

$$\frac{\partial \pi_i}{\partial x_i} = 120 - 4 \cdot x_i - x_j \tag{3.22}$$

$$\frac{\partial \pi}{\partial x_i} = 120 - 4 \cdot x_j - x_2 \underbrace{\boxed{-1 \cdot x_j}}_{\substack{\text{Negativer} \\ \text{externer} \\ \text{Effekt}}} . \tag{3.23}$$

Gleichung (3.22) beschreibt den individuellen Optimierungsansatz von Unternehmen i und Gl. (3.23) den gemeinsame Optimierungsansatz beider Unternehmen zusammen (das heißt die Optimierung des sozialen Planers bzw. des fusionierten Unternehmens). Es ist zu erkennen, dass die Ableitungen bis auf einen Term miteinander übereinstimmen. Der zusätzliche Term, der nur im gemeinsamen Optimierungsansatz auftaucht und hervorgehoben ist, weist ein negatives Vorzeichen auf. Wie lässt sich dieser Term interpretieren? Die partielle Ableitung des Gewinns nach der Menge x_i sagt uns, um welchen Betrag der Gewinn steigt, wenn die Menge x_i marginal zunimmt. Dieser Gewinnanstieg fällt bei gemeinsamer Gewinnmaximierung offenbar kleiner aus als bei individueller Gewinnmaximierung und diese marginale Gewinneinbuße ist umso größer, je höher die Menge x_j des Konkurrenten ist. Bei gemeinsamer Gewinnmaximierung wird Unternehmen i also weniger produzieren, da es berücksichtigt, dass seine ausgebrachte Menge x_i auch den Preis p_j

und damit den Gewinn π_j von Unternehmen j reduziert.[15] Der Gewinn π_j ist bei gemeinsamer Maximierung schließlich ein Teil des Gesamtgewinns $\pi = \pi_i + \pi_j$. Bei individueller Maximierung hingegen wird Unternehmen i diese Auswirkung nicht beachten, da es sich nicht um den eigenen Gewinn handelt. Da beide Unternehmen diesen Effekt ignorieren, ist ihre Ausbringungsmenge ineffizient hoch und die daraus resultierenden Preise entsprechend zu niedrig (die Unternehmen machen sich mit den hohen Mengen gewissermaßen gegenseitig die Preise kaputt). Sie könnten beide höhere Gewinne erzielen, wenn sie weniger produzieren, um dadurch höhere Absatzpreise zu ermöglichen. Es handelt sich in diesem Fall um einen *negativen externen Effekt*, da sich die betreffende Aktivität der Spieler (hier die Wahl der Produktionsmengen) *negativ* auf ihre Auszahlungen auswirkt (was auch am Vorzeichen des Terms zu erkennbar ist). Sie könnten sich also beide besserstellen, wenn sie diese Aktivität einschränken.

Cournot-Wettbewerb mit vielen Unternehmen Der Fall der differenzierten Güter ist ein besonderer Fall; wesentlich häufiger wird in Lehrveranstaltungen zur Spieltheorie der Fall homogener Güter herangezogen. Wie bereits erwähnt, handelt es sich dabei um einen Spezialfall der differenzierten Güter, bei dem die Mengenkoeffizienten der Firmen identisch sind. Bei homogenen Gütern hat also kein Unternehmen eine eigene Nachfragergruppe mehr, sondern es gibt nur eine gemeinsam geteilte Nachfrage. Wir wollen nun zudem unsere Analyse erweitern, indem wir allgemein n Unternehmen betrachten, die miteinander im Mengenwettbewerb stehen. In diesem Fall ermöglicht uns das spieltheoretische Instrumentarium, wichtige Ergebnisse der Mikroökonomie in Bezug auf die Marktformen Monopol – Oligopol – Polypol (vollkommener Wettbewerb) in einem umfassenden Ansatz zu verknüpfen. Diese allgemeinen Ergebnisse können gut zur Überprüfung konkreter Formulierungen herangezogen werden.

Die allgemeine Spezifikation einer linearen Nachfrage lautet

$$p(X) = a - b \cdot X,$$

wobei X das Gesamtangebot aller n Unternehmen am Markt darstellt, das heißt, $X = x_1 + x_2 + \cdots + x_n$ oder etwas formaler ausgedrückt $X = \sum_{j=1}^{n} x_j$. Wir gehen davon aus, dass alle Unternehmen symmetrisch sind und die gleiche Kostenfunktion aufweisen:

---

[15]Der externe Effekt kann nur in Bezug auf die gemeinsame Nachfragergruppe auftreten. Dass beim vorliegenden Problem auch nur die Reaktion dieser Gruppe involviert ist, erkennen Sie am Mengenkoeffizienten: Der Mengenkoeffizient 1 entspricht genau dem Einfluss der eigenen Mengenentscheidung auf die *gemeinsame* Nachfragergruppe; 2 war der Einfluss der eigenen Mengenentscheidung auf die *eigene* Nachfragergruppe. Bezüglich letzterer kann es keinen externen Effekt geben, da die eigene Nachfragergruppe nicht auf die Mengenentscheidung des Konkurrenten reagiert (und umgekehrt).

$$C(x_i) = c \cdot x_i + FK,$$

wobei c die Grenzkosten und FK die Fixkosten bezeichnet. Betrachten wir nun ein beliebiges Unternehmen i. Dieses hat die Gewinnfunktion

$$\pi_i(x_i) = p(X) \cdot x_i - C(x_i) = \left(a - b \cdot \sum_{j=1}^{n} x_j \right) \cdot x_i - (c \cdot x_i + FK).$$

Wie wir sehen, hängt der Gewinn jetzt von sehr vielen Spielern ab, je nachdem welchen Wert n genau annimmt. Wie im einfachen Fall mit nur zwei Unternehmen/Spielern, müssen wir die Reaktionsfunktion von Unternehmen i bestimmen, um schließlich das Gewinnmaximum zu erhalten. Diese ergibt sich aus der Bedingung erster Ordnung. Allerdings „stört" hier der Summenausdruck, der von allen Ausbringungsmengen und damit auch von x_i abhängig ist. Wir können diesen aber einfach etwas umformen, indem wir die Menge von Unternehmen i aus der Summe herauslösen:

$$\pi_i(x_i) = \left[a - b \cdot \left(x_i + \sum_{j \neq i}^{n} x_j \right) \right] \cdot x_i - c \cdot x_i - FK.$$

Die Summe umfasst nun alle anderen Spieler außer i. Im Prinzip könnten wir somit auch x_{-i} anstelle des Summenausdrucks schreiben. Da dieser Ausdruck nicht von x_i abhängt, kann er bei der partiellen Ableitung wie eine Konstante betrachtet werden. Somit erhalten wir als Bedingung erster Ordnung

$$\frac{\partial \pi_i}{\partial x_i} = a - 2 \cdot b \cdot x_i - b \cdot \sum_{j \neq i}^{n} x_j - c \overset{!}{=} 0.$$

Damit können wir die Reaktionsfunktion von Unternehmen i bestimmen,

$$x_i(x_{-i}) = \frac{a - c}{2 \cdot b} - \frac{1}{2} \cdot \sum_{j \neq i}^{n} x_j. \tag{3.24}$$

Wie im Fall von nur zwei Spielern erhalten wir hier n Reaktionsfunktionen, die wir zur Bestimmung des Nash-Gleichgewichts ineinander einsetzen müssten. Wir können uns hier aber die Symmetrie des Spiels zunutze machen. Wir wissen nämlich, dass die Unternehmen sowohl bezüglich ihrer Nachfrage als auch bezüglich ihrer Kostenstruktur symmetrisch sind, das heißt, dass alle Unternehmen im Gleichgewicht die gleichen Mengen anbieten werden: $x_1 = x_2 = \ldots x_i = \ldots x_n$. Somit ist das Gesamtangebot $X = n \cdot x_i$ und dementsprechend $\sum_{j \neq i}^{n} x_j = (n - 1) \cdot x_i$. Wenn wir dies in der Reaktionsfunktion (3.24) berücksichtigen, können wir das Nash-Gleichgewicht ermitteln:

$$x_i = \frac{a - c}{2 \cdot b} - \frac{1}{2} \cdot (n - 1) \cdot x_i \Leftrightarrow x_i = \frac{a - c}{b \cdot (n + 1)} \tag{3.25}$$

Die Symmetrieeigenschaft konnten wir hierbei erst in der Bedingung erster Ordnung ausnutzen. Hätten wir diese schon in der Gewinnfunktion versucht anzuwenden, hätten wir die Nachfragefunktion verändert und wären damit zu falschen Ergebnissen gekommen.

Als Preis erhalten wir

$$p = a - b \cdot n \cdot x_i \Leftrightarrow p = \frac{a + c \cdot n}{n + 1} \tag{3.26}$$

Damit sind wir nun in der Lage, für jede beliebige Anzahl an Unternehmen sofort die Menge und den Preis zu bestimmen. Als Gewinn bzw. Auszahlung erhalten wir dann

$$\pi = \frac{(a - c)^2}{b \cdot (n + 1)^2} - FK \tag{3.27}$$

Eine Interpretation der Ergebnisse zeigt, dass wenig überraschend mit zunehmender Zahl an Unternehmen die Ausbringungsmenge der einzelnen Unternehmen sinkt, der Preis neidriger ausfällt und auch weniger Gewinne erwirtschaftet werden können.

Abschließend möchten wir noch auf die Existenz eines Nash-Gleichgewichts bei stetigen Strategien eingehen. Bei diskreten Strategien hatten wir gesehen, dass dies aufgrund der nicht konvexen Strategiemengen nicht immer sichergestellt ist. Hierzu ist folgendes allgemeines Ergebnis hilfreich: Wenn die Auszahlungsfunktionen stetig differenzierbar und streng konkav sind und der Strategieraum S_i ein kompaktes und konvexes Intervall in $\mathbb{R}^1$ (eindimensionaler Strategieraum) ist, dann ergibt sich immer eine innere Lösung von $\partial u_i / \partial s_i = 0$ für alle i als Nash-Gleichgewicht. Diese Aussage ist insofern hilfreich, da die hier getroffenen Voraussetzungen sämtlich bei linearen Nachfragefunktionen erfüllt sind. Das heißt, für die meisten in mikroökonomischen Veranstaltungen diskutierten Problemstellungen (und Aufgaben), kann ein Nash-Gleichgewicht durch Optimierung gefunden werden (wie in Abb. 3.5) und ist damit keine Randlösung, für die kompliziertere Lösungsverfahren und/oder Fallunterscheidungen erforderlich wären.

3.6   Verständnisfragen

1. Eine strikt pareto-dominierte Strategiekombination ...

A	kann niemals ein Gleichgewicht in dominanten Strategien sein.
B	kann bisweilen nicht realisiert werden, da sich ein Spieler durch Abweichung besser stellen kann.
C	stellt beide Spieler immer schlechter als eine beliebige andere Strategiekombination.
D	lässt keine Aussage darüber zu, ob ein Gleichgewicht in dominanten Strategien existiert.

2. Nehmen Sie an, Sie erfahren, dass in einem 2x2-Matrixspiel bereits ein Nash-Gleichgewicht gefunden wurde. Dieses Nash-Gleichgewicht ist eindeutig, wenn ...

A	beide Spieler eine strikt dominante Strategie haben.
B	beide Spieler eine schwach dominante Strategie haben.
C	wenn nur einer der Spieler eine dominante Strategie hat, die zudem strikt dominant ist.
D	wenn es sich um ein Nash-Gleichgewicht in gemischten Strategien handelt.

3. Betrachten Sie die folgenden Auszahlungskombinationen eines Zwei-Personen-Spiels: (2, 1), (1, 0), (0, 5), (4, 0). Welche der folgenden Aussagen trifft zu?

A	Nur (2, 1) und (0, 5) sind pareto-optimal.
B	Nur (2, 1), (0, 5) und (4, 0) sind pareto-optimal.
C	(1, 0) wird von (2, 1) und von (4, 0) pareto-dominiert.
D	(0, 5) dominiert (2, 1), (1, 0) und (4, 0) nach dem Kaldor-Hicks-Kompensationskriterium.

4. Betrachten Sie ein symmetrisches Duopolspiel mit stetigen Strategien, bei dem die Firmen ihre F&E-Investitionen wählen. Wenn in einem Nash-Gleichgewicht dieses Spiels ein positiver externer Effekt vorliegt, dann ...

A	wirken sich die Investitionen positiv auf die Gewinne der Firmen aus.
B	ist das Nash-Gleichgewicht ineffizient, da die Firmen zu viel in F&E investieren.
C	ist das Nash-Gleichgewicht effizient, da die Firmen sehr viel in F&E-investieren.
D	ist das Nash-Gleichgewicht ineffizient, da die Firmen zu wenig in F&E investieren.

5. Ein schwaches Kooperationsproblem lässt sich ...

A	durch einen Mechanismus korrelierter Strategien überwinden.
B	durch bindende Absprachen überwinden.
C	durch einen endogenen Fokuspunkt überwinden.
D	dann überwinden, wenn diejenige Strategie, die zur effizienten Kompromisslösung führt, risikodominant ist.

6. Welche der folgenden Aussagen ist korrekt?

A	In einem Nash-Gleichgewicht ist es nie möglich, einen Spieler besser zu stellen, ohne einen anderen schlechter zu stellen.
B	Ein Nash-Gleichgewicht ist stets effizient.
C	Eine Auszahlungskombination ist pareto-optimal, wenn keiner der Spieler einen Anreiz zum Abweichen hat.
D	Wenn es nicht möglich ist, einen Spieler besser zu stellen, ohne einen anderen schlechter zu stellen, dann ist diese Situation effizient nach dem Pareto-Kriterium.

3.7 Aufgaben

3.7.1 Dominanzüberlegungen

a) Bestimmen Sie die *rationalisierbaren* Strategien in der untenstehenden Matrix! Geben Sie anschließend für die Aussagen (i) und (ii) an, ob diese richtig oder falsch sind, und beziehen Sie sich bei Bedarf für die Begründung Ihrer Antwort auf die Matrix!

1, 2	Links	Mitte	Rechts
Oben	(3, 2)	(1, 0)	(2, 1)
Unten	(4, 0)	(0, 2)	(1, 1)

(i) Eine rationalisierbare Strategie überlebt immer die iterative Elimination strikt dominierter Strategien.

(ii) Eine Strategie, die die iterative Elimination strikt dominierter Strategien überlebt, ist immer auch eine rationalisierbare Strategie.

b) Lösen Sie das dargestellte Matrix-Spiel unter Verwendung des Verfahrens der iterativen Elimination *strikt* dominierter Strategien! Sofern Sie ein Nash-Gleichgewicht in reinen Strategien finden: Ist dieses eindeutig? Begründen Sie!

1, 2	s_{21}	s_{22}	s_{23}	s_{24}
s_{11}	(5, 2)	(1, 4)	(−1, 1)	(2, −1)
s_{12}	(4, 0)	(2, 1)	(3, 0)	(3, −1)
s_{13}	(−2, −2)	(1, −1)	(2, 3)	(2, 2)
s_{14}	(1, 1)	(1, 3)	(1, 2)	(4, 1)

c) Lösen Sie das dargestellte Matrix-Spiel unter Verwendung des Verfahrens der iterativen Elimination *schwach* dominierter Strategien! Sofern Sie ein Nash-Gleichgewicht in reinen Strategien finden: Ist dieses eindeutig? Begründen Sie!

1, 2	s_{21}	s_{22}	s_{23}
s_{11}	(1, 0)	(0, 1)	(2, 3)
s_{12}	(−1, 0)	(0, 1)	(3, 4)
s_{13}	(2, 5)	(5, 2)	(5, 5)
s_{14}	(2, 2)	(2, 2)	(1, 3)

Lösung in Abschn. 3.8.1

3.7.2 Gemischte Strategien

Betrachten Sie die folgende Entscheidungssituation zwischen einem Kunden und dem Produzenten eines Erfahrungsgutes.[16] Der Produzent verkauft das Gut zum Preis p und kann es in hoher oder niedriger Qualität produzieren. Hohe Qualität verursacht zusätzliche Aufwandskosten in Höhe von c. Der Kunde kann zum Zeitpunkt des Kaufs die Qualität nicht direkt erkennen, hat allerdings die Möglichkeit, eine gezielte Überprüfung („Kontrolle") durchzuführen, indem er etwa einen Experten oder spezielle technische Hilfsmittel hinzuzieht. Die Kontrollmaßnahme verursacht dem Kunden Kosten in Höhe von k. Ohne Kontrolle bleibt dem Kunden nichts anderes übrig, als dem Produzenten zu vertrauen. Ein Gut mit hoher Qualität stiftet dem Kunden einen hohen Nutzen in Höhe von u_h (h steht hier für „high"), ein Gut mit niedriger Qualität hingegen nur einen niedrigen Nutzen u_l (l steht hier für „low"). Wenn der Kunde kontrolliert und niedrige Qualität feststellt, verzichtet er auf den Kauf, was ihm einen (Brutto)Nutzen in Höhe von u_m einbringt. Es gilt zudem $p - c > 0$ (der Produzent macht bei hoher Qualität keine Verluste) sowie $u_m - k > u_l$ (dem Konsumenten ist es lieber, er verzichtet auf den Kauf eines überprüften Produktes als dass er schlechte Qualität bekommt).

a) Stellen Sie dieses Kontrollspiel in Matrixform dar! Zeigen Sie, dass in diesem Spiel kein Gleichgewicht in reinen Strategien vorliegt!

b) Bestimmen Sie das Nash-Gleichgewicht in gemischten Strategien sowohl über (i) den Erwartungsnutzenvergleich als auch über (ii) den Optimierungsansatz! Interpretieren Sie die berechneten Wahrscheinlichkeiten und erläutern Sie dabei, von welchen Parametern die optimale Wahrscheinlichkeit des Produzenten bzw. diejenige des Kunden abhängen!

c) Stellen Sie das Ergebnis formal und grafisch in Form von Reaktionskurvenabbildungen dar! Bestimmen Sie die erwartete Gleichgewichtsauszahlung der Spieler!

Lösung in Abschn. 3.8.2

3.7.3 Nash-Gleichgewicht in Spielen mit stetigen Strategien: Preisstrategien im Duopol

Zwei symmetrische Unternehmen bieten ein differenziertes Gut an und stehen miteinander im Preiswettbewerb, wählen also den Preis als strategische Variable. Die individuelle Nachfrage nach Gut i lautet:

---

[16]Ein Gut ist ein Erfahrungsgut, wenn dessen Qualität (ohne weitere Hilfsmittel) erst nach dem Kauf zweifelsfrei festgestellt werden kann. Beispiele für Erfahrungsgüter sind etwa der Inhalt einer Konservendose oder die Haltbarkeit eines elektronischen Gerätes.

$$x_i(p_i, p_j) = a - p_i + \beta \cdot p_j$$

Diese Nachfrage nach x_i hängt negativ vom eigenen Preis p_i, aber positiv vom Preis des Konkurrenten p_j ab. Da es sich um differenzierte Güter handelt, wird der Einfluss des Preises des Konkurrenten als schwächer angenommen, das heißt $\beta < 1$.

a) Stellen Sie aus Perspektive von Firma i die Gewinnfunktion auf, bestimmen Sie die Reaktionsfunktionen und die gleichgewichtigen Preise und Mengen!
b) Stellen Sie die Reaktionsfunktionen grafisch dar!
c) Untersuchen Sie anhand der Reaktionsfunktionen, ob im Duopol-Preiswettbewerb ein externer Effekt vorliegt!

Lösung in Abschn. 3.8.3

3.7.4 Wettbewerb zwischen vielen Unternehmen

In einem Markt mit Marktnachfrage $X = 15 - 0.5 \cdot p$, wobei $X = x_1 + x_2 + \ldots$, und der Kostenfunktion $C(x_i) = 6 \cdot x_i$ von Unternehmen i stehen n Unternehmen miteinander im Mengenwettbewerb.

a) Bestimmen Sie den Absatz $x_i(n)$, den Preis $p(n)$ und den Gewinn eines Unternehmens $\pi_i(n)$ im Oligopolgleichgewicht für $n = 2$, 5 und 11 Unternehmen!
b) Zeigen Sie für eine allgemeine Spezifikation der inversen Nachfrage $p(X) = a - b \cdot X$ und der Kostenfunktion $C(x_i) = c \cdot x_i + FK$, dass für $n \to \infty$ (vollkommenem Wettbewerb) der Preis den Grenzkosten entspricht!

Lösung in Abschn. 3.8.4

3.8 Lösungen

3.8.1 Dominanzüberlegungen

Aufgabentext in Abschn. 3.7.1

Teil a)

1, 2	Links	Mitte	Rechts
Oben	(3, 2)	(1, 0)	(2, 1)
Unten	(4, 0)	(0, 2)	(1, 1)

Spieler 1 hat nur zwei Strategien; da keine der beiden strikt dominant ist, handelt es sich bei beiden Strategien um rationalisierbare Strategien: Wählt Spieler 2 „Mitte" oder „Rechts", dann ist die beste Antwort von Spieler 1 „Oben"; wählt Spieler 2 hingegen „Links", dann ist die beste Antwort von Spieler 1 „Unten". Sowohl „Oben" als auch „Unten" ist auf mindestens eine Strategiewahl von Spieler 2 eine beste Antwort, somit sind beide rationalisierbare Strategien.

Wählt Spieler 1 „Oben", dann ist „Links" die beste Antwort von Spieler 2; wählt Spieler 1 „Unten", dann ist „Mitte" die beste Antwort von Spieler 2. Die rationalisierbaren Strategien von Spieler 2 sind also „Mitte" und „Links". Die Strategie „Rechts" ist keine rationalisierbare Strategie von Spieler 2, da diese auf keine Strategiewahl von Spieler 1 eine beste Antwort darstellt.

Zu (i): Die Aussage ist korrekt. Eine rationalisierbare Strategie stellt definitionsgemäß eine beste Antwort auf (mindestens) eine Strategie des Gegenspielers dar, das heißt, eine rationalisierbare Strategie ist nie strikt dominiert.

Zu (ii): Die Aussage ist falsch. Einen Gegenbeweis zur Aussage liefert die Strategie „Rechts" in der Matrix: Wie gezeigt, ist die Strategie „Rechts" keine rationalisierbare Strategie von Spieler 2. Sie ist aber auch keine dominierte Strategie, würde also das Verfahren der iterativen Elimination strikt dominierter Strategien ebenfalls überleben. Es darf also nicht vergessen werden, dass es Strategien gibt, die einerseits zwar keine beste Antwort darstellen aber andererseits auch keine dominierten Strategien sind.

Teil b)

Beginnt man die Elimination bei Spieler 1, lassen sich die Strategien wie folgt eliminieren: s_{13} wird von s_{12} strikt dominiert, s_{21} von s_{22}, s_{11} von s_{12}, und schließlich s_{23} und s_{24} von s_{22}.

Es verbleiben die Strategien s_{12}, s_{14} sowie s_{22}. Die beste Antwort von Spieler 1 ist s_{12}, womit sich als Nash-Gleichgewicht $(s_{12}, s_{22})*$ ergibt.

Beginnt man die Elimination bei Spieler 2, lassen sich die Strategien wie folgt eliminieren: s_{24} wird von s_{23} und s_{21} von s_{22} strikt dominiert, dann s_{11}, s_{13} und s_{14} von s_{12}. Es verbleiben die Strategien s_{12} sowie s_{22} und s_{23}. Die beste Antwort von Spieler 2 ist s_{22}, womit sich als Nash-Gleichgewicht erneut $(s_{12}, s_{22})*$ ergibt.

Bei der iterativen Elimination strikt dominierter Strategien spielt es keine Rolle, ob man die Eliminationsprozedur mit Spieler 1 oder mit Spieler 2 beginnt. Beides muss zur gleichen, eindeutigen Lösung führen. Wenn sich über die iterative Elimination strikt dominierter Strategien ein Nash-Gleichgewicht bestimmen lässt, dann ist dieses immer eindeutig, da keine der eliminierten Strategien Teil eines Nash-Gleichgewichts sein kann (von einer strikt dominierten Strategie würde ein rationaler Spieler immer abweichen).

Teil c)

Beginnt man die Elimination bei Spieler 1, dann lassen sich Strategien gemäß dieser Reihenfolge eliminieren: s_{11} und s_{12} wird von s_{13} strikt dominiert, s_{14} wird von s_{13} schwach dominiert. Es verbleibt Strategie s_{13}. In seiner besten Antwort ist Spieler 2 indifferent zwischen s_{21} und s_{23}. Es ergeben sich die Nash-Gleichgewichte $(s_{13}, s_{21})*$ und $(s_{13}, s_{23})*$.

Beginnt man die Elimination bei Spieler 2, lassen sich die Strategien wie folgt eliminieren: s_{22} wird von s_{23} strikt dominiert, s_{21} wird von s_{23} schwach dominiert. Es verbleibt Strategie s_{23}. Die beste Antwort von Spieler 1 ist dann s_{13}, womit sich als Nash-Gleichgewicht $(s_{13}, s_{23})*$ ergibt.

Durch die Elimination schwach dominierter Strategien lassen sich nicht (notwendigerweise) alle Nash-Gleichgewichte finden. Die mit Spieler 1 beginnende Elimination führt zu zwei Nash-Gleichgewichten, die mit Spieler 2 beginnende hingegen nur zu einem (Beweis durch Gegenteil).

3.8.2 Gemischte Strategien

Aufgabentext in Abschn. 3.7.2

Teil a)

Kontrollspiel als Matrix (Spieler 1 = Produzent, Spieler 2 = Kunde)

1, 2	s_{21} (Vertrauen)	s_{22} (Kontrolle)
s_{11} (hohe Qualität)	$(p - c, \underline{u_h})$	$(p - c, u_h - k)$
s_{12} (niedrige Qualität)	$(\underline{p}, u_l)$	$(0, \underline{u_m - k})$

Unterstreichen zeigt, dass in jeder Zelle ein Spieler einen Anreiz hat abzuweichen.

Teil b)

Bezeichne p_1 die Wahrscheinlichkeit mit der s_{11} und p_2 die Wahrscheinlichkeit mit der s_{21} gewählt wird.

(i) Bestimmung des Gleichgewichts in gemischten Strategien über den *Erwartungsnutzenvergleich*

Spieler 1 (Produzent):

$$p_2 \cdot (p - c) + (1 - p_2) \cdot (p - c) = p_2 \cdot p + (1 - p_2) \cdot 0$$
$$\Leftrightarrow p_2^* = \frac{p - c}{p}.$$

Spieler 2 (Kunde):

$$p_1 \cdot u_h + (1 - p_1) \cdot u_l = p_1 \cdot (u_h - k) + (1 - p_1) \cdot (u_m - k)$$
$$\Leftrightarrow p_1^* = \frac{u_m - u_l - k}{u_m - u_l}.$$

(ii) Bestimmung des Gleichgewichts in gemischten Strategien über den *Optimierungsansatz*

Erwartete Auszahlung von Spieler 1 (Produzent):

$$E(u_1) = p_1 \cdot p_2 \cdot (p - c) + p_1 \cdot (1 - p_2) \cdot (p - c) + (1 - p_1) \cdot p_2 \cdot p +$$
$$(1 - p_1) \cdot (1 - p_2) \cdot 0$$
$$= (p_1 + p_2 - p_1 \cdot p_2) \cdot p - p_1 \cdot c$$

Partielle Ableitung und Bestimmung der Bedingung erster Ordnung:

$$\frac{\partial E(u_1)}{\partial p_1} = (1 - p_2) \cdot p - x \overset{!}{=} 0 \Rightarrow p_2^* = \frac{p - c}{p}$$

Im Optimum ist der Produzent indifferent zwischen seinen beiden Strategien. Damit der Produzent indifferent bleibt zwischen hoher und niedriger Qualität muss der Kunde seine erste Strategie („Vertrauen") mit einer Wahrscheinlichkeit in Höhe von $(p - c)/p$ wählen. Der Kunde richtet dabei seine Wahrscheinlichkeit p_2 an den Anreizen des Produzenten aus: Je höher die Kosten c für hohe Qualität sind, desto stärker ist der Anreiz des Produzenten, niedrige Qualität zu liefern. Damit der Produzent den Anreiz hierzu verliert und indifferent gehalten wird, muss der Kunde dem entgegenwirken, indem er mit steigendem c weniger vertraut (und damit mehr kontrolliert). Dies beschreibt auch der Ausdruck $p_2^* = (p - c)/p$: Je größer die Kosten c (bzw. je kleiner der Preis p), desto kleiner sollte Spieler 2 die Wahrscheinlichkeit für seine erste Strategie („Vertrauen") wählen.

Erwartete Auszahlung von Spieler 2 (Kunde):

$$E(u_2) = p_1 \cdot p_2 \cdot u_h + p_1 \cdot (1 - p_2) \cdot (u_h - k) + (1 - p_1) \cdot p_2 \cdot u_l +$$
$$(1 - p_1) \cdot (1 - p_2) \cdot (u_m - k)$$
$$= p_1 \cdot (u_h - u_m) - p_2 \cdot (u_m - u_l - k) + p_1 \cdot p_2 \cdot (u_m - u_l) + u_m - k$$

Partielle Ableitung und Bestimmung der Bedingung erster Ordnung:

$$\frac{\partial E(u_1)}{\partial p_2} = (u_m - u_l - k) + p_1 \cdot (u_m - u_l) \overset{!}{=} 0 \Rightarrow p_1^* = \frac{u_m - u_l - k}{u_m - u_l}$$

Im Optimum ist auch der Kunde indifferent zwischen seinen beiden Strategien. Diese Indifferenz erzeugt der Produzent dadurch, dass dieser den Anreizen des Kunden Rechnung trägt. Je höher die Kosten k für Kontrolle sind, desto stärker ist der Anreiz des Kunden, auf Kontrolle zu verzichten und damit zu vertrauen. Gegenüber einem absolut vertrauensvollen Kunden würde der Produzent immer niedrige Qualität wählen; gegenüber einem kontrollwütigen, misstrauischen Kunden sollte er immer hohe Qualität wählen. Damit der Kunde gerade indifferent ist zwischen vertrauen und kontrollieren, muss der Produzent die hohe Qualität mit einer Wahrscheinlichkeit in Höhe von p_1^* wählen: Je höher (bzw. niedriger) die Kontrollkosten k für den Kunden, desto eher (bzw. weniger) kann es sich der Produzent leisten, verstärkt niedrige Qualität zu wählen.

Teil c)
Reaktionsabbildungen:

$$p_1^*(p_2) = \begin{cases} 0 & p_2 \in \left(\dfrac{p-c}{p}; 1\right] \\ [0;1] & p_2 = \dfrac{p-c}{p} \\ 1 & p_2 \in \left[0; \dfrac{p-c}{p}\right) \end{cases} \qquad p_2^*(p_1) = \begin{cases} 0 & p_1 \in \left[0; \dfrac{u_m - u_l - k}{u_m - u_l}\right) \\ [0;1] & p_1 = \dfrac{u_m - u_l - k}{u_m - u_l} \\ 1 & p_1 \in \left(\dfrac{u_m - u_l - k}{u_m - u_l}; 1\right] \end{cases}$$

Grafische Darstellung:

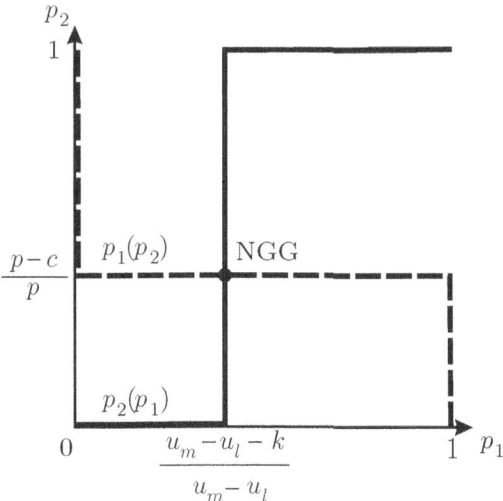

Allgemein berechnet man die (erwartete) Gleichgewichtsauszahlung von Spieler i wie folgt:

$$E(u_i) = p_i^* \cdot p_j^* \cdot u_i(p_i = 1, p_j = 1) + p_i^* \cdot \left(1 - p_j^*\right) \cdot u_i(p_i = 1, p_j = 0) +$$

$$\left(1 - p_i^*\right) \cdot p_j^* \cdot u_i \cdot \left(p_i = 0, p_j = 1\right) + \left(1 - p_i^*\right) \cdot \left(1 - p_j^*\right) \cdot$$

$$u_i(p_i = 0, p_j = 0)$$

Wählen beide Spieler ihre Gleichgewichtsstrategien p_1^* bzw. p_2^*, dann ergeben sich die folgenden erwarteten Auszahlungen für Spieler 1 (Produzent) und Spieler 2 (Kunde):

$$E(u_1) = p - c; \quad E(u_2) = u_h - \frac{k \cdot (u_h - u_l)}{u_m - u_l}$$

Für Spieler 1 ist diese erwartete Auszahlung einfach nachvollziehbar: Bei hoher Qualität hat er für jede Strategiewahl von Spieler 2 eine Auszahlung von $p - c$, sodass sich diese auch bei niedriger Qualität (allerdings als erwartete Auszahlung) einstellen muss, um ihn zwischen beiden Strategien indifferent zu halten.

3.8.3 Nash-Gleichgewicht in Spielen mit stetigen Strategien: Preisstrategien im Duopol

Aufgabentext in Abschn. 3.7.3

Teil a)
Die Auszahlungsfunktion bzw. der Gewinn ergibt sich als Differenz aus Erlös $x_i \cdot p_i$ und Kosten c_i von Unternehmen i, und hängt damit von der strategischen Variablen p_i ab:

$$\pi_i(p_i, p_j) = x_i(p_i, p_j) \cdot (p_i - c_i) = \left(a - p_i + \beta \cdot p_j\right) \cdot \left(p_i - c_i\right).$$

Um die gewinnmaximale Ausbringungsmenge zu bestimmen, wird der Gewinn π_i nach der strategischen Variablen p_i partiell abgeleitet. Durch Nullsetzung erhält man die Bedingung erster Ordnung, die anschließend nach p_i aufgelöst wird, um die Reaktionsfunktion von Unternehmen i zu bestimmen. Der Gewinnmaximierungsansatz für Preisstrategien lautet demnach:

$$\max_{p_i} \pi_i(p_i, p_j) \quad \Rightarrow \frac{\partial \pi_i}{\partial p_i} \overset{!}{=} 0.$$

Die resultierende Reaktionsfunktion von Unternehmen i ist ihr gewinnmaximaler Preis $p_i^*(p_j)$ in Abhängigkeit des gegebenen Preises des Konkurrenzunternehmens. Für Unternehmen i beträgt die Reaktionsfunktion demnach

$$\frac{\partial \pi_i}{\partial p_i} = a + c_i - 2 \cdot p_i + \beta \cdot p_j \overset{!}{=} 0 \Leftrightarrow p_i^*(p_j) = \frac{1}{2} \cdot (a + c_i + \beta \cdot p_j) \qquad (3.29)$$

Das Nash-Gleichgewicht des Spiels erhalten wir durch Gleichsetzen der Reaktionsfunktionen. Es ergeben sich die gleichgewichtigen Preise und Mengen gemäß

$$p_i^* = \frac{a \cdot (2 + \beta) + 2 \cdot c_i + \beta \cdot c_j}{4 - \beta^2}$$

$$x_i^* = \frac{a \cdot (2 + \beta) + (\beta^2 - 2) \cdot c_i + \beta \cdot c_j}{4 - \beta^2}$$

Teil b)

Um die Reaktionsfunktion grafisch in einem Diagramm abtragen zu können, bei dem p_j auf der Ordinate und p_i auf der Abszisse steht, muss die Reaktionsfunktion von Firma i nach p_j umgestellt werden. Die Reaktionsfunktion von Firma j kann hingegen direkt verwendet werden, sodass wir schließlich beide Funktionen für die grafische Darstellung erhalten:

$$r_i(p_j) : p_j(p_i^*) = \frac{1}{\beta} \cdot (2 \cdot p_i - a - c_i) \quad \text{und}$$

$$r_j(p_i) : p_i^*(p_j) = \frac{1}{2} \cdot (a + c_j + \beta \cdot p_i)$$

Die folgende Abbildung stellt die Reaktionsfunktionen grafisch dar:

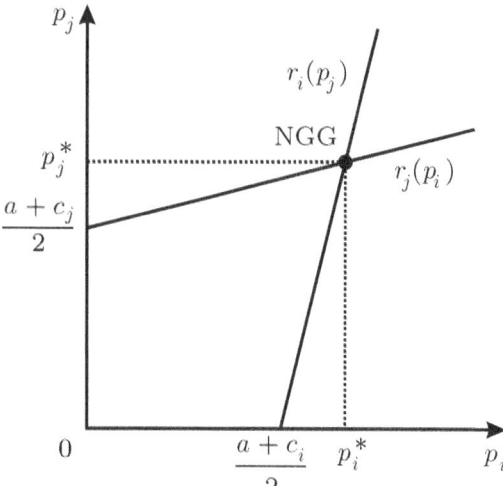

Anders als bei Mengenstrategien verlaufen die Reaktionsfunktionen hier steigend. Das Nash-Gleichgewicht ergibt sich aber auch hier im Schnittpunkt der beiden Geraden.

Teil c)
Wir wollen zeigen, dass sich auch bei Preisstrategien ein nicht pareto-optimales Ergebnis einstellt. Hierzu vergleichen wir die partielle Ableitung aus (3.29) mit der entsprechenden partiellen Ableitung der gemeinsamen Gewinnfunktion $\pi = \pi_i + \pi_j$,

$$\frac{\partial \pi_i}{\partial p_i} = a + c_i - 2 \cdot p_i + \beta \cdot p_j \quad \text{und}$$

$$\frac{\partial \pi}{\partial p_i} = a + c_i - 2 \cdot p_i + \beta \cdot p_j + \beta \cdot (p_j - c_j).$$

Der Unterschied zwischen beiden Ableitungen ist am letzten Summanden $+\beta \cdot (p_j - c_j)$ in der Ableitung der Gesamtgewinnfunktion erkennbar. Dieser Term weist erneut auf eine Diskrepanz zwischen individueller und gemeinsamer bzw. kollektiver Optimierung hin, weshalb klar ein externer Effekt vorliegt. Für $p_j > c_j$ ist dieser externe Effekt positiv und für $p_j < c_j$ negativ. Da wir kostendeckende Preise unterstellen, liegt ein positiver externer Effekt vor. Die Preise der Unternehmen sind folglich niedriger als sie bei gemeinsamer Gewinnmaximierung wären. Durch eine gemeinsame Preiserhöhung könnten beide Firmen zusammen höhere Gewinne erreichen.

3.8.4 Wettbewerb zwischen vielen Unternehmen

Aufgabentext in Abschn. 3.7.4

Teil a)
Mit unserem Wissen über die allgemeine Spezifikation können wir unmittelbar auf die Lösung schließen. Konkret wurden folgende Werte angenommen: $a = 15$, $b = 0{,}5$ und $c = 6$. Eingesetzt erhalten wir aus (3.25) die Menge eines Unternehmens, aus (3.26) den Preis und aus (3.27) den Gewinn. Die Ergebnisse lauten somit

n	$x_i(n)$	$p(n)$	$\pi_i(n)$
2	4	14	32
5	2	10	8
11	1	8	2

Teil b)
Ausgehend von (3.26) müssen wir den Grenzwert

$$\lim_{n \to \infty} \frac{a + c \cdot n}{n + 1}$$

bestimmen. Das einfache „Einsetzen" von „∞" anstelle von n führt allerdings zu keinem Ergebnis, da „∞" sowohl im Zähler als auch im Nenner steht. Hier kann ein kleiner Trick helfen: Man teilt einfach sowohl den Zähler als auch den Nenner durch n. Der Ausdruck bleibt somit unverändert, schließlich kürzt sich n dabei wieder raus. Allerdings können wir nun „∞" für n einsetzen und somit eine klare Aussage ableiten, die den vermuteten Zusammenhang eindeutig bestätigt:

$$\lim_{n \to \infty} \frac{\overbrace{\frac{a}{n}}^{\to 0} + c}{1 + \underbrace{\frac{1}{n}}_{\to 0}} = c$$

Literatur

Leininger W, Ockenfels A (2007) The penalty-duel and institutional design: is there a Neeskens-Effect? CESifo Working Paper, Nr. 2187

Mehrstufige Spiele

4

Alle im vorigen Kapitel betrachteten Spiele haben die Gemeinsamkeit, dass es sich um einstufige Simultanspiele handelt: Die Spieler können die Strategiewahl ihrer Mitspieler zum Zeitpunkt ihrer Entscheidung nicht beobachten (imperfekte Information), was sie als Simultanspiele kennzeichnet, und die Spieler haben zu einem bestimmten Zeitpunkt („Stufe" des Spiels) nur eine Aktionswahl zur Verfügung, weshalb es sich um einstufige Spiele handelt. In diesem Kapitel betrachten wir *mehrstufige Spiele*, bei denen die *zeitliche* Abfolge von Aktionen von Bedeutung ist. Die wichtigste Unterkategorie mehrstufiger Spiele sind *sequenzielle Spiele*, bei denen die Spieler nacheinander entscheiden. Dadurch kann der Second-Mover, also derjenige Spieler, der als zweiter entscheidet, die vorausgehende Aktion des First-Movers vor seiner eigenen Entscheidung beobachten (perfekte und asymmetrische Information). Das zentrale Lösungskonzept bei mehrstufigen Spielen ist das Verfahren der *Rückwärtsinduktion*, bei dem wir die Lösung eines Spiels durch gedankliches „Vorausschauen und Zurückschließen" ermitteln. Die über diese Prozedur ermittelten Nash-Gleichgewichte sind *teilspielperfekte* Nash-Gleichgewichte. Wir werden uns in diesem Kapitel eingehender mit dem Verfahren der Rückwärtsinduktion sowie mit dem Konzept der Teilspiele und Teilspielperfektheit befassen und die Lösungsschritte auf mehrstufige Spiele mit diskreten und stetigen Strategien anwenden.

4.1 Mehrstufige Spiele in diskreten Strategien

Zeitliche Struktur mehrstufiger Spiele Bevor wir mit der Analyse mehrstufiger Spiele beginnen, wollen wir uns zunächst verdeutlichen, welche Varianten mehrstufiger Spiele auftreten können und wie sich diese insbesondere im Hinblick auf den jeweils vorherrschenden Informationsstand kategorisieren lassen. Da die Problemanalyse mit der Betrachtung mehrstufiger Spiele eindeutig komplexer wird, ist es hier wichtig, immer den

© Springer Fachmedien Wiesbaden GmbH, ein Teil von Springer Nature 2020
F. Bartholomae, M. Wiens, *Spieltheorie*,
https://doi.org/10.1007/978-3-658-28279-0_4

Abb. 4.1 Varianten mehrstufiger Spiele

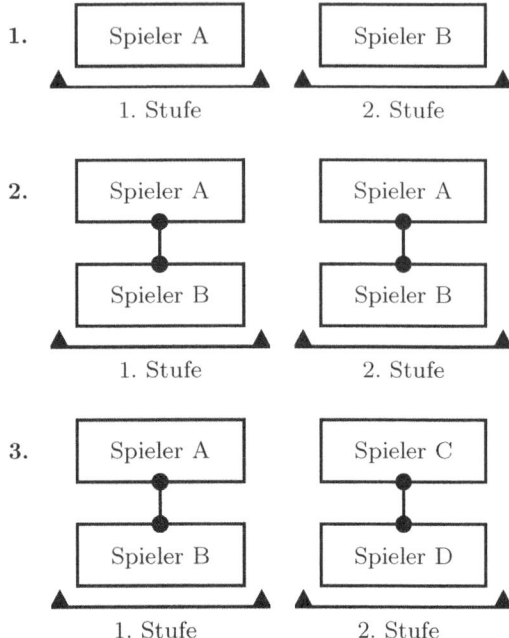

Überblick zu behalten, um sicher beurteilen zu können, welche Spielstruktur genau vorliegt. Abb. 4.1 stellt beispielhaft drei Varianten dar, wie mehrstufige Spiele aufgebaut sein können. Die drei Varianten decken bereits die meisten mehrstufigen Spiele ab, die üblicherweise in Lehrveranstaltungen behandelt werden.

Spielstruktur Nr. 1 stellt den einfachsten Fall eines sequenziellen Spiels dar, bei dem die Spieler ihre Entscheidungen nacheinander treffen. Spieler A trifft seine Entscheidung als Erster, das heißt Spieler A ist *First-Mover*. Dabei bildet er Erwartungen darüber, wie Spieler B auf seine Aktion reagieren wird. Da er es zu diesem Zeitpunkt noch nicht wissen kann, agiert Spieler A unter *imperfekter Information* (der Spielzug von B ist für ihn durch die Abfolge der Spielzüge bedingt nicht beobachtbar). Spieler B ist *Second-Mover*, das heißt, er reagiert auf den Spielzug von A, nachdem er ihn beobachtet hat. B ist somit zu diesem Zeitpunkt der Spielzug von A bekannt, weshalb er über *perfekte Information* in Bezug auf die Strategiewahl von A verfügt. Da Spieler A über imperfekte Information, Spieler B jedoch über perfekte Information verfügt, ist der Informationsstand zwischen beiden Spielern *asymmetrisch*. Diese einfache sequenzielle Spielstruktur haben wir bereits in Abschn. 2.3 und 2.4 im Zusammenhang mit dem Spiel „Zukunftsenergie" kennengelernt. Hier war das Unternehmen mit seiner Investitionsentscheidung First-Mover und der Staat mit seiner Förderentscheidung Second-Mover. Auch die meisten der in diesem Kapitel besprochenen Spiele sind einfache sequenzielle Spiele dieser Art.

Bei Spielstruktur Nr. 2 handelt es sich um ein mehrstufiges Spiel, allerdings um kein sequenzielles Spiel im eigentlichen Sinne, da die Spieler hier nicht nacheinander entscheiden und somit auch nicht aufeinander reagieren (was das kennzeichnende Element eines sequenziellen Spiels ist). Es sind vielmehr zwei verschiedene, nacheinander stattfindende Simultanspiele. Die Spieler könnten beispielsweise zwei Unternehmen sein, die miteinander im Wettbewerb stehen. Auf der ersten Stufe entscheiden sie simultan über ihre Investitionen in Forschung und Entwicklung (F&E) und auf der zweiten Stufe entscheiden sie wieder simultan über ihre Ausbringungsmengen.[1] Da die Spieler stets simultan entscheiden, liegt hier auf jeder Stufe in Bezug auf die dort getroffene Entscheidung (auf Stufe 1 sind es die Investitionen, auf Stufe 2 die Ausbringungsmengen) symmetrische und imperfekte Information vor. Zwischen den Stufen liegt perfekte und symmetrische Information vor: Zum Zeitpunkt ihrer Mengenentscheidung sind beide Spieler perfekt über die vorausgegangene Investitionsentscheidung informiert, sowohl über die eigene als auch über die des Konkurrenten. Im letzten Abschnitt dieses Kapitels werden wir das F&E-Spiel an einem konkreten Beispiel lösen.

Bei Spielstruktur Nr. 3 lassen sich *Spielergruppen* unterscheiden: Spieler A und B agieren simultan auf der ersten Stufe (erste Gruppe) und Spieler C und D auf der zweiten (zweite Gruppe). Es handelt sich hier um ein sequenzielles Spiel zwischen den Spielergruppen mit dem gleichen asymmetrischen Informationsstand wie bei Spielstruktur 1. Innerhalb der Gruppen hingegen besteht wieder symmetrische und imperfekte Information. Ein Beispiel für eine derartige Spielstruktur wäre eine politische Wahl: Spieler A und B sind die Kandidaten der politischen Parteien, die auf der ersten Stufe simultan ihre Wahlkampfstrategie festlegen; Spieler C und D wären repräsentative Wähler, die anschließend am Wahlabend simultan ihre Stimmen abgeben.

Informationsstruktur mehrstufiger Spiele Um mit den Eigenschaften mehrstufiger Spiele besser vertraut zu werden, vergleichen wir zunächst Simultanspiele und sequenzielle Spiele. Die erste Frage hierzu ist, ob und warum sich an der Spiellösung etwas ändert, wenn wir ein Simultanspiel in ein sequenzielles Spiel überführen. Für einen bestimmten Fall ist die Antwort auf diese Frage einfach: Wenn beide Spieler über eine strikt dominante Strategie verfügen, gibt es keinen Unterschied zwischen Simultanspiel und sequenziellem Spiel. Wie wir bei der Diskussion zu den Dominanzüberlegungen in Abschn. 3.1 zeigten, ist eine strikt dominante Strategie unabhängig von der Wahl des Gegenspielers immer die optimale Antwort. Bei einer Strategiewahl, die nicht vom Verhalten des Mitspielers abhängt, ist es egal, ob der betreffende Spieler über perfekte oder imperfekte Informationen verfügt (ein Spieler mit einer strikt dominanten Strategie benötigt keine weiteren Informationen) und somit hat die Spielstruktur keinen Einfluss auf das Spielergebnis. Aus den

---

[1]Es ist wichtig, dass es sich bei den Stufenspielen um *unterschiedliche Spiele* handelt. Würde man stattdessen exakt dasselbe Spiel noch einmal spielen, läge kein mehrstufiges, sondern ein *wiederholtes Spiel* vor. Wiederholte Spiele werden in Kap. 5 besprochen.

gleichen Überlegungen folgt, dass sich das Spielergebnis ebenfalls nicht ändert, wenn nur ein Spieler eine strikt dominante Strategie hat und dieser Spieler im sequenziellen Spiel Second-Mover ist. Im Simultanspiel wird der betreffende Spieler seine strikt dominante Strategie wählen und sein Mitspieler wird hierauf bestmöglich antworten. Und genau diese beste Antwort kann sich der Mitspieler im sequenziellen Spiel aus der First-Mover-Rolle heraus bequem zurechtlegen: Da er weiß, dass der Second-Mover eine strikt dominante Strategie hat, kennt er bereits zu Beginn dessen Reaktion. Der First-Mover muss also nur die Strategie wählen, welche die für ihn günstigste Reaktion erwarten lässt. Der entscheidende Punkt ist also, dass die strikt dominante Strategie des Second-Movers den Informationsnachteil des First-Movers – nicht zu wissen, wie der Second-Mover genau reagiert – aufhebt, sodass das sequenzielle und das simultane Spiel unter Informations-gesichtspunkten letztlich identisch sind. Ist hingegen derjenige Spieler mit der strikt dominanten Strategie in der Rolle des First-Movers, dann kann sich die Lösung der Spielvarianten durchaus unterscheiden. Betrachten wir hierzu das Simultanspiel in Tab. 4.1.

Tab. 4.1 Simultanspiel mit strikt dominanter Strategie	$1, 2$	s_{21}	s_{22}
	s_{11}	$(3, 3)$	$(1, 4)^*$
	s_{12}	$(2, 2)$	$(0, 0)$

In diesem Spiel hat nur Spieler 1 eine strikt dominante Strategie (s_{11}) und die beste Antwort von Spieler 2 hierauf ist s_{22}, sodass die Strategiekombination $(s_{11}, s_{22})^*$ das eindeutige Nash-Gleichgewicht ist. Nun betrachten wir im Vergleich hierzu das sequenzielle Spiel aus Abb. 4.2 (linker Spielbaum), bei dem Spieler 1 First-Mover ist.

Zur Lösung des Spiels verwenden wir die *Rückwärtsinduktion*, das heißt, wir beginnen mit der optimalen Reaktion von Spieler 2 auf der zweiten Stufe und folgern hieraus auf den optimalen Zug von Spieler 1 in der vorangegangenen ersten Stufe. Wenn Spieler 2 am

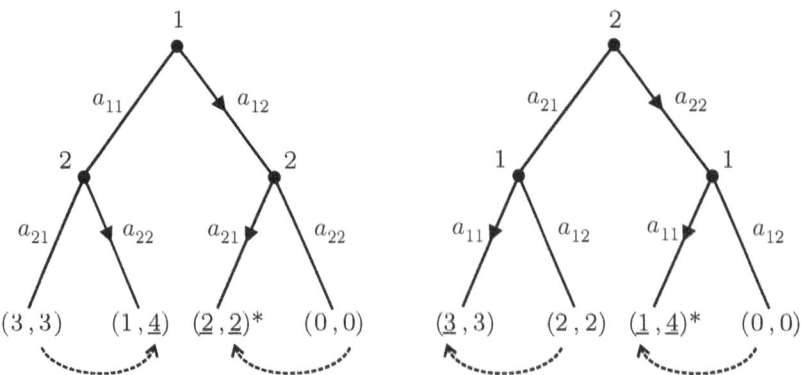

Abb. 4.2 Sequenzielles Spiel mit strikt dominanter Strategie und unterschiedlicher Zugreihenfolge

linken Knoten eine Entscheidung zu treffen hat, ist es für ihn am besten, Aktion a_{22} zu wählen.[2] Befindet er sich hingegen am rechten Entscheidungsknoten, wählt er a_{21}. Die optimale Strategie von Spieler 2 lautet demnach $s_2^* = \{a_{22}|a_{11}, a_{21}|a_{21}\}$. Die im Spielbaum eingetragenen Pfeile verdeutlichen die Entscheidungsrichtung von Spieler 2 an jedem Knoten. Wählt Spieler 2 diese optimale Strategie auf der zweiten Stufe des Spiels, besteht die beste Reaktion von Spieler 1 darin, seine zweite Aktion zu wählen. Das Nash-Gleichgewicht des sequenziellen Spiels liegt somit bei $(a_{12}, \{a_{22}|a_{11}, a_{21}|a_{12}\})$ mit der Auszahlungskombination (2, 2). Wie wir feststellen können, ist diese Auszahlungs-kombination im Simultanspiel in Tab. 4.1 *kein* Nash-Gleichgewicht. Dadurch, dass Spieler 1 die Reaktion von Spieler 2 antizipiert und als Erster entscheiden kann, kann er durch die Wahl des rechten Astes die Entscheidung zu seinen Gunsten beeinflussen. Da er in diesem Fall von der Rolle des First-Movers profitiert, spricht man von einem *First-Mover Advantage*. In Spielen, in denen ein Spieler von der Rolle des Second-Movers profitiert, liegt entsprechend ein *Second-Mover Advantage* vor. Beim rechten Spiel in Abb. 4.2 handelt es sich um das gleiche Spiel mit dem einzigen Unterschied, dass die Spieler in umgekehrter Reihenfolge zum Zug kommen, das heißt, Spieler 2 ist jetzt der First-Mover und Spieler 1 der Second-Mover. Die Lösung dieses Spiels ergibt die Auszahlungskombination (1, 4), die auch im Simultanspiel ein Nash-Gleichgewicht darstellt, allerdings lautet das Gleich-gewicht hier $(a_{22}, \{a_{11}|a_{21}, a_{11}|a_{22}\})$ im Vergleich zu (a_{11}, a_{22}) im Simultanspiel. Da Spieler 1 eine strikt dominante Strategie hat, ist es egal, ob er seine Entscheidung nach Spieler 2 oder zeitgleich mit diesem trifft. Seine Entscheidung ist wie im Simultanspiel für Spieler 2 perfekt prognostizierbar, sodass sich dieser mit der Wahl seiner zweiten Strategie optimal daran anpassen kann.

4.2 Rückwärtsinduktion und Teilspielperfektheit

Mithilfe der Rückwärtsinduktion können wir somit überprüfen, ob sich eine (vom Second-Mover) zu Beginn des Spiels als optimal betrachtete Entscheidung auch dann noch als optimal erweist, wenn der First-Mover seine Entscheidung bereits getroffen hat. Nash-Gleichgewichte, die diese weitergehende Anforderung erfüllen, bezeichnet man als *teil-spielperfekte Nash-Gleichgewichte*. Um das Konzept der *Teilspielperfektheit* besser ver-stehen zu können, soll zunächst an der Spielbaum-Darstellung erklärt werden, was unter einem Teilspiel verstanden wird. An einem Entscheidungsknoten X fängt ein eigen-ständiges Teilspiel (ein sogenanntes „proper subgame") an, wenn alle nachfolgenden Knoten mit dem Rest des Spiels *nur über diesen Knoten X* verbunden sind. Betrachten wir hierzu zur Verdeutlichung den Spielbaum in Abb. 4.3. Während im Knoten D ein eigenständiges Teilspiel beginnt, ist dies für Knoten B und C hingegen nicht der Fall. Da

---

[2]Wir sprechen hier von „Aktionen", da eine „Strategie" in einem sequenziellen Spiel stets aus bedingten Aktionen besteht. Siehe hierzu die ausführlichen Erläuterungen in Abschn. 2.1.

Abb. 4.3 Informationsmenge
und Teilspiel

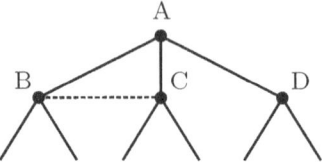

die Knoten B und C zur selben Informationsmenge gehören (zu erkennen an der gestrichelten Verbindungslinie), ist der nach B folgende Spielverlauf nicht vom Knoten C zu trennen. Das Teilspiel, zu dem die Knoten B und C gehören, beginnt im Knoten A und ist somit mit dem gesamten Spiel identisch (auch das gesamte Spiel beginnend im Knoten A stellt ein Teilspiel dar).

Ein *teilspielperfektes Nash-Gleichgewicht* s^* liegt vor, wenn für keinen Spieler in irgendeinem Teilspiel, das an einem beliebigen Knoten des Spielbaums beginnt, ein Anreiz zur Abweichung von s^* besteht. Das Konzept der Teilspielperfektheit stellt ein Kriterium zur Gleichgewichtsauswahl dar, das es erlaubt, Nash-Gleichgewichte in sequenziellen Spielen auf Plausibilität zu prüfen. Teilspielperfekte Nash-Gleichgewichte sind insofern plausibel, da es sich dabei um über die Zeit konsistente und damit glaubwürdige Strategien handelt. Auf die wichtige Eigenschaft der Glaubwürdigkeit von Strategien wird im nächsten Abschnitt noch etwas ausführlicher eingegangen.

Zuvor jedoch soll aufbauend auf der Kenntnis von Teilspielen am Beispiel von Abb. 4.4 verdeutlicht werden, wie Rückwärtsinduktion in einem komplexeren mehrstufigen Spiel systematisch zur Anwendung kommt.

In der ersten Abb. 4.4A ist das vollständige Spiel dargestellt, das wir lösen wollen. Dieses Spiel besteht aus insgesamt drei Stufen und fünf Teilspielen (a, b, c, d, e). Die Anzahl der Teilspiele ist leicht an der Anzahl der Entscheidungsknoten zu erkennen, die jeweils in ihrer eigenen Informationsmenge liegen (das heißt es gibt keine gestrichelten Linien zwischen den Knoten). In drei der fünf Teilspiele kann sich Spieler 1 entscheiden (a, b, e) und in zwei der fünf Teilspiele kann sich Spieler 2 entscheiden (c, d).

Wie wir erkennen können, ist Spieler 1 der Spieler, der auf der letzten Stufe eine Entscheidung treffen kann. Daher müssen wir bei der Rückwärtsinduktion mit ihm beginnen. Spieler 1 kann sich hier jeweils zwischen den Aktionen a_{13} und a_{14} entscheiden. Im Teilspiel a führt dies zu einer Auszahlung von 2 bei a_{13} und 1 bei a_{14}. Hier wird sich Spieler 1 für a_{13} entscheiden und somit a_{14} nicht wählen. Im ebenfalls auf der letzten Stufe befindlichen Teilspiel b wird sich Spieler 1 demgegenüber für a_{14} entscheiden, da er hier eine höhere Auszahlung erzielen kann (2 anstelle von 1). Die nicht gewählten Aktionen (a_{14} in Teilspiel a und a_{13} in Teilspiel b) müssen wir im weiteren Verlauf der Analyse nicht weiter berücksichtigen. Daher haben wir diese in Abb. 4.4B weggelassen.

Wir haben somit auf der dritten Stufe bereits zwei Teilspiele gelöst und können mit den verbliebenen Stufen analog verfahren. Auf der zweiten Stufe sind erneut zwei Teilspiele zu lösen, in denen nun aber Spieler 2 eine Entscheidung treffen muss. Spieler 2 kann sich hier jeweils zwischen den Aktionen a_{21} und a_{22} entscheiden. In Teilspiel c wird er sich für a_{21}

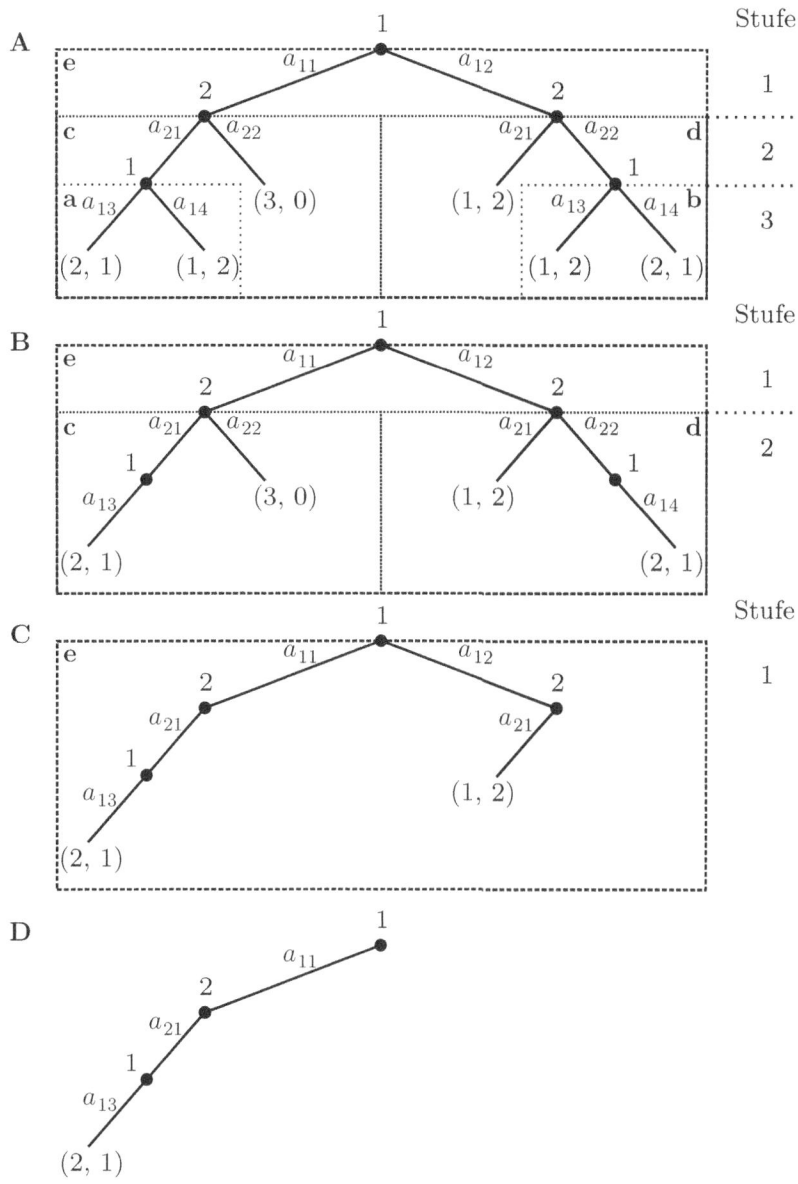

Abb. 4.4 Vorgehensweise bei Rückwärtsinduktion

entscheiden, da er hier eine höhere Auszahlung als bei a_{22} erzielen kann: Da wir das Spiel von hinten lösen, wissen wir, wie sich Spieler 1 jeweils entscheiden wird, wenn Spieler 2 a_{21} wählt. Dies kann Spieler 2 berücksichtigen und weiß daher, dass seine Auszahlung bei a_{21} 1 betragen wird. Bei a_{22} endet das Spiel mit einer geringeren Auszahlung von 0. Bei Teilspiel d wird Spieler 2 durch Wahl von a_{21} das Spiel beenden, da er hierdurch eine

Auszahlung von 2 anstelle von 1 erzielen kann. Erneut können wir die nicht gewählten Aktionen (a_{22} in Teilspiel c und a_{22} in Teilspiel d) streichen.

In Abb. 4.4C befinden wir uns nun bereits auf der ersten Stufe, die aus nur noch einem Teilspiel besteht, in dem Spieler 1 zwischen den Aktionen a_{11} und a_{12} wählen kann. Wie wir am verbliebenen Spielbaum erkennen können, wird er sich für a_{21} entscheiden, da er hier eine Auszahlung von 2 anstelle von 1 bei a_{12} erzielen kann. Streichen wir a_{12} führt dies schließlich in Abb. 4.4D zum Gleichgewichtspfad. Im teilspielperfekten Gleichgewicht wird die Auszahlung somit (2, 1) betragen. Um das Gleichgewicht vollständig angeben zu können, müssen wir nun noch die Gleichgewichtsstrategien konkret bestimmen.

Diese Strategie ist die Kombination aller Entscheidungen, die der Spieler treffen wird, das heißt, die Strategie eines Spielers enthält ebenso viele Elemente, wie er Entscheidungen treffen kann. Spieler 1 kann drei Entscheidungen treffen (in den Teilspielen a, b und e), weshalb seine Strategie aus drei Elementen besteht. In chronologischer Reihenfolge der Teilspiele lautet die Gleichgewichtsstrategie von Spieler 1: Wähle in Teilspiel e s_{11}, in Teilspiel a s_{13} und in Teilspiel b s_{14}. Für Spieler 2, der in den beiden Teilspielen c und d eine Entscheidung treffen kann, lautet die Gleichgewichtsstrategie: Wähle in Teilspiel c s_{21} und in Teilspiel d s_{21}. Wichtig ist hierbei, dass der Gleichgewichtspfad nicht mit den Gleichgewichtsstrategien identisch ist, sondern lediglich darin enthalten ist.

Da im Allgemeinen die Teilspiele nicht wie in unserem Beispiel benannt sind, werden die einzelnen Elemente in Abhängigkeit von der *Geschichte* des Spiels angegeben. Diese beschreibt, wie es zu dem jeweiligen Teilspiel gekommen ist. Um etwa in Teilspiel a zu landen, muss Spieler 1 a_{11} und Spieler 2 a_{21} gewählt haben oder kurz die Geschichte von Teilspiel a ist (a_{11}, a_{21}). Wie wir wissen, wird in diesem Teilspiel Spieler 1 a_{13} wählen. Somit besagt $a_{13}(a_{11}, a_{21})$, dass Spieler 1 in Teilspiel 1 a_{13} wählen wird. Die vollständigen Strategien der Spieler in Abhängigkeit von der jeweiligen Geschichte lauten damit: Die Strategie von Spieler 1 ist $\{a_{11}, a_{13}(a_{11}, a_{21}), a_{14}(a_{12}, a_{22})\}$ und von Spieler 2 $\{a_{21}(a_{11}), a_{21}(a_{12})\}$. Das teilspielperfekte Gleichgewicht ist demnach $\{\{a_{11}, a_{13}(a_{11}, a_{21}), a_{14}(a_{12}, a_{22})\}, \{a_{21}(a_{11}), a_{21}(a_{12})\}\}$.

Glaubwürdigkeit von Ankündigungen Die Fokussierung auf teilspielperfekte Nash-Gleichgewichte durch Anwendung der Rückwärtsinduktion stellt einen *Test auf Glaubwürdigkeit* der Second-Mover-Strategie dar. Die Beurteilung der Glaubwürdigkeit einer Strategie ist in solchen Kontexten von Bedeutung, in denen der First-Mover versucht, durch die Ankündigung einer Strategiewahl die Entscheidung des Second-Movers zu seinen Gunsten zu beeinflussen. Nehmen wir hierfür an, Spieler 2 würde im linken Spiel von Abb. 4.2 Spieler 1 versprechen, den linken Ast (a_{21}) zu wählen, wenn Spieler 1 seinerseits a_{11} wählt. Für Spieler 1 wäre es natürlich von Vorteil, wenn Spieler 2 sein Versprechen einhält – er würde immerhin 3 anstelle von 2 erhalten. Allerdings handelt es sich bei dieser Ankündigung von Spieler 2 um ein unglaubwürdiges Versprechen: Würde Spieler 1 darauf vertrauen und a_{11} wählen, sodass Spieler 2 am linken Ast zum Zug kommt, würde dieser opportunistisch auf den rechten Ast (a_{22}) abweichen, um sich von 3 auf 4 zu verbessern – Spieler 1 würde hingegen nur noch 1 erhalten. Das teilspielperfekte Nash-

Gleichgewicht eliminiert solche unglaubwürdigen Versprechen bzw. unglaubwürdigen oder „leeren" Drohungen, falls der Second-Mover mit einer für den First-Mover nachteiligen Aktionswahl abseits des Gleichgewichtspfads droht. Der Grund ist, dass das teilspielperfekte Nash-Gleichgewicht eben in jedem Teilspiel ein Nash-Gleichgewicht bzw. optimal sein muss. In unserem Beispiel ist a_{21} eben nicht die optimale Aktionswahl und wird folglich von keinem rationalen Spieler gewählt.

Nehmen wir nun an, Spieler 2 wäre es unangenehm, ein abgegebenes Versprechen zu brechen, da ihm dadurch etwa „Gewissensbisse" in Höhe $G > 1$ entstehen. Abb. 4.5 stellt diese veränderte Auszahlungsstruktur dar. Wie wir sehen, ändern sich hiermit die Anreize von Spieler 2 und er wird nun sein Versprechen (a_{21}) dem opportunistischen Verhalten (a_{22}) vorziehen, wodurch beide die Auszahlungskombination (3, 3) erreichen könnten. Das Glaubwürdigkeitsproblem ließe sich auch alternativ dadurch überwinden, dass der Second-Mover sein Versprechen durch ein Pfand in Höhe von $G > 1$ absichert: Wenn er sein Versprechen bricht, verliert er diesen Geldbetrag. Man sieht an den Auszahlungen aus Abb. 4.5, dass der Second-Mover auch tatsächlich einen Anreiz zu einer solchen vertrauensbildenden Maßnahme hat: Ohne Pfand wäre sein Versprechen unglaubwürdig und es ergäbe sich die Auszahlungskombination des teilspielperfekten Nash-Gleichgewichts (2, 2). Mithilfe eines Pfandes wäre die Auszahlungskombination (3, 3) realisierbar. Hilfsmittel dieser Art, die es einem Spieler ermöglichen, eine ansonsten unglaubwürdige Strategie glaubwürdig und damit zu einem teilspielperfekten Nash-Gleichgewicht zu machen, bezeichnet man als *Commitment* bzw. *Commitment-Device*.

Exkurs: Der hohe Wert der Glaubwürdigkeit

Im Dezember 2014 kritisierten namhafte deutsche Ökonomen, darunter die Präsidenten des DIW sowie des Münchner ifo-Instituts, die Ausweitung der Staatsanleihenkäufe durch die Europäische Zentralbank mit den Worten: „Die EZB verfehlt ihr Mandat der Preisniveaustabilität und ist dabei, ihr wichtigstes Gut zu verlieren: ihre Glaubwürdigkeit."[3]

In nahezu allen Bereichen der Wirtschaftspolitik, wie der Geldpolitik, Steuer- und Finanzpolitik und insbesondere bei tiefgreifenden Reformen, spielt die Glaubwürdigkeit wirtschaftspolitischer Programme eine große Rolle. Die Ökonomen Kydland und Prescott erhielten ihren Nobelpreis im Jahr 2004 für Arbeiten, die ganz entscheidend mit den hier betrachteten Glaubwürdigkeitsfragen zu tun hatten. Sie zeigten einen positiven Zusammenhang zwischen glaubwürdiger Wirtschaftspolitik und stabilen Konjunkturverläufen auf und schlussfolgerten, dass sich wirtschaftspolitische Akteure für a priori unglaubwürdige Maßnahmen im Eigeninteresse einer Selbstbindung (self-commitment) unterwerfen sollten. Auch der Nobelpreisträger von 1995, Robert Lukas, thematisierte mit der nach ihm benannten Lukas-Kritik ein ähnliches Dilemma: Eine

---

[3] „Ökonomen warnen EZB vor Verlust der Glaubwürdigkeit", Wirtschaftswoche vom 20.12.2014.

wirtschaftspolitische Maßnahme wird in dem Moment wirkungslos (und büßt somit bereits zu Beginn an Glaubwürdigkeit ein), in dem die Zielgruppe die betreffende Maßnahme antizipiert und in ihren Entscheidungen mitberücksichtigt.

Dass Glaubwürdigkeit durch Selbstbindung wichtig ist, weiß man aber längst seit der Antike, was sich an vielen Überlieferungen und Anekdoten zeigt. So zog es Odysseus in der berühmten griechischen Sage vor, sich an einen Mast zu binden, um den Verführungen der Sirenen widerstehen zu können. Weil er die eigene Schwäche antizipierte, wählte er eine Strategie der Selbstbindung – im wahrsten Sinne des Wortes. Von Alexander dem Großen berichtet man, dass er die Brücken hinter sich zerstören ließ, um dem Gegner ein glaubwürdiges Signal der eigenen Entschlossenheit entgegenzubringen. Die britische Marine soll im 17. Jahrhundert teilweise bevorzugt Soldaten aufgenommen haben, die Nichtschwimmer waren: Einem Nichtschwimmer braucht man keinen Schwur abzunehmen, dass dieser unter allen Umständen das Schiff verteidigt, da er bereits über ein erhebliches Eigeninteresse verfügt. Für einen ähnlichen glaubwürdigkeitsstiftenden Effekt, allerdings im Kontext der Abschreckung im kalten Krieg, sorgte die fiktive Weltvernichtungsmaschine (Doomsday-Device) aus der legendären Film-Satire von Stanley Kubrick aus dem Jahr 1964: Diese erzeugt dadurch eine glaubwürdige Abschreckung, dass sie unwiderruflich auf globale Zerstörung programmiert ist.

4.3   Mehrstufige Spiele in stetigen Strategien

Das in Abschn. 4.1 beschriebene teilspielperfekte Nash-Gleichgewicht lässt sich in gleicher Weise auch in mehrstufigen Spielen mit stetigen Strategien ermitteln. Wir betrachten hierzu die strategische Interaktion zweier Unternehmen, die auf verschiedenen Ebenen einer Wertschöpfungskette (Supply Chain) jeweils eine Monopolsituation innehaben. Unternehmen 1 ist ein Hersteller bzw. Zulieferer von Unternehmen 2, einem Einzelhändler,

Abb. 4.5 Ankündigungen mit Commitment

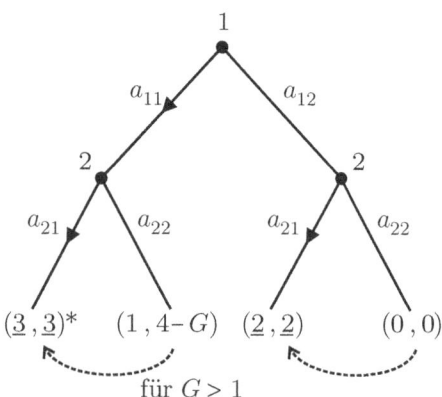

der wiederum das Produkt an den Endkunden verkauft. Die Marktnachfrage (Endkunden) ist durch $x^D(p) = a - b \cdot p$ gegeben. In der zeitlichen Abfolge legt zunächst der Hersteller seinen Zwischenhandelspreis q fest; auf dieser Basis bestimmt der Einzelhändler den Absatzpreis p für den Endkunden sowie die Bestell- und Absatzmenge x. Dieses zweistufige Spiel entspricht somit der Variante 1 aus der in Abb. 4.1 dargestellten Übersicht. Wir lösen es mittels Rückwärtsinduktion, das heißt, die strategische Abfolge verläuft genau umgekehrt zur chronologischen Abfolge: Der Hersteller muss bei seiner Entscheidung über den Zwischenhandelspreis q die Strategie des Einzelhändlers antizipieren, die für ihn die relevante Nachfrage darstellt. Wählt er beispielsweise q zu hoch, kann es sein, dass der Einzelhändler von dem Produkt zu wenig bestellt; wählt der Hersteller hingegen q zu niedrig, kann es passieren, dass sich der Einzelhändler den niedrigeren Einkaufspreis für eine höhere eigene Marge zu Nutze macht – in beiden Fällen geht dies zu Lasten des Gewinns des Herstellers. Wir betrachten somit im ersten Schritt die Entscheidung des Einzelhändlers für einen gegebenen Einkaufspreis q in der zweiten Stufe und ermitteln den gewinnmaximalen Preis $p^*(q)$ bzw. die gewinnmaximale Menge $x^*(q)$, die jeweils von q abhängig sind. Darauf basierend betrachten wir im zweiten Schritt die Entscheidung des Herstellers in der ersten Stufe, indem wir die Reaktionsfunktion $p^*(q)$ in seine Gewinnfunktion einsetzen und das Gewinnmaximum bestimmen. Im Ergebnis erhalten wir den gewinnmaximalen Zwischenhandelspreis q^* des Herstellers. Aus q^* erhält man schließlich p^* bzw. x^*. Die gewinnmaximalen Strategien beider Monopolisten stellen dann ein teilspielperfektes Nash-Gleichgewicht dar. Die Vorgehensweise ist in Abb. 4.6 noch einmal übersichtsartig dargestellt.

Wie beschrieben, beginnen wir im ersten Schritt mit der Entscheidung des Einzelhändlers (Unternehmen 2). Der Gewinn von Unternehmen 2 beträgt $\pi_2(p, q) = (p - q) \cdot x^D(p) = (p - q) \cdot (a - b \cdot p)$ und hängt damit von den strategischen Variablen der beiden Spieler, p und q, ab. Der an den Hersteller zu entrichtende Preis q entspricht den variablen Kosten des Einzelhändlers und die Absatzmenge wird durch die Preis-Absatz-Funktion dargestellt. Die Maximierung des Gewinns durch Bestimmung des Grenzgewinns (partielle Ableitung der Auszahlungsfunktion nach der strategischen Variablen p) und Nullsetzen der ersten Ableitung liefert die Reaktionsfunktion $p^*(q)$ des Einzelhändlers sowie die entsprechende Menge $x^*(q)$:

$$\frac{\partial \pi_2}{\partial p} = a + b \cdot q - 2 \cdot b \cdot p \overset{!}{=} 0$$

$$p^*(q) = \frac{1}{2} \cdot \left(\frac{a}{b} + q \right), \quad x^*(q) = \frac{1}{2} \cdot (a - b \cdot q)$$

Im zweiten Schritt wird die Reaktionsfunktion des Einzelhändlers in das Optimierungsproblem des Herstellers eingesetzt. Wir nehmen an, die Produktionskosten des Herstellers belaufen sich auf c Geldeinheiten pro Stück. Die bereits an die antizipierte Preisstrategie des Einzelhändlers angepasste Gewinnfunktion des Herstellers lautet somit $\pi_1[p^*(q), q] =$

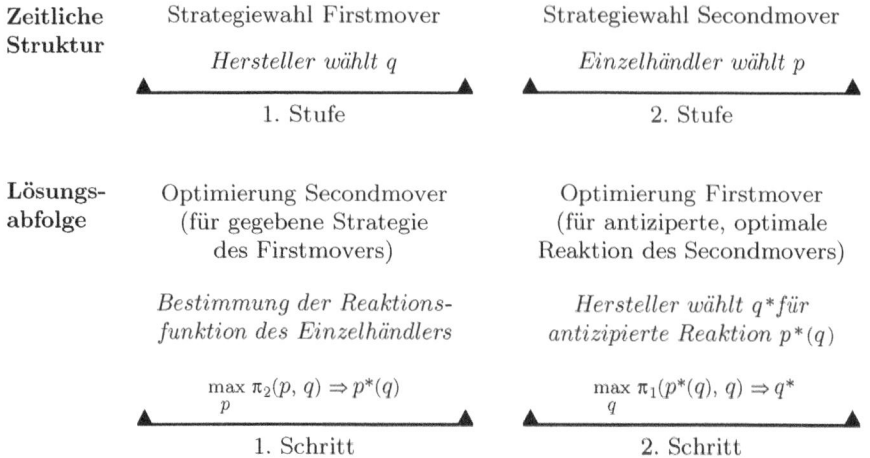

Abb. 4.6 Rückwärtsinduktion im zweistufigen Spiel mit stetigen Strategien

$(q - c) \cdot x^D[p^*(q)] = (q - c)\cdot[a - b\cdot p^*(q)]$. Der gewinnmaximierende Zwischen-handelspreis q^* beträgt dann:

$$\frac{\partial \pi_1}{\partial q} = \frac{a}{2} - b \cdot q + \frac{b \cdot c}{2} \overset{!}{=} 0$$

$$q^* = \frac{1}{2} \cdot \left(\frac{a}{b} + c\right)$$

Wir wissen nun, welchen Preis der Hersteller wählen wird und können dies in der Reaktionsfunktion des Einzelhändlers berücksichtigen. Wir erhalten somit folgenden Preis bzw. die folgende Absatzmenge:

$$p^*(q^*) = \frac{1}{4} \cdot \left(\frac{3 \cdot a}{b} + c\right), \quad x^*(q^*) = \frac{1}{2} \cdot \left(\frac{a}{2} - c \cdot b\right)$$

Das aus industrieökonomischer Sicht interessante Phänomen an diesem Beispiel ist, dass der Absatzpreis p^* höher ausfällt, als wenn Firma 2 das Gut nicht nur vertreibt, sondern auch selbst produzieren würde (*vertikale Integration*). Wir können das schnell nachprüfen, indem wir in der Gewinnfunktion von Firma 2 den Einkaufspreis q gegen die Produktionskosten c ersetzen: $p = \frac{1}{2} \cdot \left(\frac{a}{b} + c\right)$. Der Grund dafür liegt darin, dass die zwei involvierten Monopolisten auch zwei Mal einen Preisaufschlag (den sogenannten Mark-Up) erheben – jede Firma auf ihrer jeweiligen Ebene der Wertschöpfungskette. Dadurch ist der resultierende Preis höher und die resultierende Menge geringer als durch die Produktion eines Unternehmens. Die dadurch entstehende Ineffizienz wird als Problem der *doppelten Marginalisierung* bezeichnet. Das Problem lässt sich beispielsweise dadurch abmildern, dass verschiedene Akteure einer Supply Chain miteinander kooperieren und ihre Preissetzung untereinander abstimmen. Im Gegensatz zur Kooperation bei horizontalem Wettbewerb, der Kartellbildung, ist die Kooperation bei vertikalem Wettbewerb wohlfahrtserhöhend und stellt somit kein kartellrechtliches Problem dar.

Bei einem sequenziellen Spiel mit *horizontalem* Mengenwettbewerb, das heißt Wettbewerb auf der gleichen Wertschöpfungsstufe, ist die Vorgehensweise analog. Auf der ersten Stufe legt der First-Mover seine Menge fest, woraufhin sein Konkurrent auf der zweiten Stufe seine beste Antwort wählt. Die Lösung folgt dann wieder der in Abb. 4.6 beschriebenen Prozedur der Rückwärtsinduktion: Es wird zuerst die optimale Reaktion des Second-Movers bestimmt und diese dann in die Ziel- bzw. Gewinnfunktion des First-Movers eingesetzt. Der First-Mover maximiert dann seinen Gewinn unter Berücksichtigung der antizipierten Reaktion seines Konkurrenten. Der First-Mover in diesem Spiel wird auch traditionell als sogenannter *Stackelberg-Führer* (im Sinne eines Marktführers oder Leaders) bezeichnet, der Second-Mover als *Stackelberg-Anpasser,* und das über Rückwärtsinduktion ermittelte, teilspielperfekte Nash-Gleichgewicht dementsprechend auch als *Stackelberg-Gleichgewicht*. Diese Bezeichnung geht auf den deutschen Ökonomen Heinrich Freiherr von Stackelberg (1905–1946) zurück, der die sequenzielle Version des Cournot-Modells (Spiel mit simultanem Mengenwettbewerb) entwickelte.

Beobachtbarkeit und strategischer Effekt Wir wollen nun anhand eines kleinen Beispiels zeigen, wie wichtig einerseits die Beobachtbarkeit bei sequenziellen Spielen ist und wie sie aber andererseits zu Fehlanreizen führen kann, wenn der First-Mover genau weiß, dass sich der Second-Mover optimal an seine Wahl anpassen wird. Wir betrachten hierzu wie in Abschn. 3.5 zwei Unternehmen, die miteinander im simultanen Mengenwettbewerb stehen. Allerdings kann nun Unternehmen 1 vor der Wettbewerbssituation von Unternehmen 2 beobachtbar eine F&E-Investition durchführen, die zu einer Reduktion seiner Grenzkosten führt. Was bedeutet dies nun für den anschließenden Wettbewerb? Betrachten wie hierzu die aus Gl. (3.24) bekannte allgemeine Reaktionsfunktion im Fall von zwei Unternehmen:

$$x_i(x_j) = \frac{a - c_i}{2 \cdot b} - \frac{x_j}{2}$$

Wir können an dieser Funktion leicht erkennen, dass eine Reduktion der Grenzkosten c_i zu einer größeren Ausbringungsmenge von Unternehmen i bei jeder gegebenen Mengenentscheidung des anderen Unternehmens j führt – die Grenzkostensenkung erhöht den Zähler im ersten Term. Wie in Abb. 4.7 dargestellt, verschiebt sich damit die Reaktionsfunktion von Unternehmen 1 nach außen, sodass im neuen Gleichgewicht in Punkt C das nun effizientere, da kostengünstiger produzierende, Unternehmen 1 mehr und das relativ ineffizientere Unternehmen 2 weniger produziert als im Gleichgewicht ohne Investition (Punkt A). Dieses neue Gleichgewicht wird allerdings nur dann realisiert, wenn Unternehmen 2 beobachten kann, dass Unternehmen 1 die Investition durchgeführt hat, sich dadurch dessen Reaktionsfunktion verschoben hat und es somit mehr produzieren

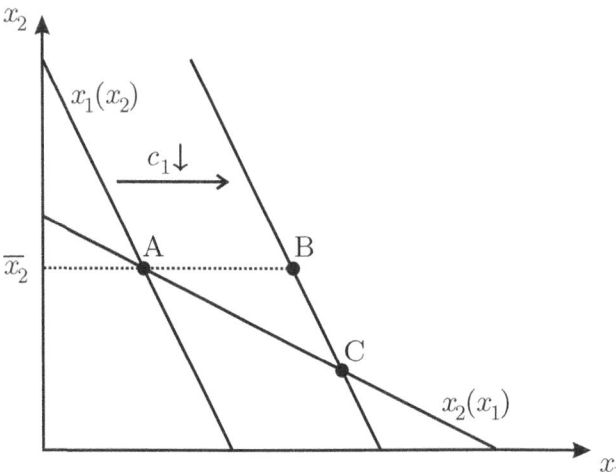

Abb. 4.7 Auswirkungen einer kostensenkenden Investition bei Mengenwettbewerb

wird. Kann es dies hingegen nicht beobachten, würde es nach wie vor von der alten Reaktionsfunktion von Unternehmen 1 ausgehen und seine ursprüngliche Menge x_2 aus dem alten Gleichgewicht produzieren.

Insgesamt lassen sich drei Effekte unterscheiden, die aus der F&E-Investition von Unternehmen 1 resultieren und mit der Beobachtbarkeit dieser Maßnahme zusammenhängen. Zunächst stellt sich der *direkte Effekt* ein. Dieser ist bei der Mengenkombination in Punkt A zu beobachten: Durch die Investition hat Unternehmen 1 nun geringere Produktionskosten hat, wodurch sein Gewinn steigt, da es für die gleiche Menge weniger ausgeben muss. Die Erhöhung seiner Produktionseffizienz führt dann zum *Mengenausweitungseffekt*. Unternehmen 1 ist nun relativ effizienter als Unternehmen 2, weshalb es auch im Hinblick auf die gesamtökonomische Effizienz sinnvoll ist, wenn es mehr produziert als Unternehmen 2 – wie wir bereits festgestellt haben, produziert es bei jeder Menge von Unternehmen 2 mehr, das heißt auch bei der ursprünglichen Gleichgewichtsmenge $\bar{x}_2$ wird Unternehmen 1 mehr produzieren, sodass die neue Mengenkombination durch Punkt B beschrieben wird. Der resultierende höhere Absatz steigert den Gewinn von Unternehmen 1 weiter. Schließlich ist der *strategische Effekt* zu beobachten. Dieser hängt damit zusammen, dass Unternehmen 2 beobachten kann, dass Unternehmen 1 durch die Investition effizienter geworden ist und folglich mehr produzieren wird. Dies veranlasst Unternehmen 2 dazu, weniger zu produzieren, da es der Konkurrenz mit Unternehmen 1 aufgrund seiner schlechteren Kostenstruktur weniger gewachsen ist. Damit wird Nachfrage frei und Unternehmen 1 wird entsprechend mehr produzieren, sodass wir uns schließlich im neuen Gleichgewicht in Punkt C wiederfinden. Dieser strategische Effekt ist insbesondere deshalb interessant, da er die ursprüngliche Investitionsentscheidung von Unternehmen 1 erheblich beeinflusst: Man kann zeigen, dass es aus gesamtökonomischer Sicht zu einer Über-investition kommt, da das investierende Unternehmen antizipiert, dass sein Konkurrent seine Menge senken wird, wodurch es seine Marktanteile erhöhen kann. Ziel der Investi-tion ist somit nicht nur die Gewinnmaximierung durch die Kostensenkung, sondern zum Teil auch die Verdrängung des Wettbewerbers. Der genau entgegengesetzte Effekt ist bei Preiswettbewerb zu beobachten: Besteht die Möglichkeit vor einem solchen Wettbewerb durch eine Investition die Kosten zu senken, wird diese zwar auch durchgeführt, allerdings wir hier tendenziell zu wenig investiert (Unterinvestition) – schließlich wird jeder Effizi-enzgewinn eines Unternehmers in Form niedrigerer Preise an die Verbraucher weiterge-reicht, sodass sich der Gewinnanstieg für das Unternehmen in Grenzen hält.

4.4 Verständnisfragen

1. Ein sequentielles Spiel ist immer auch …

A	ein wiederholtes Spiel.
B	ein Mehrpersonenspiel.
C	ein mehrstufiges Spiel.
D	ein Spiel mit unvollständiger Information.

2. Ein über Rückwärtsinduktion ermitteltes Nash-Gleichgewicht in einem mehrstufigen Spiel …

A	ist stets pareto-optimal.
B	ist eine plausible, da glaubwürdige, Strategiekombination.
C	ist auch stets ein Nash-Gleichgewicht im entsprechenden Simultanspiel.
D	ist stets teilspielperfekt.

3. Am Entscheidungsknoten X beginnt ein eigenständiges Teilspiel, wenn …

A	alle vorausgehenden Knoten mit dem Rest des Spiels nur über Knoten X verbunden sind.
B	alle vorausgehenden Knoten bis auf Knoten X mit dem Rest des Spiels verbunden sind.
C	der Knoten X der Ursprung des Spielbaumes ist.
D	alle nachfolgenden Knoten mit dem Rest des Spiels nur über Knoten X verbunden sind.

4. Bei der Lösung mehrstufiger Spiele mit stetigen Strategien wird …

A	im ersten Schritt die Reaktionsfunktion des Second-Movers bestimmt.
B	im zweiten Schritt die Reaktionsfunktion des Second-Movers bestimmt.
C	im ersten Schritt die optimale Strategie des First-Movers bestimmt.
D	keine Rückwärtsinduktion angewandt.

1B:C; 2B,C,D; 3C,D; 4A

4.5   Aufgaben

4.5.1   Sequenzielles Spiel: Matrix-Form versus extensive Form

Zwei Unternehmen stehen in einem Markt mit einem Zeithorizont von zwei Perioden miteinander im Wettbewerb. Unternehmen 1 kann in beiden Perioden zwischen den Aktionen „Preiskrieg" $\left(a_{11}^t\right)$ oder „Aufteilung des Marktes" $\left(a_{12}^t\right)$ wählen. Unternehmen 2 beobachtet die Aktionswahl in $t = 0$ und kann sich zu Beginn von Periode $t = 1$ von Unternehmen 1 beobachtbar zwischen den Aktionen „Marktaustritt" [a_{21} mit $\pi_2^t\left(a_{12}^t\right) = 0$] und „Verbleiben im Markt" [a_{22}^t mit $\pi_2^t\left(a_{11}^t\right) = -1$, $\pi_2^t\left(a_{12}^t\right) = 2$] entscheiden. Der Periodengewinn von Unternehmen 1 beträgt $\pi_{1,D}^t\left(a_{11}^t\right) = -1$ und $\pi_{1,M}^t = 6$ falls beide Unternehmen im Markt aktiv sind und $\pi_{1,M}^t = 6$ falls Unternehmen 2 aus dem Markt ausgetreten ist.

a) Geben Sie das Spiel in Periode $t = 1$ in strategischer Form (Matrixform) wieder und bestimmen Sie die Nash-Gleichgewichte in reinen Strategien! Stellen Sie nun das Spiel in extensiver Form (Spielbaum) dar und lösen Sie es! Sind alle in der Matrix bestimmten Nash-Gleichgewichte gleichermaßen plausibel?

b) Stellen Sie nun das gesamte Spiel in extensiver Form dar! Mit welcher Methode kann dieses Spiel gelöst werden? Bestimmen Sie diese Lösung! Warum ist es nicht korrekt, nur den Gleichgewichtspfad zu betrachten?

Lösung in Abschn. 4.6.1

4.5.2   Glaubwürdigkeit im sequenziellen Spiel

Betrachten Sie das folgende Spiel:

1, 2	a_{21}	a_{22}
a_{11}	(3, 3)	$(1 - W, 4)$
a_{12}	(2, 2)	(0, 0)

a) Übertragen Sie dieses Simultanspiel in ein sequenzielles Spiel mit Spieler 2 als First-Mover und Spieler 1 als Second-Mover! Stellen Sie das sequenzielle Spiel in extensiver Form dar! Lösen Sie das Spiel mittels Rückwärtsinduktion und bestimmen Sie für $W = 0$ das teilspielperfekte Nash-Gleichgewicht!

b) Nehmen Sie nun an, der Second-Mover (Spieler 1) spricht gegenüber dem First-Mover (Spieler 2) vor dem Spiel die folgende Drohung aus: „Da Du als Erster ziehst, möchte ich, dass Du a_{21} wählst. Solltest Du Dich trotzdem für a_{22} entscheiden, werde ich zur Strafe mit a_{12} antworten!". Was halten Sie von dieser Ankündigung? Begründen Sie! Was würde sich an Ihren Überlegungen ändern, wenn die Zusatzauszahlung W mit $W > 1$ ins Spiel kommt?

Lösung in Abschn. 4.6.2

4.5.3 Teilspielperfektheit und stetige Strategien

Nach einem erfolgreichen Banküberfall wollen die fünf Gangster, Al, Bonnie, Clyde, Donna und Eddie ihre Beute von 10 Geldsäcken unter sich aufteilen. Sie einigen sich dabei auf folgendes Vorgehen: Als erstes darf Al einen Vorschlag zur Aufteilung machen, über den alle fünf Gangster abstimmen. Wird er bei Mehrheit der Stimmen angenommen, erfolgt die Aufteilung wie vorgeschlagen. Wird er jedoch abgelehnt, wird Al „beseitigt" und Bonnie darf einen Aufteilungsvorschlag machen, über den die verbliebenen vier Gangster abstimmen. Bei Gleichstand oder Stimmenmehrheit wird der Vorschlag angenommen.Andernfalls wird auch sie „beseitigt" und Clyde ist an der Reihe. Die Reihe wird mit Donna und Eddie fortgesetzt bis eine Aufteilung akzeptiert wurde. Wie erfolgt die Aufteilung der Beute, wenn ein Geldsack nicht aufgeschnürt werden kann und jeder Gangster nur seinen eigenen Profit vor Augen hat?

Lösung in Abschn. 4.6.3

4.6 Lösungen

4.6.1 Sequenzielles Spiel: Matrix-Form versus extensive Form

Aufgabentext in Abschn. 4.5.1

Teil a)
Hier ist wichtig, aus den vielen gegebenen Informationen die für die erste Stufe relevanten Auszahlungen herauszulesen. Es ergibt sich die folgende Matrix:

U_1, U_2	Austritt (a_{21}^1)	Verbleiben (a_{22}^1)
Preiskrieg (a_{11}^1)	$(6, 0)$	$(-1, -1)$
Aufteilung (a_{12}^1)	$(6, 0)$	$(2, 2)$

Der Exponent bezeichnet hierbei die Periode $t = 1$, in welcher die Aktion gewählt wird. Wir sehen, dass Spieler 1 eine schwach dominante Strategie, Aufteilung $\left(a_{12}^1\right)$, hat, wodurch sich ein Nash-Gleichgewicht bei $\left(a_{12}^1, a_{22}^1\right)$ ergibt. Eine weitere Überprüfung liefert jedoch ein zusätzliches Nash-Gleichgewicht bei $\left(a_{11}^1, a_{21}^1\right)$. Es liegen somit zwei Nash-Gleichgewichte vor.

Bei der extensiven Form des Spiels ist zu beachten, dass in $t = 1$ Unternehmen 2 als erstes entscheidet. Es ergibt sich damit folgender Spielbaum:

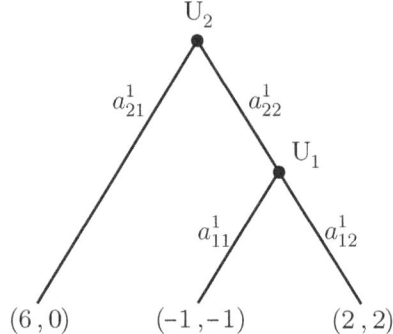

Zur besseren Vergleichbarkeit mit der Matrix stellt beim Spielbaum die erste Auszahlung diejenige von Unternehmen 1 dar und nicht wie üblich, diejenige des erstziehenden Spielers. Das Spiel lässt sich durch Rückwärtsinduktion wie folgt lösen: Auf der letzten Stufen entscheidet Unternehmen 1 zwischen Preiskrieg $\left(a_{11}^1\right)$, was ihm eine Auszahlung von -1 ermöglicht, und Aufteilung $\left(a_{12}^1\right)$, wodurch es 2 erhält. Es wird sich daher für Aufteilung $\left(a_{12}^1\right)$ entscheiden. Unternehmen 2 kann sich wiederum auf der ersten Stufe zwischen Austritt $\left(a_{21}^1\right)$ mit einer Auszahlung von 6 oder Verbleiben $\left(a_{22}^1\right)$ mit einer Auszahlung von 2 entscheiden. Es wird folglich Verbleiben $\left(a_{22}^1\right)$ wählen, wodurch sich als einziges teilspielperfektes Nash-Gleichgewicht $\left(a_{12}^1, a_{22}^1\right)$ ergibt.

Das andere in der Matrix gefundene Gleichgewicht $\left(a_{11}^1, a_{21}^1\right)$ stellt hier eine unglaubwürdige Drohung dar: Unternehmen 1 droht damit Preiskrieg zu wählen, damit Unternehmen 2 den Markt verlässt. Grund für diese Drohung ist die höhere Auszahlung für Unternehmen 1 (6 anstelle von 2), wenn dieses die Drohung glaubt und den Markt verlässt. Bleibt Unternehmen 2 jedoch im Markt, wird Unternehmen 1 den Markt aufteilen, da es sich durch Umsetzung der Drohung andernfalls verschlechtern würde (es würde -1 anstelle von 2 erhalten). Die Drohung wird somit nicht umgesetzt und ist daher unglaubwürdig. Analytisch gesehen ist dieses Gleichgewicht nicht teilspielperfekt, da es zwar im ersten Teilspiel ein Gleichgewicht ist (wählt Unternehmen 1 Preiskrieg, sollte Unternehmen 2 den Markt verlassen), aber eben im zweiten Teilspiel kein Gleichgewicht darstellt (Unternehmen 1 wird hier niemals Preiskrieg wählen).

Teil b)

Das Spiel in $t = 1$ ist bereits aus a) bekannt und muss nun um die vorgelagerte Periode erweitert werden. Hier trifft Unternehmen 1 eine Entscheidung zwischen Preiskrieg $\left(a_{11}^0\right)$ und Aufteilung $\left(a_{12}^0\right)$, wodurch es auch Einfluss auf die finalen Auszahlungen der beiden Spieler nimmt. Entscheidet sich Unternehmen 1 für Preiskrieg, so senkt es die Gesamtauszahlungen aller Spieler um 1, wählt es hingegen Aufteilung, erhöht sich die Auszahlung jedes Spielers um 2. Es ergibt sich damit der folgende Spielbaum.

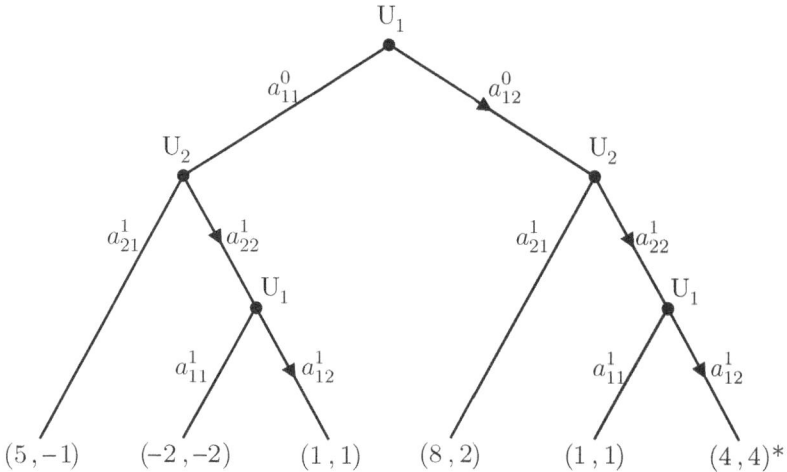

Wir können dieses Spiel erneut durch Rückwärtsinduktion lösen. Da die Teilspiele der Periode $t = 1$ in a) bereits gelöst wurden und sich aufgrund der gleichmäßigen Änderung aller Auszahlungen keine Änderungen in den Teilspiel-Gleichgewichten ergeben, können wir gleich das Teilspiel in Periode $t = 0$ betrachten. Hier kann sich Unternehmen 1 zwischen Preiskrieg $\left(a_{11}^0\right)$, wodurch es eine Auszahlung von 1 erhalten würde, und Aufteilung $\left(a_{12}^0\right)$ mit einer Auszahlung von 4 entscheiden. Es wird folglich Aufteilung $\left(a_{12}^0\right)$ wählen. Dies kann auch gut am Spielbaum nachvollzogen werden.

Es ergibt sich somit als teilspielperfektes Nash-Gleichgewicht:

$$\left(\left\{a_{12}^0, a_{12}^1\left(a_{11}^0, a_{22}^1\right), a_{12}^1\left(a_{12}^0, a_{22}^1\right)\right\}, \left\{a_{22}^1\left(a_{11}^0\right), a_{22}^1\left(a_{12}^0\right)\right\}\right)$$

Aus dem Gleichgewichtspfad $a_{12}^0 - a_{22}^1 - a_{12}^1$ resultiert damit die Auszahlung $(4, 4)$. Die bloße Angabe des Pfades anstelle der Strategien ist nicht ausreichend, da nicht ausgeschlossen werden kann, dass dieser auf einer unglaubwürdigen Drohung basiert. Durch Angabe der Strategien lässt sich leicht überprüfen, ob diese wirklich in jedem Teilspiel ein Gleichgewicht repräsentieren und damit ein teilspielperfektes Nash-Gleichgewicht bilden.

4.6.2   Glaubwürdigkeit im sequenziellen Spiel

Aufgabentext in Abschn. 4.5.2

Teil a)

Die Darstellung in extensiver Form ergibt sich wie folgt:

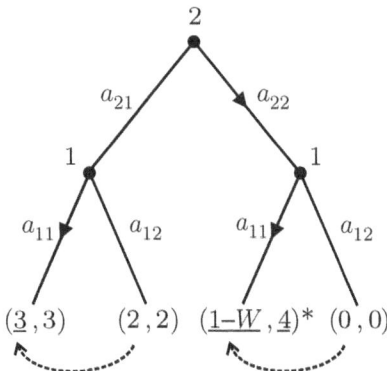

Bei Anwendung der Rückwärtsinduktion beginnen wir auf der zweiten Stufe mit der Entscheidung des Second-Movers (Spieler 1). Für $W = 0$ hat dieser eine strikt dominante Strategie, a_{11}, wenn er zum Zug kommt. Seine optimale Strategie lautet somit $s_1^* = \{a_{11}|$ $a_{21}, a_{11}|a_{22}\}$. Dies antizipierend wählt Spieler 2 auf der ersten Stufe seine zweite Strategie (bzw. Aktion) a_{22}. Als teilspielperfektes Nash-Gleichgewicht ergibt sich demnach $(a_{22}, \{a_{11}| a_{21}, a_{11}|a_{22}\})^*$ mit der Auszahlungskombination (1, 4). Das teilspielperfekte Nash-Gleichgewicht stimmt hier mit dem Gleichgewicht des Simultanspiels überein, da Spieler 1 als Second-Mover eine strikt dominante Strategie hat.

Teil b)

Es handelt sich bei der Ankündigung des Second-Mover um eine unglaubwürdige bzw. „leere" Drohung: Ignoriert Spieler 2 die Drohung und wählt den rechten Ast (a_{22}), dann hätte Spieler 1 keinen Anreiz, seine Drohung in die Tat umzusetzen und würde auf a_{11} einlenken. Der Parameter $W > 1$ würde ihm allerdings diesen Anreiz nehmen. Hierfür müsste Spieler 1 einen Weg finden, bereits vor dem Spiel sicherzustellen, dass sich der Verlust in Höhe von W *automatisch* aktiviert, sobald er am rechten Knoten des Spielbaumes entscheiden muss (wenn Spieler 1 am rechten Knoten landet, muss ihm also die Kontrolle über W entzogen sein). Nur mithilfe eines solchen Commitments kann er die Drohung glaubwürdig machen und Spieler 2 zu einem anderen Eröffnungszug bewegen.

4.6.3 Teilspielperfektheit und stetige Strategien

Aufgabentext in Abschn. 4.5.3

Um zur optimalen Aufteilung zu gelangen, wenden wir auch hier die Methode der Rückwärtsinduktion an. Bei diesem Spiel gibt die Strategie- bzw. Aufteilungswahl zugleich die Auszahlungen der Spieler wieder.

Als letzter am Zug ist Eddie (Nr. 5). Wenn er zum Zug kommt, sind bereits alle anderen beseitigt, so dass er alle 10 Säcke für sich beanspruchen würde. Allerdings kommt es nicht soweit: Vor ihm ist Donna (Nr. 4) am Zug. Gemäß der Aufteilungsregel wird bei Stimmengleichheit der Vorschlag angenommen, das heißt, sie wird unabhängig von der Zustimmung Eddies alle 10 Säcke für sich beanspruchen. Es resultieren somit die Auszahlungen (†, †, †, 10, 0).

Vor Donna macht Clyde (Nr. 3) einen Vorschlag. Er weiß, sollte Donna zum Zug kommen, wird Eddie nichts bekommen. Er muss also nur dafür sorgen, dass Eddie seinem Vorschlag zustimmt. Hierzu genügt es, ihm 1 Sack zu geben. Somit lautet sein Vorschlag (†, †, 9, 0, 1).

Betrachten wir nun die Entscheidung von Bonnie (Nr. 2) auf der zweiten Stufe. Sie müsste Donna (Nr. 4) 1 Sack geben, um sie zur Annahme ihres Vorschlags zu bewegen. Die Zustimmung von Clyde und Eddie ist ihr egal, da bei Stimmengleichheit ihr Vorschlag angenommen wird. Somit schlägt sie die Aufteilung (†, 9, 0, 1, 0) vor.

Als erster ist natürlich Al (Nr. 1) an der Reihe, der sich der Aufteilungsüberlegungen der anderen Gangster bewusst ist und ebenfalls entsprechende Bündnisse schmiedet. Da er weiß, dass bei Bonnies Vorschlag, Clyde und Eddie leer ausgehen, kann er sie auf seine Seite bringen, wenn er ihnen jeweils 1 Sack anbietet. Er wird somit den Aufteilungsvorschlag (8, 0, 1, 0, 1) unterbreiten, der mit 3 zu 2 Gegenstimmen und ohne Blutvergießen angenommen wird.

Wiederholte Spiele

5

Bei den bisher betrachteten Spielen standen sich die Spieler stets nur in einer einmaligen Interaktion gegenüber. Im Englischen wird daher auch von einem sogenannten *Oneshot-Game* (Einmalspiel) gesprochen. In den meisten (Alltags-)Situationen ist es allerdings so, dass man mit demselben „Spieler" wiederholt aufeinandertrifft und dabei weitgehend identische Entscheidungen zu treffen hat. Beispiele hierfür sind die Zusammenarbeit zwischen Kollegen am Arbeitsplatz, der regelmäßige Erwerb eines Produktes durch einen treuen Kunden, die Geschäftsbeziehung zwischen einem Automobilhersteller und seinem Zulieferer oder das übliche Gerangel unter Geschwistern. In diesen Fällen spielen die Spieler das jeweilige Spiel nicht nur ein einziges Mal sondern wiederholt miteinander – weshalb von einem wiederholten Spiel oder auch *dynamischen Spiel* gesprochen wird. Das zugrundeliegende Oneshot-Game wird dann als Basisspiel bezeichnet. In diesem Kapitel wollen wir uns damit genauer beschäftigen und so auch insbesondere aufzeigen, wie dadurch das Gefangenendilemma überwunden werden kann.

5.1 Diskontfaktor

Es lassen sich grob zwei Arten von wiederholten Spielen unterscheiden: Solche mit *stationärer* Struktur und solche mit *nicht-stationärer* Struktur. Bei Spielen mit stationärer Struktur wird das zugrunde liegende Basisspiel wiederholt, ohne dass sich die zentralen Parameter dieses Spiels (Zahl der Spieler, Strategieraum, Informationsstruktur und Auszahlungen) im Zeitablauf ändern. Bei Spielen mit nicht-stationärer Struktur hingegen ändert sich mindestens einer dieser Parameter über die Zeit, zum Beispiel deshalb, weil auf einem Markt die Nachfrage im Konjunkturverlauf schwankt oder weil ein Bestand an Ressourcen kontinuierlich zur Neige geht, was sich in höheren Kosten für die Unternehmen niederschlägt. Wir werden im Folgenden zunächst nicht-stationäre Spiele an einem

© Springer Fachmedien Wiesbaden GmbH, ein Teil von Springer Nature 2020   153
F. Bartholomae, M. Wiens, *Spieltheorie*,
https://doi.org/10.1007/978-3-658-28279-0_5

Beispiel besprechen, um daran die zeitliche Variation der Auszahlungen zu verdeutlichen.
Ein weiteres Beispiel hierfür, das sogenannte Rubinstein-Verhandlungsspiel, wird im
Kontext der Verhandlungsspiele in einer Aufgabe in Abschn. 7.1.11 diskutiert. Wiederholte Spiele mit nicht-stationärer Struktur werden in der Lehre eher selten behandelt, was
hauptsächlich an den relativ anspruchsvollen Lösungsverfahren liegt.[1] Unser Schwerpunkt
liegt daher auch im zweiten Abschnitt, in dem wir uns mit wiederholten Spielen mit
stationärer Struktur befassen. Diese Spiele erlauben es, bereits mit geringem formalem
Aufwand eine Reihe interessanter Phänomene abzubilden, die wir auch im Alltag vor allem
dann beobachten, wenn sich Gelegenheiten zur wiederholten Interaktion ergeben. Zu den
wichtigsten Mechanismen dieser Art zählen Reputation und Reziprozität.

Unabhängig davon, ob es sich um ein Spiel mit stationärer oder nicht-stationärer
Struktur handelt, kommt bei wiederholten Spielen mit dem sogenannten *Diskontfaktor δ*
∈ [0; 1] ein wichtiger Präferenzparameter hinzu. Der Diskontfaktor gibt den Wert an, den
ein Individuum der Zukunft zuweist („Wert der Zukunft") und sagt uns damit, welchen
Prozentsatz einer zukünftigen Auszahlung das Individuum heute erhalten muss, damit es
auf eine künftige Auszahlung verzichtet. Je höher der Diskontfaktor ist, desto stärker
gewichtet das Individuum zukünftige Auszahlungen im Vergleich zur heutigen Auszahlung. Es ist in diesem Fall eher bereit, auf heutigen Konsum zu verzichten und bis morgen
abzuwarten, sich also eher langfristig zu orientieren und geduldig zu verhalten. Aus diesem
Grund wird der Diskontfaktor auch häufig als „Grad der Geduld" interpretiert. Etwas
technischer formuliert bemisst der Diskontfaktor den Wert einer morgen (in Periode
$t + 1$) realisierten Auszahlung als Anteil einer heute (in Periode t) realisierten Aus-
zahlungseinheit. Mithilfe des Diskontfaktors sind wir also in der Lage, Auszahlungen
unterschiedlicher Perioden miteinander vergleichbar zu machen. Zur Bestimmung des
Gesamtnutzens U, der über alle betrachteten Perioden anfällt, werden die Nutzenwerte
aller Perioden addiert und mit dem Diskontfaktor gewichtet. Beginnen wir bei der Start-
periode $t = 0$ und betrachten wir einen Zeitraum bis zu einer beliebigen Endperiode T, dann
berechnet sich der Gesamtnutzen wie folgt:

$$U_{t=0}^{T} = u_0 \cdot \delta^0 + u_1 \cdot \delta^1 + u_2 \cdot \delta^2 + u_3 \cdot \delta^3 + \ldots + u_T \cdot \delta^T = \sum_{t=0}^{T} u_t \cdot \delta^t \qquad (5.1)$$

Im Normalfall gilt $0 < \delta < 1$, sodass der δ^t-Term mit jeder weiteren Periode kleiner wird.
Das bedeutet, dass Auszahlungen ein exponentiell höheres Gewicht erhalten, je näher sie
an der aktuellen Periode $t = 0$ liegen. Dass sich der Exponent des Diskontfaktors aus dem
zeitlichen Abstand zur Referenzperiode (hier Periode 0) bestimmt, lässt sich leicht an
folgender Überlegung verdeutlichen: Zwischen dem Wert einer Auszahlung in Periode
t und Periode $t + 1$ besteht aus Sicht des Entscheidungsträgers folgender Zusammenhang:

---

[1]Im Allgemeinen sind hierfür Kenntnisse der diskreten dynamischen Optimierung erforderlich, die
im Hörerkreis der Bachelor-Studierenden natürlich nicht vorausgesetzt werden können.

$u_t = \delta \cdot u_{t+1}$. Analog besteht zwischen den Perioden $t + 1$ und $t + 2$ der Zusammenhang $u_{t+1} = \delta \cdot u_{t+2}$. Den Zusammenhang zwischen den Perioden t und $t + 2$ können wir nun durch direktes Verknüpfen der beiden Gleichungen herstellen: $u_t = \delta \cdot (\delta \cdot u_{t+2}) = \delta^2 \cdot u_{t+2}$. Vergleichen wir also zwei Auszahlungen mit einem zeitlichen Abstand von Δ Perioden, dann erhalten wir entsprechend $u_t = \delta^{\Delta} \cdot u_{t+\Delta}$.

Der Diskontfaktor setzt immer Periode $t + 1$ mit Periode t in Bezug, das heißt $u_3 \cdot \delta$ gibt den Nutzen von Periode 3 in Periode 2 an. Wir wollen aber alle Nutzen in Bezug auf Periode 0 betrachten. Daher gewichten wir den Nutzen aus Periode 2, $u_3 \cdot \delta$, erneut, um den Nutzen in Periode 1 zu erhalten: $u_3 \cdot \delta \cdot \delta$ bzw. $u_3 \cdot \delta^2$. Nach wie vor ist dies ein aus Sicht von Periode 0 zukünftig anfallender Nutzen, der weiter zu diskontieren ist: $u_3 \cdot \delta^2 \cdot \delta$ bzw. $u_3 \cdot \delta^3$. Der letzte Schritt hat schließlich den Nutzen aus Periode 3 in Bezug zu Periode 0 gesetzt. Weiter entfernt liegende Auszahlungen erhalten also eine Art „Bewertungsabschlag" (= Diskont, daher die Bezeichnung *Diskontfaktor*). Nimmt der Diskontfaktor seine maximale Höhe ($\delta = 1$) an, dann weist das Individuum *allen* Perioden das gleiche Gewicht zu, egal ob es sich um die aktuelle Periode handelt oder um eine Periode in ferner Zukunft. Für $\delta = 1$ erhalten wir somit die einfache Summe aller (mit Eins gewichteten) Periodennutzen:

$$U^T_{t=0} = u_0 + u_1 + u_2 + \ldots + u_T = \sum_{t=0}^{T} u_t \tag{5.2}$$

Ist der Diskontfaktor hingegen sehr niedrig, dann wird gegenwärtigen Auszahlungen ein höherer Wert zugewiesen. Das Individuum interessiert sich in diesem Fall kaum für künftige Auszahlungen, sondern gewichtet den Gegenwartskonsum sehr hoch. Ein sehr niedriger Diskontfaktor steht somit für eine hohe Gegenwartspräferenz bzw. für einen hohen Grad an Ungeduld. Beim kleinstmöglichen Diskontfaktor ($\delta = 0$) interessiert sich das Individuum ausschließlich für die Gegenwart und ignoriert die Zukunft komplett. Für $\delta = 0$ erhalten wir somit $U^T_{t=0} = u_0$, da $0^0 = 1$.

▶ **Hinweis und Tipp** Der Diskontfaktor δ wird von Studierenden häufig mit der Diskontrate i, dem Zinssatz, verwechselt. Zwischen beiden Parametern besteht auch ein eindeutiger Zusammenhang, denn sie machen beide Auszahlungen verschiedener Perioden miteinander vergleichbar – allerdings aus unterschiedlichen Perspektiven. Beim Diskontfaktor geht es um die *subjektive* Bewertung einer morgigen Auszahlung u_1 im Vergleich zu einer heutigen Auszahlung u_0 als Referenz. Für das betreffende Individuum gilt hier die Gleichung $u_0 = \delta \cdot u_1$. Angenommen, das Individuum erhält morgen 100 Euro und bemisst den „Wert der Zukunft" mit $\delta = 0{,}8$. Dann ist dem Individuum die morgige Auszahlung gerade so viel Wert wie 80 Euro heute. Die Diskontrate i hingegen ist ein *objektiver* Parameter, nämlich der gemeinhin als Zins bezeichnete Preis auf dem Kapitalmarkt. Dieser Preis bringt die Nachfrage nach und das Angebot

an Kapital ins Gleichgewicht. Die Kapitalnachfrage entspricht dem Wunsch
nach Kredit und ist damit identisch mit der Bereitschaft, eine morgige Auszahlung auf heute vorzuziehen. Das Kapitalangebot entspricht dem Wunsch zu
sparen und ist damit identisch mit der Bereitschaft, auf heute verfügbares Geld
bis morgen zu verzichten. Der Kapitalmarkt fordert in der Regel einen positiven
Zinssatz i, um die Sparer für die Opportunitätskosten der Geldüberlassung zu
entschädigen. Den äquivalenten Geldbetrag morgen (u_1) erhält man daher
durch Aufzinsen des heutigen Betrages u_0 um den Faktor $(1 + i)$, das heißt, es
gilt $u_0 \cdot (1 + i) = u_1$. Wenn sich alle Individuen rational verhalten und ihre Kredit-
bzw. Sparentscheidungen über einen friktionsfreien Kapitalmarkt abwickeln,
dann stellen die beiden Gleichungen $u_0 = \delta \cdot u_1$ und $u_0 \cdot (1 + i) = u_1$ zwei Seiten
derselben Medaille dar. Unter diesen Voraussetzungen besteht zwischen dem
Diskontfaktor δ und der Diskontrate i der eindeutige Zusammenhang $\delta = i/$
$(1 + i)$.

5.2   Wiederholte Spiele mit nicht-stationärer Struktur

Wiederholte Spiele mit nicht-stationärer Struktur haben die Eigenschaft, dass sich bestimmte Parameter des Spiels, meistens bestimmte Komponenten der Auszahlung, über
die Zeit ändern. Die Entscheidung, die ein Spieler zu einem beliebigen Zeitpunkt t trifft, ist
insofern nicht vergleichbar mit der, die er eine Periode später zum Zeitpunkt $t + 1$ trifft, da
sich zu diesem späteren Zeitpunkt sein Optimierungskalkül geändert haben kann.

Betrachten wir als Beispiel ein Unternehmen, das ein Erfahrungsgut produziert, das
heißt, ein Gut, dessen Qualität erst nach dem Kauf, also erst durch den Konsum, festgestellt
werden kann. Zur Vereinfachung gehen wir von nur zwei Perioden aus. Dieses Gut
verkauft das Unternehmen in den beiden Perioden jeweils an n_1 und n_2 Konsumenten
und legt hierzu die Qualität x im Intervall $[0; 1]$ fest. Dabei bedeutet $x = 0$ die geringste
Qualität und entsprechend $x = 1$ die höchste Qualität. Für die Produktion eines Gutes mit
der Qualität x entstehen der Firma Kosten in Höhe von $c \cdot x^2$; c ist dabei ein fester
Kostenparameter mit $c > 1$. Die Qualität hat über den direkten Kostenaspekt hinaus auch
einen Einfluss auf die Loyalität der Konsumenten der ersten Periode: Je höher das gewählte
Qualitätslevel in Periode 1, desto größer ist der Anteil der Kunden, die das Gut auch in
Periode 2 noch einmal erwerben; konkret nehmen wir an, dass in der zweiten Periode $x_1 \cdot n_1$
der früheren Kunden das Gut nochmal kaufen. Darüber hinaus kommen in Periode 2 n_2
neue Kunden hinzu. Der (konstante) Preis des Gutes betrage p_1 in der ersten und p_2 in der
zweiten Periode.

Die intertemporale Gewinnfunktion der Firma hängt von der in $t = 1$ und $t = 2$
gewählten Qualität x_1 und x_2 ab und ist somit durch

$$U(x_1, x_2) = p_1 \cdot n_1 - c \cdot x_1^2 + \delta \cdot \left[p_2 \cdot (x_1 \cdot n_1 + n_2) - \left(c \cdot x_2^2 \right) \right] \tag{5.3}$$

gegeben. Der erste Term $p_1 \cdot n_1 - c \cdot x_1^2$ entspricht dem Gewinn in Periode 1. Der zweite Term $\delta \cdot [\, p_2 \cdot (x_1 \cdot n_1 + n_2) - (c \cdot x_2^2)]$ beschreibt den diskontierten Gewinn in Periode 2. Für die in Periode 2 produzierten Güter trifft das Unternehmen erneut seine Qualitätsentscheidung, die wieder mit den entsprechenden Kosten verbunden sind ($c \cdot x_2^2$). Da der Gewinn von Periode 2 aus heutiger Sicht der Firma eine zukünftige Auszahlung darstellt, muss er diskontiert werden (δ).

Da wir nur einen Zeithorizont von zwei Perioden betrachten, hat die Qualität von Periode 2 keine Folgen für die Firma, sodass sie hier $x_2 = 0$ wählen wird. Die gewählte Qualität in Periode 1 (x_1) hingegen beeinflusst den Gewinn beider Perioden, wie man gut an (5.3) erkennt. Diese Verflechtung von Periodenauszahlungen durch die Strategien der Spieler ist ein Merkmal dynamischer Spiele mit nicht-stationärer Struktur. Leiten wir (5.3) nach x_1 ab und setzen die resultierende Ableitung gleich Null, so erhalten wir die gewinnmaximierende Qualität x_1^*, welche die Firma in der ersten Periode wählen wird.

$$x_1^* = \frac{\delta \cdot p_2 \cdot n_1}{2 \cdot c}$$

Die Qualität ist somit *ceteris paribus* umso höher, je niedriger die Kosten c, je höher die Geduld δ der Firma und je höher der „Erlös der Kundenloyalität" $p_2 \cdot n_1$ sind. An den unterschiedlichen Zeitindizes des Ausdrucks $p_2 \cdot n_1$ ist gut erkennbar, dass es sich bei der Kundenbindung um ein intertemporales Entscheidungsproblem der Firma handelt: Den Preis von Periode 2 kann sie nämlich nur in dem Umfang realisieren, wie sie die Kunden aus Periode 1 halten kann.

5.3   Wiederholte Spiele mit stationärer Struktur

Im Gegensatz zu Spielen mit nicht-stationärer Struktur bleibt in Spielen mit stationärer Struktur das Periodenspiel, das Basisspiel, unverändert. Diese Eigenschaft erleichtert vor allem die formale Lösung solcher Spiele, da sich die jeweilige Periode nur noch in der Diskontierung niederschlägt (im Gegensatz dazu hängt, wie im vorigen Abschnitt gesehen, bei Spielen mit nicht-stationärer Struktur die Periodenauszahlung direkt von der Periode t ab). Betrachten wir als Beispiel das Gefangenendilemma mit den allgemeinen Auszahlungen $0 < N < K < A$ (mit $K =$ Kooperationsauszahlung, $A =$ Abweichungsauszahlung und $N =$ Nash-Gleichgewichtsauszahlung):

1, 2	s_{21}	s_{22}
s_{11}	$(K, K)^P$	$(0, A)^P$
s_{12}	$(A, 0)^P$	$(N, N)^*$

Die Frage ist nun, inwiefern sich allein durch die Wiederholung dieses Basisspiels neue Strategien und damit auch neue Nash-Gleichgewichte ergeben. Die Spieler könnten beispielsweise versuchen, das kooperative Gleichgewicht (K, K) zu erreichen, indem sie eine *reziproke Vergeltungsstrategie* spielen: Sie spielen beide so lange kooperativ (s_{i1}), bis (mindestens) einer von beiden abweicht (s_{i2}); ab dann spielen sie die unkooperative Strategie bis zum Spielende. Eine solche Strategie wird als Trigger-Strategie[2] bezeichnet, da der andere Spieler durch erstmaliges Abweichen ein – in diesem Fall unerbittliches – Strafprogramm aktiviert. In einem *endlich* oft wiederholten Spiel mit einer von Beginn an feststehenden Schlussperiode T ist eine solche Strategie gemäß dem folgenden Theorem allerdings nicht aufrechtzuerhalten.

Theorem zu endlich oft wiederholten Spielen ($T < \infty$)
Sei s^* das einzige Nash-Gleichgewicht des Stufenspiels Γ. Dann besteht das einzige teilspielperfekte Nash-Gleichgewicht des endlich oft wiederholten Spiels $\Gamma(T)$ in der T-fachen Wiederholung des Nash-Gleichgewichts des Stufenspiels.

Der Grund für dieses Ergebnis liegt in der Annahme, dass strikt rationale Spieler in einem endlich oft wiederholten Spiel die *Rückwärtsinduktion* anwenden: In der letzten Periode lohnt es sich für keinen der Spieler mehr zu kooperieren, das heißt, beide werden hier sicher betrügen. Um von der Betrugsstrategie profitieren zu können, müsste jeder Spieler versuchen, dem anderen zuvorzukommen und entsprechend eine Periode früher betrügen. Da der Gegenspieler auch so denkt, werden sie den Einstieg in die Betrugsphase sukzessive nach vorne verschieben, sodass sie am Ende beide bereits in der ersten (und damit auch in allen Folgeperioden) betrügen. Es sei hierzu angemerkt, dass das obige Theorem für Spiele mit höherer Rundenzahl (etwa zehn oder mehr Runden) eine relativ schlechte Prognose der tatsächlichen Strategiewahl von Spielern darstellt. Lässt man etwa Probanden in Laborexperimenten unter anonymen Bedingungen dieses Spiel über zehn Runden miteinander spielen, zeigt sich, dass frühestens in den letzten drei Runden die Rückwärtsinduktion zum Tragen kommt.[3] Der gedankliche Rückschluss über mehrere Perioden scheint somit für reale Spieler kognitiv zu aufwändig zu sein, sodass sie im Gefangenendilemma zumindest in den ersten Perioden kooperieren.

Die theoretische Prognose für das wiederholt gespielte Gefangenendilemma wird realistischer, wenn wir *unendlich* oft wiederholte Spiele betrachten, die man auch als *Super-*

---

[2]Der Begriff „Trigger" steht hier für „Auslöser" eines anschließend nicht mehr beeinflussbaren Programms, so wie die Betätigung eines Pistolenabzugs zur Auslösung eines Schusses führt.

[3]Vgl. hierzu Güth (1999, S. 86) sowie das Experiment von Andreoni und Miller (1993).

spiele bezeichnet. Anschaulich lässt sich der unendlich lange Zeithorizont eines Super-spiels auf zwei Arten interpretieren: Die Spieler gehen von einer sicheren aber ungewissen Endperiode aus (das heißt, sie wissen zwar, dass das Spiel ein Ende hat aber nicht genau wann) oder sie gehen in jeder Periode mit einer konstanten Wahrscheinlichkeit davon aus, dass das Spiel irgendwann endet.[4] Da es in einem Superspiel keine letzte Periode gibt, verschwindet hier das Problem der Rückwärtsinduktion – sie ist schlicht nicht anwendbar –, wodurch sich gemäß des folgenden Theorems (Folktheorem) jede individuell rationale Auszahlungskombination als Gleichgewicht des unendlich oft wiederholten Spiels errei-chen lässt.

Folktheorem zu unendlich oft wiederholten Spielen (T = ∞)
Jeder zulässige, individuell rationale Auszahlungsvektor $u(s)$ kann durch ein teil-spielperfektes Nash-Gleichgewicht des unendlich oft wiederholten Spiels $\Gamma(\infty)$ erreicht werden, sofern die Spieler zukünftige Auszahlungen hinreichend stark gewichten (das heißt δ nahe 1).

Auf Grundlage dieses Theorems können die Spieler im Gefangenendilemma durchaus die kooperative Lösung erreichen, da diese eine individuell rationale Auszahlungs-kombination darstellt, wie sich an Abb. 5.1 erkennen lässt. In der Abbildung sind die individuell rationalen Auszahlungskombinationen für die Matrix im schraffierten Bereich (inklusive Umrandung) zu finden. Ausgehend vom Nash-Gleichgewicht des Basisspiels (N, N) stellt die kooperative Lösung (K, K) eine eindeutige Pareto-Verbesserung dar. Allgemein sind individuell rationale Auszahlungen durch

$$V^C = \left\{ u(s) | s \in S, u_i \geq u_i^C \forall i \in N \right\}$$

gegeben, wobei u_i^C diejenige Auszahlung bezeichnet, die sich ein Spieler mindestens sichern kann. In unserem Fall wäre dies somit N.

Neben dem Verbesserungspotenzial fordert das Folktheorem noch eine weitere Bedin-gung, ohne die sich die Pareto-Verbesserung nicht durchsetzen lässt. Die Spieler müssen hinreichend geduldig sein, das heißt, einen Diskontfaktor aufweisen, der eine kritische Mindesthöhe $\widetilde{\delta}$ nicht unterschreitet. Betrachten wir die bereits beschriebene Trigger-strategie, nachdem die Spieler solange kooperieren, bis einer von ihnen abweicht. Wir

---

[4]Auch wenn die erste Interpretation am ehesten der Perspektive ähnelt, die man aus dem Alltag kennt (man weiß sicher, dass irgendwann das Studium oder die Berufstätigkeit beendet ist, aber in der Regel nicht genau, wann exakt das sein wird), so ist strenggenommen nur die zweite Variante für unendliche Spiele mit stationärer Struktur zulässig: Da die Wahrscheinlichkeit in jeder Periode gleich ist, sieht die Zukunft des Spiels von jeder Periode aus betrachtet gleich aus. Das ist bei der ersten Interpretation nicht der Fall: Der zeitliche Abstand von heute bis zur ungewissen Endperiode wird mit fortschreitender Zeit immer kleiner, womit sich die Perspektive auf die Zukunft von Periode zu Periode ändert (Zeit darf im unendlichen Spiel nicht „knapp" werden).

Abb. 5.1 Paretogrenze und
Verbesserungsmöglichkeiten

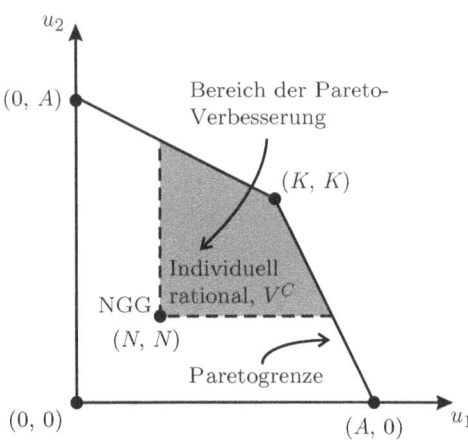

können dann einen kritischen Diskontfaktor berechnen, der sicherstellt, dass es zu einem Gleichgewicht kommt, in dem keiner der Spieler einen Anreiz zum Abweichen hat. Dieser muss folgender Bedingung genügen:

$$K \cdot \left(\delta^0 + \delta^1 + \delta^2 + \ldots + \delta^\infty\right) > A \cdot \delta^0 + N \cdot \left(\delta^1 + \delta^2 + \ldots + \delta^\infty\right) \qquad (5.4)$$

Es muss sich für jeden Spieler lohnen, dauerhaft zu kooperieren, sofern der andere ebenfalls eine Triggerstrategie spielt. Die linke Seite von (5.4) stellt die Auszahlung dar, die ein Spieler erhält, wenn er von der aktuellen Periode an ($t = 0$) bis „in alle Ewigkeit" ($T = \infty$) die kooperative Strategie spielt. Hierbei handelt es sich um die diskontierte Summe (= Barwert) aller kooperativen Auszahlungen. Dieser Betrag muss größer sein als der, den er durch Betrügen erhalten würde (rechte Seite der Ungleichung). Im Betrugsfall erhält er sofort ($t = 0$) und einmalig die hohe Auszahlung A. Da sein Gegner aber die Triggerstrategie spielt, wechselt dieser für alle Folgeperioden auf die Betrugsstrategie, auf die wiederum „Betrug" die beste Antwort ist. Ab Periode $t = 1$ bis „in alle Ewigkeit" ($T = \infty$) spielen somit beide die Betrugsstrategie (das Nash-Gleichgewicht) und erhalten fortan die diskontierte Summe der Auszahlungen für beidseitigen Betrug N.

▶   **Hinweis und Tipp** In Spielen mit stationärer Struktur bleiben viele Auszahlungen über mehrere Perioden hinweg unverändert, wodurch sich die Diskontfaktoren ausmultiplizieren lassen. So fällt im obigen Beispiel des unendlich wiederholten Gefangenendilemmas die kooperative Auszahlung K in jeder Periode an, weshalb man die Diskontfaktoren ausklammern und zur Summe $(\delta^0 + \delta^1 + \delta^2 + \ldots + \delta^\infty) = \sum_{t=0}^{\infty} \delta^t$ zusammenfassen kann. Diese lange Kette aufsummierter

Diskontfaktoren ist eine *geometrische Reihe*, die für $0 < \delta < 1$ gegen einen bestimmten Grenzwert konvergiert. Die Summe $\sum_{t=0}^{\infty} \delta^t$ konvergiert gegen den Ausdruck $1/(1 - \delta)$, das heißt es gilt:

$$\lim_{T \to \infty} \sum_{t=0}^{T} \delta^t = \sum_{t=0}^{\infty} \delta^t = \frac{1}{1 - \delta}$$

Beträgt etwa die Periodenauszahlung $K = 4$ und der Diskontfaktor ist $\delta = 0{,}8$, dann ergibt sich als Summe der diskontierten Auszahlungen $K \cdot \sum_{t=0}^{\infty} \delta^t = 4 \cdot 1/(1 - 0{,}8) = 20$. Die Summe aller Diskontfaktoren konvergiert somit gegen den Wert 5.

Der Term $\frac{1}{1-\delta}$ lässt sich auch ohne Formelsammlung durch eine einfache Überlegung selbst herleiten, indem wir den Barwert *BW* eines unendlich oft wiederholten Spiels bestimmen:

$$BW = K + \delta \cdot BW \Leftrightarrow BW = K \cdot \frac{1}{1 - \delta}.$$

In der ersten Periode erhält man die Periodenauszahlung *K*, in der nächsten Periode erhält man die diskontierte Auszahlung aller Folgeperioden. Da es bei einem unendlich oft wiederholten Spiel egal ist, welche Periode man sich herausgreift (die Zukunft sieht von jeder Periode aus betrachtet stets gleich aus), können wir für die Auszahlung aller Folgeperioden gleich direkt den Barwert *BW* einsetzen (das Spiel geht gewissermaßen immer wieder von vorne los). Durch dieses „Kurzschließen" verkürzt man eine Berechnung, die eigentlich eine unendlich lange Schleife durchläuft (mathematisch spricht man von einem *infiniten Regress*) und kann so direkt den Grenzwert bestimmen.

Mit dem Wissen um den Grenzwert der unendlichen geometrischen Reihe $\sum_{t=0}^{\infty} \delta^t$ lassen sich auch relativ leicht die Grenzwerte anderer Zeitabschnitte bestimmen. So wird zur Bestimmung des Werts der Betrugsstrategie im Gefangenendilemma (rechte Seite von (5.4)) noch die Summe der Diskontfaktoren von Periode $t = 1$ bis unendlich benötigt, $\sum_{t=1}^{\infty} \delta^t$. Da die aktuelle Periode nicht diskontiert wird bzw. der Diskontfaktor der aktuellen Periode stets $\delta^0 = 1$ beträgt, finden wir den gewünschten Ausdruck, indem wir von der bereits bekannten Summe $\sum_{t=0}^{\infty} \delta^t$ lediglich die heutige Periode abziehen. Kurz gesagt, muss, da die Diskontierung erst morgen beginnt, vom morgen ($t = 1$) beginnenden Barwert auf heute ($t = 0$) diskontiert werden:

$$\underbrace{\delta^0 + \delta^1 + \delta^2 + \ldots + \delta^\infty}_{\text{heute bis in alle Ewigkeit}} - \underbrace{\delta^0}_{\text{heute}} = \underbrace{\delta^1 + \delta^2 + \ldots + \delta^\infty}_{\text{morgen bis in alle Ewigkeit}}$$

$$\frac{1}{1-\delta} - 1 = \frac{\delta}{1-\delta}$$

Der Grenzwert für die unendliche geometrische Reihe $\sum_{t=1}^{\infty} \delta^t$ lautet somit $\delta/(1-\delta)$. Nach der gleichen Überlegung lassen sich auch weiter in der Zukunft liegende Auszahlungsströme auf heute diskutieren. Allgemein gilt $\sum_{t=n}^{\infty} \delta^t = \frac{\delta^n}{1-\delta}$.

Unter Zuhilfenahme der Sätze für geometrische Reihen können wir somit (5.4) vereinfachen:

$$K \cdot \sum_{t=0}^{\infty} \delta^t > A \cdot \delta^0 + N \cdot \sum_{t=1}^{\infty} \delta^t \Rightarrow K \cdot \frac{1}{1-\delta} > A + N \cdot \frac{\delta}{1-\delta}$$

Damit lässt sich nun leicht der kritische Diskontfaktor bestimmen, für den die linke Seite der Ungleichung größer ist als die rechte, für den also im unendlich wiederholten Spiel der Anreiz zum Betrügen verschwindet:

$$\delta > \tilde{\delta} \equiv \frac{A-K}{A-N} \tag{5.5}$$

Um kooperatives Verhalten durchzusetzen (zu „stützen"), muss der Diskontfaktor der Spieler größer sein als eine kritische Grenze $0 < \tilde{\delta} < 1$, die von den Auszahlungen abhängt. Das heißt, verfügen alle Spieler mindestens über den kritischen Diskontfaktor $\tilde{\delta}$, kann die Kooperationslösung als teilspielperfektes Nash-Gleichgewicht durch die beschriebene Strategie gestützt werden. Je niedriger der kritische Diskontfaktor ist, desto leichter ist Kooperation im unendlich oft wiederholten Spiel zu realisieren. Der Bruch wird kleiner, wenn die Differenz $A - K$ einen niedrigen Wert annimmt. $A - K$ entspricht dem Anreiz der Spieler von der kooperativen Strategie abzuweichen (ein Spieler erhält schließlich die höchste Auszahlung A, wenn er den anderen einseitig betrügt). Je kleiner der Anreiz zum Betrug ist, desto niedriger kann der Diskontfaktor sein, sodass Kooperation möglich ist. Der kritische Diskontfaktor $\tilde{\delta}$ wird ebenfalls kleiner, wenn die Differenz im Nenner des Bruches, $A - N$, zunimmt. Diese Differenz ist die Summe aus dem Betrugsanreiz $A - K$ und dem Nettogewinn aus Kooperation $K - N$. Die einzige Möglichkeit, den Nenner zu vergrößern ohne gleichzeitig den Zähler zu erhöhen, besteht in einem höheren (Netto) Gewinn aus der Kooperation für die Spieler. Somit erhöht der Betrugsanreiz den kritischen Diskontfaktor während ihn der Kooperationsgewinn senkt.

Wie wir somit zeigen konnten, ist es durch den Einsatz einer Triggerstrategie möglich, Kooperation im unendlich oft wiederholten Gefangenendilemma zu stützen. Dabei ist die spezielle, oben betrachtete Triggerstrategie nur eine mögliche Variante, die aufgrund der unerbittlich langen Vergeltungs- bzw. Strafphase („bis in alle Ewigkeit", weshalb bisweilen auch von „totaler Vergeltung" gesprochen wird) auch als „Grim-Trigger" bezeichnet wird (das englische „grim" steht für unerbittlich). Um das kooperative Ziel zu erreichen, muss die Bestrafung allerdings nicht so drastisch sein. Der beschriebene Mechanismus funktioniert grundsätzlich immer, wenn das Basisspiel genügend kooperatives Potenzial aufweist: Die Spieler müssen durch bilaterale Kooperation mindestens so viel hinzugewinnen, dass der einmalig erzielte Betrugsgewinn den Absturz auf die Auszahlungen des Einperioden-Nash-Gleichgewichts nicht kompensiert. Solange diese Bedingung erfüllt ist, kann der Bestrafungsmechanismus auch weniger drastisch sein, was in manchen Fällen sogar wünschenswert ist, da hierdurch eine gewisse Flexibilität und Fehlertoleranz möglich wird.

Eine wichtige Voraussetzung für einen wirksamen Bestrafungsmechanismus ist jedoch dessen Glaubwürdigkeit, das heißt, die eingesetzte Strategie muss teilspielperfekt sein. Wie ist grundsätzlich zu verfahren, um zu überprüfen, ob eine Strategie im Superspiel teilspielperfekt ist? Der einfachste Fall ist, wenn in jeder Periode unabhängig von der Geschichte des wiederholten Spiels dasselbe Nash-Gleichgewicht des Stufenspiels gespielt wird. Es gilt nämlich, dass die Wiederholung (auch unendlich oft) eines Nash-Gleichgewichts des Basisspiels immer ein teilspielperfektes Nash-Gleichgewicht darstellt. In allen anderen Fällen wird zur Überprüfung, ob das Gleichgewicht eines Superspiels *teilspielperfekt* ist, das *Einmalabweichungs-Prinzip* (One-Stage-Deviation-Principle) angewandt: Ein Strategieprofil *s* eines unendlich oft wiederholten Spiels erfüllt das Einmalabweichungs-Prinzip, wenn kein Spieler in irgendeiner Periode des Spiels einen Anreiz hat, von *s* abzuweichen – unabhängig davon, ob sich die Spieler in der betrachteten Periode auf oder abseits des Gleichgewichtspfades befinden. Um zu testen, ob ein Strategieprofil diese Eigenschaft erfüllt, reicht es aus, sich eine beliebige Periode herauszugreifen und die Anreize zum Abweichen für diese Periode zu überprüfen (daher die Bezeichnung „Einmalabweichung").

Mit dieser Überlegung lässt sich zeigen, dass die Grim-Trigger-Strategie bezogen auf das obige Gefangenendilemma ein teilspielperfektes Nash-Gleichgewicht darstellt. Es sind hier vier Ausgangsfälle („vier mögliche Geschichten des Spiels") denkbar: zwei auf und zwei abseits des Gleichgewichtspfades. *Auf dem Gleichgewichtspfad* können beide Spieler zuvor kooperiert oder betrogen haben. Für den ersten Fall (beidseitige Kooperation) zeigt (5.5), dass in keiner Periode ein Anreiz besteht, auf Betrug zu wechseln. Für den zweiten Fall (beidseitiger Betrug) schreibt die Grim-Trigger-Strategie vor, auch weiterhin durchgehend „Betrug" zu spielen (die Wiederholung des Nash-Gleichgewichts). Gegeben, dass sich der Mitspieler an diese Vorschrift hält, hat kein Spieler einen Anreiz, von der Grim-Trigger-Gleichgewichtsstrategie abzuweichen und einseitig „Kooperation" zu spielen. Somit hat auf dem Gleichgewichtspfad kein Spieler einen Anreiz abzuweichen, weder bei Kooperation noch bei Betrug. In den zwei Fällen abseits des Gleichgewichtspfades spielen die Spieler jeweils unterschiedliche Strategien: Während der eine kooperiert, betrügt der andere. Aufgrund der Symmetrie des Spiels können diese beiden Fälle zu einem zusammengefasst werden. Da die Grim-Trigger-Strategie vorschreibt, ab dem ersten Betrugsfall auf Dauer zu betrügen *und* gleichzeitig auf „Betrug" ebenfalls „Betrug" die beste Antwort ist, ist es für die Spieler abseits des Gleichgewichtspfades immer optimal, durchgehend zu betrügen. Somit hat auch *abseits des Gleichgewichtspfades* kein Spieler einen Anreiz, in den Folgeperioden von der Gleichgewichtsstrategie abzuweichen (oder anders formuliert: einmal abgewichen, haben die Spieler einen Anreiz, anschließend wieder zu Grim-Trigger zurückzukehren). Somit ist Grim-Trigger ein teilspielperfektes Nash-Gleichgewicht.

Betrachten wir nun mit Tit-For-Tat („Wie Du mir, so ich Dir") eine andere Strategie, die im Kontext von Superspielen eine wichtige Rolle spielt. Tit-For-Tat beinhaltet für das wiederholte Gefangenendilemma die folgende Handlungsanweisung:

Spiele „Kooperation" in der ersten Periode und antworte ab dann immer mit der Strategie, die der Gegenspieler in der Vorperiode gewählt hat.

Diese Strategie versinnbildlicht das Reziprozitätsprinzip, das im Kontext sozialer Kooperation eine große Rolle spielt. Menschen reagieren mit verstärkender Tendenz auf das kooperative Verhalten ihrer Mitmenschen: Man kooperiert sofern dies andere auch tun, andernfalls stellt man selbst auch die Kooperation ein.

Wie-Du-mir-so-ich-Dir und die Norm der Reziprozität

Der Politologe Robert Axelrod lud Ende der 1970er-Jahre Wissenschaftler (überwiegend Konfliktforscher und Spieltheoretiker) per öffentlichem Aufruf dazu ein, Strategien für das wiederholte Gefangenendilemma einzuschicken (Axelrod 1980). Diese Strategien durften beliebig komplex strukturiert sein und sollten in BASIC oder FORTRAN programmiert sein, um sie im Rahmen eines Computerturniers vergleichen zu können. Es wurden insgesamt 14 Algorithmen eingereicht, wobei die Komplexität der eingereichten Programme von vier bis 77 Zeilen Quellcode reichte. Der Sieger-Algorithmus, der in diesem Turnier die höchste Gesamtauszahlung erreichte, war gleichzeitig auch der einfachste, denn er entsprach der Tit-for-Tat-Strategie. Nach der Veröffentlichung dieser Ergebnisse lud Axelrod zu einer Wiederholung des Wettbewerbs in einem größeren Rahmen ein, bei dem auch computerinteressierte Laien und

Programmierer zur Beteiligung aufgerufen waren. Mit insgesamt 63 eingereichten Algorithmen war die Resonanz des zweiten Turniers wesentlich größer als im ersten, und die Komplexität der Algorithmen war mit bis zu 177 Zeilen Quellcode beachtlich. Es gewann auch in diesem größeren, zweiten Turnier die Tit-for-Tat-Strategie, was vor allem deshalb bemerkenswert ist, weil alle Teilnehmer über das erfolgreiche Abschneiden der Tit-for-Tat-Strategie im ersten Turnier informiert waren.

Axelrod führte den relativen Erfolg dieser Strategie auf drei Eigenschaften zurück: Nettigkeit, Provozierbarkeit und Nachsichtigkeit. Im Kontext des Gefangenendilemmas ist eine Strategie nett, wenn sie nie als erstes die Betrugsstrategie wählt. Provozierbarkeit bedeutet, dass die Nettigkeit sofort aufgegeben wird, sobald die Gegenstrategie betrügt. Nachsichtigkeit impliziert die Möglichkeit, nach einem Betrugsfall zu einem späteren Zeitpunkt wieder auf den kooperativen Pfad zurückzukehren. Die beeindruckende Performance der Tit-for-Tat-Strategie ist ein Indiz dafür, dass das Prinzip der Reziprozität im Kontext zwischenmenschlicher Kooperation eine zentrale Rolle einnimmt. Allerdings ist zu beachten, dass allein auf Grundlage zweier Computerturniere keine generalisierenden Schlüsse hinsichtlich der Optimalität oder Universalität von Tit-for-Tat zulässig sind. Bereits in diesen Wettbewerben hat Tit-for-Tat beispielsweise kein Spiel im direkten Vergleich gewonnen, denn sie verliert knapp gegen offensive Strategien, kann aber gegenüber kooperativen Strategien nur auf hohem Niveau gleichziehen. Hinzu kommt, dass Tit-for-Tat gegenüber einer lernenden Strategie, die sich schrittweise an Kooperation herantastet, nicht nachsichtig genug ist.[5]

Es ist leicht zu zeigen, dass sich mit der Tit-For-Tat-Strategie ein kooperatives Nash-Gleichgewicht im Gefangenendilemma erreichen lässt. Sofern sich die Spieler durchgehend an diese Strategie halten, erzielen sie über alle Perioden die kooperative Auszahlung K. Wenn einer der Spieler auf „Betrug" abweicht (während der andere bei Tit-For-Tat bleibt), dann erhält er einmalig den Abweichungsgewinn A. Da dieser Spieler weiß, dass sein Mitspieler gemäß Tit-For-Tat in der nächsten Periode ebenfalls mit „Betrug" antworten wird, ist es für ihn besser, auch in der Folgeperiode zum Eigenschutz wieder „Betrug" zu spielen, womit beide Spieler in der Folgeperiode jeweils die Auszahlung N erhalten. Da diese Logik auch für die darauffolgende Periode usw. gilt, erhalten beide Spieler ab der zweiten Periode bis in alle Ewigkeit die Auszahlung N. Damit ist der kritische Diskontfaktor des kooperativen Nash-Gleichgewichts der Tit-for-Tat-Strategie ebenso durch (5.4) beschrieben. Sofern die Spieler hinreichend geduldig sind, $\delta > \tilde{\delta}$, lässt sich mit diesem Diskontfaktor Kooperation sowohl mithilfe des Grim-Triggers als auch der Tit-For-Tat-Strategie stützen.

---

[5]Für eine ausführliche und kritische Diskussion der Ergebnisse vgl. Milgrom (1984).

Im Gegensatz zum Grim-Trigger ist die Tit-For-Tat-Strategie jedoch nicht *teil-spielperfekt*, wenn für die Auszahlungen die Bedingung $2 \cdot K > A$ gilt. Während die Spieler zwar gemäß (5.4) keinen Anreiz haben, bei beidseitiger Kooperation vom Gleichgewichtspfad abzuweichen, so haben sie für $2 \cdot K > A$ aber einen Anreiz, von der Tit-For-Tat-Strategie abzuweichen, sobald einer der Spieler betrogen hat. Angenommen, einer der Spieler hätte abweichend einmalig Betrug gespielt. Hätte er nun einen Anreiz, sich ab der zweiten Periode wieder an Tit-For-Tat zu halten (unter der Annahme, dass auch der andere durchgehend Tit-For-Tat spielt)? Würde er dies tun, müsste er die Strategie wählen, die sein Mitspieler in der Vorperiode gewählt hat (also „Kooperation"), während sein Mitspieler seinerseits auf die von ihm in der Vorperiode gewählte Strategie antworten wird („Betrug"). Auch in der darauffolgenden Periode würden die Spieler wieder reziprok auf die zuvor gespielte Strategie des Mitspielers antworten, das heißt, auf („Kooperation", „Betrug") folgt („Betrug", „Kooperation") usw. Die Spieler würden folglich stets unterschiedliche und permanent alternierende Strategien wählen, wodurch jeder in einer Periode den Betrugsgewinn A erhält und in der nächsten den Betrugsverlust 0. Wegen $2 \cdot K > A + 0$ wäre es nach einem Betrugsfall abseits des Gleichgewichtspfades für jeden Spieler attraktiver, das reziproke Muster zu durchbrechen, um wieder dauerhafte Kooperation zu erreichen.

Ein weiteres Konzept, das oft in Verbindung mit wiederholten Spielen diskutiert wird, ist das der *neuverhandlungsstabilen Gleichgewichte*. Die Überlegung ist hierbei, dass zwar die Grim-Trigger-Strategie teilspielperfekt ist, aber, sofern der Trigger ausgelöst wurde und sich die Spieler bis in alle Ewigkeit auf dem Bestrafungspfad befinden, diese einen Anreiz haben, sich nochmals zusammenzusetzen, um eine bessere Lösung zu erreichen. Warum haben die Spieler möglicherweise einen solchen Anreiz? Ein Problem der Grim-Trigger-Strategie ist, dass die Bestrafung bzw. Vergeltung nicht nur den abweichenden, sondern auch den strafenden Spieler trifft, sie also beide Auszahlungseinbußen erfahren. Somit haben auch beide Spieler einen Anreiz, neu zu verhandeln, um irgendwie wieder auf den für beide vorteilhafteren Kooperationspfad zu gelangen. Strategien, die diese Eigenschaft aufweisen, – wie beispielsweise die Grim-Trigger-Strategie – werden daher als nicht neuverhandlungsstabil bezeichnet. Ein Problem, das sich hier natürlich einstellen wird, ist, dass eine Neuverhandlung bzw. auch nur die potenzielle Möglichkeit einer solchen, die Glaubwürdigkeit der ursprünglichen Drohung untergräbt und damit die Durchführbarkeit des Ausgangsgleichgewichts in Frage stellt. Wie könnte nun eine neuverhandlungsstabile Strategie lauten? Eine solche Strategie wäre zum Beispiel: Sobald ein Spieler von „Koope-ration" abweicht, spiele „Abweichung" als Vergeltung – aber nur solange, wie der Abwei-chende keine Reue zeigt. Bereut der Abweichende sein Vergehen, indem er „Kooperation" wählt (wodurch er dem Spieler einen einmaligen Vorteil zugesteht und sich selbst bestraft), kehre zu „Kooperation" zurück. Der strafende Spieler hat nämlich keinen Anreiz, neu zu verhandeln, da es in der Macht des bestraften Spielers liegt, den Bestrafungspfad jederzeit durch Reue zu verlassen.

Kollusionsstrategien im Oligopol

Der Mechanismus wiederholter Spiele bietet eine plausible Erklärung dafür, dass sich Kooperationsprobleme von der Art des Gefangenendilemmas häufig wesentlich leichter überwinden lassen, wenn die Spieler wiederholt miteinander in Interaktion treten. Eine im industrieökonomischen Kontext verbreitete Anwendung dieses Prinzips stellt die Kooperation von Unternehmen im Rahmen eines *Kartells* dar. Da Preisabsprachen (sogenannte *Kollusion*) in der Regel gesetzlich verboten sind, können die Unternehmen bei der Durchsetzung dieser heimlich vorgenommenen Absprachen nicht auf gesetzliche Mittel, wie etwa formelle Verträge, zurückgreifen. Das folgende Beispiel veranschaulicht die Wirkung des Mechanismus wiederholter Spiele auf die Kollusionsstrategien in einem Oligopol. Wir leiten diese Lösung allgemein her, damit die Parametereinflüsse auf die Gleichgewichtslösung deutlicher werden. Zudem ergibt sich für den Oligopolkontext ein recht erstaunliches Ergebnis für die kritische Grenze des Diskontfaktors: Dieser beträgt bei einer linearen Nachfragespezifikation, was der Standardformulierung des Oligopolwettbewerbs entspricht, immer 0,5.

Betrachten wir hierzu die allgemeine lineare Spezifikation der Nachfrage

$$p_i(x_i) = a - b_E \cdot x_i - b_F \cdot x_j.$$

Für konstante und identische Grenzkosten c ergibt sich die Gewinnfunktion

$$\pi_i\big(x_i, x_j\big) = \big(a - b_E \cdot x_i - b_F \cdot x_j\big) \cdot x_i - c \cdot x_i.$$

Nach partieller Ableitung und Nullsetzung ergibt sich die Reaktionsfunktion

$$x_i\big(x_j\big) = \frac{a - c}{2 \cdot b_E} - \frac{b_F}{2 \cdot b_E} \cdot x_j$$

woraus sich schließlich als Nash-Gleichgewicht symmetrische Mengen ergeben und damit auch symmetrische Auszahlungen,

$$x_1 = x_2 = \frac{a - c}{2 \cdot b_E + b_F}, \pi_1 = \pi_2 = \frac{b_E \cdot (a - c)^2}{(2 \cdot b_E + b_F)^2}.$$

Bei einer Kooperation der beiden Unternehmen ergeben sich aus dem gemeinsamen Gewinnmaximierungskalkül

$$\pi(x_1, x_2) = (a - b_E \cdot x_1 - b_F \cdot x_2) \cdot x_1 - c \cdot x_1 +$$
$$(a - b_E \cdot x_2 - b_F \cdot x_1) \cdot x_2 - c \cdot x_2$$

als jeweilige Ausbringungsmenge und Auszahlungen

$$x_1 = x_2 = \frac{a - c}{2 \cdot (b_E + b_F)}, \quad \pi_1 = \pi_2 = \frac{(a - c)^2}{4 \cdot (b_E + b_F)}$$

Somit können wir als Auszahlungsmatrix schreiben

1, 2	Cournot-Menge	Kollusions-Menge
Cournot-Menge	(π_{CC}, π_{CC})	(π_{CK}, π_{KC})
Kollusions-Menge	(π_{KC}, π_{CK})	(π_{KK}, π_{KK})

mit

$$\pi_{CC} = \frac{b_E \cdot (a - c)^2}{(2 \cdot b_E + b_F)^2}$$

$$\pi_{KC} = \frac{b_E \cdot (2 \cdot b_E + 3 \cdot b_F) \cdot (a - c)^2}{4 \cdot (b_E + b_F)^2 \cdot (2 \cdot b_E + b_F)}$$

$$\pi_{CK} = \frac{(2 \cdot b_E^2 + 2 \cdot b_E \cdot b_F + b_F^2) \cdot (a - c)^2}{2 \cdot (b_E + b_F)(2 \cdot b_E + b_F)^2}$$

$$\pi_{KK} = \frac{(a - c)^2}{4 \cdot (b_E + b_F)}$$

Da $\pi_{KC} > \pi_{CC}$ und $\pi_{KK} > \pi_{CK}$ stellt die Wahl der Kollusionsmenge eine dominante Strategie dar. Im unendlich oft wiederholten Spiel kann nun aber durch Wahl der Grim-Trigger-Strategie Kooperation gestützt werden. Hierzu muss gelten:

$$\sum_{t=0}^{\infty} \delta^t \cdot \pi_{KK} \geq \pi_{CK} + \sum_{t=1}^{\infty} \pi_{CC}$$

$$\frac{\pi_{KK}}{1 - \delta} \geq \pi_{CK} + \frac{\delta \cdot \pi_{CC}}{1 - \delta}$$

Es ergibt sich

$$\frac{(a - c)^2}{4 \cdot (b_E + b_F) \cdot (1 - \delta)} \geq \frac{(2 \cdot b_E^2 + 2 \cdot b_E \cdot b_F + b_F^2) \cdot (a - c)^2}{2 \cdot (b_E + b_F)(2 \cdot b_E + b_F)^2} +$$

$$\frac{\delta \cdot b_E \cdot (a - c)^2}{(2 \cdot b_E + b_F)^2 \cdot (1 - \delta)}$$

und nach vielen Vereinfachungen schließlich $\delta \geq \widetilde{\delta} \equiv 0{,}5$.

5.4 Verständnisfragen

1. Superspiele (unendlich oft wiederholte Spiele mit stationärer Struktur) lassen sich lösen, indem aufgrund ...

A	der stationären Struktur das „Einmalabweichungsprinzip" angewandt werden kann.
B	der stationären Struktur das Prinzip der Rückwärtsinduktion angewandt werden kann.
C	der konstanten Periodenauszahlungen nur die erste Periode untersuchen werden muss und von der Diskontierung der Auszahlungen abgesehen werden kann.
D	der konstanten Periodenauszahlungen die diskontierte Summe aller relevanten Auszahlungen unter Zuhilfenahme der Sätze für geometrische Reihen leicht berechnet werden kann.

2. Im Gefangenendilemma lässt sich Kooperation als Nash-Gleichgewicht erreichen, wenn ...

A	das Spiel *endlich* oft wiederholt wird.
B	das Spiel *endlich* oft wiederholt wird und beide Spieler einen hinreichend hohen Diskontfaktor aufweisen.
C	das Spiel *unendlich* oft wiederholt wird und beide Spieler einen hinreichend hohen Diskontfaktor aufweisen.
D	das Spiel nicht wiederholt wird.

3. Wenn beide Spieler im unendlich oft wiederholten Gefangenendilemma die folgende Strategie anwenden, dann lässt sich Kooperation als *teilspielperfektes* Nash-Gleichgewicht realisieren.

A	Tit-for-Tat
B	Grim-Trigger
C	Wähle immer „Kooperation"
D	Wähle immer „Betrug"

1.A,D; 2C; 3B,D (A ist zwar NGG aber nicht TSPNGG; C ist nicht NGG)

5.5 Aufgaben

5.5.1 Unterschied sequenzielles versus wiederholtes Spiel

In Kap. 4 wurde zwar noch keine Spielwiederholung betrachtet, allerdings sequenzielle Spiele, bei denen die zeitliche Struktur auch eine wichtige Rolle spielte. Die zeitliche Struktur eines sequenziellen Spiels wird deutlich, indem man dieses Spiel in Stufen unterteilt. Ist es somit nicht grundsätzlich egal, ob man die zeitlichen Abschnitte eines Spiels als Stufen oder als Perioden bezeichnet? Falls nein, worin liegt hier der Unterschied?
Lösung in Abschn. 5.6.1

5.5.2 Perfect Tit-for-Tat

Betrachten Sie das folgende Gefangenendilemma:

1, 2	K	B
K	(4, 4)	(1, 5)
B	(5, 1)	(2, 2)

Die Trigger-Strategie „Perfect Tit-for-Tat" beinhaltet die folgende Handlungsanweisung für das Gefangenendilemma:

Beginne mit K in der ersten Periode. Wenn das Ergebnis der letzten Periode entweder beidseitige Kooperation (K, K) oder beidseitiger Betrug (B, B) war, wähle K. Spiele B, falls das Ergebnis in der letzten Periode entweder (K, B) oder (B, K) war.

Zeigen Sie, dass die Strategie „Perfect Tit-for-Tat" im unendlich oft wiederholten Spiel beidseitige Kooperation als teilspielperfektes Nash-Gleichgewicht stützen kann, sofern der Diskontfaktor der Spieler hinreichend hoch ist!
Lösung in Abschn. 5.6.2

5.5.3 Teilspielperfektheit und wiederholte Spiele

Die Ergebnisse zu wiederholten Spielen ermöglichen es, kollusives Verhalten im Duopol zu erklären. Die beiden Unternehmen können hier entweder den niedrigen Wettbewerbspreis p^W oder den hohen Kollusionspreis p^K setzen und erhalten dadurch die Auszahlungen:

1, 2	p_2^W	p_2^K
p_1^W	(400, 400)	(500, 300)
p_1^K	(300, 500)	(450, 450)

Gehen Sie davon aus, dass dieses Spiel mehrmals wiederholt wird.

a) Kann die Kollusionslösung bei endlicher Wiederholung des Spiels gestützt werden?
b) Formulieren Sie die Grim-Trigger-Strategie des Superspiels! Für welche Diskontfaktoren δ kann hier vollständige Kollusion als Gleichgewicht realisiert werden?
c) Basierend auf Ihrem Ergebnis: Wäre Kollusion möglich, wenn Unternehmen 1 den Diskontfaktor $\delta_1 = 0{,}6$ und Unternehmen 2 $\delta_2 = 0{,}4$ hat?

Lösung in Abschn. 5.6.3

5.6 Lösungen

5.6.1 Unterschied sequenzielles versus wiederholtes Spiel

Aufgabentext in Abschn. 5.5.1

Die zeitliche Struktur eines Spiels gibt an, in welcher Reihenfolge die Spieler zum Zug kommen und zu welchem Zeitpunkt im Spiel welche Information aufgedeckt wird. Bildlich gesprochen fungiert die zeitliche Struktur wie ein Drehbuch, das den Spielern vorgibt, wann sie ihren Einsatz haben und was davor geschehen ist bzw. was danach geschehen soll. Stufen organisieren somit das gesamte Spiel in Zeitschritte. Lässt man eine Stufe weg, handelt es sich nicht mehr um das gleiche Spiel, etwa so, wie es sich auch nicht mehr um den gleichen Film handeln würde, wenn man eine Szene aus dem Drehbuch streicht. Die Wiederholung eines Spiels hingegen entspricht hier der Wiederholung des gesamten Films. Verzichtet man beim wiederholten Spiel auf eine Periode, dann ändert sich zwar das wiederholte Spiel, dieses wird dadurch von einem Spiel $\Gamma(T)$ zu einem Spiel $\Gamma(T-1)$, jedoch ändert sich nie das zugrundeliegende Basisspiel.

5.6.2 Perfect Tit-for-tat

Aufgabentext in Abschn. 5.5.2

Hier sind insgesamt vier Geschichten möglich, die in der Vorperiode stattgefunden haben können. Für jede dieser vier Geschichten muss überprüft werden, ob das gewünschte Gleichgewicht (beiderseitige Wahl von K) gestützt werden kann. Aus Gründen der Symmetrie ist es ausreichend, nur einen Spieler zu betrachten.

- Fall 1: Beide Spieler haben K gewählt. Abweichung auf B ist schlechter als wiederholte Wahl von K, falls

$$5 + \delta \cdot 2 + \delta^2 \cdot 4 + \delta^3 \cdot 4 + \ldots \leq 4 + \delta \cdot 4 + \delta^2 \cdot 4 + \delta^3 \cdot 4 + \ldots$$

$$5 + \delta \cdot 2 \leq 4 + \delta \cdot 4$$

$$\delta \geq \tilde{\delta} \equiv 0{,}5$$

- Fall 2: Beide Spieler haben B gewählt. Beibehaltung von B ist schlechter als Wahl von K, falls

$$5 + \delta \cdot 2 + \delta^2 \cdot 4 + \delta^3 \cdot 4 + \ldots \leq 4 + \delta \cdot 4 + \delta^2 \cdot 4 + \delta^3 \cdot 4 + \ldots$$

$$5 + \delta \cdot 2 \leq 4 + \delta \cdot 4$$

$$\delta \geq \tilde{\delta} \equiv 0{,}5$$

- Fall 3: Spieler 1 hat K gewählt und Spieler 2 B. Lohnt es sich, K anstelle von B zu wählen? Nein, diese Abweichung lohnt sich nie, da sie nur zu einer Verschlechterung des Spielers führt (von 2 auf 1)!
- Fall 4: Spieler 1 hat B gewählt und Spieler 2 K. Lohnt es sich, K anstelle von B zu wählen? Nein, diese Abweichung lohnt sich nie, da sie nur zu einer Verschlechterung des Spielers führt (von 2 auf 1)!

5.6.3   Teilspielperfektheit und wiederholte Spiele

Aufgabentext in Abschn. 5.5.2

Teil a)

Kollusionslösung $\left(p_1^K, p_2^K\right)$ ist kein Nash-Gleichgewicht und kann daher bei endlicher Wiederholung nicht gestützt werden (siehe Theorem zu endlich oft wiederholten Spielen).

Teil b)

Die Grim-Trigger-Strategie würde hier lauten: „Wähle beginnend mit der ersten Periode in jeder Periode den Kollusionspreis p_i^K. Hat in der Vorperiode ein Spieler nicht den Kollusionspreis p_i^K gewählt, dann wähle bis in alle Ewigkeit den Wettbewerbspreis p_i^W."

Zur Bestimmung des kritischen Diskontfaktors ist das Einmalabweichungsprinzip anzuwenden. Grundsätzlich gibt es nur eine relevante Geschichte, die zu überprüfen ist, nämlich beiderseitige Wahl des Kollusionspreises. Zudem ist es ausreichend, die Abweichung bereits in der ersten Periode zu überprüfen, da hier der Abweichungsgewinn am höchsten ist. Bei jeder späteren Abweichung wird dieser Vorteil aufgrund der immer stärkeren Diskontierung nur geringer. Es muss daher gelten:

$$\overbrace{\sum_{t=0}^{\infty} \delta^t \cdot 450}^{\text{Barwert bei Einhaltung Strategie}} \qquad \overbrace{\geq 500 + \sum_{t=1}^{\infty} \delta^t \cdot 400}^{\text{Barwert bei Abweichung}}$$

$$\frac{450}{1-\delta} \geq 500 + \frac{400 \cdot \delta}{1-\delta}$$

$$450 \geq 500 - 100 \cdot \delta$$

$$\delta \geq \tilde{\delta} \equiv 0{,}5$$

Teil c)

Da der Diskontfaktor von Unternehmen 1 größer als der zur Stützung der Strategie mindestens erforderliche Diskontfaktor ist, würde sich Unternehmen 1 an die Strategie halten und Kollusion wäre möglich. Der Diskontfaktor von Unternehmen 2 ist aber nicht ausreichend hoch, weshalb sich dieses Unternehmen nicht an die Strategie halten würde und abweichen würde. Demzufolge ist keine Kollusion möglich, da sie an Unternehmen 2 scheitert.

Literatur

Andreoni J, Miller JH (1993) Rational cooperation in the finitely repeated prisoner's dilemma: experimental evidence. Econ J 103:570–585

Axelrod R (1980) Effective choice in the prisoner's dilemma. J Confl Resolut 24:3–25

Güth W (1999) Spieltheorie und ökonomische (Bei)Spiele. Springer, Berlin

Milgrom PR (1984) Axelrod's the evolution of cooperation. RAND J Econ 15(2):305–309

Unvollständige Information

6

Bislang haben wir nur Spiele mit vollständiger Information betrachtet, bei denen die wesentlichen Eckdaten des Spiels, insbesondere der Strategieraum und die Auszahlungen, gemeinsames Wissen (Common Knowledge) aller Spieler waren. Diese Annahme ist zwar zur Beschreibung vieler strategischer Situationen ausreichend, allerdings gibt es mindestens ebenso viele Fälle, in denen sie zu restriktiv ist. Häufig benötigt ein Entscheidungsträger mehr Informationen über die Entscheidungssituation sowie über bestimmte Eigenschaften der anderen Spieler, da hierüber *ex ante* – zum Zeitpunkt vor der Entscheidung – *Unsicherheit* besteht. Wir beschränken uns im Folgenden auf Fälle, bei denen sich die Unsicherheit nur auf die Auszahlungen der Spieler (bzw. mindestens eines Spielers) bezieht.[1] Dies wird vereinfacht als „Typ" des jeweiligen Spielers bezeichnet. Beispielsweise kann eine Arbeitgebervereinigung unsicher darüber sein, ob die mit Streik drohende Gewerkschaftsführung wirklich bereit ist, bis zum Äußersten zu gehen und sich auf einen harten Arbeitskampf einlassen wird. Die Arbeitgeber müssen eine Einschätzung darüber vornehmen, ob der Typ der Gewerkschaftsführung eher kompromissbereit oder kompromisslos ist. Oder eine Firma möchte Vorprodukte von einem neuen Zulieferer beziehen, ist sich jedoch unsicher, ob dieser Betrieb die Vorprodukte in der gewünschten Qualität produzieren kann. In diesem Fall hätte die Firma unvollständige Information darüber, ob es sich beim Zulieferer um einen Typ handelt, der zur Produktion hoher Qualität befähigt ist oder nicht. In beiden Beispielen werden die betreffenden Spieler eine Wahrscheinlichkeitseinschätzung über den jeweiligen Typ ihres Gegenspielers vornehmen. Für Spiele mit unvollständiger Information benötigen wir somit zum einen alle möglichen Typenausprägungen für die „unsicherheitsbehafteten" Spieler und zum anderen eine Wahrscheinlichkeitsverteilung über diese Typen.

---

[1]Unsicherheit über andere Parameter des Spiels lässt sich jedoch analog beschreiben.

6.1   Bayes-Nash-Gleichgewicht

Das wichtigste Lösungskonzept für Spiele mit unvollständiger Information ist das soge-nannte *Bayes-Nash-Gleichgewicht*, weshalb man diese Spiele häufig auch verkürzt als „bayessche bzw. bayesianische Spiele" bezeichnet. Bevor die Bedingungen für ein Bayes-Nash-Gleichgewicht formal beschrieben werden, soll zuvor verdeutlicht werden, wie unvollständige Information in einem Spiel abgebildet werden kann.

Betrachten wir hierfür das folgende Beispiel:[2] Ein Unternehmen (Spieler 2) plant, in einen Markt einzutreten, der bislang von einem Monopolisten (Spieler 1) versorgt wird. Der Monopolist kann entscheiden, ob er eine Investition in eine bessere Technologie vornehmen möchte, die es ihm erlaubt, das Gut billiger zu produzieren und somit zu einem niedrigeren Preis anzubieten. Spieler 2 kann zwar die Investition des Monopolisten beob-achten, weiß allerdings nicht, wie sich die Investition auf dessen Produktionskosten auswirken wird: Mit Wahrscheinlichkeit p geht Spieler 2 davon aus, dass die Investition die Kosten des Monopolisten nur unwesentlich reduziert, dessen Kosten also noch trotz der Investition hoch bleiben. Bei *hohen Kosten* würde sich die Investition für den Monopolis-ten nicht mehr rechnen, wenn dieser gegen ein neu hinzukommendes Unternehmen konkurrieren muss. In diesem Fall würde sich ein Markteintritt für Spieler 2 lohnen. Mit der entsprechenden Gegenwahrscheinlichkeit $(1 - p)$ muss Spieler 2 allerdings befürchten, dass die Investition eine so deutliche Kostensenkung verursacht, dass der Monopolist in jedem Fall davon profitiert. Wenn der Monopolist durch die Investition *niedrige Kosten* erzielt, wird für ihn die Strategie „investieren" strikt dominant. In diesem Fall wäre es für Spieler 2 besser, auf den Markteintritt zu verzichten. Die Auszahlungen der Spieler sind in den beiden Matrizen in Tab. 6.1 zusammengefasst.

In diesem Beispiel hat Spieler 2 unvollständige Information über den Typ von Spieler 1, wobei sich die Unsicherheit hier auf die Fähigkeit von Spieler 1 bezieht, eine besonders wirkungsvolle Investition durchzuführen. Der Aspekt der unvollständigen Information wird in die konventionelle Spieldarstellung mithilfe eines Tricks integriert, der auf Har-sanyi (1967, 1968a, b) zurückgeht: Der mit der Unsicherheit verbundene Zufallszug wird durch den nicht-strategischen bzw. Dummy-Spieler „Natur" durchgeführt. Dieser zieht entsprechend der vorgegebenen Wahrscheinlichkeit p die Typen der Spieler (in diesem Beispiel nur denjenigen von Spieler 1). Um den Eröffnungszug der Natur zu verdeutlichen, wurde in Abb. 6.1 die für Simultanspiele eher unübliche Spielbaumdarstellung gewählt.

Nach dem Zug der Natur entscheidet Spieler 1. Wie Abb. 6.1 zeigt, sind die Entschei-dungsknoten von Spieler 1 nicht miteinander verbunden, was bedeutet, dass *Spieler 1 seinen Typ kennt*. Dies ist eine wichtige Annahme für Bayessche Spiele, auf die wir weiter unten noch einmal kurz zu sprechen kommen. Nach der Investitions-Entscheidung von Spieler 1 (der im Markt etablierte Monopolist) entscheidet Spieler 2 über seinen Markteintritt. Da es sich hier um ein Simultanspiel handelt, ist der vorausgehende Zug

---

[2]Vgl. Fudenberg und Tirole (1991).

Tab. 6.1 Markteintrittsspiel
mit unvollständiger
Information: hohe und niedrige
Kosten

1 , 2	Eintreten (E)	Nicht Eintreten (N)
Investition (I)	(0 , −1)	(3 , 0)*
Keine Investition (K)	(2 , 1)*	(2 , 0)

1 , 2	Eintreten (E)	Nicht Eintreten (N)
Investition (I)	(3 , −1)	(5 , 0)*
Keine Investition (K)	(2 , 1)	(3 , 0)

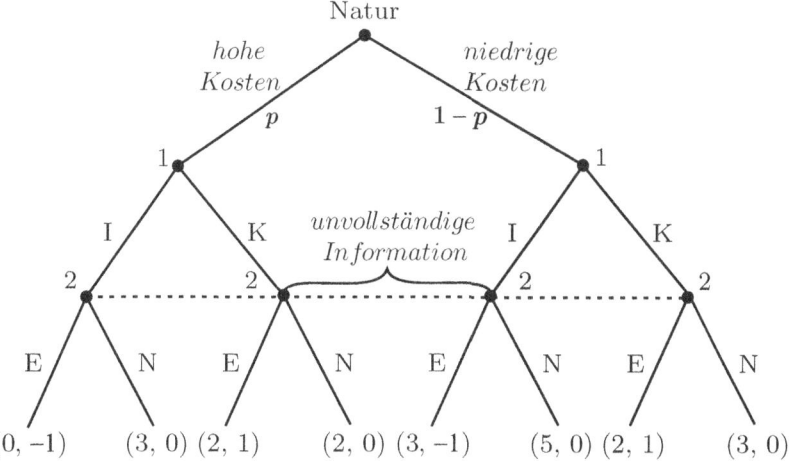

Abb. 6.1 Spielbaumdarstellung für das simultane Markteintrittsspiel

von Spieler 1 für Spieler 2 nicht beobachtbar, was die gestrichelten Linien zwischen den
Entscheidungsknoten von Spieler 2 im linken und rechten Teilbaum zum Ausdruck bringen.
Die gestrichelte Verbindungslinie *zwischen* den beiden Teilbäumen hingegen repräsentiert
die unvollständige Information von Spieler 2: Spieler 2 weiß nicht, ob er sich im linken Teil
des Spiels befindet, womit er sich einem Monopolisten mit hohen Kosten gegenübersehen
würde, oder im rechten Teil des Spiels, bei dem der Monopolist niedrige Kosten hat.

In einem Bayesschen Spiel kennen die Spieler stets die gemeinsame Wahrscheinlichkeitsverteilung über die Spielertypen, die sogenannten Priori-Wahrscheinlichkeiten bzw.
„Priors". Auf das Beispiel bezogen, ist den Spielern von Anfang an die Wahrscheinlichkeit
p bzw. $(1 − p)$ bekannt. Damit ändert sich im Zeitablauf der Informationsstand der Spieler
gemäß der in Abb. 6.2 dargestellten Abfolge.

Die Variable t bezeichnet die Menge aller Spielertypen, t_i steht für den Typ von Spieler
i und $p(\cdot)$ steht für die Verteilung der Priori-Wahrscheinlichkeiten. *Ex ante*, also vor dem
Spiel, sind allen Spielern lediglich die Priori-Wahrscheinlichkeiten bekannt. *Interim*, das
heißt nach einem zeitlichen Zwischenschritt, führt die Natur ihren Zufallszug aus, wodurch

Abb. 6.2 Informationsenthüllung bei unvollständiger Information

jeder Spieler (nur) seinen eigenen Typ erfährt. *Ex post*, also nach Ablauf des Spiels, ist allen Spielern die Typenverteilung bekannt.

Man könnte nun fragen, welchen Sinn die Interim-Phase hat, da die Spieler ja nicht gegen sich selber spielen und es somit irrelevant sein dürfte, ob sie ihren eigenen Typen kennen oder nicht. Dieser Einwand ist in den Fällen berechtigt, in denen einseitige Unsicherheit besteht, bei denen also lediglich der Typ *eines* Spielers nicht bekannt ist. Sobald aber unvollständige Information über die Typen von zwei Spielern besteht, ist die Information über den eigenen Typen eine wichtige Information, über die der jeweilige Spieler Rückschlüsse auf den Typen des Gegenspielers ziehen kann. Skat ist ein gutes Beispiel zur Veranschaulichung dieses Punktes: Die Kenntnis des eigenen Blattes erlaubt einem Skatspieler Rückschlüsse darüber, welche Karten seine Mitspieler haben müssen bzw. nicht haben können. Zum anderen kann der Spieler aber gegebenenfalls auch beobachten, welche Aktion der andere Spieler wählt und daraus Rückschlüsse ziehen, insbesondere, wenn etwa die Strategieräume der möglichen Typen nicht identisch sind, und die beobachtete Aktion nur einem bestimmen Typen zur Verfügung steht, sodass dadurch im Extremfall dessen Typ komplett enthüllt wird.

Die erste Matrix in Tab. 6.2 stellt allgemein die Verteilung der Priori-Wahrscheinlichkeiten für die Typenausprägung zweier Spieler dar. Jeder Spieler (1 oder 2) ist entweder vom Typ A oder vom Typ B. Die hier abgetragenen Wahrscheinlichkeiten sind – wie im Zeitstrahl von Abb. 6.2 beschrieben – *ex ante* beiden Spielern bekannt, weshalb man die Matrix auch als Common-Prior-Matrix bezeichnet (es ist gewissermaßen die Matrix, über die gemeinsames Wissen – Common Knowledge – besteht). Die zweite Matrix in Tab. 6.2 enthält ein konkretes Zahlenbeispiel.

Die Wahrscheinlichkeit $p(t_1^A, t_2^A) = 4/8$ bedeutet beispielsweise, dass die Wahrscheinlichkeit dafür, dass beide Spieler vom Typ A sind, 50 % beträgt. Sobald nun jeder Spieler durch den Zufallszug der Natur seinen eigenen Typen in Erfahrung bringt, kann er diese Information nutzen, um auf den Typen des anderen Spielers zu schließen. Angenommen, Spieler 1 erfährt, dass er ein A-Typ ist. Wie wahrscheinlich ist es nun, dass Spieler 2 auch ein A-Typ ist, wenn Spieler 1 bereits weiß, dass er selbst einer ist? Die gesuchte Wahrscheinlichkeit ist die bedingte Wahrscheinlichkeit $p(t_2^A \mid t_1^A)$, das heißt die „Wahrscheinlichkeit für t_2^A gegeben t_1^A". Diese bedingte Wahrscheinlichkeit lässt sich leicht berechnen: Wenn Spieler 1 bereits weiß, dass er ein A-Typ ist, dann braucht er nur noch die obere Zeile

Tab. 6.2 Auszahlungen Common-Prior-Matrix

1 , 2	t_2^A	t_2^B
t_1^A	$p(t_1^A, t_2^A)$	$p(t_1^A, t_2^B)$
t_1^B	$p(t_1^B, t_2^A)$	$p(t_1^B, t_2^B)$

1 , 2	t_2^A	t_2^B	$\sum t_2$
t_1^A	4/8	1/8	5/8
t_1^B	1/8	2/8	3/8

der Common-Prior-Matrix berücksichtigen. Denn entweder sind beide vom A-Typ, was mit einer Wahrscheinlichkeit von 4/8 auftritt oder nur Spieler 1 ist ein A-Typ und Spieler 2 ein B-Typ. Die zweite Konstellation ist gemäß Matrix mit Wahrscheinlichkeit 1/8 zu erwarten. Da nur eine der beiden Möglichkeiten eintreten kann, teilt er die gemeinsame Wahrscheinlichkeit für die ihn interessierende Konstellation $p(t_1^A, t_2^A)$ durch die Summe aus beiden Wahrscheinlichkeiten $p(t_1^A)$ und erhält für die gesuchte bedingte Wahrscheinlichkeit den Wert 4/5.

$$p\left(t_2^A \mid t_1^A\right) = \frac{p\left(t_1^A, t_2^A\right)}{p\left(t_1^A\right)} = \frac{4/8}{5/8} = \frac{4}{5}$$

Er hat somit Information hinzugewonnen: Bevor Spieler 1 seinen Typ erfahren hat, ging er davon aus, dass Spieler 2 mit Wahrscheinlichkeit 4/8 + 1/8 = 5/8 vom A-Typ ist und mit Wahrscheinlichkeit 1/8 + 2/8 = 3/8 vom B-Typ. Bei der hier beschriebenen Prozedur handelt es sich um Bayessches Updating gemäß der Bayesschen Formel.

Wir kennen nun die grundlegenden Eigenschaften von Spielen mit unvollständiger Information. Ein Bayessches Spiel ist somit durch $\Gamma(N, S, T, p, u)$ beschrieben. Gegenüber einem Spiel mit vollständiger Information (vgl. Abschn. 2.1) sind hier zwei Elemente hinzugekommen: T und p, wobei $T = \{T_1, \ldots T_n\}$ die Menge aller Spielertypen $T_i = \{t_{i1}, \ldots, t_{iZ}\}$ mit den verschiedenen Typ-Ausprägungen von Spieler i bezeichnet und p die Wahrscheinlichkeiten der einzelnen Typen. Dabei wird jeder Typ t_i als eigenständiger Spieler mit der Auszahlungsfunktion $u_i(t_i) = \sum_{t_{-i}} p(t_{-i} \mid t_i) \cdot$ $u_i[s_1(t_1), \ldots, s_n(t_n), t_1, \ldots, t_n]$ betrachtet. Wie wir gesehen haben, kann ein derartiges Spiel in ein Spiel $\Gamma(T, S', u')$ mit vollständiger, aber imperfekter Information transformiert werden (mit S' als Menge der $S_i(t_i)$ und u' als Menge der $u_i(t_i)$).

Mithilfe dieser Grundlagen können wir nun ein *Bayes-Nash-Gleichgewicht* definieren: In einem Bayes-Nash-Gleichgewicht wählt jeder Spieler die beste Antwort auf eine gegebene Strategie der Mitspieler für eine gegebene (Priori-)Wahrscheinlichkeitsverteilung über alle Spieler-Typen und unter der Bedingung, dass jeder Spieler i seinen eigenen Typ t_i kennt.

$$\sum_{t \in T} u_i\left(s_i^*(t_i), s_{-i}^*(t_{-i}), t_i\right) \cdot p(t) \geq \sum_{t \in T} u_i\left(s_i(t_i), s_{-i}^*(t_{-i}), t_i\right) \cdot p(t)$$

Diese Bedingung muss für alle Spieler und Strategien der Typen erfüllt sein. Dies ist eine Erweiterung der bereits bekannten Definition eines Nash-Gleichgewichts für Spiele mit unvollständiger Information. Aufgrund der Tatsache, dass jeder Spieler i nun eine Wahrscheinlichkeitsverteilung $p(\cdot)$ über alle T möglichen Typen seiner Mitspieler annehmen muss, wird die Auszahlung von Spieler i zu einer *erwarteten Auszahlung*. Im Bayes-Nash-Gleichgewicht maximiert jeder Spieler seinen erwarteten Nutzen bei gegebener (optimaler) Strategie des Gegenspielers (s^*_{-i}) und unter Kenntnis des eigenen Typs (t_i). Somit impliziert der obige Ausdruck, dass die Beliefs (das heißt die Wahrscheinlichkeitseinschätzungen) der Spieler entlang des Gleichgewichtspfads durch die Strategien der Spieler sowie durch Bayessches Updating bestimmt werden.

Wir wollen nun das Bayes-Nash-Gleichgewicht für das simultane Markteintrittsspiel ermitteln. Hierzu bestimmen wir zunächst die jeweils beste Antwort von Spieler 2 auf die gegebenen Strategien aller *(Typen-)Kombinationen von Spieler 1*. Im zweiten Schritt muss dann geprüft werden, ob für die gegebene beste Antwort von Spieler 2 *jeder Typ von Spieler 1* bei seiner Strategiewahl bleibt. Nehmen wir zunächst an, beide Typen von Spieler 1 (also sowohl der Monopolist mit hohen Kosten als auch der mit niedrigen Kosten) wählen jeweils die Strategie „Investition" (I). Wie sich aus den Matrizen in Tab. 6.1 ablesen lässt, ist es für Spieler 2 in beiden Fällen, also unabhängig davon, welcher Typ von Spieler 1 investiert, immer besser, dem Markt fernzubleiben, also „nicht eintreten" zu wählen. Die hier betrachtete Strategiekombination „Investition" und „Nicht eintreten" stellt in beiden Matrizen aus Tab. 6.1 ein Nash-Gleichgewicht dar, das heißt, wenn Spieler 2 dem Markt fernbleibt, ist es auch für beide Typen von Spieler 1 optimal zu investieren. Somit haben wir ein erstes Bayes-Nash-Gleichgewicht gefunden, das sich durch die Strategiekombination {(Investition (Typ 1), Investition (Typ 2)), Nicht Eintreten}* und durch das Wahrscheinlichkeitsintervall $p \in [0, 1]$ beschreiben lässt.[3] Jede beliebige Wahrscheinlichkeit zwischen 0 und 1 ist Teil dieses Gleichgewichts, da hier beide Typen von Spieler 1 dieselbe Strategie wählen und es somit für Spieler 2 egal ist, wen von beiden er vor sich hat.

Als Nächstes betrachten wir die Konstellation (I, K), bei der Typ 1 (hohe Kosten) „Investition" (I) wählt, Typ 2 (niedrige Kosten) sich aber für „Keine Investition" (K) entscheidet. Wählt Typ 1 „Investition", ist es für Spieler 2 am besten, nicht einzutreten. Umgekehrt bleibt es für Typ 1 optimal, „Investition" zu wählen, wenn Spieler 2 nicht eintritt. Wie sieht es aber mit Typ 2 aus? Wenn Spieler 2 nicht eintritt, stellt sich Typ 2 besser, wenn auch er „Investition" wählt. Somit kann die Strategiekombination {(I, K), N} kein Bayes-Nash-Gleichgewicht sein, denn hier würde Typ 2 auf „Investition" abweichen und wir würden wieder im ersten Bayes-Nash-Gleichgewicht landen. Genauso kann auch {(I, K), E} kein Bayes-Nash-Gleichgewicht sein: Tritt Spieler 2 ein, wäre es für Typ 1 besser „Keine Investition" zu wählen und für Typ 2 besser, „Investition" zu wählen. Beide Typen hätten also einen Anreiz, ihre Strategie zu wechseln.

---

[3]Um die Darstellung zu vereinfachen, kürzen wir im Folgenden die Strategien ab und schreiben einfach {(I, I), E}.

Die dritte mögliche Konstellation ist (K, I). Hier wählt Typ 1 „Keine Investition" und Typ 2 wählt „Investition". Wüsste Spieler 2, dass er Typ 1 vor sich hat (der K wählt), dann würde Spieler 2 eintreten. Auf Markteintritt von Spieler 2 wäre wiederum die beste Antwort von Typ 1 „Keine Investition" und von Typ 2 „Investition". Somit stellt die Strategiekombination {(K, I), E} ein Bayes-Nash-Gleichgewicht dar, wenn Spieler 2 mit einem hinreichend hohen p erwartet, wirklich auch Typ 1 gegenüberzustehen. Wüsste Spieler 2 hingegen, dass er Typ 2 vor sich hat (der I wählt), dann wäre es besser, nicht einzutreten. Der gesuchte, hinreichend hohe Belief p lässt sich wie folgt berechnen: Wählt Spieler 2 „Nicht eintreten", dann erzielt er stets – unabhängig vom Typ des Gegenspielers – eine Auszahlung in Höhe von 0. Wählt Spieler 2 „Eintreten", dann erhält er die erwartete Auszahlung $p \cdot 1 + (1 - p) \cdot (-1)$. Damit die Strategiekombination {(K, I), E} ein Gleichgewicht sein kann, muss also $p \cdot 1 + (1 - p) \cdot (-1) > 0$ bzw. $p > 1/2$ gelten. Damit haben wir mit {(K, I), E} für $p \in (1/2, 1]$ ein zweites Bayes-Nash-Gleichgewicht gefunden. Die verbleibende Möglichkeit, {(K, I), N}, bei der Spieler 2 nicht in den Markt eintritt, wenn Typ 1 investiert und Typ 2 nicht investiert, ist kein Bayes-Nash-Gleichgewicht: Wenn Spieler 2 nicht eintritt, dann ist es für beide Typen optimal, „Investition" zu wählen, das heißt, auch Spieler 1 würde investieren, womit wir wieder in unserem ersten Bayes-Nash-Gleichgewicht {(I, I), N} landen.

Schließlich bleibt noch die letzte Konstellation (K, K) zu prüfen, bei der beide Typen nicht investieren. In diesem Fall wäre die beste Antwort von Spieler 2 – unabhängig vom Typ des Gegenspielers – in den Markt einzutreten. Sobald aber Spieler 2 in den Markt eintritt, wäre es für Typ 2 besser, auf „Investition" zu wechseln. Damit wären wir wieder bei der oben diskutierten, dritten Konstellation angelangt, die zum zweiten Bayes-Nash-Gleichgewicht führte.

Zusammengefasst haben wir also in diesem Spiel zwei Bayes-Nash-Gleichgewichte gefunden: Das erste mit der Strategiekombination {(I, I), N}* für $p \in [0,1]$ und das zweite mit {(K, I), E}* für $p \in (1/2, 1]$.

Zum besseren Verständnis ist es ratsam, sich die obigen Überlegungen nochmals an einem konkreten Beispiel zu verdeutlichen. Für die oben diskutierten vier Konstellationen bestimmen wir die erwarteten Auszahlungen, indem wir für die Wahrscheinlichkeit p einmal $p = 1/4$ und einmal $p = 3/4$ annehmen. Tab. 6.3 stellt beide Auszahlungsmatrizen einander gegenüber.

Die Auszahlungen beider Typen von Spieler 1 wurden in einer Klammer abgetragen. Für Spieler 2, der unvollständige Information über Spieler 1 hat, muss stets die erwartete Auszahlung bestimmt werden.[4] Dies soll kurz am Beispiel der ersten Matrix ($p = 1/4$) für die Strategiekombination {(I, K), E} verdeutlicht werden: Wenn Spieler 2 eintritt, erhält Typ 1 eine Auszahlung von 0, wenn er „Investition" wählt und Typ 2 eine Auszahlung

---

[4]Wenn hingegen beide Spieler unvollständige Information über den Typen des Gegners haben, dann müssen natürlich auch für beide Spieler erwartete Auszahlungen berechnet werden. Hierzu gibt es eine Übungsaufgabe in Abschn. 10.1.3.

Tab. 6.3 Auszahlungsmatrix für verschiedene Typenkombinationen und Wahrscheinlichkeiten

$p = 1/4$:

	Eintreten	Nicht eintreten
I, I	$(0, \underline{3}), -1$	$(\underline{3}, \underline{5}), \underline{0}^*$
I, K	$(0, 2), \underline{0{,}5}$	$(\underline{3}, 3), 0$
K, I	$(\underline{2}, \underline{3}), -0{,}5$	$(2, \underline{5}), \underline{0}$
K, K	$(\underline{2}, 2), \underline{1}$	$(2, 3), 0$

$p = 3/4$:

	Eintreten	Nicht eintreten
I, I	$(0, \underline{3}), -1$	$(\underline{3}, \underline{5}), \underline{0}^*$
I, K	$(0, 2), -0{,}5$	$(\underline{3}, 3), \underline{0}$
K, I	$(\underline{2}, \underline{3}), \underline{0{,}5}^*$	$(2, \underline{5}), 0$
K, K	$(\underline{2}, 2), \underline{1}$	$(2, 3), 0$

von 2, wenn dieser „Keine Investition" wählt. Die Auszahlungen beider Typen werden also mit dem Klammerausdruck $(0, 2)$ zusammengefasst. Spieler 2 wiederum erhält die Auszahlung -1 wenn er auf Typ 1 trifft (das ist mit $p = 1/4$ der Fall) und eine Auszahlung von 1, wenn er auf Typ 2 trifft (dies ist mit Wahrscheinlichkeit $1 - p = 3/4$ der Fall). Für die erwartete Auszahlung von Spieler 2 ergibt sich somit $1/2$.

Auf diese Weise können wir nun die Auszahlungen aller Spieler und Spielertypen für die erste und zweite Matrix bestimmen. Bei der Suche nach den Gleichgewichten können wir genauso verfahren, wie wir es von Simultanspielen mit vollständiger Information kennen: Wir prüfen für jede Zelle die Anreize der Spieler, hiervon abzuweichen (in Tab. 6.3 wurden die besten Antworten durch Unterstreichung hervorgehoben). Dabei ist jedoch zu beachten, dass eine Gleichgewichtsstrategie immer *für jeden Spielertypen* von Spieler 1 optimal sein muss. Es stellen also nur diejenigen Zellen ein Bayes-Nash-Gleichgewicht dar, bei denen alle Auszahlungen, also sowohl die von Spieler 2 als auch die beider Spielertypen von Spieler 1, unterstrichen sind. Im Ergebnis finden wir hier beide Gleichgewichte wieder, die wir bereits mit den zuvor angestellten, allgemeinen Überlegungen ermittelt haben: Das erste Bayes-Nash-Gleichgewicht $\{(I, I), N\}$ war unabhängig von der Höhe der Wahrscheinlichkeit p und somit muss es in unserem Beispiel in beiden Matrizen, sowohl für $p = 1/4$ als auch für $p = 3/4$, in Erscheinung treten (was der Fall ist, es ist stets oben rechts zu finden). Das zweite Gleichgewicht $\{(K, I), E\}$ galt nur für $p > 1/2$ und dementsprechend finden wir es auch nur in der zweiten Matrix.

6.2   Bayes-Nash-Gleichgewicht in stetigen Strategien

Auch in Spielen mit stetigen Strategien lässt sich unvollständige Information berücksichtigen und das entsprechende Bayes-Nash-Gleichgewicht bestimmen. Derjenige Spieler, der über den Typ des Gegenspielers unsicher ist, kann dann für seine Entscheidung keine eindeutige Reaktionsfunktion des Gegenspielers mehr zugrunde legen; vielmehr muss er – je nach Anzahl an Gegenspieler-Typen – auch eine entsprechende Zahl an Reaktionsfunktionen annehmen und wird dann hieraus eine Art „durchschnittliche Reaktionsfunktion" ermitteln. In der Literatur wird dies auch gelegentlich als „erwartetes Reaktionsprofil" bezeichnet.

Betrachten wir als Beispiel die folgende Wettbewerbssituation zwischen zwei Unternehmen. Beide Unternehmen stehen miteinander im Mengenwettbewerb und sehen sich gemeinsam der Marktnachfrage $p = 20 - X$ gegenüber, wobei p für den Marktpreis und $X = x_1 + x_2$ für die auf dem Markt abgesetzte Gesamtmenge (von Unternehmen 1 und Unternehmen 2) steht. Bezüglich der variablen Produktionskosten $c_i \cdot x_i$ besteht unvollständige Information: Aus Sicht des Konkurrenten kann jedes der beiden Unternehmen a priori hohe ($c_i^H = 10$) oder niedrige ($c_i^L = 2$) Produktionskosten aufweisen. Jedes der beiden Unternehmen kennt zwar seine eigenen Kosten, aber nicht die des Konkurrenten. Wir nehmen an, die Kosten beider Unternehmen seien in Wirklichkeit niedrig. Aus Sicht von Unternehmen 1 sei q_2 die Wahrscheinlichkeit, dass Unternehmen 2 hohe Kosten hat und entsprechend $1 - q_2$ die Wahrscheinlichkeit für niedrige Kosten (wir wählen hier nun q als Wahrscheinlichkeit, damit keine Verwechslung mit Preisen möglich ist). Aus Sicht von Unternehmen 2 sei q_1 die Wahrscheinlichkeit für hohe Kosten von Unternehmen 1 und entsprechend $1 - q_1$ für niedrige Kosten von Unternehmen 1. Für das nachfolgende Rechenbeispiel soll $q_1 = 1/2$ und $q_2 = 5/8$ gelten, das heißt, Unternehmen 2 erwartet bei seinem Konkurrenten Kosten mittlerer Höhe und Unternehmen 1 unterstellt seinem Kontrahenten eher hohe Kosten. Wie üblich, sind die Wahrscheinlichkeiten gemeinsames Wissen der Spieler.

Wir bestimmen nun das Bayes-Nash-Gleichgewicht für simultanen Mengenwettbewerb dieses Duopols mit unvollständiger Information. Dabei gehen wir grundsätzlich genauso vor, wie es in Abschn. 3.4 für Spiele mit stetigen Strategien und vollständiger Information beschrieben wurde: Ausgehend von den jeweiligen Gewinnfunktionen der Unternehmen wird die partielle Ableitung im Hinblick auf die strategische Variable ermittelt und gleich Null gesetzt, woraus sich die Reaktionsfunktionen der Unternehmen ableiten lassen. Im Duopolspiel mit vollständiger Information lieferte uns der Schnittpunkt der Reaktionsfunktionen direkt das Nash-Gleichgewicht in stetigen Strategien.

Für den Fall der unvollständigen Information ist hier jedoch eine Besonderheit zu beachten. Obwohl jedes Unternehmen seine eigenen Kosten kennt und somit die eigene Gewinnfunktion *aus seiner Sicht* keine Unsicherheit enthält, muss es berücksichtigen, dass sein Konkurrent unter Unsicherheit handelt. Da der Gegenspieler hinsichtlich der Kosten unsicher ist, muss jedes Unternehmen die Perspektive des Konkurrenten einnehmen und dessen Unsicherheit für die eigene Entscheidung zugrunde legen. Beispielsweise ist es für Unternehmen 2 wichtig zu wissen, dass sein Konkurrent es tendenziell für unproduktiv hält (obwohl es selbst weiß, dass es das nicht ist): Hält sein Konkurrent es für unproduktiv, wird er eine niedrige Ausbringungsmenge erwarten, und wird somit eher eine höhere Ausbringungsmenge wählen. Unternehmen 2 wird also von einer höheren Produktion von Unternehmen 1 ausgehen und entsprechend eher weniger produzieren. Würde Unternehmen 2 hingegen die Einschätzung seines Konkurrenten ignorieren, könnte es passieren, dass am Ende die auf dem Markt insgesamt abgesetzte Menge zu hoch ausfällt und beide Unternehmen – auch Unternehmen 2 – weniger Gewinn erzielen. Diese optimale Reaktion von Unternehmen 2 ist also eine Reaktion darauf, wie sein Konkurrent seine Kosten einschätzt und demzufolge entscheiden wird.

Da in unserem Fall beide Unternehmen Unsicherheit über die Kostenhöhe des Konkurrenten haben, müssen in einem ersten Schritt die erwarteten Reaktionsfunktionen beider Unternehmen bestimmt werden. Der Schnittpunkt dieser erwarteten Reaktionsfunktionen stellt allerdings noch nicht das Bayes-Nash-Gleichgewicht dar, sondern bestimmt zunächst *die im Gleichgewicht von beiden Unternehmen erwarteten Ausbringungsmengen* $\bar{x}_1$ und $\bar{x}_2$. Jedes Unternehmen wählt anschließend basierend auf der im Gleichgewicht erwarteten Ausbringungsmenge des Konkurrenten $\bar{x}_j$ seine optimale Reaktion $x_i^*(\bar{x}_j)$. Hierfür wird die erwartete Strategiewahl des Gegners in die eigene *deterministische Reaktionsfunktion* (das heißt in die tatsächliche Reaktionsfunktion ohne Unsicherheit) eingesetzt.

Um die erwartete Reaktionsfunktion von Unternehmen 1 zu bestimmen, stellen wir zunächst die erwartete Gewinnfunktion auf.

$$\bar{\pi}_1(x_1, x_2) = (20 - x_1 - x_2) \cdot x_1 - \left[q_1 \cdot c_1^H + (1 - q_1) \cdot c_1^L\right] \cdot x_1$$

Der Gewinn wird maximiert, indem die partielle Ableitung in Bezug auf die strategische Variable x_1 null gesetzt wird. Daraus lässt sich die erwartete Reaktionsfunktion von Unternehmen 1 bestimmen als

$$\bar{r}_1(x_2) : \bar{x}_1(x_2) = 10 - \frac{1}{2} \cdot \left[x_2 + q_1 \cdot c_1^H + (1 - q_1) \cdot c_1^L\right]$$

Der Strich über den Variablen gibt an, dass es sich hier um die erwartete Reaktion von Unternehmen 1 handelt: Unternehmen 1 bildet eine Erwartung über die eigene Strategiewahl und versetzt sich so in die von Unsicherheit geprägte Perspektive von Unternehmen 2.

Die erwartete Reaktionsfunktion von Unternehmen 2 erhalten wir analog:

$$\bar{r}_2(x_1) : \bar{x}_2(x_1) = 10 - \frac{1}{2} \cdot \left[x_1 + q_2 \cdot c_2^H + (1 - q_2) \cdot c_2^L\right]$$

Hier ist es nun Unternehmen 2, das sich in die Perspektive von Unternehmen 1 hineinversetzt und daraus ableitet, was Unternehmen 1 erwartet, wie es selbst reagieren wird. Setzen wir noch die obigen Zahlenwerte ($q_1 = 1/2$, $q_2 = 5/8$, $c_i^L = 2$, $c_i^H = 10$) in die Reaktionsfunktionen ein, dann erhalten wir:

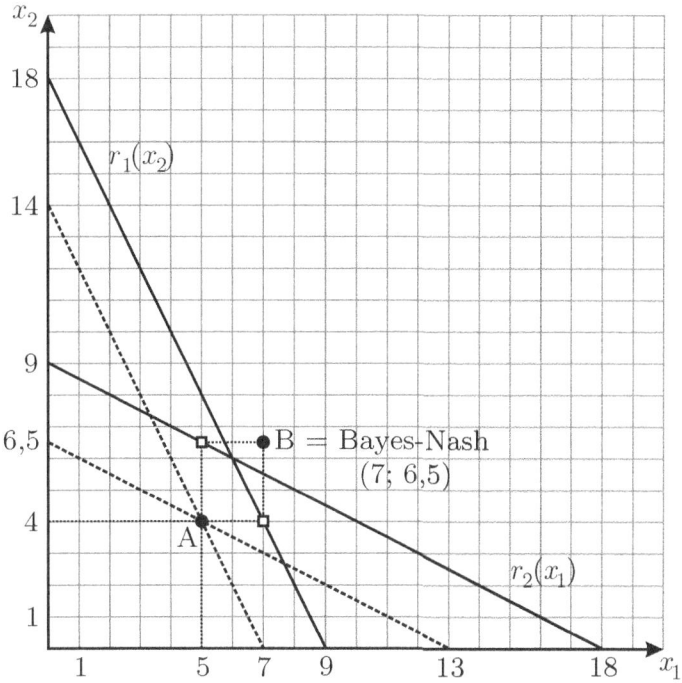

Abb. 6.3 Unvollständige Information im Duopol-Mengenwettbewerb

$$\bar{r}_1(x_2) : \bar{x}_1(x_2) = 7 - \frac{1}{2} \cdot x_2 \quad \text{bzw.} \quad \bar{r}_1(x_1) : x_2(\bar{x}_1) = 14 - 2 \cdot \bar{x}_1$$

$$\bar{r}_2(x_1) : \bar{x}_2(x_1) = 6{,}5 - \frac{1}{2} \cdot x_1$$

Die erwartete Reaktionsfunktion von Unternehmen 1 wurde zusätzlich nach x_2 umgestellt, damit beide Reaktionsfunktionen wieder in einem gemeinsamen x_1-x_2-Diagramm abgetragen werden können. In Abb. 6.3 sind die erwarteten Reaktionsfunktionen gestrichelt eingezeichnet.

Als Schnittpunkt dieser Funktionen ergaben sich mit $\bar{x}_1 = 5$ und $\bar{x}_2 = 4$ diejenigen Ausbringungsmengen, die von beiden Unternehmen im Gleichgewicht erwartet und somit ihrer Entscheidung zugrunde gelegt werden (Punkt A in der Grafik). Wie wir erkennen können, sind die erwarteten Mengen unterschiedlich hoch, da die Unternehmen die Kosten ihres Konkurrenten unterschiedlich einschätzen. Wenn beide Unternehmen hingegen voneinander wüssten, dass sie niedrige Kosten haben (Situation mit vollständiger Information), ergäben sich im Gleichgewicht identische und auch höhere Mengen in Höhe von $x_1^* = x_2^* = 6$ (Wahrscheinlichkeiten für beide $q_1 = q_2 = 0$ setzen).[5] Wie bereits diskutiert,

---

[5] Der Fall mit vollständiger Information über niedrige Kosten bei beiden Firmen entspricht den durchgezogenen Reaktionsfunktionen in Abb. 6.3.

zeigt sich, dass im Gleichgewicht von Unternehmen 1 eine höhere Menge und von Unternehmen 2 eine niedrigere Ausbringungsmenge erwartet wird.

Basierend auf diesen Erwartungen findet nun jedes Unternehmen seine optimale Produktion, indem es für die erwartete Menge seines Konkurrenten die optimale Reaktion bestimmt. Die jeweils beste Antwort jedes Unternehmens findet sich auf seiner (deterministischen) Reaktionsfunktion, die sich aus den tatsächlichen Kosten (in diesem Fall für beide Unternehmen niedrig) ergibt. In der Abbildung lässt sich etwa die beste Antwort von Unternehmen 2 auf die erwartete Menge $\bar{x}_1 = 5$ des Konkurrenten an seiner durchgezogenen Reaktionsfunktion ablesen (kleines Kästchen). Zur rechnerischen Bestimmung der optimalen Ausbringungsmenge von Firma 2 setzen wir den Wert $\overline{x_1} = 5$ in die deterministische Reaktionsfunktion von Firma 2 ein und erhalten $r_2(\bar{x}_1) : x_2^*(\bar{x}_2 = 4) = 10 - 0,5 \cdot \left[5 + c_2^L\right] = 6,5$. Analog wird für Unternehmen 1 die Erwartung $\overline{x_2} = 4$ zugrunde gelegt und es ergibt sich entsprechend $r_1(\bar{x}_2) : x_1^*(\bar{x}_2 = 4) = 10 - 0,5 \cdot \left[5 + c_1^L\right] = 7$. Das Bayes-Nash-Gleichgewicht liegt somit in der Strategiekombination $x_1^* = 7$ und $x_2^* = 7$ für gegebene (und bekannte) Wahrscheinlichkeiten $q_1 = 1/2$ und $q_2 = 5/8$.

Wir sehen an diesem Ergebnis, dass beide Unternehmen eine höhere Menge wählen als sie bei vollständiger Information über niedrige Kosten ausbringen würden. Der Grund dafür ist einfach: Da beide Unternehmen – wenn auch mit unterschiedlicher Intensität – die Kosten des Konkurrenten überschätzen, erwarten sie im Gleichgewicht zu niedrige Ausbringungsmengen und reagieren darauf optimal (optimal für ihren gegebenen Wissensstand mit unvollständiger Information) mit höherer Produktionsmenge.

6.3   Signalspiele

Unter *Signalspielen* werden sequenzielle Spiele mit asymmetrischer, das heißt, einseitiger unvollständiger Information, verstanden. Der Signal-Aspekt dieser Spiele beruht darauf, dass der uninformierte Spieler (Empfänger des Signals) allein aus der Strategiewahl des Mitspielers (Sender des Signals) Informationen über dessen Typ ableiten kann. Die Struktur eines Signalspiels ist wie folgt: Zunächst zieht die Natur den Typen des Senders aus der Menge aller Typen entsprechend einer (bekannten) Wahrscheinlichkeitsverteilung über alle Typen (*ex ante*). Wir gehen hier wieder vom einfachsten Fall mit zwei Typen aus. Der Sender erhält die Information über seinen Typ (*interim*) und entscheidet als First-Mover über seine Strategiewahl. Der Empfänger beobachtet die Aktion des First-Movers und versucht auf Basis dieser Beobachtung, Rückschlüsse auf den Typen des Senders zu ziehen. Es geht bei einem Signalspiel also im Kern um die *Interpretation* der First-Mover-Strategie durch den Second-Mover.

▶   **Hinweis und Tipp** In einem Signalspiel kann die Strategiewahl eines Spielers Hinweise auf seinen Typen geben.

Das folgende Beispiel ist eine abgewandelte Version des bekannten Signalspiels von Spence (1973), einer Anwendung der Signalspiel-Theorie für den Fall der Personalauswahl auf dem Arbeitsmarkt. In diesem Beispiel steht der Arbeitgeber (AG, Empfänger des Signals) vor dem Problem, einen produktiven Arbeitnehmer (AN, potenzieller Sender des Signals) zu finden, dessen Produktivität für ihn *ex ante* nicht beobachtbar ist. Mit einer Wahrscheinlichkeit von q erwartet er einen produktiven Arbeitnehmer, mit dem er einen hohen Output bzw. Erlös E^H erzielen kann; mit der Gegenwahrscheinlichkeit $1 - q$ rechnet er allerdings mit einem unproduktiven Arbeitnehmer, der ihm nur einen niedrigen Erlös E^L ermöglicht. Diese Wahrscheinlichkeitsverteilung über die beiden Arbeitnehmer-Typen ist gemeinsames Wissen aller Spieler. Auch wenn der Arbeitgeber die Produktivität des Arbeitnehmers nicht (direkt) beobachten kann, so kann er auf ein beobachtbares Merkmal des Arbeitnehmers achten, von dem er annimmt, dass es mit der Produktivität des Arbeit-nehmers zusammenhängt. Für unser Beispiel gehen wir davon aus, dass er auf ein gepfleg-tes und professionelles Erscheinungsbild des potenziellen Arbeitnehmers beim Bewer-bungsgespräch achtet. Dieses vom Sender (AN) beeinflussbare und für den Empfänger (AG) beobachtbare Merkmal stellt das *Signal* des Senders dar. Die zentrale Voraussetzung dafür, dass das Signal für den Empfänger informativ ist, also als *Selektionskriterium* dienen kann, ist die, dass es dem unproduktiven Typen der Tendenz nach schwerer fallen muss, dieses Signal zu erzeugen. Für unser Beispiel heißt das, dass die höhere Produktivität des gewünschten Arbeitnehmer-Typen etwa mit einer höheren Gewissenhaftigkeit korreliert ist, sodass es dem produktiven Typen leichter fällt als dem unproduktiven Typen, sich für das Bewerbungsgespräch adäquat zu kleiden. Wir nehmen an, dass dem produktiven Typen Anstrengungskosten in Höhe von c^L entstehen, wenn er gepflegt zum Vor-stellungsgespräch erscheint; dem unproduktiven Typen entstehen hierfür mit c^H höhere Kosten (es gilt $c^L < c^H$). Der Empfänger betrachtet somit bestimmte Eigenschaften des Senders als Signal, die nicht direkt mit der ihn interessierenden Eigenschaft zu-sammenhängen müssen. Wichtig ist dabei nur, dass die Anreize der Sendertypen zur Erzeugung des Signals mit der relevanten Eigenschaft korreliert sind. In einem Signalspiel besteht somit die Strategiewahl des Senders in der Entscheidung, das Signal zu erzeugen (Strategie S) oder nicht (Strategie N).[6] Der Empfänger steht seinerseits vor der Entschei-dung, die vom Sender beobachtete Strategiewahl als Unterscheidungskriterium heranzu-ziehen oder nicht. Ein Signal kommt für ihn natürlich nur dann als Entscheidungskriterium infrage, wenn beide Sendertypen unterschiedlich agieren, also der produktive Typ Strategie S wählt (er erscheint gepflegt zum Bewerbungsgespräch) und der unproduktive Typ die Strategie N wählt (er erscheint nachlässig zum Bewerbungsgespräch). Wenn der Emp-fänger in der Lage ist, zwischen beiden Sendertypen auf Basis seiner Beobachtung zu

---

[6]Aus informationsökonomischer Sicht stellt jede Aktivität des Senders, aus welcher der Empfänger Rückschlüsse über dessen Typen ziehen kann, ein Signal dar. Somit kann auch das Nicht-Senden eines Signals als Signal aufgefasst werden. Im Kontext des im Text diskutierten Beispiels sprechen wir jedoch aus Gründen der Klarheit nur dann von einem Signal, wenn der Sender es aktiv „erzeugt", ihm dafür also auch Kosten entstehen.

unterscheiden, dann spielt er eine *Trennungsstrategie* (Strategie T). In unserem Beispiel ist die Trennungsstrategie gleichbedeutend damit, dass der Arbeitgeber beiden Typen einen unterschiedlichen Lohn zahlt, da sie für ihn unterscheidbar sind: Er zahlt dem produktiven Typen einen hohen Lohn w^H und dem unproduktiven Typen einen niedrigen Lohn w^L. Wenn für den Empfänger hingegen die beiden Sendertypen nicht unterscheidbar sind oder er unterschiedliches Senderverhalten für nicht aussagekräftig hält, sodass er jedes Signal ignoriert, dann spielt er eine *Pooling-Strategie* (Strategie P). In diesem Fall bleibt der Empfänger unvollständig informiert und zahlt jedem Arbeitnehmer den Durchschnittslohn $\overline{w} = q \cdot w^H + (1\text{-}q) \cdot w^L$.

Abb. 6.4 stellt das hiermit vollständig beschriebene Signalspiel in extensiver Form dar.[7] Wir suchen nun die Bayes-Nash-Gleichgewichte dieses Spiels, wobei man bei Signalspielen stets zwei Arten von Gleichgewichten unterscheidet: das sogenannte Trennungsgleichgewicht einerseits und das Pooling-Gleichgewicht andererseits. Im Trennungsgleichgewicht spielen – stets für eine gegebene Wahrscheinlichkeitsverteilung über die Sender-Typen – beide Typen unterschiedliche Strategien. Für den Empfänger ist es dann optimal, das Signal als Unterscheidungskriterium heranzuziehen und somit die Trennungsstrategie zu spielen. Im Pooling-Gleichgewicht spielen beide Typen die gleiche Strategie (entweder beide N oder beide S). In diesem Fall sind die Typen für den Empfänger nicht unterscheidbar, sodass er nur die Pooling-Strategie wählen kann.

Nehmen wir zunächst an, beide Sender-Typen spielen die Strategie N, das heißt, sie erscheinen beide nachlässig zum Vorstellungsgespräch. Damit sind sie für den Empfänger

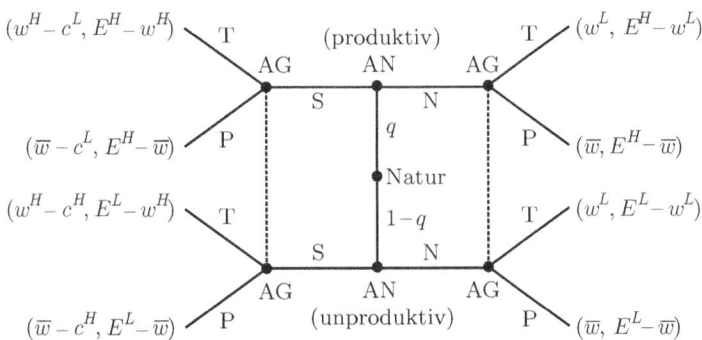

Abb. 6.4 Signalspiel

---

[7]Die Spielbaum-Variante von Signalspielen unterscheidet sich optisch geringfügig von der üblichen Spielbaum-Darstellung, da hier – im Gegensatz zur konventionellen schrägen Anordnung – die Äste des Spielbaumes waagerecht und senkrecht angeordnet werden. In dieser Darstellung lassen sich die Auszahlungen in den Szenarien mit oder ohne Signal aufgrund der eindeutigen Seitenanordnung (links und rechts) optisch leichter unterscheiden. Zudem sind die Auszahlungen auf jeder Seite untereinander angeordnet und somit leichter miteinander vergleichbar.

(Arbeitgeber) nicht unterscheidbar, sodass dieser die Pooling-Strategie spielt und beiden den Durchschnittslohn $\overline{w}$ zahlt. Könnte sich nun einer der beiden Sender-Typen dadurch verbessern, dass er von seiner Strategie abweicht und gepflegt zum Vorstellungsgespräch kommt? Es dürfte klar sein, dass sich diese Überlegung zuerst der produktive Typ stellen wird, da diesem die niedrigeren Signalkosten c^L entstehen. Der produktive Typ wird dann abweichen und die Strategie S wählen, wenn der höhere Lohn, den er dadurch erhält, dass er sich als produktiver Typ ausweist, abzüglich der Signalkosten höher ausfällt als der ihm andernfalls gezahlte Durchschnittslohn:

$$w^H - c^L \geq q \cdot w^H + (1-q) \cdot w^L \Leftrightarrow q \leq 1 - \frac{c^L}{w^H - w^L} \tag{6.1}$$

Man sieht, dass diese Bedingung eine Obergrenze für die Wahrscheinlichkeit q impliziert. Je höher die Wahrscheinlichkeit für einen produktiven Typen ist, desto höher ist der Durchschnittslohn $\overline{w}$, den der produktive Arbeitnehmer auch bereits ohne Signal im Pooling-Gleichgewicht bekommt – im Extremfall $q = 1$ wäre schließlich jeder Arbeitnehmer produktiv und damit der Durchschnittslohn gleich dem Lohn des produktiven Typen. Diese kritische Wahrscheinlichkeit, ab der es sich lohnt das Signal auszusenden, ist umso kleiner, je höher die Signalkosten c^L sind und umso größer, je höher die Lohndifferenz $(w^H - w^L)$ ausfällt. Ist zum Beispiel die Lohnspreizung gering und das Signal sehr teuer, muss der Anteil der produktiven Arbeiter extrem niedrig sein, sodass diese einen Anreiz haben, das Signal auszusenden, um den höheren Lohn anstelle der Durchschnittsentlohnung zu erhalten.

Bedingung (6.1) stellt aber noch nicht sicher, dass es tatsächlich zu einem Trennungsgleichgewicht kommt. Es muss nämlich zudem gelten, dass der unproduktive Typ keinen Anreiz hat, ebenfalls das Signal zu erzeugen – da nun der produktive Typ für den Arbeitgeber eindeutig identifizierbar ist, bekommt der unproduktive Typ einen niedrigeren Lohn. Damit der unproduktive Typ kein Signal aussendet, muss gelten:

$$q \cdot w^H + (1-q) \cdot w^L - c^H \leq w^L \Leftrightarrow q \leq \frac{c^H}{w^H - w^L} \tag{6.2}$$

Auch Bedingung (6.2) stellt eine kritische Obergrenze für die Wahrscheinlichkeit dar. Liegt die Wahrscheinlichkeit q höher als dieser Wert, dann steigt der vom Arbeitgeber bezahlte Durchschnittslohn so stark an, dass sich auch der unproduktive Typ die Erzeugung des Signals leisten möchte. Liegt q jedoch darunter, dann hat der unproduktive Typ keinen Anreiz, das Signal zu erzeugen, wenn der produktive dies tut. Zudem kann sich auch der Arbeitgeber nicht dadurch verschlechtern, dass er nach dem beobachteten Signal diskriminiert und eine Trennungsstrategie (T) spielt. Die gemeinsamen Bedingungen (6.1) und (6.2) stellen somit die Bedingungen für ein Trennungsgleichgewicht dieses Spiels dar.

Wenn mindestens eine der beiden Bedingungen (6.1) und (6.2) nicht erfüllt ist, dann liegt ein Pooling-Gleichgewicht vor, wobei hiervon grundsätzlich zwei Varianten zu prüfen sind: Ein Pooling-Gleichgewicht, in dem beide Sendertypen das Signal nicht erzeugen und eines, in dem beide das Signal erzeugen. Nehmen wir zunächst an, die Bedingung (6.1) sei nicht erfüllt. In diesem Fall hätte der produktive Typ keinen Anreiz mehr, sich vom unproduktiven Typ per Signalerzeugung abzuheben. Ist es nun aber möglich, dass der unproduktive Typ ein Interesse daran haben kann, diese Situation auszunutzen, also seinerseits ein Signal zu erzeugen, wenn der produktive das nicht tut? Wenn dem so wäre, dann würde er damit nämlich den produktiven Typen zwingen, das Signal weiterhin zu erzeugen (diesem droht sonst der niedrige Lohn w^L), obwohl es für diesen eigentlich nicht mehr lohnend ist. Dieser Anreiz des unproduktiven Senders, den produktiven in diesem Sinne unter Druck zu setzen, wäre dann gegeben, wenn die folgende Bedingung erfüllt ist:

$$w^H - c^H \geq q \cdot w^H + (1 - q) \cdot w^L \Leftrightarrow q \leq 1 - \frac{c^H}{w^H - w^L} \tag{6.3}$$

Bedingung (6.3) stellt wieder eine Obergrenze für die kritische Wahrscheinlichkeit dar und ähnelt Bedingung (6.1). Insbesondere erkennt man, dass die kritische Grenze (6.3) wegen $c^L < c^H$ stets strikt kleiner ist als die rechte Seite von Bedingung (6.1). Wenn also die kritische Wahrscheinlichkeit aus (6.1) erreicht wird, bei welcher der produktive Typ das Interesse verliert, sich vom unproduktiven Typ abzuheben, dann ist die kritische Wahrscheinlichkeit aus (6.3) bereits längst überschritten. Daraus folgt, dass sich der unproduktive Sendertyp nie vom produktiven Typ abheben wird, indem nur er das Signal erzeugt.

Nehmen wir nun die andere Möglichkeit an, Bedingung (6.2) sei nicht erfüllt, wohl aber Bedingung (6.1). In diesem Fall hätte der produktive Typ noch einen Anreiz, sich vom unproduktiven Typ abzuheben, aber der Unproduktive würde jetzt ebenfalls das Signal erzeugen wollen, um nicht als unproduktiv identifizierbar zu sein. Da sich der produktive Typ dann nicht mehr abheben kann, würde er einfach auf das Signal verzichten und der unproduktive Typ würde es ihm wegen (6.3) sofort gleichtun und auch kein Signal erzeugen. Aus beiden Überlegungen lässt sich folgern, dass jedes Pooling-Gleichgewicht nur ein solches sein kann, bei dem keiner der beiden Sendertypen das Signal erzeugt. Das Ergebnis ist einleuchtend: Da ein Signal immer mit Kosten verbunden ist, bei Pooling aber keinen Nutzen bringt, kann es nicht optimal sein, dieses zu erzeugen.

Schließlich müssen wir noch zeigen, dass die beschriebenen Konstellationen für ein Trennungs- und ein Pooling-Gleichgewicht auch für den Arbeitgeber als Empfänger optimal sind und er keinen Anreiz hat, davon abzuweichen. Im obigen Beispiel verhält es sich so, dass der Arbeitgeber für *jede beliebige Wahrscheinlichkeit q* indifferent ist zwischen einer Trennungs- und einer Pooling-Strategie. Spielt der Arbeitgeber eine *Trennungsstrategie*, dann zahlt er den Arbeitnehmertypen unterschiedliche Löhne (w^H bzw. w^L), da er sie unterscheiden kann. Sein erwarteter Gewinn bei der Rekrutierungs-Strategie „Trennung" (T) beträgt dann $\bar{\pi}(T) = q \cdot (E^H - w^H) + (1 - q) \cdot (E^L - w^L)$, da er mit Wahrscheinlichkeit q einem produktiven Arbeitnehmertypen gegenübersteht und mit Wahrscheinlichkeit $1 - q$ einem unproduktiven. Spielt er hingegen eine Pooling-Strategie, dann zahlt er einem repräsentativen Arbeitnehmer, dessen Typ für ihn nicht beobachtbar ist, den Durchschnittslohn $\bar{w} = q \cdot w^H + (1 - q) \cdot w^L$. Sein erwarteter Gewinn bei der

Rekrutierungs-Strategie „Pooling" (P) beträgt $\bar{\pi}(P) = q \cdot E^H + (1-q) \cdot E^L - \bar{w}$. Wie zu erkennen, gilt $\bar{\pi}(T) = \bar{\pi}(P)$, das heißt, die beiden erwarteten Gewinne sind für jede Wahrscheinlichkeit q identisch, sodass der Arbeitgeber stets indifferent zwischen beiden Strategien ist. Das aber bedeutet nichts anderes, als dass sowohl das Trennungs- als auch das Pooling-Gleichgewicht ganz automatisch auch für den Arbeitgeber als Empfänger akzeptabel („anreizkompatibel") sind und er somit keinen Anreiz hat, davon abzuweichen.

Wenden wir nun abschließend zur Verdeutlichung das folgende Zahlenbeispiel auf das hier beschriebene Modell an: Es sei $c^L = 1$, $c^H = 3$, $w^L = 1$ sowie $w^H = 5$.

Als kritische Grenze (6.1) erhält man $q \leq 3/4$, für (6.2) ebenfalls $q \leq 3/4$ und für (6.3) $q \leq 1/4$. Damit liegt im Intervall $q \in [0; 3/4]$ ein Trennungsgleichgewicht $\{(S,N), T\}^*$ vor und im Intervall $q \in [3/4; 1]$ ein Pooling-Gleichgewicht $\{(N,N), P\}^*$ – wobei der erste Ausdruck in der runden Klammer immer die Strategie des produktiven Arbeitnehmers und der zweite Ausdruck die des unproduktiven Typen bezeichnet.

6.4 Verständnisfragen

1. Spiele mit unvollständiger Information lassen sich darstellen als...

A	Lotterien, in denen nur die Natur über den Spielausgang entscheidet.
B	Spiele mit imperfekter Information über die Züge der Natur.
C	Spiele mit imperfekter Information über die Züge der Spieler.
D	unendlich wiederholte Spiele mit ungewisser Zukunft.

2. In einem simultanen Zwei-Personen-Spiel mit beidseitiger, unvollständiger Information verfügen die Spieler *vor* ihrer Strategiewahl über die folgende Information:

A	Jeder Spieler kennt den Typen des Gegenspielers.
B	Jeder Spieler kennt die Wahrscheinlichkeitsverteilung über den eigenen Typ, nicht aber die Wahrscheinlichkeitsverteilung über die Typenausprägung des Gegenspielers.
C	Jeder Spieler kennt den eigenen Typ.
D	Jeder Spieler weiß vor dem Spielausgang nichts über seinen Gegenspieler.

3. In einem Trennungsgleichgewicht eines Signalspiels...

A	kann der Empfänger nur den Typen eines Senders identifizieren, aber nicht den Typen des anderen.
B	wählen die Typen des Senders unterschiedliche Strategien.
C	spielt die Wahrscheinlichkeitsverteilung über die Sender-Typen keine Rolle, da der Empfänger die Typen eindeutig unterscheiden kann.
D	hat der Empfänger den Anreiz, seine Strategiewahl vom beobachteten Verhalten des Senders abhängig zu machen.

6.5 Aufgaben

6.5.1 Information und Bayessches Gleichgewicht

Betrachten Sie erneut die Situation aus Aufgabe 1 in Abschn. 4.5: Zwei Unternehmen stehen in einem Markt mit einem Zeithorizont von zwei Perioden miteinander im Wettbewerb. Unternehmen 1 kann in beiden Perioden zwischen den Aktionen „Preiskrieg" (a^t_{11}) oder „Aufteilung des Marktes" (a^t_{12}) wählen. Unternehmen 2 beobachtet die Aktionswahl in $t = 0$ und kann sich zu Beginn von Periode $t = 1$ von Unternehmen 1 beobachtbar zwischen den Aktionen „Marktaustritt" [a_{21} mit $\pi^t_2(a^t_{12}) = 0$] und „Verbleiben im Markt" [a^t_{22} mit $\pi^t_2(a^t_{11}) = -1, \pi^t_2(a^t_{12}) = 2$] entscheiden. Der Periodengewinn von Unternehmen 1 beträgt $\pi^t_{1,D}(a^t_{11}) = -1$ und $\pi^t_{1,D}(a^t_{12}) = 2$ falls beide Unternehmen im Markt aktiv sind und $\pi^t_{1,M} = 6$ falls Unternehmen 2 aus dem Markt ausgetreten ist.

Gehen Sie nun davon aus, dass Unternehmen 2 nicht sicher ist, ob Unternehmen 1 ein „normales" Unternehmen mit den oben angegebenen Auszahlungen ist oder ein „aggressives" Unternehmen, das immer die Aktion „Preiskrieg" vorzieht – a priori geht Unternehmen 2 davon aus, dass Unternehmen 1 mit Wahrscheinlichkeit p „normal" und mit $1 - p$ aggressiv ist.

a) Wie lässt sich dieses Spiel mit unvollständiger Information in ein formal äquivalentes Spiel mit imperfekter Information übertragen? Zeichnen Sie den Spielbaum dieses Spiels mit imperfekter Information! Erläutern Sie in Abhängigkeit von der Wahrscheinlichkeitseinschätzung über den Typ von Unternehmen 1, ob es für Unternehmen 2 attraktiv ist, in Periode 1 im Markt zu sein!

b) Unternehmen 2 passt seine Wahrscheinlichkeitsschätzung für die zweite Periode auf Grundlage des beobachteten Verhaltens in Periode 1 an. Welche Aktion wählt Unternehmen 2, wenn es die Aktion „Aufteilung" beobachtet? Ist es plausibel, dass Unternehmen 2 aus dem Verhalten „Preiskrieg" schließt, dass Unternehmen 1 mit Sicherheit „aggressiv" ist? Ändert sich Ihre Aussage, wenn die Auszahlung im Monopolfall für ein „normales" Unternehmen $\pi^M_1 = 4$ statt $\pi^M_1 = 6$ beträgt?

Lösung in Abschn. 6.6.1

6.5.2 Bayessches Gleichgewicht in stetigen Strategien

Betrachten Sie das folgende Spiel, das auf einen sozialpolitischen Kontext bezogen ist. Zu Beginn eines Jahres stehen der Staat und ein (repräsentativer) Arbeitnehmer vor einem Entscheidungsproblem: Der Arbeitnehmer hat ein Jobangebot und muss sich bindend festlegen, wie viele Monate L im Jahr er dieser Tätigkeit mit einem Monatslohn in Höhe von w nachgehen will. In den Monaten, in denen er nicht arbeitet, bezieht er als Arbeitsloser einen staatlichen Transfer in Höhe von t pro Monat. Die Anzahl der arbeitstätigen Monate L ist stetig und liegt im Intervall $L \in [0,12]$, das heißt, der Arbeitnehmer kann etwa auch 7,26 Monate arbeiten. Sein Arbeitseinkommen setzt sich aus Lohn- und Transfereinkommen zusammen und beträgt $L \cdot w + (12 - L) \cdot t$. Neben seinem Jahreseinkommen berücksichtigt der Arbeitslose auch die Opportunitätskosten der Arbeitsaufnahme (insbesondere Verzicht auf Freizeit), die sich annahmegemäß auf $\beta \cdot L^2$ belaufen, wobei $\beta \in \{1/2; 1\}$. Dabei ist β ein Maß für die Motivation und Disziplin des Arbeitslosen: Ist $\beta = 1/2$, dann ist der Arbeitslose „motiviert"; ist hingegen $\beta = 1$, ist der Arbeitslose „unmotiviert". Der Nutzen des Staates hängt zum einen linear vom Jahreseinkommen (=Lohn + Transfer) des Arbeitnehmers ab; zum anderen belasten jedoch die von ihm bindend festgelegten Transferzahlungen t den Staatshaushalt und verursachen dem Staat dadurch Kosten in Höhe von t^2.

a) Unterstellen Sie einen Betrachtungshorizont von einem Jahr und formulieren Sie in geeigneter Weise die Auszahlungsfunktion der beiden Spieler! Was ist für Arbeitnehmer bzw. Staat jeweils die strategische Entscheidungsvariable?

b) Nehmen Sie nun an, der Lohnsatz betrage $w = 12$. Bestimmen Sie für das Simultanspiel (stetige Strategien) des Staates mit einem motivierten Arbeitnehmer die Reaktionsfunktionen und ermitteln Sie dann grafisch und rechnerisch das Nash-Gleichgewicht des Simultanspiels inklusive der dabei erzielten Auszahlungen!

c) Gehen Sie nun davon aus, dass der Staat nicht weiß, ob der Arbeitnehmer „motiviert" (Typ 1) oder „unmotiviert" (Typ 2) ist. A priori sind für ihn beide Fälle gleich wahrscheinlich. In Wirklichkeit sei der Arbeitnehmer motiviert. Bestimmen Sie für diesen Fall unvollständiger Information die Reaktionsfunktion des Staates (auf Basis der gegebenen Wahrscheinlichkeitseinschätzung) sowie für den motivierten Typ des Arbeitnehmers! Bestimmen Sie dann grafisch und rechnerisch das Bayes-Nash-Gleichgewicht! Vergleichen Sie dieses Ergebnis mit demjenigen, das sich bei vollständiger Information über die Motivation des Arbeitnehmers jeweils einstellen würde! Hätte der motivierte Arbeitnehmer einen Anreiz, seinen wahren Typ zu offenbaren? Was wäre aus Sicht des Staates besser?

d) Wiederholen Sie die Analyse aus c) für den Fall, dass der Arbeiter tatsächlich unmotiviert ist. Zeigen Sie insbesondere, ob ein unmotivierter Arbeiter einen Anreiz hat, seinen wahren Typ zu offenbaren! Was wäre aus Sicht des Staates besser?

Lösung in Abschn. 6.6.2

6.5.3 Signalspiele

Betrachten Sie das im Text beschriebene Signalspiel zwischen dem Arbeitgeber und dem Bewerber. Nehmen Sie nun an, der Arbeitgeber würde bei einer Pooling-Strategie anstelle des mit den Wahrscheinlichkeiten gewichteten Durchschnittslohns $\overline{w}$ einen frei bestimmten, mittleren Lohn W mit $w^L < W < w^H$ wählen. Zeigen Sie, wie sich diese Änderung auf die Anreize des Empfängers sowie der beiden Sender-Typen und damit auf die daraus resultierenden Gleichgewichte des Signalspiels auswirkt!

Lösung in Abschn. 6.6.3

6.6 Lösungen

6.6.1 Information und Bayessches Gleichgewicht

Aufgabentext in Abschn. 6.5.1

Teil a)

Ein Spiel mit unvollständiger Information über den Typ von Unternehmen 1 kann in ein Spiel mit imperfekter Information übertragen werden. Hierzu wird als zusätzlicher nicht-strategischer Spieler die „Natur" eingeführt, die den Typ von Unternehmen 1 basierend auf der Wahrscheinlichkeitsverteilung bestimmt.

Wir kennen aus der Lösung zu Aufgabe 1b) in Abschn. 4.6.1 bereits den Teil des Spielbaums, der bei einem „normalen" Unternehmen 1 zu beobachten ist. Da einem „aggressiven" Unternehmen 1 nur die Aktion „Preiskrieg" zur Verfügung steht, können wir die Auszahlungen für Unternehmen 2 einfach dadurch bestimmen, dass wir nur die Pfadauszahlungen des Spielbaums betrachten, in denen Unternehmen 1 „Preiskrieg" wählt. Wir erhalten dann folgenden Spielbaum, in dem Unternehmen 2 nur unsicher über den Typ von Unternehmen 1 ist, wenn dieses „Preiskrieg" wählt – da einem „aggressiven" Unternehmen 1 die Aktion „Aufteilung" nicht zur Verfügung steht, kann hier somit direkt auf ein „normales" Unternehmen 1 geschlossen werden:

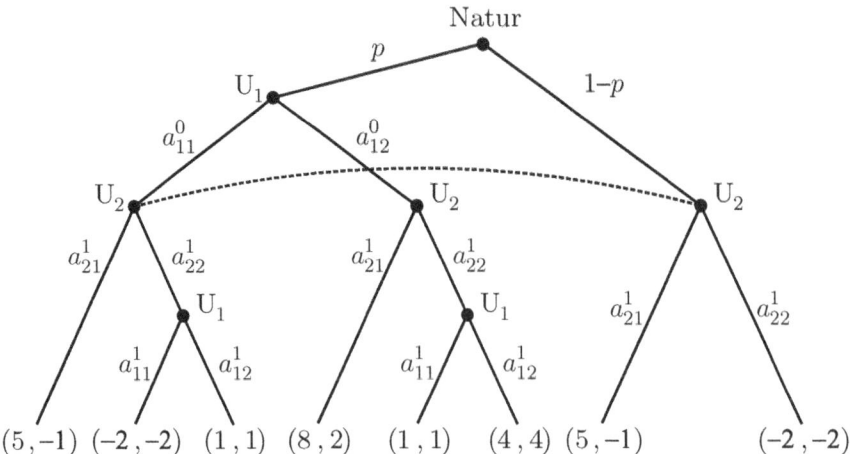

Als nächstes ist zu überprüfen, ob Aktion a_{22}^1 („Verbleiben im Markt") für Unternehmen 2 überhaupt attraktiv ist. Dies hängt davon ab, was es in $t = 0$ beobachtet: Beobachtet es, dass Unternehmen 1 den Markt aufteilt, kann es mit Sicherheit davon ausgehen, dass es sich um ein „normales" Unternehmen handelt und wird folglich im Markt bleiben. Wie sieht es aber aus, wenn Unternehmen 1 „Preiskrieg" $\left(a_{11}^0\right)$ gewählt hat? Betrachten wir hierzu die erwarteten Auszahlungen, die Unternehmen 2 in Abhängigkeit von der Wahl seiner Aktionen hat – ein „normales" Unternehmen wird in $t = 1$ in jedem Fall „Aufteilung" wählen:

$$E\left(a_{22}^1\right) = \underbrace{p \cdot 1}_{\text{„normal"}} + \underbrace{(1-p) \cdot (-2)}_{\text{„aggressiv"}} = 3 \cdot p - 2$$

$$E\left(a_{22}^1\right) = -1$$

Somit wird sich Unternehmen 2 für „Verbleiben" entscheiden, wenn $E\left(a_{22}^1\right) > E\left(a_{21}^1\right)$ bzw. $3 \cdot p - 2 > -1$ gilt. Dies ist für $p > 1/3$ der Fall.

Teil b)
Formal kann mithilfe der Bayesschen Formel die a priori Wahrscheinlichkeit angepasst werden. Wir können hier aber auch mit intuitiven Überlegungen die Situation klären. Wie bereits am Spielbaum in a) zu erkennen ist, kann aus der Aktion „Aufteilung" mit Sicherheit auf ein „normales" Unternehmen geschlossen werden, da diese Aktion einem „aggressiven" Unternehmen gar nicht zur Verfügung steht und somit auch nie gewählt werden wird. „Aufteilung" enthüllt somit den Typ von Unternehmen 1 eindeutig und „Verbleiben" ist für Unternehmen 2 die beste Antwort.

Sollte Unternehmen 2 dann im Umkehrschluss bei „Preiskrieg" auf ein „aggressives" Unternehmen mit Sicherheit schließen und den Markt verlassen? Wenn Unternehmen 1 davon ausgehen kann, dass Unternehmen 2 bei „Preiskrieg" immer auf ein „agressives" Unternehmen schließt und folglich den Markt verlässt, so ist es für ein „normales" Unternehmen 1 optimal in $t = 0$ „Preiskrieg" zu wählen, wodurch es seine Auszahlung von 4 (Pfad: $p - a_{12}^0 - a_{22}^1 - a_{12}^1$) auf 5 (Pfad: $p - a_{11}^0 - a_{21}^1$) erhöhen kann. Es kann also bei „Preiskrieg" nicht auf ein „aggressives" Unternehmen mit Sicherheit geschlossen werden.

Der veränderte Monopolgewinn ändert die Auszahlungsstruktur des Spiels. Die für die Analyse relevante Auszahlung (Pfad: $p - a_{11}^0 - a_{21}^1$) fällt von 5 auf 3. In dieser Situation ist es für ein „normales" Unternehmen 1 nicht mehr vorteilhaft „Preiskrieg" $\left(a_{11}^0\right)$ zu wählen, da es sich hierdurch, auch wenn Unternehmen 2 es als „aggressiv" betrachtet und den Markt verlässt, schlechter stellen würde: Auszahlung von 3 (Pfad: $p - a_{11}^0 - a_{21}^1$) anstelle von 4 (Pfad: $p - a_{12}^0 - a_{22}^1 - a_{12}^1$). In diesem Fall enthüllt die Aktionswahl von Unternehmen 1 dessen Typ.

6.6.2 Bayessches Gleichgewicht in stetigen Strategien

Aufgabentext in Abschn. 6.5.2

Teil a)
Die Nutzenfunktionen der beiden Spieler, Arbeitnehmer (AN) und Staat (S), lauten:

$$U_{AN} = w \cdot L + (12 - L) \cdot t - \beta \cdot L^2$$
$$U_S = w \cdot L + (12 - L) \cdot t - t^2$$

Die strategische Entscheidungsvariable des repräsentativen Arbeitnehmers ist die jährliche Arbeitszeit L; die Strategie des Staates besteht in der Wahl des optimalen Transfersatzes t.

Teil b)
Für die Reaktionsfunktionen des repräsentativen Arbeitnehmers erhält man durch partielle Ableitung von U_{AN} nach L, nullsetzen und Auflösen nach L:

$$\overline{r_{AN}}(t) : \overline{L}(t) = \frac{1}{2 \cdot \beta} \cdot (w - t) \text{ bzw. } t(\overline{L}) = w - 2 \cdot \beta \cdot \overline{L}$$

Die Reaktionsfunktion des Staates (S) lautet entsprechend (partielle Ableitung von U_S nach t, nullsetzen und Auflösen nach t):

$$r_S(L) : t(L) = \frac{1}{2} \cdot (w - L)$$

Zur grafischen Darstellung empfiehlt es sich, eine Reaktionsfunktion nach der unabhängigen Variablen aufzulösen. Wir erhalten so etwa für den Arbeitnehmer $t(\overline{L}) = w - 2 \cdot \beta \cdot \overline{L}$. Für den konkret gegebenen Lohnsatz $w = 12$ ergibt sich $t(\overline{L}) = 12 - 2 \cdot \beta \cdot \overline{L}$ für den Arbeitnehmer und $t(L) = 6 - 0{,}5 \cdot L$ für den Staat.

Die folgende Abbildung stellt die Reaktionsfunktionen von Arbeitnehmer und Staat grafisch dar, wobei die durchgezogene außenliegende Reaktionsfunktion des Arbeitnehmers diejenige des motivierten Typs ist: $t(\overline{L}, \beta = 1/2) = 12 - \overline{L}$.

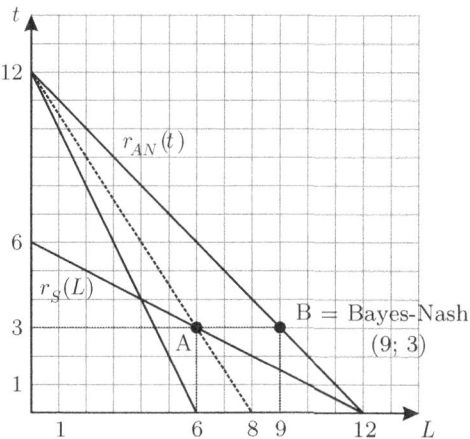

Als Nash-Gleichgewicht ergibt sich somit $L^* = 12$ und $t^* = 0$. Der Nutzen des Arbeitnehmers beträgt dann $U_{AN}(L = 12, t = 0) = 72$ und derjenige des Staates $U_S(L = 12, t = 0) = 144$.

Teil c)

Da der Staat unvollständige Information über den Typ des Arbeitnehmers hat, handelt es sich bei der Reaktionsfunktion des Arbeitnehmers um dessen erwartete Reaktionsfunktion aus Sicht des Staates. Die erwartete Reaktionsfunktion des Arbeitnehmers, die sich gemäß $\overline{\beta} = 0,5 \cdot \beta^L + 0,5 \cdot \beta^H = 0,75$ als $t(\overline{L}, \overline{\beta} = 0,75) = 12 - 1,5 \cdot \overline{L}$ ergibt, ist in der Grafik in b) gestrichelt eingezeichnet.

Aus dem Schnittpunkt dieser erwarteten Reaktionsfunktion des Arbeitnehmers mit der Reaktionsfunktion des Staates ergeben sich die Stundenzahl $L = 6$ und die Transferhöhe $t = 3$, die beide Spieler im Gleichgewicht voneinander erwarten. Da der Arbeitnehmer in Wirklichkeit motiviert ($\beta = 1/2$) ist, wird er auf einen erwarteten Transfer in Höhe von $t = 3$ gemäß seiner wahren Reaktionsfunktion $L(t) = 12 - t$ (siehe b) mit einem optimalen Arbeitseinsatz in Höhe von $L^* = 9$ reagieren. Im Bayes-Nash-Gleichgewicht beträgt somit der Nutzen des Arbeitnehmers $U_{AN}(L = 9, t = 3) = 76,5$ und der Nutzen des Staates $U_{AN}(L = 9, t = 3) = 108$.

Würde der motivierte Arbeitnehmer seinen Typ enthüllen, würde er, wie in a) gezeigt, keinen Transfer erhalten und einen Nutzen von 72 haben. Somit hat er eindeutig keinen Anreiz, seinen wahren Typ zu offenbaren. Der Staat verschlechtert sich wiederum von 144 auf 108, das heißt, für ihn wäre es besser, den wahren Typ zu kennen.

Teil d)

In der Grafik ist bereits die Reaktionsfunktion eines unmotivierten Arbeiters eingezeichnet. Diese ist die innenliegende durchgezogene Gerade, die durch $t(\overline{L}, \beta = 1) = 12 - 2 \cdot \overline{L}$ beschrieben ist.

Wie wir an der Grafik erkennen können, hat ein unmotivierter Arbeiter sehr wohl einen Anreiz, sich zu erkennen zu geben: Bei einem Transfer von $t = 3$ wird er gemäß seiner Reaktionsfunktion $L(t) = 6 - 1/2 \cdot t$, $L = 4{,}5$ wählen und damit einen Nutzen von $U_{AN}(L = 4{,}5, t = 3) = 56{,}25$ erreichen. Gibt er sich zu erkennen, steigt der Transfer auf $t = 4$, L reduziert sich auf 4, sodass sein Nutzen mit $U_{AN}(L = 4, t = 4) = 64$ höher ausfällt.

Der Staat hat im Bayes-Nash-Gleichgewicht, wie in c) gezeigt, einen Nutzen von 108. Kennt er den Typen des Arbeitnehmers, passt er sich optimal an und erhält einen Nutzen von $U_S(L = 4, t = 4) = 64$, das heißt, er verschlechtert sich durch Kenntnis des wahren Typs des Arbeitnehmers.

6.6.3   Signalspiele

Aufgabentext in Abschn. 6.5.3

Zunächst müssen wir die Bedingungen für das Trennungs- und Pooling-Gleichgewicht neu aufstellen. Wir werten die hergeleiteten Bedingungen stets auch gleich für das im Text gewählte Zahlenbeispiel $c^L = 1$, $c^H = 3$, $w^L = 1$ und $w^H = 5$ aus. Wenn der Arbeitgeber den mittleren Lohn W frei wählen kann, dann müssen die folgenden Bedingungen für ein Trennungsgleichgewicht erfüllt sein:

$$\text{(I)} \;\; w^H - c^L \geq W \quad \text{bzw.} \quad 4 \geq W$$
$$\text{(II)} \;\; w^L \geq W - c^H \quad \text{bzw.} \quad 4 \geq W$$

Unter Bedingung (I) hat der produktive Typ einen Anreiz, sich vom unproduktiven Typ abzuheben und das Signal auszusenden. Unter Bedingung (II) hat der unproduktive Typ keinen Anreiz, es ihm gleichzutun und wird auf die Erzeugung des Signals verzichten. Für das gewählte Zahlenbeispiel fordern beide Ungleichungen übereinstimmend, dass der mittlere Lohn W dafür nicht höher sein darf als 4. Liegt er höher, ist für beide Sendertypen das Pooling-Gleichgewicht attraktiver, in dem sie beide kein Signal aussenden. Wir betrachten nun die Anreize des Arbeitgebers bei einer Pooling- und einer Trennungsstrategie. Der erwartete Gewinn bei einer Trennungsstrategie des Arbeitgebers bleibt unverändert und beträgt nach wie vor $\bar{\pi}(T) = q \cdot (E^H - w^H) + (1 - q) \cdot (E^L - w^L)$. Sein erwarteter Gewinn bei der Pooling-Strategie beträgt nun $\bar{\pi}(P) = q \cdot E^H + (1 - q) \cdot E^L - W$. Der Arbeitgeber stellt sich mit einer Trennungsstrategie also besser, wenn $\bar{\pi}(T) \geq \bar{\pi}(P)$ gilt. Daraus folgt die Bedingung

$$\text{(III)} \;\; W \geq q \cdot w^H + (1 - q) \cdot w^L \quad \text{bzw.} \quad W \geq 1 + 4 \cdot q$$

Der Arbeitgeber wird also im Trennungsgleichgewicht einen mittleren Lohn W in Höhe von $1 + 4 \cdot q = W \leq 4$ zahlen. Die absolute Höhe von 4 wird nicht überschritten, so lange für die Wahrscheinlichkeit $q \leq 3/4$ gilt. Für eine Wahrscheinlichkeit $q > 3/4$ kann das

Trennungsgleichgewicht nicht aufrechterhalten werden. Im Pooling-Gleichgewicht zahlt der Arbeitgeber beiden Arbeitnehmer-Typen den mittleren Lohn $W = 4$, denn dies ist der kleinste Lohn, den der produktive Typ im Pooling-Gleichgewicht gerade noch akzeptiert (für den unproduktiven Typen ist der Wechsel auf das Pooling-Gleichgewicht stets optimal).

Literatur

Fudenberg D, Tirole J (1991) Game theory. MIT, Cambridge, S 209 ff

Harsanyi J (1967) Games with incomplete information played by ‚Baysian' players, part I: the basic model. Manag Sci 14:159–182

Harsanyi J (1968a) Games with incomplete information played by ‚Baysian' players, part II: the basic model. Manag Sci 14:320–334

Harsanyi J (1968b) Games with incomplete information played by ‚Baysian' players, part III: the basic model. Manag Sci 14:486–502

Spence M (1973) Job market signaling. Q J Econ 87(3):355–374

Teil II

Aufgaben

7.1 Aufgaben

7.1.1 Entscheidung unter Unsicherheit (*zu* Abschn. 1.3)

Familie Winstone ist eine traditionelle Unternehmerfamilie in Bedrock Island. Die Nutzenfunktionen der Familienmitglieder haben die Form:

$$u(y) = 2 \cdot \frac{y^a}{a} \, \text{mit } a > 0.$$

Für Vater Fred Winstone gilt $a > 1$, für Mutter Wilma Winstone $a = 1$ und für ihre Tochter Pebbles $a < 1$.

Tochter Pebbles betreibt als Hobby einen kleinen Eisladen am Bedrock Lake und wägt zwischen zwei Alternativen ab: Sie kann entweder Eis verkaufen oder ihrem Vater im Steinbruch helfen. Sie weiß allerdings nicht, wie das Wetter wird. Laut Wetterbericht wird mit einer Wahrscheinlichkeit von $\rho = 0,75$ gutes Wetter und mit einer Wahrscheinlichkeit von $(1 - \rho) = 0,25$ schlechtes Wetter herrschen. Bei schlechtem Wetter kann Pebbles an ihrem Eisstand nur $y_1 = 4$ Dollar erlösen, jedoch $y_2 = 64$ Dollar, wenn das Wetter gut ist. Ihr Vater zahlt ihr unabhängig vom Wetter 36 Dollar, wenn sie im Steinbruch aushilft. Die Hin- und Rückfahrt zum Bedrock Lake dauert so lange, dass Pebbles ihre getroffene Entscheidung nicht mehr ändern kann.

a) Machen Sie bei allen Familienmitgliedern eine Aussage zur Krümmung ihrer individuellen Nutzenfunktion und treffen Sie basierend hierauf eine Aussage über ihre Risikoneigung!

b) Für Pebbles gelte $a = 0,5$. Zeichnen Sie zu Pebbles Lotterie y^L die Erwartungsnutzenfunktion und bestimmen Sie rechnerisch und grafisch die erwartete Auszahlung $E(y^L)$, den Erwartungsnutzen der Lotterie $u(y^L)$ und denjenigen der erwarteten Auszahlung $u\,[E(y^L)]$! Inwiefern lässt der Vergleich von Erwartungsnutzen und erwarteter Auszahlung Rückschlüsse auf Pebbles Risikoneigung zu?

c) Erläutern Sie, was unter dem Begriff „Sicherheitsäquivalent" zu verstehen ist! Bestimmen Sie Pebbles ($a = 0{,}5$) Sicherheitsäquivalent y^S sowie ihre Risikoprämie rechnerisch und grafisch! Wie wird sich Pebbles zwischen Eisverkauf und Arbeit im Steinbruch entscheiden? Wie viel müsste ihr Vater ihr mindestens zahlen, damit sie bereit wäre, im Steinbruch auszuhelfen?

Lösung in Abschn. 7.2.1

7.1.2 Arrow-Pratt-Maß (*zu* Abschn. 1.3)

Die alteingesessene Investmentbank Silverwoman Sachs ist im Zuge der Finanzkrise in leichte Liquiditätsengpässe geraten. Zur Begleichung der kurzfristigen Verbindlichkeiten muss die Bank schnell an frisches Geld kommen. Hierzu kann sie entweder auf ein (sicheres) staatliches Rettungspaket (a_1) von 4 Mrd. Euro zurückgreifen oder in ein riskantes Projekt (a_2) investieren, das mit Wahrscheinlichkeit von $\rho = 0{,}2$ Erfolg hat und zu einer Auszahlung von 36 Mrd. Euro führt, mit der Gegenwahrscheinlichkeit aber einen Verlust von 4 Mrd. Euro generiert. Die Entscheidung für die Finanzierungsform wird auf Basis der Erwartungsnutzenfunktion $u(y) = a \cdot y^b$ getroffen, wobei $a = 5$ angenommen wird.

a) Bislang war die Firmenpolitik $b = 1$. Definieren Sie zunächst allgemein das Arrow-Pratt-Maß! Welche Risikoeinstellung drückt diese Nutzenfunktion aus? Bestimmen Sie nun, für welche Finanzierungsform sich Silverwoman Sachs entscheiden wird! Begründen Sie, ob sich das Unternehmen für andere positive Werte von a anders entscheiden würde!

b) Die beiden Vorstandsvorsitzenden Sid Scary und Gus Gambler sind sich uneinig, welche Risikopolitik angesichts der Finanzkrise besser wäre: Sid hält $b_S = 0{,}5$ für geboten, während Gus auf $b_G = 2$ setzt. Berechnen Sie für beide das Arrow-Pratt-Maß und zeigen Sie, für welche Finanzierungsform sich die beiden jeweils entscheiden werden! Welche Risikoeinstellung liegt dem jeweils zugrunde? Begründen Sie, welche Einstellung Sie hier für eher gerechtfertigt halten!

c) Skizzieren Sie Sids und Gus Nutzenfunktionen und zeichnen Sie für das riskante Projekt jeweils auch Erwartungswert, Nutzen des Erwartungswerts, Erwartungsnutzen, Sicherheitsäquivalent und Risikoprämie ein! Welche Beziehung besteht zwischen den vier Konzepten (formal und verbal)?

Lösung in Abschn. 7.2.2

7.1.3 Nash-Gleichgewicht bei drei Spielern (*zu* Abschn. 2.4)

Betrachten Sie das folgende simultane Drei-Personen-Spiel, in dem Spieler 1 die Zeile, Spieler 2 die Spalte und Spieler 3 die Matrix wählt. Spieler 1 erhält die erste angegebene Auszahlung, Spieler 2 die zweite und Spieler 3 die dritte. Bestimmen Sie alle Nash-Gleichgewichte in reinen Strategien!

s_{31}		
	s_{21}	s_{22}
s_{11}	(0, 0, 0)	(3, 2, 3)
s_{12}	(2, 3, 3)	(2, 2, 2)

s_{32}		
	s_{21}	s_{22}
s_{11}	(1, 1, 3)	(2, 2, 3)
s_{12}	(3, 2, 1)	(0, 2, 0)

s_{33}		
	s_{21}	s_{22}
s_{11}	(2, 1, 2)	(3, 1, 1)
s_{12}	(3, 3, 3)	(2, 2, 2)

Lösung in Abschn. 7.2.3

7.1.4 Iterierte Elimination strikt dominierter Strategien und Nash-Gleichgewicht (*zu* Abschn. 3.1)

Bestimmen Sie in der Matrix ein Gleichgewicht durch Elimination strikt dominierter Strategien! Handelt es sich hierbei um ein Nash-Gleichgewicht? Ist das ein „Zufall" oder gibt es einen grundsätzlichen Zusammenhang zwischen den beiden Lösungskonzepten?

1, 2	s_{21}	s_{22}	s_{23}	s_{24}
s_{11}	(5, 2)	(1, 4)	(−1, 1)	(2, −1)
s_{12}	(4, 0)	(2, 1)	(3, 0)	(3, −1)
s_{13}	(−2, −2)	(1, −1)	(2, 3)	(2, 2)
s_{14}	(1, 1)	(1, 3)	(1, 2)	(4, 1)

Lösung in Abschn. 7.2.4

7.1.5 Gemischte Strategien (*zu Abschn. 3.3*)

Bestimmen Sie alle Nash-Gleichgewichte in folgendem Spiel und stellen Sie das Ergebnis grafisch dar (Diagramm mit Reaktionsabbildungen)!

1, 2	s_{21}	s_{22}
s_{11}	(0, 0)	(0, 50)
s_{12}	(50, 0)	$(-10, -10)$

Lösung in Abschn. 7.2.5

7.1.6 Gemischte Strategien bei drei Strategien (*zu Abschn. 3.3*)

Bestimmen Sie für folgendes Spiel die Reaktionsabbildungen der beiden Spieler sowie alle Nash-Gleichgewichte des Spiels!

1, 2	s_{21}	s_{22}
s_{11}	(5, 6)	(0, 4)
s_{12}	(0, 4)	(4, 8)
s_{13}	(3, 4)	(3, 0)

Lösung in Abschn. 7.2.6

7.1.7 Außenoption (*zu Abschn. 3.1 und 3.3*)

Folgendes Spiel ist in Normalform gegeben:

1, 2	s_{21}	s_{22}	s_{23}
s_{11}	(2, 8)	(3, 3)	(0, 0)
s_{12}	(1, 0)	(2, 1)	(2, 2)
s_{13}	(4, 1)	(5, 2)	(1, 1)

a) Eliminieren Sie zunächst alle strikt dominierten Strategien und bestimmen Sie dann alle Nash-Gleichgewichte!

b) Bestimmen Sie die Reaktionsabbildungen der Spieler!

c) Angenommen, Spieler 1 hätte eine vierte Strategie s_{14}, die ihm immer eine Auszahlung von x generiert. Wie hoch müsste x mindestens sein, damit er unabhängig von der Entscheidung von Spieler 2 s_{14} wählt? Um was für eine Art Strategie handelt es sich dann? Gehen Sie hierbei auch auf die Rationalitätsanforderungen an beide Spieler ein!

Lösung in Abschn. 7.2.7

7.1.8 Gemischte Strategien und Dominanz (*zu Abschn.* 3.1 *und* 3.3)

Untersuchen Sie das folgende Spiel systematisch auf Nash-Gleichgewichte und wenden Sie dabei auch das Verfahren zur Bestimmung gemischter Strategien an!

1, 2	s_{21}	s_{22}	s_{23}
s_{11}	(1, 0)	(1, 2)	(0, 1)
s_{12}	(0, 3)	(1, 1)	(2, 0)

Lösung in Abschn. 7.2.8

7.1.9 Teilspielperfektheit und imperfekte Information (*zu Abschn.* 4.2)

Bestimmen Sie für folgendes, in extensiver Form gegebenes Spiel alle teilspielperfekten Nash-Gleichgewichte!

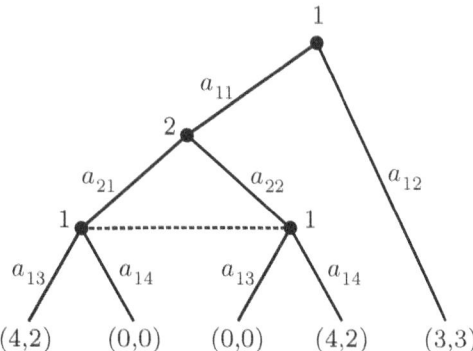

Lösung in Abschn. 7.2.9

7.1.10 Verhandlungsspiele (*zu Abschn.* 4.2)

Der Autoverkäufer Walter Wucherer und sein potenzieller Kunde Wils Billig verhandeln über den Preis eines exklusiven Sportwagens. Es ist allgemein bekannt, dass zu Beginn der Verhandlungen die maximale Zahlungsbereitschaft von Herrn Billig bei 100 GE liegt, der Reservationspreis des Verkäufers Wucherer beträgt 90 GE. Der Verkäufer schlägt einen Preis p vor, den Herr Billig annehmen oder ablehnen kann („take-it-or-leave-it-offer"). Wenn er ihn akzeptiert, erwirbt er das Auto zu diesem Preis; lehnt er hingegen ab, macht Herr Billig ein letztes Angebot zu einem Preis q.

Herr Wucherer ist ein pragmatischer Unternehmertyp mit gut laufendem Geschäft. Er ist nicht unbedingt auf den Abschluss mit Herrn Billig angewiesen, verhandelt also ein wenig souveräner: Wenn Herr Billig das Angebot ausschlägt und in der zweiten Stufe seine eigene Preisofferte macht, dann steigt für die Verhandlungen in dieser zweiten Stufe der Reservationspreis von Herrn Wucherer auf $90 + \delta$, wobei $\delta < 10$.

a) Geben Sie die Aktionen, Strategien und Auszahlungen der beiden Spieler an!
b) Finden Sie den Preis $p \in [90,100]$ für den ein „take-it-or-leave-it"-Angebot des Verkäufers, das vom Käufer akzeptiert wird, ein Nash-Gleichgewicht darstellt! Erklären Sie, warum das einzige teilspielperfekte Gleichgewicht dann erreicht wird, wenn der Verkäufer seinen Reservationspreis der zweiten Stufe vorschlägt und der Käufer dieses Angebot akzeptiert!

Lösung in Abschn. 7.2.10

7.1.11 Rubinstein-Verhandlungsspiel (*zu* Abschn. 5.2)

In einem Rubinstein-Verhandlungsspiel verhandeln zwei Spieler vor potenziell unendlichem Zeithorizont über die Aufteilung eines festen Geldbetrages (Anteil am „Kuchen"). Die Größe des Kuchens ist üblicherweise auf 1 normiert. Dabei unterbreitet der erste Spieler dem zweiten ein Angebot in der Form, dass er einen Anteil $s_1 \in [0, 1]$ für sich und damit einen Anteil $(1 - s_1)$ für den anderen vorschlägt. Der zweite Spieler entscheidet, ob er annimmt oder ablehnt. Bei Annahme endet das Spiel. Bei Ablehnung geht das Spiel in die nächste Runde und er macht einen Gegenvorschlag, bei dem er dem ersten Spieler einen Anteil von s_2 zubilligt und für sich selbst $(1 - s_2)$ beansprucht. Wird der Vorschlag angenommen, endet das Spiel, wenn nicht, wird das Spiel fortgesetzt und der erste Spieler macht erneut ein Angebot. Die Verhandlung wird solange fortgesetzt, bis das Angebot akzeptiert wird. Der Diskontfaktor des ersten Spielers ist δ_1 und des zweiten δ_2.

Bestimmen Sie das teilspielperfekte Nash-Gleichgewicht dieses Verhandlungsspiels! Ist einer der beiden Spieler im Vorteil? Gehen Sie auch allgemein auf die gleichgewichtige Aufteilung in Abhängigkeit von den Diskontfaktoren ein!

Lösung in Abschn. 7.2.11

7.1.12 Signalspiel (zu Abschn. 6.3)

Gehen Sie von folgender Situation auf einem Arbeitsmarkt aus: Die Produktivität eines Arbeiters ist entweder niedrig, $P^L = 1$, oder hoch, $P^H = 3$, wobei der Anteil der beiden Typen an der Gesamtpopulation θ bzw. $1 - \theta$ beträgt. Der Arbeitgeber kann nur das Ausbildungsniveau e, nicht jedoch die Produktivität P beobachten. Die Arbeiter müssen Kosten in Höhe von $c^L = 4 \cdot e$ bzw. $c^H = e$ aufwenden, um ein Ausbildungsniveau e zu erreichen (das Ausbildungsniveau hat keinen Einfluss auf die Produktivität, es dient nur als Signal). Wir gehen zur Vereinfachung davon aus, dass nur zwei Ausbildungsniveaus möglich sind: 0 und e^* (ungelernt und mit Lehre).

Der Arbeitgeber kann das Signal beachten und die Arbeiter entsprechend der vermuteten Produktivität entlohnen, das heißt, wenn er ein Ausbildungsniveau von e^* beobachtet, unterstellt er hohe Produktivität und entlohnt mit $P = 3$. Beachtet er das Signal nicht, entlohnt er alle Arbeiter entsprechend der erwarteten Produktivität $E(P) = \theta + 3 \cdot (1 - \theta)$.

a) Gehen Sie zunächst davon aus, dass es nur einen Arbeitgeber und einen Arbeitnehmer gibt. Zeichnen Sie den Spielbaum! Unter welchen Voraussetzungen kommt ein Trennungs-Gleichgewicht bzw. ein Pooling-Gleichgewicht zustande?
b) Gehen Sie nun von einer Situation mit zwei Arbeitgebern und mehreren Arbeitnehmern aus. Argumentieren Sie, ob ein Pooling-Gleichgewicht plausibel sein kann, wenn bei der entsprechenden Parameterkonstellation ein Trennungs-Gleichgewicht existiert!

Lösung in Abschn. 7.2.12

7.2 Lösungen

7.2.1 Entscheidung unter Unsicherheit

Aufgabentext in Abschn. 7.1.1

Teil a)
Zur Bestimmung der Krümmung der Nutzenfunktion ist deren zweite Ableitung zu berechnen:

$$\frac{du(y)}{dy} = 2 \cdot y^{a-1} \Rightarrow \frac{d^2u(y)}{dy^2} = 2 \cdot (a - 1) \cdot y^{a-2}$$

Die zweite Ableitung nimmt in Abhängigkeit von a unterschiedliche Vorzeichen an, was eine unterschiedliche Krümmung der Nutzenfunktion impliziert. Die Krümmung erlaubt dann einen Rückschluss auf die Risikoeinstellung der Individuen. Somit lassen sich folgende Aussagen treffen:

- Bei $a > 1$ (Vater) ist die zweite Ableitung größer als Null und die Funktion damit linksgekrümmt (konvex). Eine linksgekrümmte Nutzenfunktion charakterisiert ein risikofreudiges Individuum.
- Bei $a = 1$ (Mutter) ist die zweite Ableitung gleich Null und die Funktion weist somit keine Krümmung auf – sie ist linear. Eine lineare Nutzenfunktion charakterisiert ein risikoneutrales Individuum.
- Bei $a < 1$ (Tochter) ist die zweite Ableitung kleiner als Null und die Funktion damit rechtsgekrümmt (konkav). Eine rechtsgekrümmte Nutzenfunktion charakterisiert ein risikoaverses Individuum.

Teil b)

Es lassen sich folgende Werte berechnen:

- Erwartungswert:

$$E\left(y^{L}\right) = 0{,}25 \cdot 4 + 0{,}75 \cdot 64 = 49$$

- Erwartungsnutzen:

$$E\left[u\left(y^{L}\right)\right] = 0{,}25 \cdot 2 \cdot \frac{4^{0{,}5}}{0{,}5} + 0{,}75 \cdot \frac{64^{0{,}5}}{0{,}5} = 26$$

- Nutzen des Erwartungswerts:

$$u\left[E\left(y^{L}\right)\right] = 2 \cdot \frac{49^{0{,}5}}{0{,}5} = 28$$

Da der Nutzen des Erwartungswerts größer ist als der Erwartungsnutzen, ist Pebbles als risikoavers zu charakterisieren: Pebbles stiftet die sichere Zahlung des Erwartungswerts der Lotterie einen höheren Nutzen als die Lotterie selbst, was impliziert, dass das mit der Lotterie verbundene Risiko für sie mit einer Nutzeneinbuße verbunden ist, sie also Risiko scheut.

Grafische Darstellung:

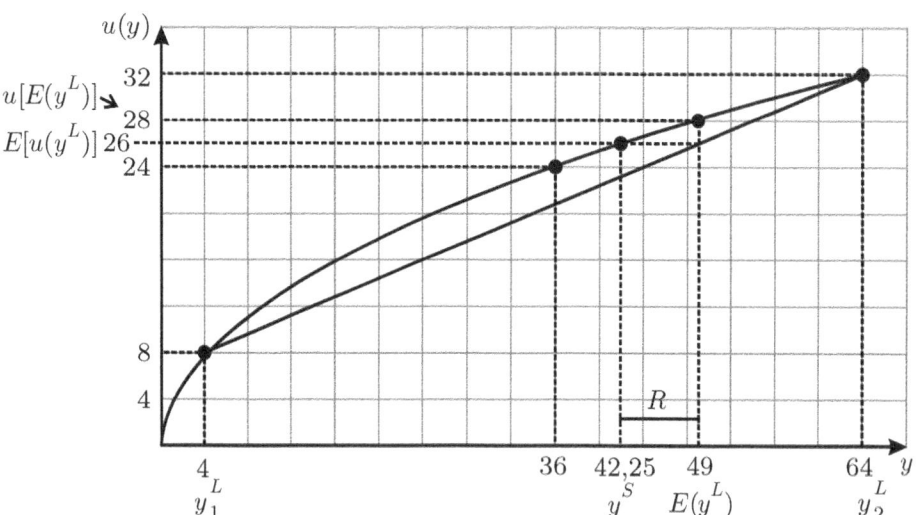

Teil c)

Als Sicherheitsäquivalent wird diejenige sichere Zahlung bezeichnet, die dem Individuum den gleichen Nutzen wie die Lotterie stiftet. Rechnerisch ergibt sich somit

$$u\left(y^S\right) = E\left[u\left(y^L\right)\right] \Leftrightarrow 2 \cdot \frac{\left(y^S\right)^{0,5}}{0,5} = 26 \Leftrightarrow y^S = 42,25.$$

Aus der Differenz zwischen Erwartungswert und Sicherheitsäquivalent berechnet sich schließlich die Risikoprämie,

$$R = 49 - 42,25 = 6,75.$$

Ihr Vater müsste Pebbles mindestens das Sicherheitsäquivalent von 42,25 Dollar bezahlen, damit sie bereit ist, im Steinbruch zu arbeiten. Für 36 Dollar nimmt sie daher das mit dem Eisverkauf verbundene Wetterrisiko in Kauf.

Sowohl das Sicherheitsäquivalent als auch die Risikoprämie sind bereits in der Abbildung in b) eingezeichnet.

7.2.2 Arrow-Pratt-Maß

Aufgabentext in Abschn. 7.1.2

Teil a)

Das Arrow-Pratt-Maß ist allgemein definiert als

$$r_A(y) = -\frac{d^2 u(y)/dy^2}{du(y)/dy}.$$

Konkret kann für $b = 1$ für die Nutzenfunktion $u(y) = 5 \cdot y^1$ folgender Wert für $r_A(y)$ berechnet werden:

$$r_A(y) = -\frac{0}{5} = 0.$$

Somit handelt es sich um eine risikoneutrale Nutzenfunktion.

Silverwoman Sachs kann sich zwischen zwei Lotterien mit den folgenden Auszahlungen entscheiden:

	z_1 $(\rho_1 = 0,2)$	z_2 $(\rho_2 = 0,8)$
Rettungspaket (a_1)	4	4
Projekt (a_2)	36	-4

Der Erwartungsnutzen aus beiden Lotterien beträgt

$$E[u(a_1)] = 0{,}2 \cdot 5 \cdot 4 + 0{,}8 \cdot 5 \cdot 4 = 20.$$
$$E[u(a_2)] = 0{,}2 \cdot 5 \cdot 36 + 0{,}8 \cdot 5 \cdot (-4) = 36 - 16 = 20.$$

Ein risikoneutraler Entscheider ist somit indifferent zwischen beiden Lotterien.

Für andere positive Werte von a würde sich die Entscheidung nicht ändern, da es sich lediglich um eine lineare positive Transformation der Nutzenfunktion handeln würde.

$$E[u(a_1)] = 0{,}2 \cdot a \cdot 4 + 0{,}8 \cdot a \cdot 4 = 4 \cdot a.$$
$$E[u(a_2)] = 0{,}2 \cdot a \cdot 36 + 0{,}8 \cdot a \cdot (-4) = 4 \cdot a.$$

Nach wie vor gilt somit $E[u(a_1)] = E[u(a_2)]$. Das Arrow-Pratt-Maß bleibt unverändert:

$$r_A(y) = -\frac{0}{a} = 0$$

Teil b)

Die Arrow-Pratt-Maße der beiden Vorsitzenden mit $u^S(y) = 5 \cdot y^{0{,}5}$ und $u^G(y) = 5 \cdot y^2$ lauten:

$$r_A^S(y) = -\frac{5 \cdot 0{,}5 \cdot (-0{,}5) \cdot y^{-1{,}5}}{5 \cdot 0{,}5 \cdot y^{-0{,}5}} = -\frac{1}{2 \cdot y} < 0$$
$$r_A^G(y) = \frac{5 \cdot 2}{5 \cdot 2 \cdot y} = \frac{1}{y} > 0$$

Somit weist Sid eine risikoaverse und Gus eine risikofreudige Risikoeinstellung auf.

Entsprechend berechnen sich ihre Erwartungsnutzen unterschiedlich. Gus entscheidet sich aufgrund der Nutzenwerte

$$E\left[u^S(a_1)\right] = 0{,}2 \cdot 5 \cdot 4^{0{,}5} + 0{,}8 \cdot 5 \cdot 4^{0{,}5} \cdot 4 = 10$$
$$E\left[u^S(a_2)\right] = 0{,}2 \cdot 5 \cdot 36^{0{,}5} + 0{,}8 \cdot 5 \cdot \left[-\left(4^{0{,}5}\right)\right] = 6 - 8 = -2$$

für das Rettungspaket a_1, während sich Sid aufgrund von

$$E\left[u^G(a_1)\right] = 0{,}2 \cdot 5 \cdot 4^2 + 0{,}8 \cdot 5 \cdot 4^2 \cdot 4 = 80$$
$$E\left[u^G(a_2)\right] = 0{,}2 \cdot 5 \cdot 36^2 + 0{,}8 \cdot 5 \cdot \left[-\left(4^2\right)\right] = 1296 - 64 = 1232$$

eindeutig für das riskante Projekt a_2 entscheiden wird.

Für die risikoaverse Einstellung von Sid spricht, dass das Unternehmen mit Sicherheit gerettet werden kann und somit weiter existiert. Für das Verhalten von Gus spricht das Argument des „gambling for resurrection", das heißt, in einer relativ hoffnungslosen Lage wird ein Projekt eingegangen, das bei Erfolg zu einer Wiederbelebung des Unternehmens führt. Die damit verbundenen hohen Risiken werden bewusst in Kauf genommen, da das Unternehmen andernfalls ohnehin nicht mehr weiter existieren würde (und gegebenenfalls die Haftung auch nach unten begrenzt ist).

Teil c)
Entsprechend ihrer Risikoeinstellung handelt es sich bei Sids risikoaverser Einstellung um eine konkave Nutzenfunktion und bei Gus risikofreudiger Einstellung um eine konvexe Nutzenfunktion:

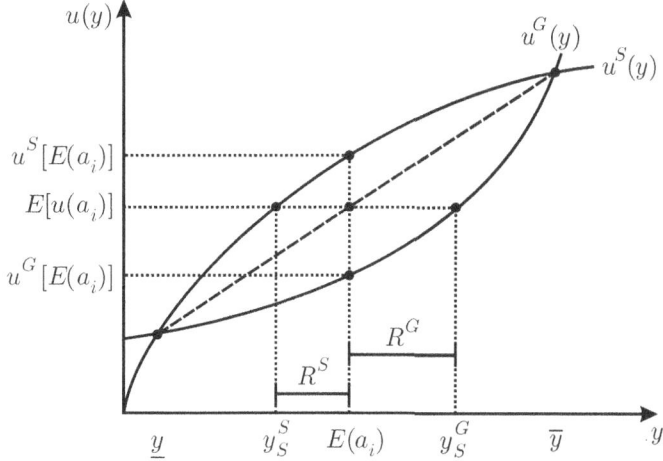

Der Erwartungswert des Projekts beträgt

$$E(a_2) = 0{,}2 \cdot 36 + 0{,}8 \cdot (-4) = 4.$$

Entsprechend lauten die Nutzen des Erwartungswerts für die beiden

$$u^S[E(a_2)] = 5 \cdot 4^{0,5} = 10$$
$$u^G[E(a_2)] = 5 \cdot 4^2 = 80$$

Aus b) sind die Erwartungsnutzen mit $E[u^S(a_2)] = -2$ und $E[u^G(a_2)] = 1232$ bekannt. Während der Erwartungswert die monetären Auszahlungen mit ihrer jeweiligen Eintrittswahrscheinlichkeit gewichtet, gewichtet der Erwartungsnutzen die mit der Nutzenfunktion bewerteten Auszahlungen mit ihrer Eintrittswahrscheinlichkeit. In der Abbildung ist somit der Erwartungswert an der Abszisse (Auszahlungen) und der Erwartungsnutzen an der Ordinate (Nutzen) abzulesen. Das Sicherheitsäquivalent ist bestimmt durch

$$u^S\left(y_S^S\right) = 5 \cdot \left(y_S^S\right)^{0,5} = -2 \Leftrightarrow y_S^S = -0,16$$
$$u^G\left(y_S^G\right) = 5 \cdot \left(y_S^G\right)^{2} = 1232 \Leftrightarrow y_S^G \approx 15,70$$

Der Vergleich mit dem Erwartungswert der Lotterie zeigt, dass der risikoaverse Sid für einen geringeren sicheren Betrag als den Erwartungswert auf das riskante Projekt verzichten würde – dies wäre hier sogar bei einem negativen Betrag der Fall, obwohl der Erwartungswert positiv ist! Dem risikofreudigen Gus müsste hingegen ein deutlich höherer positiver Betrag gezahlt werden, damit er bereit ist, auf das Projekt zu verzichten. Entsprechend gilt für die Risikoprämien,

$$R^S = 4 - (-0,16) = 4,16$$
$$R^G = 4 - 15,70 = -11,70,$$

dass der risikoaverse Sid hier sogar bereit wäre, mehr als den Erwartungswert zu bezahlen, um auf das Projekt verzichten zu können, wohingegen dem risikofreudigen Gus ein hoher Betrag gezahlt werden müsste, damit er das Projekt nicht durchführt.

7.2.3 Nash-Gleichgewicht bei drei Spielern

Aufgabentext in Abschn. 7.1.3

Zur Bestimmung des Nash-Gleichgewichts wird zunächst jede Matrix für Spieler 1 und Spieler 2 wie bekannt gelöst, das heißt, um die beste Antwort von Spieler 1 zu finden, wird die Spalte fixiert und die höchste Auszahlung von Spieler 1 unterstrichen. Anschließend wird für Spieler 2 bei gegebener Zeile die höchste Auszahlung unterstrichen.

s_{31}		
	s_{21}	s_{22}
s_{11}	(0, 0, 0)	($\underline{3}$, $\underline{2}$, **3**)
s_{12}	($\underline{2}$, $\underline{3}$, **3**)	(2, 2, **2**)

s_{32}		
	s_{21}	s_{22}
s_{11}	(1, 1, **3**)	($\underline{2}$, 2, **3**)
s_{12}	($\underline{3}$, $\underline{2}$, 1)	(0, $\underline{2}$, 0)

s_{33}		
	s_{21}	s_{22}
s_{11}	$(2, \underline{1}, 2)$	$(\underline{3}, \underline{1}, 1)$
s_{12}	$(\underline{3}, \underline{3}, \mathbf{3})$	$(2, 2, \mathbf{2})$

Um die beste Reaktion von Spieler 3 zu finden werden die einzelnen Zellen verglichen: Betrachten wir als Erstes Zelle (s_{11}, s_{21}), so sehen wir, dass Spieler 3 bei Matrix s_{31} eine Auszahlung von 0, bei Matrix s_{32} von 3 und bei s_{33} von 2 hat. Er hat somit bei s_{32} die höchste Auszahlung. Zur Übersichtlichkeit wurde diese Auszahlung fett hervorgehoben. Analog verfahren wir für die übrigen Zellen: Bei Zelle (s_{11}, s_{22}) liefern sowohl s_{31} als auch s_{32} die höchste Auszahlung von 3, bei Zelle (s_{12}, s_{21}) liefern s_{31} und s_{33} die höchste Auszahlung und bei Zelle (s_{12}, s_{22}) ist dies ebenfalls bei s_{31} und s_{33} der Fall. Somit können wir als Nash-Gleichgewichte in reinen Strategien vier Strategiekombinationen identifizieren: $\{s_{11}, s_{22}, s_{31}\}$, $\{s_{12}, s_{21}, s_{31}\}$, $\{s_{11}, s_{22}, s_{32}\}$ und $\{s_{12}, s_{21}, s_{33}\}$.

7.2.4 Iterierte Elimination strikt dominierter Strategien und Nash-Gleichgewicht

Aufgabentext in Abschn. 7.1.4

Bei der Elimination strikt dominierter Strategien werden jeweils nacheinander diejenigen Strategien gestrichen, die der Spieler niemals wählen wird, da eine andere Strategie echt besser ist, das heißt, für jede gegebene Strategie des anderen Spielers eine höhere Auszahlung liefert. Formal impliziert dies, dass eine Strategie s_i' genau dann streng dominiert wird, wenn für mindestens eine andere Strategie s_i gilt, dass

$$u_i(s_i, s_{-i}) > u_i(s_i', s_{-i}).$$

Betrachten wir hierzu die Matrix genauer. Wir sehen, dass zum Beispiel die Strategie s_{13} Spieler 1 immer geringere Auszahlungen liefert als Strategie s_{12}:

- $s_{13}(s_{21}) = -2 < 4 = s_{12}(s_{21})$,
- $s_{13}(s_{22}) = 1 < 2 = s_{12}(s_{22})$,
- $s_{13}(s_{23}) = 2 < 3 = s_{12}(s_{23})$ und
- $s_{13}(s_{24}) = 2 < 3 = s_{12}(s_{24})$.

Wir können somit die Strategie s_{13} streichen, da kein rationaler Spieler diese Strategie wählen wird. Man spricht daher davon, dass diese Strategie *nicht rationalisierbar* ist. Die Matrix stellt sich dann folgendermaßen dar:

1, 2	s_{21}	s_{22}	s_{23}	s_{24}
s_{11}	(5, 2)	(1, 4)	(−1, 1)	(2, −1)
s_{12}	(4, 0)	(2, 1)	(3, 0)	(3, −1)
s_{14}	(1, 1)	(1, 3)	(1, 2)	(4, 1)

Spieler 2 weiß natürlich, dass Spieler 1 niemals s_{13} wählen wird und wird diese Strategie bei seiner Strategiewahl nicht weiter berücksichtigen. Wie wir erkennen können, wird Spieler 2 unter dieser Bedingung niemals s_{23} wählen, da seine zweite Strategie s_{22} immer eine höhere Auszahlung liefert. Die einzige Strategie des anderen Spielers, für die das nicht gelten würde, ist gerade s_{13} – hier liefert s_{22} eine Auszahlung von −1 und s_{23} von 3. Allerdings wird diese Strategie, wie gezeigt, nie von Spieler 1 gewählt! Spieler 2 wird somit niemals s_{23} wählen und wir können diese Strategie streichen. Somit kann die Komplexität der 4 × 4-Matrix auf eine 3 × 3-Matrix reduziert werden:

1, 2	s_{21}	s_{22}	s_{24}
s_{11}	(5, 2)	(1, 4)	(2, −1)
s_{12}	(4, 0)	(2, 1)	(3, −1)
s_{14}	(1, 1)	(1, 3)	(4, 1)

Auf die gleiche Weise können wir weitere Strategien eliminieren: s_{24} wird streng von s_{22} dominiert, s_{14} von s_{12}, s_{21} von s_{22} und schließlich s_{11} von s_{12}. Somit verbleiben als einzig rationalisierbare Strategien s_{12} und s_{22}.

Alle Strategien, welche die iterierte Elimination streng dominierter Strategien überleben, sind rationalisierbar. Die Reihenfolge der Elimination spielt keine Rolle. Wir hätten zum Beispiel auch als erstes s_{21} eliminieren können (wird durch s_{22} streng dominiert) und dann weiter verfahren können mit der Elimination von (in eckigen Klammern jeweils die dominierende Strategie): $s_{11}[s_{12}]$, $s_{13}[s_{12}]$, $s_{23}[s_{22}]$, $s_{24}[s_{22}]$ und schließlich $s_{14}[s_{12}]$. Als Ergebnis würde wieder (s_{12}, s_{22}) resultieren.

Handelt es sich dabei aber auch um ein Nash-Gleichgewicht? Dies können wir mit der „Unterstreichen"-Methode bestimmen:

1, 2	s_{21}	s_{22}	s_{23}	s_{24}
s_{11}	($\underline{5}$, 2)	(1, $\underline{4}$)	(−1, 1)	(2, −1)
s_{12}	(4, 0)	($\underline{2}$, $\underline{1}$)	(3, 0)	(3, −1)
s_{13}	(−2, −2)	(1, −1)	(2, $\underline{3}$)	(2, 2)
s_{14}	(1, 1)	(1, $\underline{3}$)	(1, 2)	($\underline{4}$, 1)

Wie wir erkennen können, sind nur bei (s_{12}, s_{22}) beide Auszahlungen unterstrichen und wir haben damit das (eindeutige) Nash-Gleichgewicht gefunden. Da die iterierte Elimination strikt dominierter Strategien nur rationalisierbare Strategien überleben und nur diese Strategien als beste Antworten überhaupt in Frage kommen, überrascht es nicht, dass mithilfe dieser Methode gefundene Gleichgewichte auch immer Nash-Gleichgewichte sind.

7.2.5 Gemischte Strategien

Aufgabentext in Abschn. 7.1.5

Als Nash-Gleichgewichte können wir (s_{11}, s_{22}) und (s_{12}, s_{21}) identifizieren. Da die Anzahl der Nash-Gleichgewichte immer ungerade ist, muss folglich ein weiteres Gleichgewicht in gemischten Strategien vorliegen. Zur Bestimmung ordnen wir den reinen Strategien der Spieler die Wahrscheinlichkeiten wie folgt zu:

- Spieler 1 spielt Strategie s_{11} mit Wahrscheinlichkeit p_1 und s_{12} mit Wahrscheinlichkeit $1 - p_1$
- Spieler 2 spielt Strategie s_{21} mit Wahrscheinlichkeit p_2 und s_{22} mit Wahrscheinlichkeit $1 - p_2$

Die Berechnung der Wahrscheinlichkeiten der gleichgewichtigen gemischten Strategien kann auf zwei Arten erfolgen – mittels Optimierungsansatz oder Erwartungsnutzen-Vergleich.

Optimierungsansatz

Aufstellung der Auszahlungsfunktion für Spieler 1 und Optimierung im Hinblick auf seine strategische Variable p_1 liefert:

$$
\begin{aligned}
E(u_1) &= p_1 \cdot p_2 \cdot 0 + p_1 \cdot (1 - p_2) \cdot 0 + (1 - p_1) \cdot p_2 \cdot 50 + \\
&\quad + (1 - p_1) \cdot (1 - p_2) \cdot (-10) = \\
&= 60 \cdot p_2 + 10 \cdot p_1 - 60 \cdot p_1 \cdot p_2 - 10 \\
\frac{\partial E(u_1)}{\partial p_1} &= 10 - 60 \cdot p_2 \overset{!}{=} 0 \Rightarrow p_2 = \frac{1}{6}
\end{aligned}
$$

Analog ist für Spieler 2 vorzugehen, das heißt, Aufstellung seiner Auszahlungsfunktion und Optimierung im Hinblick auf seine strategische Variable p_2:

$$
\begin{aligned}
E(u_2) &= p_1 \cdot p_2 \cdot 0 + p_1 \cdot (1 - p_2) \cdot 0 + (1 - p_1) \cdot p_2 \cdot 0 + \\
&\quad + (1 - p_1) \cdot (1 - p_2) \cdot (-10) = \\
&= 60 \cdot p_1 + 10 \cdot p_2 - 60 \cdot p_1 \cdot p_2 - 10 \\
\frac{\partial E(u_2)}{\partial p_2} &= 10 - 60 \cdot p_1 \overset{!}{=} 0 \Rightarrow p_1 = \frac{1}{6}
\end{aligned}
$$

Erwartungsnutzen-Vergleich

Bestimmung der Wahrscheinlichkeit p_2, bei der es für Spieler 1 besser (oder gleich gut) ist, s_{11} zu spielen:

$$E[u_1(s_{11})] \geq E[u_2(s_{12})]$$
$$0 \cdot p_2 + 0 \cdot (1 - p_2) \geq 50 \cdot p_2 + (-10) \cdot (1 - p_2)$$
$$p_2 \leq 1/6$$

Bestimmung der Wahrscheinlichkeit p_1, bei der es für Spieler 2 besser (oder gleich gut) ist, s_{21} zu spielen:

$$E[u_2(s_{21})] \geq E[u_2(s_{22})]$$
$$0 \cdot p_1 + 0 \cdot (1 - p_1) \geq 50 \cdot p_1 + (-10) \cdot (1 - p_1)$$
$$p_1 \leq 1/6$$

Aus dem Erwartungsnutzen-Vergleich lassen sich die Reaktionsabbildungen formal am einfachsten bestimmen. So wird Spieler 1 für $p_2 < 1/6$ sicher Strategie s_{11} wählen, das heißt $p_1 = 1$; analog wählt er für $p_2 > 1/6$ Strategie s_{12} und damit $p_1 = 0$:

$$p_1^*(p_2) = \begin{cases} 1 & p_2 \in [0; 1/6) \\ [0; 1] & p_2 = 1/6 \\ 0 & p_2 \in (1/6; 1] \end{cases} \qquad p_2^*(p_1) = \begin{cases} 1 & p_1 \in [0; 1/6) \\ [0; 1] & p_1 = 1/6 \\ 0 & p_1 \in (1/6; 1] \end{cases}$$

Grafisch stellen sich die Reaktionsabbildungen wie folgt dar:

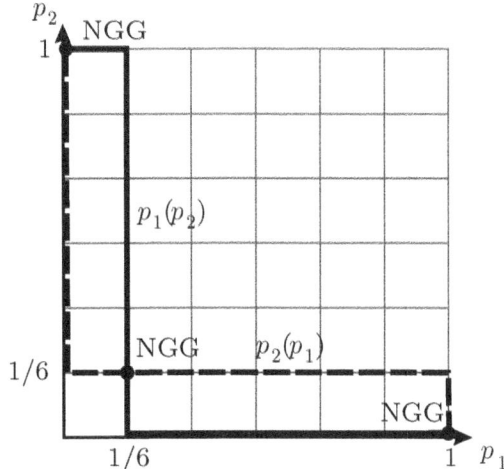

Es liegen somit drei Nash-Gleichgewichte, zwei in reinen und eines in gemischten Strategien, vor: (s_{11}, s_{22}) mit der Auszahlungskombination $(0, 50)$, (s_{12}, s_{21}) mit der Auszahlungskombination $(50, 0)$ und $(p_1 = 1/6, p_2 = 1/6)$ mit der (erwarteten) Auszahlungskombination $(0, 0)$.

7.2.6 Gemischte Strategien bei drei Strategien

Aufgabentext in Abschn. 7.1.6

In reinen Strategien lassen sich $(s_{11},\ s_{21})$ und $(s_{12},\ s_{22})$ als Nash-Gleichgewichte identifizieren:

1, 2	s_{21}	s_{22}
s_{11}	(5, 6)	(0, 4)
s_{12}	(0, 4)	(4, 8)
s_{13}	(3, 4)	(3, 0)

Somit muss noch ein weiteres Gleichgewicht in gemischten Strategien vorliegen. Bezeichne p_1 die Wahrscheinlichkeit dafür, dass sich Spieler 1 für s_{11} entscheidet, p_2 für s_{12} und somit $1 - p_1 - p_2$ für s_{13}. Bezeichne q die Wahrscheinlichkeit dafür, dass sich Spieler 2 für s_{21} entscheidet und somit mit $1 - q$ für s_{22}.

In Abhängigkeit von q ergeben sich für Spieler 1 unterschiedliche erwartete Auszahlungen bei den einzelnen Strategien:

$$E[u_1(s_{11})] = 5 \cdot q$$
$$E[u_1(s_{12})] = 4 - 4 \cdot q$$
$$E[u_1(s_{13})] = 3 \cdot q + 3 \cdot (1 - q) = 3$$

Um ein besseres Bild zu gewinnen, für welche Werte von q Spieler 1 welche Strategie bevorzugt, empfiehlt sich eine grafische Veranschaulichung der Auszahlungen:

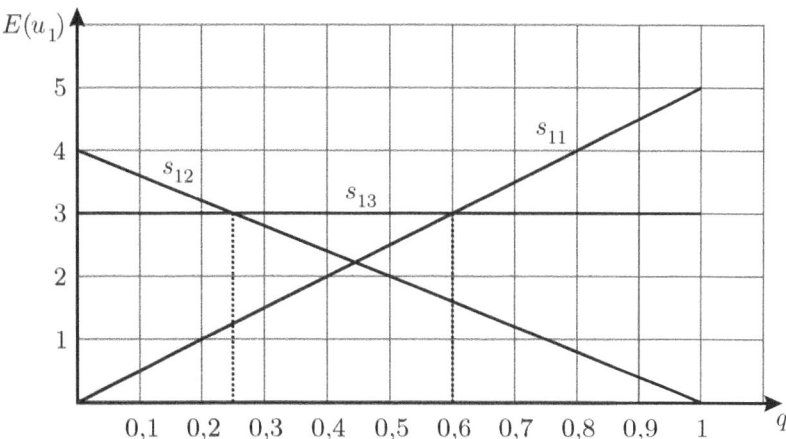

Somit müssen wir zunächst s_{12} mit s_{13} vergleichen,

$$E[u_1(s_{12})] \geq E[u_1(s_{13})] \Leftrightarrow 4 - 4 \cdot q \geq 3 \Rightarrow q \leq 1/4,$$

und anschließend s_{13} mit s_{11}

$$E[u_1(s_{11})] \geq E[u_1(s_{13})] \Leftrightarrow 5 \cdot q \geq 3 \Rightarrow q \geq 3/5.$$

Daraus ergibt sich als Reaktionsabbildung von Spieler 1:

$$r_1(q) = \begin{cases} p_1 = 0, p_2 = 1 & q \in [0; 1/4) \\ p_1 = 0, p_2 \in [0; 1] & q = 1/4 \\ p_1 = 0, p_2 = 0 & q \in (1/4; 3/5) \\ p_1 \in [0; 1], p_2 = 0 & q = 3/5 \\ p_1 = 1, p_2 = 0 & q \in (3/5; 1] \end{cases}$$

Spieler 2 hat in Abhängigkeit von seiner Strategiewahl die folgenden erwarteten Auszahlungen:

$$E[u_2(s_{21})] = 6 \cdot p_1 + 4 \cdot p_2 + 4 \cdot (1 - p_1 - p_2)$$
$$E[u_2(s_{22})] = 4 \cdot p_1 + 8 \cdot p_2$$

Spieler 2 zieht s_{21} gegenüber s_{22} vor, wenn gilt

$$
\begin{array}{ccc}
E[u_2(s_{21})] & \geq & E[u_2(s_{22})] \\
6 \cdot p_1 + 4 \cdot p_2 + 4 \cdot (1 - p_1 - p_2) & \geq & 4 \cdot p_1 + 8 \cdot p_2 \\
2 \cdot p_1 - 4 \cdot p_2 + 4 \cdot (1 - p_1 - p_2) & \geq & 0 \\
4 - 2 \cdot p_1 - 8 \cdot p_2 & \geq & 0
\end{array}
$$

Somit ergibt sich als Reaktionsabbildung für Spieler 1:

$$r_2(p_1, p_2) = \begin{cases} q = 1 & 24 - p_1 - 48 \cdot p_2 > 0 \\ q \in [0; 1] & 24 - p_1 - 48 \cdot p_2 = 0 \\ q = 0 & 24 - p_1 - 48 \cdot p_2 < 0 \end{cases}$$

Im Nash-Gleichgewicht in gemischten Strategien müssen beide Spieler indifferent zwischen ihren reinen Strategien sein, das heißt es muss (i) $24 - p_1 - 48 \cdot p_2 = 0$ und $p_1 = 0$ oder (ii) $24 - p_1 - 48 \cdot p_2 = 0$ und $p_2 = 0$ erfüllt sein. Fall (ii) kann ausgeschlossen werden: Wenn Spieler 1 s_{12} nicht mit positiver Wahrscheinlichkeit spielt, dann wird Spieler 2 immer s_{21} wählen – nur bei s_{12} antwortet Spieler 2 mit s_{22}. Dies können wir auch daran erkennen, dass beide Bedingungen in (ii) nicht erfüllt werden können:

$$24 - p_1 - 48 \cdot 0 = 0 \Leftrightarrow p_1 = 2 \natural$$

Fall (i) ist allerdings möglich und wir finden als Lösung

$$24 - 0 - 48 \cdot p_2 = 0 \Leftrightarrow p_2 = 0{,}5$$

Somit lautet das Nash-Gleichgewicht in gemischten Strategien $\{(p_1 = 0, p_2 = 1/2),$ $q = 1/4\}$.

7.2.7 Außenoption

Aufgabentext in Abschn. 7.1.7

Teil a)
Die Elimination strikt dominierter Strategien zeigt: s_{11} wird strikt von s_{13} dominiert und s_{21} ist strikt von s_{22} dominiert. Eine Elimination weiterer Strategien ist nicht möglich, sodass wir das Spiel auf eine 2×2-Matrix reduzieren können:

1, 2	s_{22}	s_{23}
s_{12}	(2, 1)	(2̲, 2̲)
s_{13}	(5̲, 2̲)	(1, 1)

Es lassen sich schließlich zwei Nash-Gleichgewichte in reinen Strategien identifizieren: (s_{12}, s_{23}) und (s_{13}, s_{22}). Diese Anzahl ist ungerade, weshalb somit noch ein weiteres Gleichgewicht in gemischten Strategien vorliegen muss. Da in b) die Reaktionsabbildungen zu zeichnen sind, empfiehlt sich die Methode des Erwartungsnutzen-Vergleichs.

Es ist zu beachten, dass eine gemischte Strategie jeder reinen Strategie des Spielers eine Wahrscheinlichkeit zuordnet. Jeder Spieler verfügt hier über drei Strategien, von denen er eine aufgrund ihrer, durch die iterierte Elimination gezeigten, Nicht-Rationalisierbarkeit mit Sicherheit nicht spielen wird, das heißt, er wird dieser Strategie immer eine Wahrscheinlichkeit von 0 zuordnen.

Bezeichne p_{ij} die Wahrscheinlichkeit von Spieler i Strategie j zu spielen.

- Für welche Werte von p_{22} ist es für Spieler 1 besser (oder gleich gut), s_{12} anstelle von s_{13} zu spielen?

$$E[u_1(s_{12})] \quad\quad \geq \quad\quad E[u_2(s_{13})]$$
$$2 \cdot p_{22} + 2 \cdot (1 - p_{21} - p_{22}) \quad \geq \quad 5 \cdot p_{22} + 1 \cdot (1 - p_{21} - p_{22})$$

Aufgrund dessen, dass s_{21} von Spieler 2 nie gespielt wird, gilt $p_{21} = 0$ und die Bedingung vereinfacht sich zu:

$$2 \cdot p_{22} + 2 \cdot (1 - p_{22}) \quad \geq \quad 5 \cdot p_{22} + 1 \cdot (1 - p_{22})$$
$$p_{22} \quad\quad \geq \quad\quad 1/4$$

- Für welche Werte von p_{12} ist es für Spieler 2 besser (oder gleich gut), s_{22} anstelle von s_{23} zu spielen?

$$E[u_2(s_{22})] \quad\quad \geq \quad\quad E[u_2(s_{23})]$$
$$1 \cdot p_{12} + 2 \cdot (1 - p_{11} - p_{12}) \quad \geq \quad 2 \cdot p_{12} + 1 \cdot (1 - p_{11} - p_{12})$$

Aufgrund dessen, dass s_{11} von Spieler 1 nie gespielt wird, gilt $p_{11} = 0$ und die Bedingung vereinfacht sich zu:

$$1 \cdot p_{12} + 2 \cdot (1 - p_{12}) \quad \geq \quad 2 \cdot p_{12} + 1 \cdot (1 - p_{12})$$
$$p_{12} \quad\quad \leq \quad\quad 1/2$$

Somit lautet das Nash-Gleichgewicht in gemischten Strategien: ($\{p_{11} = 0, p_{12} = 1/2\}$, $\{p_{21} = 0, p_{22} = 1/4\}$).

Teil b)
Basierend auf den Ergebnissen aus a) ergeben sich folgende Reaktionsabbildungen:

$$r_1(p_{21}, p_{22}) = \begin{cases} p_{11} = 0, p_{12} = 0 & p_{22} \in [0, 1/4) \quad \text{und} \quad p_{21} \in [0; 1] \\ p_{11} = 0, p_{12} \in [0; 1] & p_{22} = 1/4 \quad\quad \text{und} \quad p_{21} \in [0; 1] \\ p_{11} = 0, p_{12} = 1 & p_{22} \in (1/4; 1] \quad \text{und} \quad p_{21} \in [0; 1] \end{cases}$$

$$r_2(p_{11}, p_{12}) = \begin{cases} p_{21} = 0, p_{22} = 0 & p_{12} \in [0, 1/2) \quad \text{und} \quad p_{11} \in [0; 1] \\ p_{21} = 0, p_{22} \in [0; 1] & p_{12} = 1/2 \quad\quad \text{und} \quad p_{11} \in [0; 1] \\ p_{21} = 0, p_{22} = 1 & p_{12} \in (1/2; 1] \quad \text{und} \quad p_{11} \in [0; 1] \end{cases}$$

Teil c)

Die Auszahlung x bei einer Strategie s_{14} ist so zu bestimmen, dass Spieler 1 für jede Strategie von Spieler 2 diese wählt, das heißt, sie muss ihm immer eine höhere Auszahlung als die beste andere Strategie liefern: Bei s_{21} wählt Spieler 1 s_{13} mit Auszahlung 4, bei s_{22} s_{13} mit 5 und bei s_{23} s_{12} mit 2. Somit muss $x > 5$ gelten, damit Spieler 1 immer s_{14} wählt. Es würde sich hierbei um eine dominante Strategie handeln. Bei diesem Konzept ist es lediglich erforderlich, dass Spieler 1 rational ist, für Spieler 2 muss diese Annahme hingegen nicht erfüllt sein.

7.2.8 Gemischte Strategien und Dominanz

Aufgabentext in Abschn. 7.1.8

Bei genauer Betrachtung der Strategien lässt sich feststellen, dass Spieler 2 eine dominierte Strategie hat: Strategie s_{23} wird von s_{22} strikt dominiert und kann eliminiert werden. In der verbleibenden 2×2-Matrix hat Spieler 1 die schwach dominante Strategie s_{11}. Die beste Reaktion von Spieler 2 darauf ist s_{22}. Somit ergibt sich das (nicht notwendigerweise eindeutige) Nash-Gleichgewicht (s_{11}, s_{22}). Es lassen sich keine weiteren Nash-Gleichgewichte finden:

1, 2	s_{21}	s_{22}	s_{23}
s_{11}	$(\underline{1}, 0)$	$(\underline{1}, \underline{2})$	$(0, 1)$
s_{12}	$(0, \underline{3})$	$(1, 1)$	$(\underline{2}, 0)$

Die Suche nach einem Gleichgewicht in gemischten Strategien erübrigt sich, da die Anzahl der Nash-Gleichgewichte in reinen Strategien bereits ungerade ist.

7.2.9 Teilspielperfektheit und imperfekte Information

Aufgabentext in Abschn. 7.1.9

Zur Bestimmung der teilspielperfekten Nash-Gleichgewichte verwenden wir die Rückwärtsinduktion und beginnen daher, das Gleichgewicht des letzten Teilspieles zu bestimmen. Dieses beginnt, wenn Spieler 1 a_{11} gewählt hat und weist eine imperfekte Informationsstruktur auf. Es empfiehlt sich daher, das Spiel in Matrix-Form darzustellen und zu lösen:

1, 2	a_{21}	a_{22}
a_{13}	$(4, 2)$	$(0, 0)$
a_{14}	$(0, 0)$	$(4, 2)$

Es ist zu erkennen, dass dieses Spiel zwei Nash-Gleichgewichte in reinen Strategien aufweist: (a_{13}, a_{21}) und (a_{14}, a_{22}). Demzufolge muss ein weiteres in gemischten Strategien vorliegen. Bezeichne p_1 die Wahrscheinlichkeit, dass Spieler 1 a_{13} wählt und p_2 die Wahrscheinlichkeit, dass Spieler 2 a_{21} wählt. Der Erwartungsnutzen-Vergleich liefert für Spieler 1

$$Eu(a_{13}) \geq Eu(a_{14}) \Leftrightarrow 4 \cdot p_2 \geq 4 \cdot (1 - p_2) \Leftrightarrow p_2 \geq 1/2$$

und für Spieler 2

$$Eu(a_{21}) \geq Eu(a_{22}) \Leftrightarrow 2 \cdot p_1 \geq 2 \cdot (1 - p_2) \Leftrightarrow p_1 \geq 1/2$$

Somit lautet das Nash-Gleichgewicht in gemischten Strategien ($p_1 = 1/2; p_2 = 1/2$).

Da wir wissen, wie die Spieler auf der letzten Stufe reagieren, können wir den Spielbaum in reduzierter Form darstellen. Wir müssen dabei allerdings berücksichtigen, dass es auf der letzten Stufe aufgrund der imperfekten Information drei mögliche Ausgänge des Spiels gibt, die sich unterschiedlich auf die resultierenden Auszahlungen auswirken:

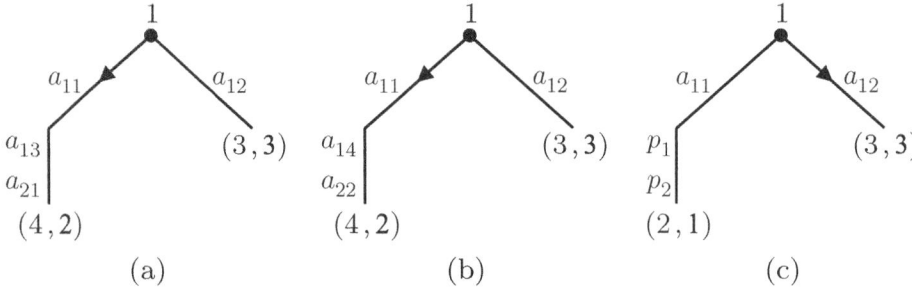

(a)   (b)   (c)

- Fall (a) beschreibt das Ergebnis, wenn sich (a_{13}, a_{21}) als Nash-Gleichgewicht auf der letzten Stufe ergeben hat. In diesem Fall wird Spieler 1 auf der ersten Stufe a_{11} wählen. Das teilspielperfekte Nash-Gleichgewicht lautet dann $\{(a_{11}, a_{13}), a_{21}\}$.
- In Fall (b) hat sich (a_{14}, a_{22}) als Nash-Gleichgewicht auf der letzten Stufe ergeben, auch hier wird Spieler 1 auf der ersten Stufe a_{11} wählen. Das teilspielperfekte Nash-Gleichgewicht lautet dann $\{(a_{11}, a_{14}), a_{22}\}$.
- Im dritten Fall (c) wurden auf der letzten Stufe die gemischten Strategien ($p_1 = 1/2$; $p_2 = 1/2$) gewählt, weshalb hier erwartete Auszahlungen von $1/2 \cdot 4 + 1/2 \cdot 0 = 2$ für Spieler 1 und $1/2 \cdot 2 + 1/2 \cdot 0 = 1$ für Spieler 2 resultieren. Im Vergleich zu (a) und (b) ändert sich hierdurch die Entscheidung von Spieler 1 auf der ersten Stufe zu a_{12}. Das teilspielperfekte Nash-Gleichgewicht lautet hier $\{(a_{12}; p_1 = 1/2), p_2 = 1/2\}$.

7.2.10 Verhandlungsspiele

Aufgabentext in Abschn. 7.1.10

Teil a)
Das Spiel besteht aus maximal zwei Stufen, in denen die beiden Spieler, Verkäufer (Spieler 1) und Käufer (Spieler 2), ihre Aktionen festlegen können. Der Verkäufer kann in der ersten Stufe einen Preisvorschlag p unterbreiten $\left(a_1^0\right)$ und in der zweiten Stufe den Preisvorschlag des Käufers annehmen $\left(a_1^{1+}\right)$ oder ablehnen $\left(a_1^{1-}\right)$. Der Käufer wiederum kann in der ersten Stufe den Preisvorschlag des Verkäufers annehmen $\left(a_2^{0+}\right)$ oder ablehnen $\left(a_2^{0-}\right)$ und in der zweiten Stufe gegebenenfalls einen eigenen Preisvorschlag q anbieten $\left(a_2^1\right)$. Somit ergeben sich für die beiden Spieler die Strategien $s_1 = \left\{a_1^0, \left(a_1^{1+}, a_1^{1-}\right)\right\}$ und $s_2 = \left\{\left(a_2^{0+}, a_2^{0-}\right), a_2^1\right\}$. Die resultierenden Auszahlungen entsprechen den Renten bzw. Überschüssen der Spieler: Der Verkäufer erhält bei Zustandekommen des Vertrags den Verkaufspreis abzüglich seines Reservationspreises und andernfalls null. Der Käufer erhält die Differenz zwischen seiner Zahlungsbereitschaft und dem Kaufpreis bei Zustandekommen des Vertrags und andernfalls ebenfalls null.

Der Spielablauf mitsamt den resultierenden Auszahlungen ist in der folgenden Abbildung dargestellt:

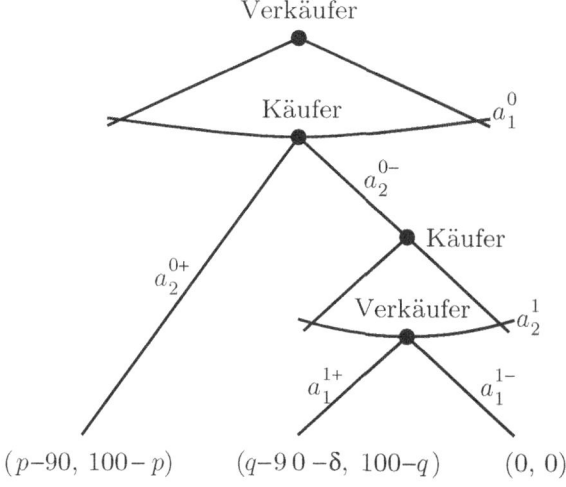

Teil b)
Der Verkäufer macht hier ein Angebot, das vom Käufer entweder angenommen werden kann oder nicht – ein Gegenvorschlag seitens des Käufers ist nicht mehr möglich („take-it-or-leave-it-offer"). Die Strategien der Spieler sind damit $s_1 = \left\{a_1^0, a_1^{1-}\right\}$ und $s_2 = \left\{a_2^{0+}\right\}$. Der Verkäufer wird einen Preis aus dem Intervall $p \in [90; 100]$ vorschlagen, was ein

rationaler Käufer auch annehmen wird: Selbst, wenn der Verkäufer 99,99 für sich beanspruchen würde, hätte der Käufer noch eine positive Auszahlung 0,01 > 0.

Es bleibt nun zu prüfen, ob das abgegebene Angebot teilspielperfekt ist. Dafür muss die Strategiekombination, die in Periode 0 wechselseitig optimal ist, auch dann noch optimal sein, wenn die Informationen aus Periode 1 hinzukommen und Rationalität als gemeinsames Wissen unterstellt wird. Um dies herauszufinden, müssen alle unplausiblen Nash-Gleichgewichte aus dem Intervall $p \in [90; 100]$ ausgeschlossen werden.

Der Käufer nimmt an, wenn er sich in der Folgezeit durch ein eigenes Angebot nicht besserstellen kann: $p^* \in [90; 90 + \delta]$. Für den Käufer wäre somit jeder Preis p' mit $90 < p' < 90 + \delta$ optimal. Würde der Verkäufer $90 + \delta$ vorschlagen und der Käufer mit der Forderung nach p' ablehnen, dann wüsste der Verkäufer, dass p' in Periode 2 nicht zu verwirklichen ist. Allein für $p = 90 + \delta$ ist der Käufer indifferent zwischen der heutigen Auszahlung bei Annahme und der morgigen Auszahlung bei Ablehnung. Die Forderung nach p' ist damit eine leere Drohung und $p = 90 + \delta$ das teilspielperfekte Nash-Gleichgewicht, das der Käufer akzeptieren wird.

7.2.11 Rubinstein-Verhandlungsspiel

Aufgabentext in Abschn. 7.1.11

Wir suchen zur Vereinfachung nach einem Gleichgewicht mit stationären Strategien, also Strategien, die unabhängig von der jeweils betrachteten Periode sind. Da für die Diskontfaktoren $0 < \delta_1 < 1$ und $0 < \delta_2 < 1$ gilt, wird die Verhandlung für die Parteien mit fortschreitender Zeit immer kostspieliger. Gedanklich „schrumpft" der Kuchen von Periode zu Periode und erzeugt so einen Einigungsdruck auf die Parteien.

Angenommen, Spieler 1 würde einen Anteil s_1 akzeptieren. Spieler 1 sollte das höchste Angebot machen, das Spieler 2 gerade noch akzeptiert. Hierfür muss gelten:

$$1 - s_1 = \delta_2 \cdot (1 - s_2) \tag{7.1}$$

Die linke Seite gibt den Anteil von Spieler 2 an, den dieser bei Annahme erhalten würde. Würde Spieler 2 ablehnen, dann ginge das Spiel in die nächste Runde und er würde für sich $(1 - s_2)$ fordern, was aber aufgrund der Diskontierung nur noch einem Wert von $\delta_2 \cdot (1 - s_2)$ entspricht.

Entsprechend sollte Spieler 2 das höchste Angebot machen, das Spieler 1 gerade noch akzeptiert. Hierfür gilt analog:

$$s_2 = \delta_1 \cdot s_1 \tag{7.2}$$

Beide Bedingungen (7.1) und (7.2) müssen simultan erfüllt sein. Setzen wir (7.2) in (7.1) ein, erhalten wir $1 - s_1 = \delta_2 \cdot (1 - \delta_1 \cdot s_1)$ bzw. $s_1 = 1 - \delta_2 + \delta_1 \cdot \delta_2 \cdot s_1$ und folglich

$$s_1 = \frac{1 - \delta_2}{1 - \delta_1 \cdot \delta_2}.$$

Einsetzen in (7.2) ergibt

$$s_2 = \delta_1 \cdot \frac{1 - \delta_2}{1 - \delta_1 \cdot \delta_2}.$$

Als teilspielperfektes Nash-Gleichgewicht erhalten wir damit folgende Aufteilung, die bereits in der ersten Runde realisiert wird:

$$\left\{ \frac{1 - \delta_2}{1 - \delta_1 \cdot \delta_2}, \frac{(1 - \delta_2) \cdot \delta_1}{1 - \delta_1 \cdot \delta_2} \right\}$$

Wie wir am Gleichgewicht erkennen können, ist der Spieler, der als erstes entscheidet klar im Vorteil (First-Mover Advantage), da sein Anteil immer höher ausfallen wird als derjenige des Zweitziehenden.

Darüber hinaus zeigt sich: Je höher der relative Diskontfaktor eines Spielers grundsätzlich ist, desto höher wird auch sein Anteil sein. Oder anders formuliert zahlt sich eine geringe Gegenwartspräferenz bzw. eine hohe Geduld hier in Form einer vorteilhafteren Aufteilung aus. Zudem ist auch zu erkennen, dass, je höher und ähnlicher die Diskontfaktoren sind, die Aufteilung umso gleichmäßiger erfolgt. Ist etwa $\delta_1 = \delta_2 = 0,99$, dann erhält Spieler 1 53 % und Spieler 2 47 %, während es bei $\delta_1 = \delta_2 = 0,1$ mit 91 % und 9 % sehr ungleich ist.

7.2.12 Signalspiel

Aufgabentext in Abschn. 7.1.12

Teil a)

Der Spielbaum kann wie in Abschn. 6.3, Abb. 6.4, dargestellt werden. Möglich (aber bei Signalspielen unüblich) ist auch unsere gewohnte Baumdarstellung. Nach der zufälligen Zuweisung der Produktivität durch die Natur kann sich der Arbeitnehmer (AN) zwischen den beiden Ausbildungsniveaus 0 und e^* entscheiden. Anschließend kann der Arbeitgeber (AG) entscheiden, ob er das Signal beachtet (b) oder es nicht beachtet (nb):

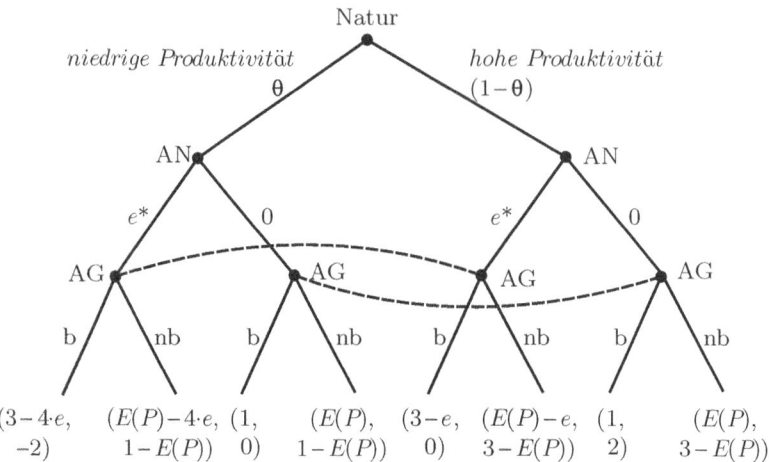

Hier bezeichnet $E(P)$ die erwartete Produktivität und damit auch den erwarteten Lohn, $E(P) = \theta + 3 \cdot (1 - \theta)$.

Damit ein Trennungs-Gleichgewicht zustande kommt, muss der produktive Typ einen Anreiz haben, in die Ausbildung zu investieren, während der unproduktive Typ darauf verzichtet. Somit darf die Ausbildung, um eine Signalwirkung entfalten zu können, einerseits nicht zu teuer sein, sodass kein Arbeiter sie wahrnimmt, andererseits aber auch nicht zu billig sein, sodass jeder Arbeiter in sie investiert. Die hier mögliche Ausbildung kann diese Bedingungen erfüllen, da sie für den unproduktiven Arbeiter kostspieliger ist als für den produktiven Typ (der unproduktive Typ muss viermal soviel aufwenden wie der produktive Typ, $c^L = 4 \cdot e = 4 \cdot c^H$). Dazu muss der Arbeitgeber das Signal auch beachten, das heißt, wenn er eine Ausbildung ($e = e^*$) beobachtet, von hoher Produktivität ausgehen und den Arbeiter mit $w = P^H = 3$ entlohnen, und bei keiner Ausbildung ($e = 0$) niedrige Produktivität unterstellen und entsprechend einen Lohn von $w = P^L = 1$ bezahlen. Für ein glaubhaftes Signal muss dann gelten:

- Ein produktiver Arbeiter ($P = 3$) wird in Ausbildung investieren, wenn seine Auszahlung mit Ausbildung, $3 - e$, höher ist als ohne Ausbildung, 1. Das Signal darf somit höchstens $e_H^* \leq 2$ kosten.
- Ein unproduktiver Arbeiter ($P = 1$) wird nicht in Ausbildung investieren, wenn seine Auszahlung mit Ausbildung, $3 - 4 \cdot e$, niedriger ist als ohne Ausbildung, 1. Das Signal muss somit mindestens $e_L^* \leq 0{,}5$ kosten.

Sofern $e^* \in [0{,}5; 2]$ gilt, kann es somit zu einem Trennungs-Gleichgewicht kommen, in dem der produktive Typ das Signal aussendet und der unproduktive Typ nicht.

Die eben abgeleitete Bedingung ist notwendig, aber nicht hinreichend für ein Trennungs-Gleichgewicht, weil der produktive Typ es möglicherweise dennoch vorzieht, nicht in Ausbildung zu investieren, da er bei einer Durchschnittsentlohnung bessergestellt ist.

Gehen wir etwa davon aus, dass es nur produktive Typen gibt, dann wird kein produktiver Arbeiter in Ausbildung investieren, da der Durchschnittslohn der erwarteten Produktivität entspricht $E(P) = 0 + 3 \cdot (1 - 0) = 3$ und damit für jedes Ausbildungsniveau $e^* \in [0{,}5;2]$ besser ist. Ob sich Ausbildung lohnt, hängt damit entscheidend von der erwarteten Produktivität bzw. dem Anteil der produktiven Arbeiter ab. Diese werden nur dann in Ausbildung investieren, wenn ihre dabei erzielbare Auszahlung, $3 - e$, höher ist als die Durchschnittsentlohnung, $\theta + 3 \cdot (1 - \theta)$. Das Signal darf somit maximal $e \leq 2 \cdot \theta$ kosten. Das heißt, gilt für die Ausbildung $e \geq 2 \cdot \theta$, so hat kein Arbeiter einen Anreiz in Ausbildung zu investieren und es kommt zum Pooling-Gleichgewicht.

Teil b)

Wenn ein Trennungs-Gleichgewicht möglich ist, dann ist es bei zwei Arbeitgebern nicht plausibel, dass es zu einem Pooling-Gleichgewicht kommt, das heißt, dass die Arbeitgeber das Signal nicht beachten. Dies ist intuitiv nachvollziehbar: Beachtet ein Arbeitgeber das Signal, so werden alle produktiven Arbeiter zu ihm kommen, da sie dort eine höhere Nettoauszahlung erhalten. Umgekehrt werden alle unproduktiven Arbeiter zu dem Arbeitgeber gehen, der das Signal nicht beachtet, da der Durchschnittslohn, der die Gesamtpopulation berücksichtigt, höher als der Lohn der unproduktiven Arbeiter ist. Dadurch macht der Arbeitgeber, der das Signal nicht beachtet, Verluste. Somit wird jeder Arbeitgeber das Signal beachten und es wird zum Trennungs-Gleichgewicht kommen.

Industrieökonomische Anwendungsbeispiele

8

8.1 Aufgaben

8.1.1 Formatkrieg

Die beiden Unternehmen Fujita (Spieler 1) und Sumsang (Spieler 2) möchten ein neues Format für Computerbildschirme auf dem Markt durchsetzen. In Frage kommt dabei entweder die von Fujita neu entwickelte Technologie „Bestscreen" oder die von Sumsang bereits in Feldversuchen erprobte Technologie „Cleartop".

Grundsätzlich gilt dabei, dass Unternehmen i eine höhere Auszahlung als Unternehmen j hat, wenn sich „seine" Technologie i als Standard durchsetzt. Die konkreten Auszahlungen von Fujita hängen aber auch davon ab, ob das Management vor der Technologiewahl der Unternehmen eine spezifische Investition in Höhe von V in die Weiterentwicklung der eigenen Technologie „Bestscreen" tätigt. Im Erfolgsfall (Technologie wird zum Standard) kann Fujita dann eine Auszahlung von $2 + V$ erreichen, bei Misserfolg (die Technologie von Sumsang setzt sich durch) müssen die Investitionen abgeschrieben werden und die Auszahlung beträgt $4 - V$. Zur Vereinfachung der weiteren Analyse wird zum einen angenommen, dass die Gewinne von Sumsang durch die Investition nicht direkt beeinflusst werden, und zum anderen werden die Auszahlungen für den Fall eines „Formatkriegs" (das heißt der Wahl unterschiedlicher Technologien) auf null normiert. Konkret gibt dann die folgende Matrix die Auszahlungen in Abhängigkeit der Technologiewahl an, wobei s_{i1} für die Strategie „Bestscreen" und s_{i2} für die Strategie „Cleartop" des Spielers $i = 1,2$ steht:

1, 2	s_{21}	s_{22}
s_{11}	$(2 + V, 1)$	$(0, 0)$
s_{12}	$(0, 0)$	$(4 - V, 5)$

© Springer Fachmedien Wiesbaden GmbH, ein Teil von Springer Nature 2020
F. Bartholomae, M. Wiens, *Spieltheorie*,
https://doi.org/10.1007/978-3-658-28279-0_8

Nehmen Sie im Folgenden zum einen positive Investitionen im Intervall $4 > V \geq 0$ an und gehen Sie zum anderen davon aus, dass die Technologiewahl der Unternehmen simultan und ohne Absprache erfolgt.

a) Ermitteln Sie zunächst alle Nash-Gleichgewichte in reinen Strategien, indem Sie jeweils die besten Antworten $r_i(s_j)$ (Reaktionsabbildungen) bestimmen! Handelt es sich bei der vorliegenden Spielsituation um ein Koordinations- oder um ein Kooperationsproblem? Welche Fokuspunkte können in Abhängigkeit von V aus den Auszahlungen abgeleitet werden? Bestimmen Sie schließlich denjenigen Wert von V, für den sich genau die Struktur des „Kampfs der Geschlechter" ergibt!

b) Liegt in diesem Spiel ein weiteres Nash-Gleichgewicht in gemischten Strategien vor? Falls ja, bestimmen Sie dieses Gleichgewicht in Abhängigkeit von V! Zeichnen Sie die Reaktionsabbildungen für $V = 3$ und kennzeichnen Sie alle Nash-Gleichgewichte! Welches Nash-Gleichgewicht ist Ihrer Meinung nach eine plausible Lösung? Hängt Ihre Aussage dabei von V ab?

c) Gehen Sie jetzt davon aus, dass die Technologiewahl sequenziell erfolgt. Zeichnen Sie das resultierende zweistufige Spiel mit perfekter Information in extensiver Form für $V = 3$ unter der Annahme, dass Spieler 2 zuerst zieht! Bestimmen Sie das teilspielperfekte Gleichgewicht dieses Spiels! Was versteht man unter einem „First-Mover Advantage"? Liegt hier einer vor? Welche beiden Eigenschaften müssen bei der Technologiewahl in der Realität erfüllt sein, damit die Situation durch das zweistufige Spiel mit perfekter Information zutreffend beschrieben ist?

d) Gehen Sie nun im Gegensatz zur bisherigen Annahme davon aus, dass V jeden beliebigen positiven Wert annehmen kann. Wie könnte Fujita nun erreichen, dass für Sumsang kein „First-Mover Advantage" mehr besteht? Warum ist das Ergebnis dann unabhängig davon, wer als erster zieht? Geben Sie alle Lösungen des sequenziellen und simultanen Spiels in Abhängigkeit von V und der Zugreihenfolge an!

Lösung in Abschn. 8.2.1

8.1.2 Preis- vs. Mengenwettbewerb

Zwei Unternehmen stehen miteinander auf einem Duopolmarkt mit differenzierten Produkten im Wettbewerb. Die Marktnachfragefunktionen sind für die beiden Unternehmen i, j jeweils durch $x_i(p_i, p_j) = 30 - p_i + 0{,}5 \cdot p_j$ gegeben. Zur Vereinfachung der Berechnungen wird von konstanten Durchschnittskosten in Höhe von null ausgegangen.

a) Bestimmen Sie grafisch und rechnerisch die Reaktionskurven und das Nash-Gleichgewicht des Simultanspiels für Preiswettbewerb!

b) Bestimmen Sie grafisch und rechnerisch die Reaktionskurven und das Nash-Gleichgewicht des Simultanspiels für Mengenwettbewerb!

c) Vergleichen Sie Ihre Ergebnisse aus a) und b)!

d) Erläutern Sie mithilfe der Reaktionsfunktionen, wie sich das Nash-Gleichgewicht aus einem dynamischen Anpassungsprozess ergeben kann!

e) Ist das Nash-Gleichgewicht pareto-optimal? Beweisen Sie Ihre Antwort!

Lösung in Abschn. 8.2.2

8.1.3 Standortentscheidung (Hotelling-Problem)

An einem Strand stehen zwei Hot-Dog-Verkäufer miteinander im Wettbewerb. Es gibt insgesamt 60 Konsumenten, die gleichmäßig über den Strand mit der Länge eins verteilt sind. Jeder Konsument will genau einen Hot Dog kaufen. Da Preis- oder Qualitätswettbewerb gesetzlich verboten sind, konkurrieren die Hot-Dog-Verkäufer nur um den Standort. Die Konsumenten werden immer bei dem nächstgelegenen Hot-Dog-Stand kaufen. Der Nutzen eines Verkäufers ist durch die Anzahl seiner Kunden gegeben. Befinden sich beide Stände genau am gleichen Ort, so teilen sich die Kunden gleichmäßig auf.

a) Betrachten Sie zunächst folgende diskrete Verteilung der Konsumenten am Strand:

Westen	Mitte	Osten
20 Personen	20 Personen	20 Personen

Stellen Sie dieses Spiel (Spieler, Strategien, Auszahlungen) in strategischer Form (Matrix) dar und lösen Sie es! Ist die Lösung eindeutig?

b) Zeigen Sie, dass eine Positionierung von beiden Verkäufern in der Mitte (Median* der Verteilung) das eindeutige Nash-Gleichgewicht des Spiels darstellt!

c) Verdeutlichen Sie Ihr Ergebnis aus b) grafisch anhand der Reaktionsfunktionen!

Hinweis: Der Median bezeichnet den Wert, der eine Verteilung halbiert, das heißt, 50 % der Werte in der Verteilung sind kleiner und 50 % größer als dieser Wert. Er wird auch als Zentralwert oder 0,5-Quantil bezeichnet.

Lösung in Abschn. 8.2.3

8.1.4 Strategische Managerentlohnung

Auf einem homogenen Markt stehen sich zwei Unternehmen mit identischen Kosten $K(x_i) = 5 + 6 \cdot x_i$ im Mengenwettbewerb gegenüber. Die Marktnachfrage ist beschrieben durch $p = 24 - X$, wobei X den Gesamtabsatz im Markt bezeichnet.

a) Bestimmen Sie zunächst die Reaktionsfunktionen und ermitteln Sie rechnerisch das Nash-Gleichgewicht des Simultanspiels und die dabei erzielten Auszahlungen!

b) Ermitteln Sie das teilspielperfekte Gleichgewicht und die resultierenden Auszahlungen, wenn Unternehmen 1 die Menge in Stufe 1 bindend und beobachtbar festlegen kann, Unternehmen 2 dies beobachtet und entsprechend in Stufe 2 seine Menge wählt!

c) Unternehmen 1 wird von einem Manager geleitet, der von dem Eigentümer einen Lohn in Höhe von $w = \lambda \cdot \pi_1 + (1 - \lambda) \cdot E_1 + w^0(\lambda)$ erhält, wobei π_1 den Gewinn und E_1 den Erlös des Unternehmens bezeichnen und $\lambda \in [0; 1]$ einen Gewichtungsfaktor zwischen diesen beiden Größen darstellt. Der Residuallohn $w^0(\lambda)$ wird dabei so gewählt, dass der Manager immer seinen Reservationslohn erhält, das heißt $w(x_1, x_2, \lambda) = w^R$ (dies stellt sicher, dass der Manager immer für den Eigentümer arbeiten möchte). Es wird ein zweistufiges Spiel betrachtet, bei dem in der ersten Stufe der Gewichtungsfaktor λ vom Eigentümer bindend und beobachtbar festgelegt wird und in der zweiten Stufe der Manager und Unternehmen 2 simultan die Absatzmengen festlegen, wobei sich der Manager an seiner Auszahlungsfunktion $w(x_1, x_2, \lambda)$ orientiert. Bestimmen Sie das teilspielperfekte Gleichgewicht dieses zweistufigen Spiels und vergleichen Sie es mit b)!

Lösung in Abschn. 8.2.4

8.1.5 Strategische Investition

Zwei Unternehmen stehen auf einem homogenen Markt miteinander im Wettbewerb. Die Nachfragefunktion lautet $p(X) = 100 - X$. Pro produzierte Einheit entstehen dabei dem Unternehmen i Kosten in Höhe von K_i. Beide Unternehmen haben die Möglichkeit, die variablen Produktionskosten durch Investition in Forschung und Entwicklung (F&E) λ_i zu reduzieren: $K_i(\lambda_1, \lambda_2) = 50 - \lambda_1 - \beta \cdot \lambda_j$ mit $i \neq j$, $i = 1,2$ und $\beta = 0,5$.

Der Parameter β misst dabei den (positiven) externen Effekt für Unternehmen i, wenn Unternehmen j in (F&E) investiert. Ein solcher positiver externer Effekt kann etwa dann auftreten, wenn Forschungsergebnisse nicht geheim gehalten werden (können) oder ein Unternehmen in Institutionen öffentlicher Forschung (Universitäten) investiert, wovon auch andere Unternehmen profitieren. Forschung und Entwicklung verursachen dem Unternehmen jedoch auch Kosten. Es wird unterstellt, dass ein bestimmtes Niveau an F&E überproportional hohe Kosten verursacht, das heißt, die Forschungslabore werden mit abnehmenden Skalenerträgen betrieben: $\widetilde{K}_i(\lambda_i) = 0,5 \cdot \lambda_i^2$.

Betrachtet wird nun ein zweistufiges Spiel, bei dem in der ersten Stufe beide Unternehmen zunächst simultan ihre F&E-Investitionen λ_i festlegen. In der zweiten Stufe stehen sie dann miteinander im Mengenwettbewerb und entscheiden jeweils – wieder simultan – über ihre optimale Ausbringungsmenge x_i (Cournot-Wettbewerb).

Bestimmen Sie das teilspielperfekte Gleichgewicht dieses zweistufigen Spiels!
Lösung in Abschn. 8.2.5

8.1.6 Unternehmen und Behörde

Im GWB (Gesetz gegen Wettbewerbsbeschränkungen bzw. Kartellgesetz) sind für markt-beherrschende Unternehmen bestimmte Handlungen als wettbewerbswidrig untersagt (zum Beispiel Ausschließlichkeitsbindungen). Vor diesem Hintergrund soll nun folgende stilisierte Situation analysiert werden: Es wird von zwei Spielern – einem Unternehmen und der Wettbewerbsbehörde – ausgegangen. Das Unternehmen kann sich wettbewerbs-widrig verhalten und erzielt dann einen zusätzlichen Gewinn in Höhe von $g > 0$ (ansonsten beträgt der Gewinn 0). Die Wettbewerbsbehörde kann das Verhalten des Unternehmens kontrollieren (dabei entstehen Kosten in Höhe von $c > 0$). Wird bei der Kontrolle ein wettbewerbswidriges Verhalten festgestellt, so muss das Unternehmen eine Strafe in Höhe von $s > g$ bezahlen und der Nutzen der Wettbewerbsbehörde beträgt $u - c > 0$.

a) Gehen Sie zunächst davon aus, dass der Wettbewerbsbehörde vor der Entscheidung über die Kontrolle bekannt ist, ob sich das Unternehmen wettbewerbswidrig verhalten hat. Zeichnen Sie den Spielbaum! Wie lautet das teilspielperfekte Gleichgewicht? Würde sich an Ihrer Analyse etwas ändern, wenn sich die Behörde zuerst für das Unternehmen beobachtbar festlegen würde?

b) Gehen Sie nun alternativ davon aus, dass die Behörde nicht weiß, ob ein Wettbewerbs-verstoß vorliegt. Begründen Sie, dass kein Gleichgewicht in reinen Strategien existiert! Bestimmen Sie das Gleichgewicht in gemischten Strategien und erläutern Sie, wie dieses von den Parametern abhängt! Stellen Sie die Reaktionsfunktionen grafisch dar und kennzeichnen Sie das Nash-Gleichgewicht! Wie beeinflusst eine Veränderung der Strafe dieses Gleichgewicht?

Lösung in Abschn. 8.2.6

8.1.7 Kollusion unter vielen Unternehmen

Betrachten Sie folgendes Spiel: Es wird von n Unternehmen ausgegangen, die bei Preiswettbewerb ein homogenes Gut mit identischen und konstanten Grenzkosten c produzieren. Bei Kollusion kann ein Gesamtgewinn von π^K erzielt werden.

a) Zeigen Sie, dass $p = c$ das Nash-Gleichgewicht im Preiswettbewerb darstellt (Bertrand-Paradoxon)! Für welche Diskontfaktoren δ kann vollständige Kollusion im unendlich oft wiederholten Spiel als Gleichgewicht realisiert werden? Wie hängt der kritische Diskontfaktor von der Anzahl der Unternehmen im Markt ab?

b) Unterstellen Sie, dass der Markt jede Periode mit der Rate μ wächst, wobei $\mu \cdot \delta < 1$. Welche Aussage ergibt sich aus diesem Modell zu der Frage, ob Kollusion eher in wachsenden oder schrumpfenden Märkten möglich ist?

Lösung in Abschn. 8.2.7

8.1.8   Kartelle und abgestimmtes Verhalten bei vielen Unternehmen

Die ursprüngliche Fassung des GWB (Gesetz gegen Wettbewerbsbeschränkungen bzw. Kartellgesetz) enthielt nur ein Kartellverbot, das heißt ein Verbot vertraglich vereinbarter Kollusion. Es zeigte sich jedoch, dass es den Unternehmen häufig gelang, sich auch ohne vertragliche Regelungen kollusiv zu verhalten. Als Reaktion darauf wurde das Kartellverbot um ein Verbot abgestimmten Verhaltens erweitert.

In einem Markt mit der Marktnachfrage $X = 24 - p$ stehen n Unternehmen miteinander im Cournot-Wettbewerb. Diese produzieren zu identischen und konstanten Durchschnittskosten $DK = 0$.

a) Bestimmen Sie für n Unternehmen die optimale Menge und den Gewinn! Berechnen Sie anschließend für $n = 2$ die Gewinne für folgende Auszahlungsmatrix:

U1, U2	Kollusion	Cournot
Kollusion	(π_1^{KK}, π_2^{KK})	(π_1^{KC}, π_2^{KC})
Cournot	(π_1^{CK}, π_2^{CK})	(π_1^{CC}, π_2^{CC})

Welche Strategiekombination wird sich im statischen Spiel einstellen, wenn (i) die Unternehmen einen bindenden Vertrag abschließen können, (ii) dies aufgrund des Kartellverbots nicht möglich ist? Ist ein Verbot abgestimmten Verhaltens notwendig?

b) Gehen Sie nun alternativ davon aus, dass die $n = 2$ Unternehmen in jeder Periode von neuem ihre Absatzentscheidungen treffen und die Entscheidung des anderen Unternehmens in der Vorperiode beobachten konnten. Formulieren Sie hierzu die Grim-Trigger-Strategie! Für welche Diskontfaktoren δ kann auf dieser Basis vollständige Kollusion im unendlich oft wiederholten Spiel als Gleichgewicht realisiert werden? Angenommen, der Diskontfaktor der Unternehmen beträgt (i) $\delta_N = 0{,}25$ bzw. (ii) $\delta_H = 0{,}75$. Ist ein Verbot abgestimmten Verhaltens in beiden Fällen erforderlich? Kann das kollusive Verhalten durch eine solche Strategie auch realisiert werden, wenn die Unternehmen nur eine endliche Anzahl von Perioden im Markt aktiv sind?

c) Bestimmen Sie für n Unternehmen die optimale Abweichung eines Unternehmens, wenn sich die restlichen $n - 1$ Unternehmen kollusiv verhalten! Wie ändert sich die Bereitschaft der Unternehmen, sich kollusiv zu verhalten, wenn die Anzahl n der Unternehmen steigt? Unterstellen Sie zusätzlich, dass der Markt jede Periode mit der Rate μ wächst, wobei $\mu \cdot \delta < 1$. Ist Kollusion somit eher in wachsenden ($\mu > 1$) oder schrumpfenden ($\mu < 1$) Märkten möglich?

Lösung in Abschn. 8.2.8

8.1.9 Werbung

Auf dem Markt für Tablets stehen die beiden Unternehmen Pear und Sumsang im Wettbewerb. Dabei ist die Nachfrage nach dem Produkt von Sumsang weniger preiselastisch, aber die maximale Zahlungsbereitschaft der Konsumenten ist in der Ausgangssituation geringer. Konkret seien die Preisabsatzfunktionen durch $p_S(x_S, x_P) = 100 - x_S - x_P$ und $p_P(x_S, x_P) = 230 - 2 \cdot x_P - x_S$ gegeben. Beide Unternehmen produzieren mit identischen Kosten $C_i = 400 + 10 \cdot x_i$. Sumsang hat nun die Möglichkeit, von Pear beobachtbar zu Kosten in Höhe von $0{,}5 \cdot w^2$ in Werbemaßnahmen w zu investieren, welche die maximale Zahlungsbereitschaft der Konsumenten in $p_S(x_S, x_P)$ von 100 auf $100 + w$ erhöhen. Anschließend legen die Unternehmen simultan ihre Mengen fest.

a) Formulieren Sie diese Situation als Spiel: Wer sind die Spieler? Welche Strategien stehen ihnen jeweils zur Verfügung? Wie lauten die Auszahlungsfunktionen in Abhängigkeit der gewählten Aktionen? Charakterisieren Sie die zeitliche Struktur und die Informationsstruktur des Gesamtspiels und gegebenenfalls der einzelnen Teilspiele bzw. Stufen des Spiels!

b) Bestimmen Sie nun die Reaktionsfunktionen der beiden Spieler beim Wettbewerb im Absatzmarkt in Abhängigkeit von w!

c) Bestimmen Sie rechnerisch die gleichgewichtigen Mengen in Abhängigkeit von w! Stellen Sie das Gleichgewicht für $w = 0$ grafisch dar! Erläutern Sie anhand der Grafik, warum bei der dort bestimmten Lösung die im Gleichgewichtskonzept formulierten Anforderungen erfüllt sind!

d) Es stehen drei mögliche Werbepakete zur Verfügung: $w = 0$, $w = 70$ und $w = 105$. Für welches Paket sollte sich Sumsang entscheiden? Welche Auswirkungen hat die Wahl des Pakets auf die Gewinne von Pear? Zeigen Sie in ihrer Grafik in c) auf, wie sich die Reaktionsfunktionen und damit das Gleichgewicht durch die Werbeinvestition ändern! Was würde passieren, wenn Pear die Werbeinvestition nicht beobachten könnte und deswegen weiter die ursprüngliche Absatzmenge produzieren würde?

e) Angenommen, der Erfolg der Werbemaßnahme ist unklar, das heißt, sie kann die Zahlungsbereitschaft wie angegeben erhöhen oder sie kann einfach verpuffen. Da Sumsang die Werbemaßnahmen durchführt, weiß es um die Effektivität der Werbung. Welche Informationsstruktur liegt nun vor? Erläutern Sie kurz, warum das für sequenzielle Spiele bei vollständiger Information verwendete Verfeinerungskonzept bei unvollständiger Information nicht mehr funktioniert und wodurch das für dynamische Spiele bei unvollständiger Information verwendete Gleichgewichtskonzept gekennzeichnet ist! Angenommen Pear beobachtet, dass Sumsang die Werbung schaltet. Diskutieren Sie, ob es daraus automatisch schlussfolgern kann, dass die Werbemaßnahmen effektiv sind!

Lösung in Abschn. 8.2.9

8.1.10 Lobbyarbeit

Zur Stützung einer Branche plant die Regierung eines Landes, Subventionsmaßnahmen durchzuführen. Sie weiß allerdings nicht, wie viel Geld wirklich notwendig ist. Sie ist daher auf zusätzliche Informationen aus der Branche angewiesen. Um eine Fehlentscheidung der Regierung zu vermeiden, entschließen sich die beiden in der Branche dominierenden Konzerne 1 und 2, der Regierung „Berater" zur Verfügung zu stellen. Die gewährten Subventionen sind davon abhängig, wie viel Beratung die beiden Konzerne durchführen, $90 \cdot (h_1 + h_2) + h_1 \cdot h_2$, wobei h die Anzahl an Beratungssitzungen bezeichnet. Diese Subvention wird gleichmäßig auf beide Konzerne aufgeteilt. Die Berater vor Ort verursachen dem Konzern jedoch auch Kosten. Da die Berater immer neue Informationen zusammenstellen müssen, steigen die Kosten exponentiell. Insgesamt fallen Kosten von $C_i(h_i) = h_i^2$ mit $i = 1,2$ an.

a) Formulieren Sie diese Situation als Spiel: Wer sind die Spieler? Welche Strategien können sie wählen? Betrachten Sie nun ein Simultanspiel mit diskreten Strategien. Nehmen Sie an, dass beide Konzerne zwischen dreißig Sitzungen ($h_i = 30$) und neunzig Sitzungen ($h_i = 90$) wählen können. Ermitteln Sie die Auszahlungen für alle Strategiekombinationen und stellen Sie das resultierende Spiel in Matrixform dar! Bestimmen Sie auch alle Nash-Gleichgewichte des Spiels! Ist das Gleichgewicht pareto-optimal?
b) Gehen Sie jetzt von stetigen Strategien aus. Bestimmen Sie die Reaktionsfunktionen und ermitteln Sie dann rechnerisch das Nash-Gleichgewicht des Simultanspiels inklusive der dabei erzielten Auszahlungen!
c) Die Unternehmen beschließen, ihre konkurrierende Informationspolitik aufzugeben und stattdessen die Regierung gemeinsam zu beraten. Bestimmen Sie die Gesamtanzahl an Beratungssitzungen, welche die Regierung erdulden muss! Welche Auszahlungen erhalten die Unternehmen nun? Erläutern Sie, was unter externen Effekten verstanden wird und argumentieren Sie angesichts Ihrer Ergebnisse, welche Art von externen Effekten vor der gemeinsamen Beratung vorgelegen haben müssen! Welche Aussage können Sie über das alte Nash-Gleichgewicht treffen?

Lösung in Abschn. 8.2.10

8.1.11 Holdup-Problem

Das Start-Up Blubberama plant, im Internet eine Onlineplattform für Managementseminare aufzubauen, auf der junge Führungskräfte in Onlinekursen und privaten Chaträumen auf die Erfahrung qualifizierter Wirtschaftsexperten zugreifen können. Da zum Aufbau der Plattform eine spezielle, nicht auf dem Markt erhältliche Software benötigt wird, wird das Softwareunternehmen Nerdsoft mit der Erstellung eines solchen Programms beauftragt.

Nerdsoft überlegt, ob es eine entsprechende Software für Blubberama entwickeln soll oder besser darauf verzichtet. Die Kosten für die Entwicklung der Software würden $c = 2000$ Euro betragen; bei Verzicht auf die Entwicklung entstehen Nerdsoft keine Kosten, es wird aber auch kein Wert für Blubberama geschaffen. Blubberama schätzt den Wert der Software für sich auf $v = 8000$ Euro. Blubberama ist jedoch nicht bereit, einen Vorvertrag über die Erstellung der Software zu schließen, da es nicht weiß, ob Nerdsoft ihm dann tatsächlich eine geeignete Software liefert. Es macht nur die Zusage, dass es nach Entwicklung der Software ein Kaufangebot machen wird. Das Angebot kann entweder hoch ausfallen, sodass Blubberama die Hälfte des Werts ($v/2$) an Nerdsoft bezahlt, oder es ist niedrig und Blubberama bezahlt lediglich 1000 Euro. Das Angebot ist bindend und Nerdsoft kann sich darum nur entscheiden, ob es das Angebot annimmt oder nicht. Akzeptiert Nerdsoft, erhält es den angebotenen Kaufpreis, lehnt es ab, so erhält es kein Geld, da die Plattform firmenspezifisch ist und an niemanden sonst verkauft werden kann.

a) Formulieren Sie diese Situation als Spiel: Wer sind die Spieler? Welche Aktionsmöglichkeiten haben sie jeweils zur Verfügung? Charakterisieren Sie die Informationsstruktur und stellen Sie die Auszahlungen in Abhängigkeit der gewählten Strategiekombinationen in geeigneter Form dar! Lösen Sie das vorliegende Spiel und geben Sie die gleichgewichtigen Strategien vollständig an!

b) Angenommen, Blubberama könnte sich vor Beginn des Spiels verpflichten, eine Strafe von s an den Staat zu bezahlen, falls es ein niedriges Angebot macht. Stellen Sie das modifizierte Spiel dar! Wie hoch muss die Strafe sein, damit nicht das Gleichgewicht aus a) resultiert? Hat Blubberama einen Anreiz, eine solche freiwillige Selbstverpflichtung einzugehen?

c) Gehen Sie nun davon aus, dass entgegen der bisherigen Annahme die Software auch von einer anderen Firma genutzt werden könnte. Diese bietet Nerdsoft für die exklusive Nutzung eine Zahlung von 3000 Euro, unabhängig vom Gebot von Blubberama. Welche Auswirkungen ergeben sich für das Spiel? Begründen Sie knapp, ob die Konkurrenz in dieser Situation schädlich für Blubberama ist! Zu welchem Ergebnis kommen Sie, falls die andere Firma 6000 Euro bietet?

Lösung in Abschn. 8.2.11

8.1.12 Wettbewerb bei unvollständiger Information

In einem Cournot-Duopol mit linearer Preisabsatzfunktion $p(X) = 12 - X$, wobei $X = x_1 + x_2$, sind die Kosten des ersten Unternehmens „Common Knowledge", während die Kosten des zweiten Wettbewerbers nur diesem bekannt sind. Konkret betrage $K_1(x_1) = 3 \cdot x_1$ (das heißt, es liegen konstante Stückkosten in Höhe von 3 vor). Die Grenzkosten des zweiten

Unternehmens sind mit Wahrscheinlichkeit ρ um 100 % höher, $K_2^h(x_2) = 6 \cdot x_2$ und mit Wahrscheinlichkeit $(1 - \rho)$ um 100 % niedriger $K_2^l(x_2) = 0$.

a) Bestimmen Sie die Reaktionsfunktion von Unternehmen 1 (auf Basis der Wahrscheinlichkeitseinschätzung bezüglich Unternehmen 2) und für jeden der beiden Typen von Unternehmen 2!

b) Da Unternehmen 1 den tatsächlichen Typ von Unternehmen 2 nicht kennt, orientiert es sich bei der Festlegung der eigenen Menge nicht an den Reaktionsfunktionen eines der beiden Typen von Unternehmen 2, sondern an einer fiktiven „erwarteten" Reaktion von Unternehmen 2 (die Mengen der beiden Typen werden jeweils mit der entsprechenden Wahrscheinlichkeit gewichtet). Bei der Festlegung Ihrer Absatzmenge müssen die entsprechenden Typen von Unternehmen 2 dies wiederum berücksichtigen. Bestimmen Sie für $\rho = 0{,}5$ zeichnerisch und rechnerisch das Bayessche Gleichgewicht, das heißt die gleichgewichtigen Absatzmengen von Unternehmen 1 und der beiden Typen von Unternehmen 2!

c) Vergleichen Sie Ihr Ergebnis bei unvollständiger Information aus b) mit demjenigen, das sich bei vollständiger Information über die Kosten von Unternehmen 2 jeweils einstellen würde!

Lösung in Abschn. 8.2.12

8.2   Lösungen

8.2.1   Formatkrieg

Aufgabentext in Abschn. 8.1.1

Teil a)
Die Reaktionsabbildungen ergeben sich für $0 \leq V < 4$ wie folgt:

$$r_1(s_{21}) = \{s_{11}\} \qquad r_1(s_{22}) = \{s_{12}\}$$
$$r_2(s_{11}) = \{s_{21}\} \qquad r_2(s_{12}) = \{s_{22}\}$$

Somit ergeben sich zwei Nash-Gleichgewichte in reinen Strategien, (s_{11}, s_{21}) und (s_{12}, s_{22}). Es handelt sich dabei um ein Koordinationsproblem, da es um eine Abstimmung der gemeinsamen Interessen geht. In Abhängigkeit von V werden die einzelnen Gleichgewichte von den Spielern allerdings unterschiedlich stark bevorzugt.

Als exogener Fokuspunkt des Spiels kommt (s_{12}, s_{22}) in Frage, da hier die bereits erprobte Technologie von Spieler 2 zum Einsatz kommen würde. Für $V < 1$ kann dieses Gleichgewicht sich zudem als endogener Fokuspunkt des Spiels empfehlen.

Im „Kampf der Geschlechter" liegt eine symmetrische Auszahlungsstruktur für beide Spieler vor. Für $V = 3$ kann eine derartige Struktur erreicht werden:

1, 2	s_{21}	s_{22}
s_{11}	(5, 1)	(0, 0)
s_{12}	(0, 0)	(1, 5)

Teil b)

Da die Anzahl der Nash-Gleichgewichte immer ungerade ist und nur zwei in reinen Strategien gefunden wurden, muss ein drittes Gleichgewicht in gemischten Strategien vorhanden sein. Bezeichne p_1 die Wahrscheinlichkeit, dass Spieler 1 s_{11} wählt und p_2 die Wahrscheinlichkeit, dass Spieler 2 s_{21} wählt. Spieler 1 wählt s_{11}, wenn

$$E[u_1(s_{11})] > E[u_1(s_{12})]$$
$$(2 + V) \cdot p_2 + 0 \cdot (1 - p_2) > 0 \cdot p_2 + (4 - V) \cdot (1 - p_2)$$
$$2 \cdot p_2 + V \cdot p_2 > 4 - 4 \cdot p_2 - V + V \cdot p_2$$
$$p_2 > (4 - V)/6.$$

Entsprechend wählt Spieler 2 s_{21} falls

$$E[u_2(s_{21})] > E[u_2(s_{22})] \Leftrightarrow 1 \cdot p_1 + 0 \cdot (1 - p_1) > 0 \cdot p_1 + 5 \cdot (1 - p_1)$$
$$\Leftrightarrow p_1 > 5/6.$$

Damit lauten die Reaktionsabbildungen der beiden Spieler:

$$p_1(p_2) = \begin{cases} 1 & p_2 \in ((4 - V)/6; 1] \\ [0; 1] & p_2 = (4 - V)/6 \\ 0 & p_2 \in [0; (4 - V)/6) \end{cases}, \qquad p_2(p_1) = \begin{cases} 1 & p_1 \in (5/6; 1] \\ [0; 1] & p_1 = 5/6 \\ 0 & p_1 \in [0; 5/6) \end{cases}$$

Es ergibt sich somit $(p_1 = 5/6; p_2 = (4 - V)/6)$ als Nash-Gleichgewicht in gemischten Strategien.

Für $V = 3$ erhalten wir folgende grafische Darstellung der Reaktionsabbildungen:

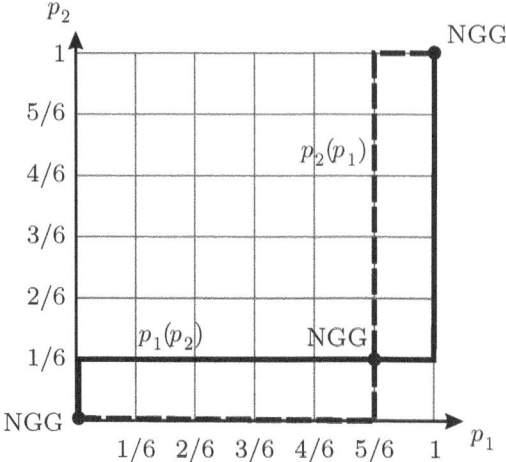

Das Nash-Gleichgewicht in gemischten Strategien ist hier nicht plausibel, da es dazu kommen kann, dass beide eine unterschiedliche Technologie wählen – was aber gerade nicht ihre Absicht ist. Es handelt sich hier auch nicht um ein Anti-Koordinationsspiel (Kontroll-Spiel) bei dem ein solches Gleichgewicht plausibler wäre. Die Aussage über die Plausibilität eines der Gleichgewichte ist insoweit von V abhängig, da wie in a) gezeigt wurde für $V < 1$ ein endogener Fokuspunkt existiert, der (s_{12}, s_{22}) als Gleichgewicht nahelegt.

Teil c)
Für $V = 3$ erhalten wir folgenden Spielbaum:

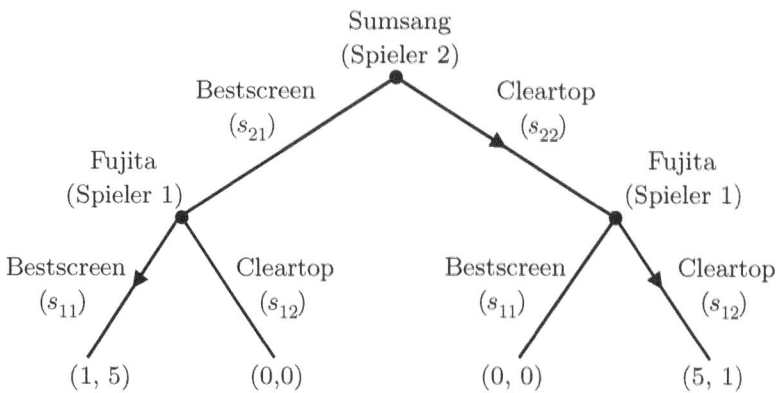

Die Strategiekombination $\{\{s_{11}(s_{21}), s_{12}(s_{22})\}, \{s_{22}\}\}$ ergibt sich schließlich als teilspielperfektes Nash-Gleichgewicht des Spiels.

Der „First-Mover Advantage" besagt, dass der Spieler, der als erster am Zug ist, einen Vorteil hat, da er durch seine Wahl den Strategieraum des folgenden Spielers einschränken und so den für ihn vorteilhaften Ausgang herbeiführen kann. Im vorliegenden Fall liegt ein derartiger Vorteil vor, da Sumsang durch seinen ersten Zug den für ihn vorteilhafteren Technologiestandard setzen kann.

In der Realität muss zum einen die Technologiewahl irreversibel sein, das heißt, das Unternehmen kann seine Wahl im Nachhinein nicht mehr ändern, indem es etwa getätigte Investitionen durch Verkauf zurückerhält. Zum anderen muss die Technologiewahl vom anderen Unternehmen beobachtet werden, das heißt, ihm muss die Information über die Wahl des anderen Unternehmens zukommen.

Teil d)

Wenn $V > 4$ ist, wäre s_{11} für Fujita eine streng dominante Strategie, das heißt, Fujita würde unabhängig davon, was Sumsang macht, immer s_{11} wählen. Dabei spielt es auch keine Rolle, ob die Entscheidungen simultan oder sequenziell getroffen werden. Somit besteht auch der First-Mover Advantage von Sumsang nicht mehr:

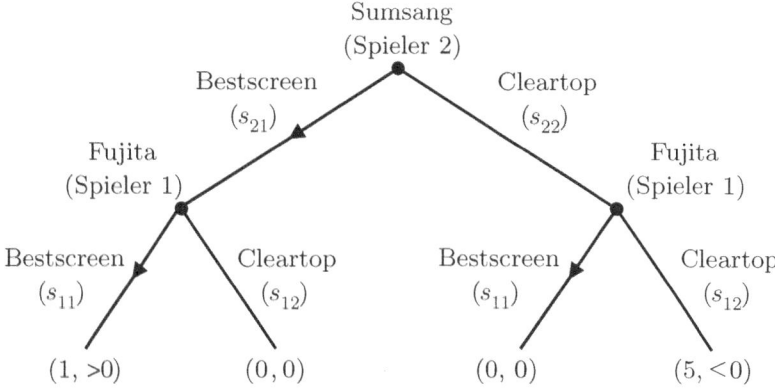

Es ergeben sich damit folgende Lösungen in Abhängigkeit von V:

- $0 \leq v \leq 4$:
  - Simultane Entscheidung: (s_{11}, s_{21}), (s_{12}, s_{22}), $(p_1 = 5/6; p_2 = (4 - V)/6)$
  - Sumsang zieht zuerst: $\{\{s_{11}(s_{21}), s_{12}(s_{22})\}, \{s_{22}\}\}$
  - Fujita zieht zuerst: $\{\{s_{11}\}, \{s_{21}(s_{11}), s_{22}(s_{12})\}\}$
- $V > 4$:
  - Simultane Entscheidung: (s_{11}, s_{21})
  - Sumsang zieht zuerst: $\{\{s_{11}(s_{21}), s_{11}(s_{22})\}, \{s_{21}\}\}$
  - Fujita zieht zuerst: $\{\{s_{11}\}, \{s_{21}(s_{11}), s_{22}(s_{12})\}\}$

8.2.2   Preis- vs. Mengenwettbewerb

Aufgabentext in Abschn. 8.1.2

Teil a)
Bei Preiswettbewerb ist der Preis die strategische Variable, die von den Unternehmen gewählt wird. Daher muss die Gewinnfunktion (Auszahlungsfunktion) derart aufgestellt werden, dass der Gewinn vom Preis abhängt. Dies ist durch die gegebene Nachfragefunktion bereits erfüllt. Die Information über die Kostenfunktion ist durch die Annahme konstanter Durchschnittskosten von null vollständig gegeben: Durchschnittskosten von null implizieren sowohl Fixkosten als auch Grenzkosten von null: $DK = (FK + x \cdot GK)/x = FK/x + GK = 0$ – diese Bedingung kann nur dann erfüllt sein, wenn sowohl die Fix- als auch die Grenzkosten null betragen. Die relevante Gewinnfunktion für Unternehmen i lautet somit

$$\pi_i = p_i \cdot x_i(p_i, p_j) = p_i \cdot (30 - p_i + 0{,}5 \cdot p_j).$$

Aufgrund der Symmetrie gilt für beide Unternehmen die gleiche Gewinnfunktion, das heißt, es ist im weiteren Verlauf ausreichend, nur ein Unternehmen zu betrachten. Die Maximierung des Gewinns erfolgt über die strategische Variable von Unternehmen i, den eigenen Preis p_i:

$$\max_{pi} \pi_i = \max_{pi} \left[p_i \cdot (30 - p_i + 0{,}5 \cdot p_j) \right]$$

Als Bedingung erster Ordnung erhalten wir

$$\frac{\partial \pi_i}{\partial p_i} = 30 - 2 \cdot p_i + 0{,}5 \cdot p_j \overset{!}{=} 0.$$

Die Bedingung zweiter Ordnung ist $-2 < 0$, womit ein Maximum sichergestellt ist. Zur Bestimmung der Reaktionsfunktion ist es nun erforderlich, die Bedingung nach der strategischen Variablen von Spieler i aufzulösen. Die resultierende Funktion ist nur noch abhängig von der strategischen Variablen des anderen Unternehmens, p_j,

$$p_i(p_j) = 15 + 0{,}25 \cdot p_j$$

Es ist zu erkennen, dass die Reaktionsfunktion eine positive Steigung aufweist. Aufgrund der Symmetrie kann einfach auf die Reaktionsfunktion von Unternehmen j geschlossen werden, $p_j(p_i) = 15 + 0{,}25 \cdot p_i$. Um das Nash-Gleichgewicht zu bestimmen, setzen wir die Reaktionsfunktionen der beiden Unternehmen ineinander ein:

$$p_i = 15 + 0{,}25 \cdot (15 + 0{,}25 \cdot p_i) = 18{,}75 + \frac{1}{16} \cdot p_i$$
$$p_i^* = 20 \;(= p_j^*)$$

Das Nash-Gleichgewicht lautet folglich ($p_i = 20$, $p_j = 20$). Durch Einsetzen in die Nachfragefunktion ergeben sich die Mengen

$$x_i\big(p_i = 20, p_j = 20\big) = 30 - 20 + 0{,}5 \cdot 20 = 20 = x_j$$

und die Gewinne der Unternehmen

$$\pi_i = 20 \cdot (30 - 20 + 0{,}5 \cdot 20) = 400 = \pi_j.$$

In der folgenden Abbildung sind die Reaktionsfunktionen der beiden Unternehmen sowie das resultierende Nash-Gleichgewicht grafisch dargestellt.

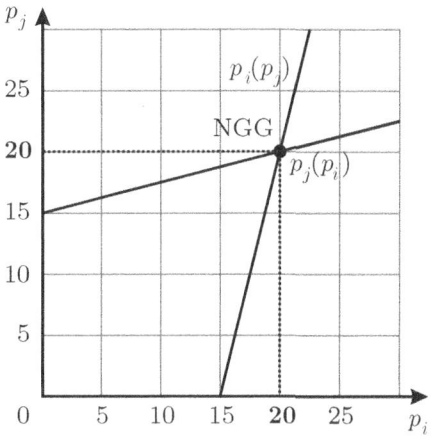

Teil b)
Bei Mengenwettbewerb ist die Menge die strategische Variable, die von den Unternehmen gewählt wird. Daher muss die Gewinnfunktion so aufgestellt werden, dass der Gewinn von der Menge abhängt. Da die gegebenen Nachfragefunktionen von den Preisen abhängen, müssen wir zunächst die Preisabsatzfunktionen berechnen. Hierzu lösen wir das Gleichungssystem

$$x_i(p_i, p_j) = 30 - p_i + 0{,}5 \cdot p_j$$
$$x_j(p_j, p_i) = 30 - p_j + 0{,}5 \cdot p_i$$

nach den Mengen auf. Solche Gleichungssysteme können auf verschiedene Arten gelöst werden. Eine Möglichkeit ist etwa $x_j(p_j, p_j)$ nach p_j aufzulösen und in $x_i(p_i, p_j)$ einzusetzen:

$$p_j = 30 - x_j + 0.5 \cdot p_i$$
$$x_i = 30 - p_i + 0.5 \cdot \left(30 - x_j + 0.5 \cdot p_i\right) = 45 - 0.5 \cdot x_j - 0.75 \cdot p_i$$
$$p_i = 60 - \frac{4}{3} \cdot x_i - \frac{2}{3} \cdot x_j$$

Analog kann zur Bestimmung von $p_j(x_j, x_i)$ vorgegangen werden. Aufgrund der Symmetrie ergibt sich hier $p_j = 60 - 4/3 \cdot x_j - 2/3 \cdot x_i$.

Da nun die relevante Preisabsatzfunktion vorliegt, kann die Gewinnfunktion aufgestellt werden:

$$\pi_i = p_i\left(x_i, x_j\right) \cdot x_i = \left(60 - \frac{4}{3} \cdot x_i - \frac{2}{3} \cdot x_j\right) \cdot x_i$$

Die Maximierung des Gewinns erfolgt nun über die strategische Variable von Unternehmen i, die eigene Menge x_i.

$$\max_{x_i} \left[\left(60 - \frac{4}{3} \cdot x_i - \frac{2}{3} \cdot x_j\right) \cdot x_i\right]$$

Als Bedingung erster Ordnung ergibt sich

$$\frac{\partial \pi_i}{\partial x_i} = 60 - \frac{8}{3} \cdot x_i - \frac{2}{3} \cdot x_j = 0. \tag{8.1}$$

Die Bedingung zweiter Ordnung ist $-8/3 < 0$, womit ein Maximum sichergestellt ist. Zur Bestimmung der Reaktionsfunktion ist es erforderlich, die Bedingung nach der strategischen Variablen von Spieler i aufzulösen:

$$x_i\left(x_j\right) = 22.5 - 0.75 \cdot x_j$$

Es ist zu erkennen, dass die Reaktionsfunktion eine negative Steigung aufweist. Zur Bestimmung des Nash-Gleichgewichts setzen wir die Reaktionsfunktionen der beiden Unternehmen ineinander ein:

$$x_i = 22.5 - 0.25 \cdot (22.5 - 0.25 \cdot x_i) = 16.875 + 0.0625 \cdot x_i$$
$$x_i^* = 18 \ (= x_j^*)$$

Das Nash-Gleichgewicht lautet folglich ($x_i = 18$, $x_j = 18$). Die Preise im Gleichgewicht ergeben sich durch Einsetzen der Mengen in die Preisabsatzfunktion:

$$p_i\left(x_i = 18, x_j = 18\right) = 60 - \frac{4}{3} \cdot 18 - \frac{2}{3} \cdot 18 = 24 = p_j$$

Die Gewinne der Unternehmen bestimmen sich durch Einsetzen der Mengen in die Gewinnfunktion:

$$\pi_i = \left(60 - \frac{4}{3} \cdot 18 - \frac{2}{3} \cdot 18\right) \cdot 18 = 432 = \pi_j.$$

In der folgenden Abbildung sind die Reaktionsfunktionen der beiden Unternehmen sowie das resultierende Nash-Gleichgewicht grafisch dargestellt:

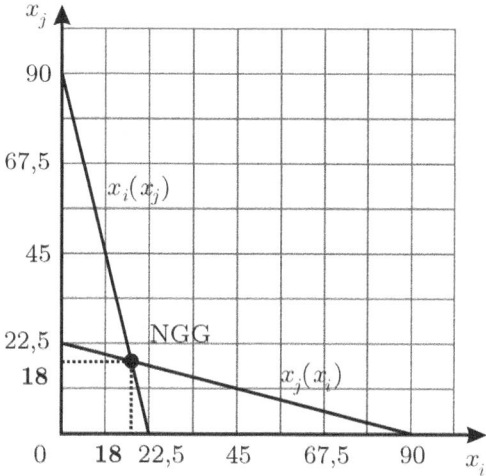

Teil c)
Beim Vergleich der Ergebnisse aus a) und b) sind zwei Unterschiede zu erkennen: Zum einen verlaufen die Reaktionsfunktionen unterschiedlich: Während sie bei Preiswettbewerb eine positive Steigung aufweisen, verlaufen sie bei Mengenwettbewerb fallend. Zum anderen weisen die Unternehmen trotz identischer Nachfragen bei Preiswettbewerb einen geringeren Gewinn als bei Mengenwettbewerb auf.

Der unterschiedliche Verlauf der Reaktionsfunktionen resultiert aus der unterschiedlichen Beziehung der strategischen Variablen zueinander. Bereits in der Nachfragefunktion ist zu erkennen, dass bei Preiswettbewerb eine Erhöhung des Preises des Konkurrenzunternehmens eine positive Wirkung auf die abgesetzte Menge hat. Dies drückt sich später auch in der Reaktionsfunktion aus: Auf einen höheren Preis des Konkurrenten wird gleichermaßen mit einer Preiserhöhung (für die Spielraum besteht) reagiert. In diesem Fall spricht man von *strategischen Komplementen* – die strategischen Variablen verhalten sich gleichlaufend.

Umgekehrt sieht es bei Mengenwettbewerb aus: Hier erkennen wir an der Preis-absatzfunktion, dass eine Mengenerhöhung des Konkurrenten den eigenen Preis senkt. Dies führt bei den Reaktionsfunktionen dazu, dass auf eine Mengenerhöhung mit einer Mengensenkung (zur Preisstabilisierung) reagiert wird. Man spricht hierbei von *strategischen Substituten* – die strategischen Variablen verlaufen gegenläufig.

Die unterschiedlichen Gewinne in beiden Wettbewerbsformen erklären sich aus der unterschiedlich hohen Intensität des Wettbewerbs: Bei Preiswettbewerb ist der Wettbewerb deutlich intensiver als bei Mengenwettbewerb. Dies lässt sich gut an den Gleichge-wichtspreisen erkennen: Bei Preiswettbewerb liegen sie bei 20, wohingegen sie bei Men-genwettbewerb bei 24 liegen.

Teil d)

Es kann leicht gezeigt werden, dass das Nash-Gleichgewicht aus einem dynamischen Anpassungsprozess resultiert. Gehen wir etwa von einer Extremsituation aus, bei der Unternehmen i nichts produziert und Unternehmen j somit die Monopolmenge 22,5 anbietet (dieser Punkt liegt genau auf der Reaktionsfunktion von Unternehmen j, wenn Unternehmen i null anbietet). Der Punkt ($x_i = 0$, $x_j = 22,5$) liegt allerdings nicht auf der Reaktionsfunktion von Unternehmen i, das bei einer Wahl von $x_j = 22,5$ gemäß seiner Reaktionsfunktion $x_i = 22,5 - 0,25 \cdot 22,5 = 16,875$ anbietet und sich die neue Mengen-kombination ($x_i = 16,875$, $x_j = 22,5$) ergibt. Auf eine Menge von $x_i = 16,875$ wird Unternehmen j jedoch mit der Menge $x_j = 22,5 - 0,25 \cdot 16,875 \approx 18,281$ reagieren, sodass sich im zweiten Schritt die Mengenkombination ($x_i = 16,875$, $x_j = 18,281$) einstellt. Die folgende Tabelle veranschaulicht den Anpassungsprozess:

x_i	x_j	Anpassung durch
0	22,500	–
16,875	22,500	i
16,875	18,281	j
17,930	18,281	i
17,930	18,018	j
17,996	18,018	i
17,996	18,001	j
18,000	18,001	i
18,000	18,000	j

Wie wir erkennen können, ergibt sich nach einigen Anpassungen durch die Spieler basierend auf ihren Reaktionsfunktionen ein stabiles Gleichgewicht bei ($x_i = 18$, $x_j = 18$), dem Nash-Gleichgewicht. Die Anpassung verdeutlicht die Idee des Nash-Gleichgewichts: Es ist das Paar wechselseitig bester Antworten, bei dem kein Spieler einen Anreiz hat, abzuweichen.

Teil e)

Allgemein formuliert ist ein Nash-Gleichgewicht dann pareto-optimal, wenn keine externen Effekte vorliegen.

Wir müssen nun zeigen, dass eine Auszahlungskombination möglich ist, in der sich beide Spieler besserstellen als im Nash-Gleichgewicht. Hierzu maximieren wir nicht die individuellen Auszahlungen, sondern die Gesamtauszahlung. In der Realität entspräche das einer Kartellabsprache der Unternehmen. Wir wollen dies exemplarisch für den Fall des Mengenwettbewerbs berechnen.

Der Gesamtgewinn im Mengenwettbewerb ist

$$\pi_{Ges} = \pi_i + \pi_i = \left(60 - \frac{4}{3} \cdot x_i - \frac{2}{3} \cdot x_j\right) \cdot x_i + \left(60 - \frac{4}{3} \cdot x_i - \frac{2}{3} \cdot x_j\right) \cdot x_j$$

Wenn wir über beide Ausbringungsmengen optimieren, das heißt, partiell nach x_i und x_j ableiten, erhalten wir folgende Bedingungen erster Ordnung:

$$\frac{\partial \pi_{Ges}}{\partial x_i} = 60 - \frac{8}{3} \cdot x_i - \frac{2}{3} \cdot x_j - \frac{2}{3} \cdot x_j \stackrel{!}{=} 0$$

$$\frac{\partial \pi_{Ges}}{\partial x_j} = 60 - \frac{8}{3} \cdot x_j - \frac{2}{3} \cdot x_i - \frac{2}{3} \cdot x_i \stackrel{!}{=} 0.$$

Hier zeigt sich bereits, dass ein negativer externer Effekt vorliegen muss. Verglichen mit der Bedingung erster Ordnung bei der Betrachtung nur eines Unternehmens, (8.1), wird die Mengenentscheidung des anderen Unternehmens stärker berücksichtigt – zu erkennen an dem zusätzlichen Term $-2/3 \cdot x_j$. Da dieser negativ eingeht, war die ursprüngliche Ausbringungsmenge zu hoch. Die stärkere Berücksichtigung der Menge des anderen Unternehmens spiegelt sich auch in den Reaktionsfunktionen wider:

$$x_i(x_j) = 22{,}5 - 0{,}5 \cdot x_j$$
$$x_j(x_i) = 22{,}5 - 0{,}5 \cdot x_i$$

Wurde die Konkurrenzmenge vorher bei der eigenen Mengenentscheidung nur mit dem Faktor 0,25 berücksichtigt, ist dieser nun auf 0,5 angestiegen. Als Lösung ergeben sich als Produktion $x_i = x_j = 15$, als Absatzpreis $p_i = p_j = 30$ und damit als Gewinne für beide Unternehmen $\pi_i = \pi_j = 15 \cdot 30 = 450$. Damit ist die Auszahlung für beide Unternehmen höher als im Nash-Gleichgewicht. Das Nash-Gleichgewicht kann somit nicht pareto-optimal sein.

8.2.3   Standortentscheidung (Hotelling-Problem)

Aufgabentext in Abschn. 8.1.3

Teil a)

Die Spieler sind die beiden Hot-Dog-Verkäufer (Spieler 1 und Spieler 2), ihre Strategien sind jeweils die Standortwahl mit den Ausprägungen „Westen", „Mitte" und „Osten". Die Auszahlungen resultieren aus der Aufteilung der Konsumenten. Aus der in der Angabe beschriebenen Aufteilungsregel folgt, dass sich die Konsumenten bei gleicher Standortwahl, das heißt {Westen, Westen}, {Mitte, Mitte} und {Osten, Osten}, gleichmäßig auf beide Verkäufer aufteilen werden. Die Auszahlungen der beiden Verkäufer ist somit die Hälfte aller 60 Konsumenten am Strand, {30, 30}. Wählen beide einen Standort am entgegengesetzten Ende, das heißt Westen und Osten, so werden sie die dortigen Konsumenten als Kunden gewinnen, während sich die Konsumenten aus der Mitte auf beide gleichmäßig verteilen, da sie gleich weit entfernt sind. Die Auszahlung ist hier erneut {30, 30}. Wählt ein Hot-Dog-Verkäufer die Mitte, während sich der andere an einem Ende des Strandes (Westen oder Osten) befindet, so erhält der Verkäufer in der Mitte sowohl die Konsumenten aus der Mitte als auch die vom anderen Verkäufer aus gesehen, am entgegengesetzten Ende positionierten Konsumenten. Somit hat der Verkäufer in der Mitte eine Auszahlung von 40, während der andere Verkäufer nur 20 Konsumenten gewinnen kann. Die beschriebenen Auszahlungen sind in der folgenden Matrix zusammengefasst:

1, 2	Westen	Mitte	Osten
Westen	(30, 30)	(20, 40)	(30, 30)
Mitte	(40, 20)	(30, 30)	(40, 20)
Osten	(30, 30)	(20, 40)	(30, 30)

In der Matrix ist zu erkennen, dass jeder Spieler mit der Strategie „Mitte" über eine strikt dominante Strategie verfügt. Daraus resultiert das eindeutige Nash-Gleichgewicht {Mitte, Mitte}.

Teil b)

Die beiden Spieler haben nun eine stetige Strategiewahl, das heißt sie können eine beliebige Position zwischen 0 (Westen des Strandes) und 1 (Osten des Strandes) wählen. Da die Konsumenten gleichmäßig verteilt sind, liegt der Median der Verteilung bei 0,5, das heißt, wir müssen zeigen, dass die Strategiekombination {$s_1 = 0{,}5$, $s_2 = 0{,}5$} das Nash-Gleichgewicht des Spiels darstellt. Hierzu überprüfen wir, ob sich eine einseitige Abweichung von dieser Strategiekombination lohnt. Aufgrund der Symmetrie ist es ausreichend, nur einen Spieler zu betrachten.

Gehen wir davon aus, dass Verkäufer 2 sich in der Mitte positioniert hat, $s_2^* = 0{,}5$.

- Die folgende Abbildung zeigt den Fall, wenn Spieler 1 einen Wert $s_1 < 0{,}5$ wählt, sich demnach westlich von Spieler 2 positioniert.

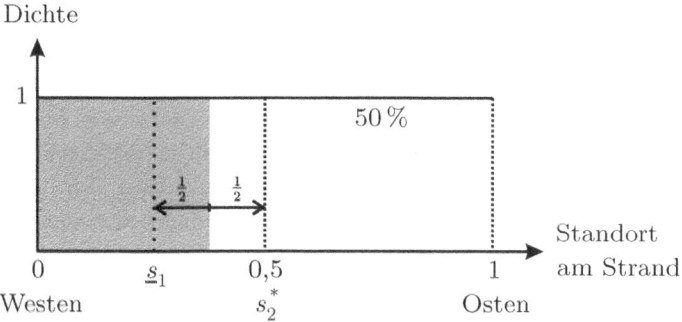

Seine Auszahlung ist dabei durch die graue Fläche dargestellt. Zum einen erhält er alle Konsumenten, die sich westlich von ihm befinden (im Bereich $[0, \underline{s}_1]$) und alle Konsumenten, die sich östlich von ihm befinden und näher an seiner Position als an der des anderen Verkäufers sind. Dies trifft auf alle Konsumenten zu, die sich westlich des Mittelpunkts der Strecke zwischen ihm und Verkäufer 2 befinden, das heißt im Bereich $\left[\underline{s}_1, \frac{1}{2} \cdot (s_2^* - \underline{s}_1)\right]$. Seine Auszahlung ist daher:

$$\left[\underline{s}_1 + \frac{1}{2} \cdot (s_2^* - \underline{s}_1)\right] \cdot 60 = \left[\underline{s}_1 + \frac{1}{2} \cdot (0{,}5 - \underline{s}_1)\right] \cdot 60 = 15 + 30 \cdot \underline{s}_1$$

Es ist zu erkennen, dass die Auszahlung mit zunehmendem $\underline{s}_1$ steigt und im Bereich $\underline{s}_1 \in [0; 0{,}5)$ immer kleiner als 30 ist. Somit liefert $s_1 = 0{,}5$ immer eine höhere Auszahlung als $s_1 < 0{,}5$.

- Wenn Spieler 1 einen Wert $\bar{s}_1 > 0{,}5$ wählt und sich somit östlich von Spieler 2 positioniert, erhält er als Auszahlung alle Konsumenten, die sich östlich von ihm befinden (im Bereich $[\bar{s}_1, 1]$) und alle Konsumenten, die sich westlich von ihm befinden und näher an seiner Position als an der des anderen Verkäufers sind, $\left[\frac{1}{2} \cdot (\bar{s}_1 - s_2^*); 1 - \bar{s}_1\right]$. Seine Auszahlung ist daher:

$$\left[(1 - \bar{s}_1) + \frac{1}{2} \cdot (\bar{s}_1 - s_2^*)\right] \cdot 60 = \left[(1 - \bar{s}_1) + \frac{1}{2} \cdot (\bar{s}_1 - 0{,}5)\right] \cdot 60 =$$
$$= 45 - 30 \cdot \bar{s}_1$$

Wir sehen hier, dass die Auszahlung mit fallendem $\underline{s}_1$ steigt und im Bereich $\bar{s}_1 \in (0{,}5; 1]$ immer kleiner als 30 ist. Somit liefert $s_1 = 0{,}5$ auch immer eine höhere Auszahlung als $s_1 > 0{,}5$.

Zusammenfassend sehen wir, dass sich bei einer Strategiewahl des anderen Verkäufers von $s_2^* = 0{,}5$ eine Abweichung von $s_1^* = 0{,}5$ weder zu $s_2 < 0{,}5$ noch zu $s_2 > 0{,}5$ lohnt. Die Strategiekombination $\{s_1 = 0{,}5; s_2 = 0{,}5\}$ stellt daher ein Nash-Gleichgewicht dar.

Teil c)

Um das Gleichgewicht grafisch darzustellen, werden noch die Reaktionsabbildungen benötigt, das heißt, wir müssen bestimmen, wie die optimale Reaktion bei einer gegebenen Standortwahl des Gegenspielers aussieht. Im Prinzip stehen immer drei Möglichkeiten zur Verfügung: eine Positionierung westlich, östlich oder genau auf dem Standort des anderen Verkäufers. Wie wir gesehen haben, resultieren je nachdem wo sich der Standort des anderen Verkäufers befindet, andere Auszahlungen. Befindet sich der andere Spieler westlich des Medians/der Mitte des Strandes, ist es nicht sinnvoll, sich westlich von ihm zu positionieren, da man dort nur noch die wenigen Konsumenten westlich des anderen Verkäufers bekommen kann, wohingegen der andere Verkäufer den Großteil der Konsumenten, der sich östlich von ihm befindet, bekommt. Es ist hier also die beste Antwort, sich östlich von ihm – und damit näher zur Mitte –, aber zugleich möglichst nahe an ihm zu positionieren. Somit erhält man alle Konsumenten östlich der eigenen Position und verliert bei sehr naher Positionierung am anderen Verkäufer auch nur sehr wenige Konsumenten, die sich westlich der eigenen und östlich der Position des anderen Verkäufers befinden. Analog ist die Überlegung, wenn sich der andere Verkäufer östlich des Medians positioniert hat. Hier sollte man sich westlich und möglichst nahe an der Position des anderen Verkäufers platzieren. Die Regel ist somit, sich immer näher an der Mitte als der andere zu positionieren, aber dennoch sehr nahe an der Position des Konkurrenten zu bleiben. Einzig wenn sich der andere Verkäufer in der Mitte positioniert hat, sollte der gleiche Standort gewählt werden, da man sich andernfalls, wie die Überlegungen aus b) gezeigt haben, nur verschlechtern würde.

Formal lauten die Reaktionsfunktionen der Spieler

$$s_1(s_2) = \begin{cases} s_2 + \varepsilon & s_2 \in [0; 0{,}5) \\ 0{,}5 & s_2 = 0{,}5 \\ s_2 - \varepsilon & s_2 \in (0{,}5; 1] \end{cases}, \qquad s_2(s_1) = \begin{cases} s_1 + \varepsilon & s_1 \in [0; 0{,}5) \\ 0{,}5 & s_1 = 0{,}5 \\ s_1 - \varepsilon & s_1 \in (0{,}5; 1] \end{cases}$$

wobei ε einen sehr kleinen Wert darstellt und bedeutet, dass die Standortwahl sehr nahe an der des Konkurrenten aber eben nicht direkt auf dessen Standort erfolgen soll. Die Abbildung stellt die Reaktionsfunktionen grafisch dar. Diese liegen sehr nahe beieinander und kreuzen sich einzig im Punkt ($s_1 = 0{,}5$; $s_2 = 0{,}5$), dem Nash-Gleichgewicht.

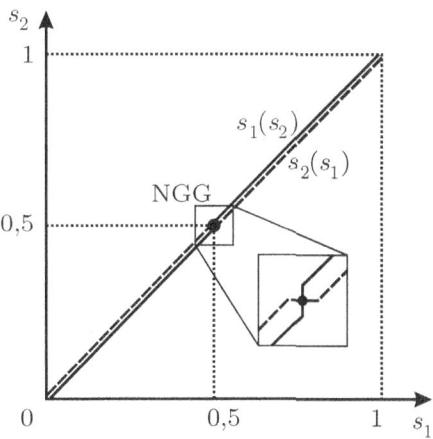

8.2.4 Strategische Managerentlohnung

Aufgabentext in Abschn. 8.1.4

Teil a)
Da die Unternehmen im Mengenwettbewerb miteinander stehen, ist die jeweils eigene Menge x_i die strategische Variable. Zudem sind die Unternehmen symmetrisch, weshalb sich der Gewinn für beide Unternehmen in Abhängigkeit von den Mengen gleich darstellt:

$$\pi_i(x_i) = (24 - x_i - x_j) \cdot x_i - (5 + 6 \cdot x_i).$$

Optimierung über die eigene Menge x_i ergibt

$$\frac{\partial \pi_i}{\partial x_i} = 24 - 2 \cdot x_i - x_j - 6 \overset{!}{=} 0.$$

Diese Maximierungsbedingung kann schließlich nach der eigenen Menge aufgelöst werden, um die jeweilige Reaktionsfunktion zu erhalten,

$$x_i(x_j) = 9 - 0{,}5 \cdot x_j.$$

Nach dem Einsetzen der beiden symmetrischen Reaktionsfunktionen ineinander,

$$x_i = 9 - 0{,}5 \cdot (9 - 0{,}5 \cdot x_i),$$

können schließlich die gewinnmaximierenden Mengen, das heißt das Nash-Gleichgewicht, bestimmt werden, $x_i^* = 6$ bzw. $\{x_1^* = 6, x_2^* = 6\}$. Daraus resultiert für beide Unternehmen ein identischer Gewinn von $\pi_1 = \pi_2 = 31$.

Teil b)
Gesucht wird hier das Stackelberg-Gleichgewicht, das sich mittels Rückwärtsinduktion bestimmen lässt. Die Zugreihenfolge ist in der folgenden Abbildung dargestellt.

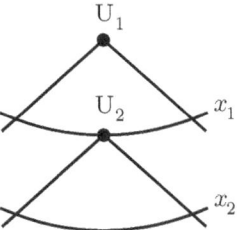

Auf der letzten Stufe wählt Unternehmen 2 seine Menge bei auf dieser Stufe bereits bekannter Mengenentscheidung von Unternehmen 1, $\bar{x}_1$,

$$\pi_2(x_2, \bar{x}_1) = (24 - x_2 - \bar{x}_1) \cdot x_2 - (5 + 6 \cdot x_2).$$

Unternehmen 2 maximiert seinen Gewinn in Bezug auf seine Menge,

$$\frac{\partial \pi_2}{\partial x_2} = 18 - 2 \cdot x_2 - \bar{x}_1 \stackrel{!}{=} 0.$$

Daraus lässt sich die Reaktionsfunktion von Unternehmen 2 bestimmen, die der Reaktionsfunktion aus dem Simultanspiel aus a) entspricht, mit dem einzigen Unterschied, dass die Mengenentscheidung von Unternehmen 1 bereits bekannt ist und folglich optimal darauf reagiert werden kann,

$$x_2 = 9 - \frac{1}{2} \cdot \bar{x}_1.$$

Diese Reaktion von Unternehmen 2 wird nun auf der ersten Stufe von Unternehmen 1 antizipiert. Dadurch ist der Gewinn von Unternehmen 1 nur noch von dessen eigener Menge abhängig,

$$\pi_1(x_1) = [24 - x_1 - (9 - 0,5 \cdot x_1)] \cdot x_1 - (5 + 6 \cdot x_1) =$$
$$= 9 \cdot x_1 - 0,5 \cdot x_1^2 - 5$$

Aus der Maximierung

$$\frac{\partial \pi_1}{\partial x_1} = 9 - x_1 \overset{!}{=} 0$$

ergeben sich schließlich die Mengen $x_1^* = 9$ und $x_2^* = 4{,}5$. Wir sehen, dass Unternehmen 1 im Vergleich zum Simultanspiel seine Menge (auf die Monopolmenge!) ausweitet und Unternehmen 2 seine Menge einschränkt. Dementsprechend ergeben sich die Gewinne $\pi_1 = 35{,}5$ und $\pi_2 = 15{,}25$ – auch hier ist zu sehen, dass Unternehmen 1 seinen Gewinn steigern kann und Unternehmen 2 mit Gewinneinbußen zu rechnen hat. Es liegt somit ein First-Mover Advantage vor.

Teil c)
Bei dem hier untersuchten Spiel handelt es sich um ein Beispiel für strategische Manager-entlohnung. Die Erweiterung fügt dem bekannten Oligopol-Modell nicht nur neue Spieler, sondern auch neue Aktionen hinzu. Im vorliegenden Spiel gibt es jetzt drei Spieler: den Eigentümer von Unternehmen 1, den Manager von Unternehmen 1 und Unternehmen 2.

Die Spieler haben dabei folgende Strategien:

- Eigentümer: $s_1 = \{a_1^0 = \lambda\}$, das heißt Wahl des Gewichtungsfaktors.
- Manager: $s_2 = \{a_2^1(h^1) = x_1(\lambda)\}$, das heißt Wahl der Menge in Abhängigkeit vom gewählten Gewichtungsfaktor (= Geschichte des Spiels).
- Unternehmen 2: $s_3 = \{a_3^1(h^1) = x_2(\lambda)\}$, das heißt Wahl der Menge in Abhängigkeit vom gewählten Gewichtungsfaktor (= Geschichte des Spiels).

Die Auszahlung des Managers ist gegeben durch seine Entlohnung. Zur Vereinfachung schreiben wir die Entlohnungsfunktion so um, dass die Wahl des Gewichtungsfaktors lediglich beeinflusst, wie stark der Manager die Produktionskosten berücksichtigt:

$$\begin{aligned} w &= \lambda \cdot \pi_1 + (1 - \lambda) \cdot E_1 + w^0(\lambda) \\ &= \lambda \cdot [x_1 \cdot p(X) - K(x_1)] + (1 - \lambda) \cdot [x_1 \cdot p(X)] + w^0(\lambda) \\ &= x_1 \cdot p(X) - \lambda \cdot K(x_1) + w^0(\lambda) \end{aligned}$$

Da $w^0(\lambda)$ erst *nach* dem Spiel derart festgelegt, dass $w = w^R$ gilt, spielt es *während* des Spiels keine Rolle und wir müssen es nicht weiter berücksichtigen, das heißt, der Ausdruck vereinfacht sich zu

$$w = x_1 \cdot p(X) - \lambda \cdot K(x_1)$$

Je höher λ, desto stärker werden die Kosten berücksichtigt. Für $\lambda = 1$ werden die Kosten voll berücksichtigt und der Manager verhält sich wie ein „normales" gewinnmaximieren-des Unternehmen. Für $\lambda = 0$ hingegen orientiert sich der Manager ausschließlich am Erlös, was der Tendenz nach dazu führt, dass er eine höhere Ausbringungsmenge anstrebt (aggressiveres Verhalten).

Da das Spiel aus zwei Stufen besteht, ist die Rückwärtsinduktion anzuwenden. Wir betrachten somit zunächst die Entscheidung in der zweiten Stufe. Hier wurde λ bereits gewählt und der Manager befindet sich mit Unternehmen 2 in einem simultanen Mengenwettbewerb, sodass wir $x_1(\lambda)$ und $x_2(\lambda)$ zu bestimmen haben. Die Reaktionsfunktion des Managers ergibt sich wie folgt:

$$w = x_1 \cdot (24 - x_1 - x_2) - \lambda \cdot (5 + 6 \cdot x_1)$$

$$\frac{\partial w}{\partial x_1} = 24 - 2 \cdot x_1 - x_2 - 6 \cdot \lambda \overset{!}{=} 0$$

$$x_1 = 12 - 3 \cdot \lambda - 0,5 \cdot x_2$$

Die Reaktionsfunktion von Unternehmen 2 ist unverändert zu b). Daraus können die gewinnmaximierenden Mengen berechnet werden:

$$x_1 = 12 - 3 \cdot \lambda - 0,5 \cdot (9 - 0,5 \cdot x_1)$$

$$x_1^* = 10 - 4 \cdot \lambda \Rightarrow x_2^* = 9 - 0,5 \cdot (10 - 4 \cdot \lambda) = 4 + 2 \cdot \lambda$$

Nun wenden wir uns der ersten Stufe zu. Hier legt der Eigentümer von Unternehmen 1 den Gewichtungsfaktor λ fest, um seinen Gewinn zu maximieren:

$$\pi_1 = [24 - (10 - 4 \cdot \lambda) - (4 + 2 \cdot \lambda)] \cdot (10 - 4 \cdot \lambda) - [5 + 6 \cdot (10 - 4 \cdot \lambda)] =$$

$$= [4 + 2 \cdot \lambda] \cdot (10 - 4 \cdot \lambda) - 5 = 35 + 4 \cdot \lambda - 8 \cdot \lambda^2$$

$$\frac{\partial \pi_1}{\partial \lambda} = 4 - 16 \cdot \lambda \overset{!}{=} 0 \quad \Rightarrow \quad \lambda = 0,25$$

Setzt man diesen Wert von λ in die Mengenwahl des Managers und von Unternehmen 2 ein, so ergeben sich $x_1 = 9$ und $x_2 = 4,5$, das heißt, es stellt sich das gleiche Ergebnis wie im Stackelberg-Fall ein. Durch die strategische Entlohnung kann sich Unternehmen 1 somit trotz des simultanen Wettbewerbs einen Vorteil gegenüber Unternehmen 2 verschaffen.

Nach dem Spiel wird der Eigentümer schließlich $w^0(\lambda) < 0$ festlegen, um einen positiven Gewinn zu erzielen – dies hat aber keine Auswirkung auf das Verhalten des Managers, da eine Abweichung von seiner optimalen Wahl nur dazu führen würde, dass er nicht mehr seinen Reservationslohn erhalten kann.

8.2.5 Strategische Investition

Aufgabentext in Abschn. 8.1.5

Die genaue Spezifikation der Kostenfunktion ist für den ersten Lösungsschritt (Cournot-Wettbewerb auf der zweiten Stufe) nicht erheblich, weshalb wir sie erst im zweiten Lösungsschritt berücksichtigen werden. Ebenso spielen die Kosten für F&E erst dann eine Rolle.

Die Gewinnfunktion kann damit vereinfacht formuliert werden als

$$\pi_i = \left(100 - x_i - x_j\right) \cdot x_i - K_i \cdot x_i. \tag{8.2}$$

Die partielle Ableitung nach der strategischen Variablen lautet:

$$\frac{\partial \pi_i}{\partial x_i} = 100 - 2 \cdot x_i - x_j - K_i$$

Hieraus lässt sich durch Nullsetzen die Reaktionsfunktion von Unternehmen i bestimmen,

$$x_i\left(x_j\right) = 50 - 0{,}5 \cdot x_j - 0{,}5 \cdot K_i,$$

woraus sich schließlich unter Zuhilfenahme der Symmetrie der Reaktionsfunktionen von i und j die gewinnmaximale Ausbringungsmenge im Nash-Gleichgewicht bestimmen lässt:

$$x_i = 50 - 0{,}5 \cdot (50 - 0{,}5 \cdot x_i - 0{,}5 \cdot K_j) - 0{,}5 \cdot K_i$$
$$x_i = 25 + 0{,}25 \cdot x_i + 0{,}25 \cdot K_j - 0{,}5 \cdot K_i$$
$$x_i^* = (100 - 2 \cdot K_i + K_j)/3.$$

Einsetzen von x_i^* in (8.2) ergibt die Gewinne in Abhängigkeit von den Kosten:

$$\pi_i(K_i, K_j) = (100 - 2 \cdot K_i + K_j)^2/9 \quad \text{für } i \neq j, i, j = 1,2 \tag{8.3}$$

Im zweiten Schritt wird nun die optimale Investition λ_i bestimmt, die von beiden Unternehmen auf der ersten Stufe simultan festgelegt wird. Wir setzen daher nun die Kostenfunktionen $K_i(\lambda_i, \lambda_j) = 50 - \lambda_i - \beta \cdot \lambda_j$ in die Gewinnfunktion (8.3) unter Berücksichtigung der Kosten für F&E, $\widetilde{K}_i(\lambda_i) = 0{,}5 \cdot \lambda_i^2$, ein, um das symmetrische Cournot-Nash-Gleichgewicht der ersten Stufe zu berechnen:

$$\pi_i = \frac{1}{9} \cdot \left[100 - 2 \cdot \left(50 - \lambda_i - \beta - \lambda_j\right) + 50 - \lambda_j - \beta \cdot \lambda_i\right]^2 - 0{,}5 \cdot \lambda_i^2$$
$$= \frac{1}{9} \cdot \left[50 + (2 - \beta) \cdot \lambda_i + (2 \cdot \beta - 1) \cdot \lambda_j\right]^2 - 0{,}5 \cdot \lambda_i^2$$

Die Bedingung erster Ordnung ergibt:

$$\frac{\partial \pi_i}{\partial \lambda_i} = \frac{2}{9} \cdot \left[50 + (2 - \beta) \cdot \lambda_i + (2 \cdot \beta - 1) \cdot \lambda_j\right] \cdot (2 - \beta) - \lambda_i \overset{!}{=} 0$$

Aus den resultierenden Reaktionsfunktionen

$$\lambda_i(\lambda_j) = \frac{2 \cdot (2 \cdot \beta - 1) \cdot (2 - \beta)}{9 + 2 \cdot (2 - \beta)^2} \cdot (50 + \lambda_j)$$

ergibt sich das Cournot-Nash-Gleichgewicht der ersten Stufe,

$$\lambda_i^* = \frac{50 \cdot (2 - \beta)}{4{,}5 - (2 - \beta) \cdot (1 + \beta)}. \tag{8.4}$$

8.2.6   Unternehmen und Behörde

Aufgabentext in Abschn. 8.1.6

Teil a)
Die Spielbäume für die unterschiedlichen Zugreihenfolgen der Spieler lauten wie folgt:

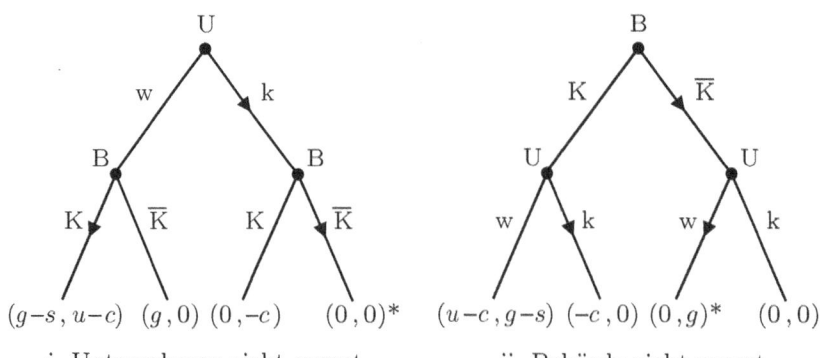

i. Unternehmen zieht zuerst   ii. Behörde zieht zuerst

Die Aktion w des Unternehmens bezeichnet wettbewerbswidriges Verhalten und k konformes Verhalten. Die Behörde kann sich zwischen K (Kontrolle) und $\overline{\text{K}}$ (keine Kontrolle) entscheiden.

Wenn das Unternehmen als erstes zieht (Situation i) ergibt sich als teilspielperfektes Nash-Gleichgewicht {k, {K(w), $\overline{\text{K}}$(k)}}. Auf dem Gleichgewichtspfad wird sich somit das Unternehmen konform verhalten und die Behörde nicht kontrollieren.

Zieht hingegen die Behörde als erstes, ergibt sich {$\overline{\text{K}}$, {k(K), w($\overline{\text{K}}$)}}, das heißt, im Ergebnis wird die Behörde nicht kontrollieren und sich das Unternehmen widrig verhalten.

In diesem Spiel liegt somit ein Second-Mover Advantage vor.

Teil b)

Da nun imperfekte Information unterstellt wird, ist die Matrix-Form zu wählen:

U, B	Kontrolle	keine Kontrolle
widrig	$(g - s, u - c)$	$(g, 0)$
konform	$(0, -c)$	$(0, 0)$

Es gibt hier kein Nash-Gleichgewicht in reinen Strategien, da immer ein Spieler einen Anreiz hat, von der gegebenen Strategiekombination abzuweichen. Beginnen wir etwa mit der sich bei perfekter Information auf dem Gleichgewichtspfad einstellenden Aktionswahl {keine Kontrolle, konform}. Hier hat die Behörde keinen Anreiz ihr Verhalten zu ändern, jedoch kann sich das Unternehmen besserstellen, indem es sich widrig verhält – diese Strategiekombination kann daher kein Gleichgewicht sein. Wählt das Unternehmen widriges Verhalten, so hat die Behörde einen Anreiz zu kontrollieren, womit auch {keine Kontrolle, widrig} kein Gleichgewicht sein kann. Kontrolliert die Behörde, so ist es für das Unternehmen besser, sich konform zu verhalten – auch {Kontrolle, widrig} scheidet somit aus. Verhält sich das Unternehmen konform, so besteht für die Behörde kein Anreiz, es zu kontrollieren. Demnach kann {Kontrolle, konform} ebenfalls kein Gleichgewicht sein. Schließlich landen wir wieder bei der Anfangskombination, von der wir wissen, dass es kein Gleichgewicht ist. Es liegt somit kein Nash-Gleichgewicht in reinen Strategien vor.

Wir bestimmen nun das Nash-Gleichgewicht in gemischten Strategien sowohl über den Optimierungsansatz als auch über den Erwartungsnutzen-Vergleich. Beide Wege müssen zum gleichen Ergebnis führen. Dabei steht p_1 für die Wahrscheinlichkeit, mit der das Unternehmen seine erste Strategie (widrig), spielt und p_2 für die Wahrscheinlichkeit, mit der die Behörde ihre erste Strategie (Kontrolle) spielt.

Der Optimierungsansatz liefert für das Unternehmen

$$E(u_U) = p_1 \cdot p_2 \cdot (g - s) + p_1 \cdot (1 - p_2) \cdot g =$$
$$= p_1 \cdot p_2 \cdot g - p_1 \cdot p_2 \cdot s + p_1 \cdot g - p_1 \cdot p_2 \cdot g$$
$$\frac{\partial E(u_U)}{\partial p_1} = p_2 \cdot g - p_2 \cdot s + g - p_2 \cdot g \stackrel{!}{=} 0 \Rightarrow p_2^* = g/s$$

und für die Behörde

$$E(u_B) = p_1 \cdot p_2 \cdot (u - c) + (1 - p_1) \cdot p_2 \cdot (-c) =$$
$$= p_1 \cdot p_2 \cdot u - p_1 \cdot p_2 \cdot c - p_2 \cdot c + p_1 \cdot p_2 \cdot c$$
$$\frac{\partial E(u_B)}{\partial p_2} = p_1 \cdot u - p_1 \cdot c - c + p_1 \cdot c \stackrel{!}{=} 0 \Rightarrow p_1^* = c/u$$

Beim Erwartungsnutzen-Vergleich vergleichen wir, bei welcher Aktion sich die Spieler in Abhängigkeit von der Wahrscheinlichkeitswahl ihres Gegenspielers besserstellen. So ist für das Unternehmen besser, „widrig" zu spielen, wenn für die Wahrscheinlichkeit p_2 gilt

$$E\left[u_U\left(\text{„widrig"}\right)\right] > E\left[u_U\left(\text{„konform"}\right)\right]$$
$$(g - s) \cdot p_2 + g \cdot (1 - p_2) > 0$$
$$p_2 < g/s.$$

Die Behörde wird sich für „Kontrolle" entscheiden, wenn für die Wahrscheinlichkeit p_1 gilt

$$E\left[u_B\left(\text{„konform"}\right)\right] > E\left[u_B\left(\text{„keine Kontrolle"}\right)\right]$$
$$(u - c) \cdot p_1 + (-c) \cdot (1 - p_1) > 0$$
$$p_1 > c/u.$$

Wir erhalten somit als Lösung das Nash-Gleichgewicht in gemischten Strategien mit der Strategiekombination $(p_1^* = c/u, p_2^* = g/s)$. Wie wir sehen, hängt die optimale Wahrscheinlichkeit, mit der Spieler i seine Strategie spielt, von den Präferenzparametern, also den Elementen der Nutzenfunktion, von Spieler j ab und umgekehrt. Das Unternehmen wird mit höherer Wahrscheinlichkeit seine erste Strategie „widrig" spielen, je höher c und je kleiner u ist. Wenn also für die Behörde die Kontrolle besonders kostspielig ist (hohes c) oder ihr eine erfolgreiche Überführung des Unternehmens nur geringen Nutzen bringt (niedriges u), wird das Unternehmen diese aus seiner Sicht günstigen Bedingungen ausnutzen. Somit steigt die Wahrscheinlichkeit für widriges Verhalten. Die Behörde wird ihrerseits umso häufiger kontrollieren (genauer formuliert: es wird umso eher mit einer Kontrolle zu rechnen sein), je größer g und je kleiner s ausfällt. Wie aus der Matrix erkennbar ist, bedeutet eine hohe Differenz $g - s$, dass das Unternehmen einen hohen Anreiz hat, sich widrig zu verhalten. Dann aber ist Kontrolle besonders erfolgversprechend, sodass die Behörde besonders häufig kontrollieren sollte.

Die folgende Abbildung stellt die Reaktionsabbildungen dieses Spiels und das sich im Schnittpunkt der Kurven einstellende Nash-Gleichgewicht in gemischten Strategien grafisch dar.

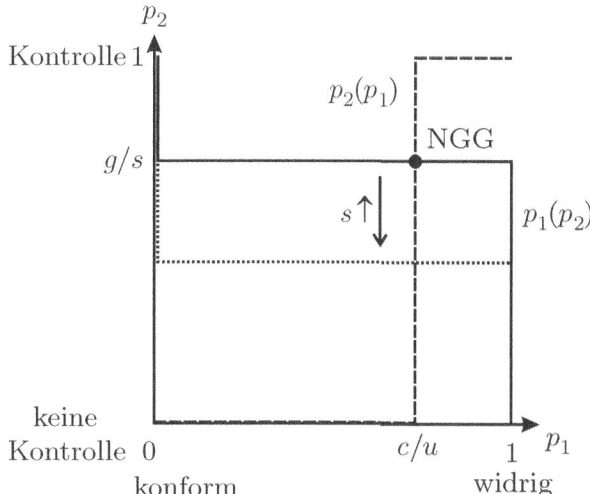

An der Grafik lässt sich gut veranschaulichen, wie sich eine Änderung der Strafe s auf das Gleichgewicht auswirkt: Erhöht sich s, dann wird der Bruch g/s kleiner. Dadurch verschiebt sich der waagerechte Teil der Reaktionsabbildung des Unternehmens nach unten. Somit ändert die Strafe im Gleichgewicht nicht das Verhalten des Unternehmens, denn dieses ist lediglich abhängig von den (unveränderten) Kontrollkosten und dem Nutzen der Behörde, sondern reduziert die Kontrollwahrscheinlichkeit der Behörde: Bei gesunkenem s muss seltener kontrolliert werden, um das Unternehmen indifferent zu halten. Die erwartete Strafe hängt schließlich von der Höhe der Strafe und ihrer Wahrscheinlichkeit ab, sodass bei einer höheren Strafe und gleichzeitig reduzierter Wahrscheinlichkeit die erwartete Strafe unverändert bleibt.

8.2.7   Kollusion unter vielen Unternehmen

Aufgabentext in Abschn. 8.1.7

Teil a)

Bei einem homogenen Gut hat Preiswettbewerb einen interessanten Effekt: Unterbietet ein Unternehmen seine(n) Konkurrenten, bekommt es den gesamten(!) Markt – da von allen Unternehmen das identische Gut angeboten wird, werden die Konsumenten immer beim billigsten Anbieter kaufen. Die Unternehmen werden daher ihre Preise solange senken, bis (bei identischen Grenzkosten aller Unternehmen) $p = c$ und damit auch $\pi = 0$ gilt – unabhängig davon, wie viele Konsumenten bei ihnen kaufen (bei identischem Preis wird üblicherweise eine gleichmäßige Aufteilung der Konsumenten auf alle Anbieter unterstellt). Ausgehend von $p = c$ ist für die Unternehmen keine Verbesserung möglich:

- Erhöht ein Unternehmen seinen Preis auf $p > c$, wird kein Kunde mehr bei ihm kaufen, das heißt, sein Gewinn bleibt unverändert bei $\pi = 0$. Es kommt zu keiner Verbesserung.
- Senkt ein Unternehmen seinen Preis auf $p < c$, so werden zwar alle Konsumenten bei ihm kaufen, allerdings macht es mit jeder verkauften Einheit einen Verlust, sodass $\pi < 0$. Das Unternehmen würde sich hierdurch verschlechtern!

Somit handelt es sich bei $p = c$ um das Nash-Gleichgewicht. Wir können uns auch gut vorstellen, dass wir bei einem Preis $p > c$ starten und sich die Unternehmen schließlich nach und nach auf $p = c$ unterbieten. Diese Situation wird auch als Bertrand-Paradoxon bezeichnet, da es bei Preiswettbewerb mit homogenen Gütern selbst bei nur zwei Unternehmen zum gleichen Ergebnis (Preis gleich Grenzkosten, Nullgewinne) wie bei vollkommener Konkurrenz mit unendlich vielen Unternehmen kommt.

Die Bedingung, für die Kollusion im unendlich wiederholten Spiel (Superspiel) gestützt werden kann, wird über den Ansatz des Grim-Triggers hergeleitet: „Wähle beginnend mit der ersten Periode in jeder Periode den Kollusionspreis, es sei denn in der Vorperiode hat ein Spieler einen anderen Preis gewählt; dann wähle *bis in alle Ewigkeit* den Wettbewerbspreis ($p = c$)." Eine genaue Information über die Höhe des Kollusionspreises ist nicht erforderlich (er entspräche dem Monopolpreis), da es bei der Prüfung, ob die Strategie gestützt werden kann, lediglich auf die Auszahlung für das Unternehmen ankommt. Hier ist zu beachten, dass im Falle der Einhaltung der Strategie der Kollusionsgewinn mit allen anderen n Unternehmen geteilt werden muss, wohingegen bei einer marginalen Abweichung vom Kollusionspreis nach unten praktisch der gesamte Kollusionsgewinn an den abweichenden Spieler fließt. Es ergibt sich damit bei Anwendung des Einmalabweichungs-Prinzips und unter Berücksichtigung von $\sum_{t=1}^{\infty} \delta^t = \delta/(1-\delta)$:

$$\sum_{t=0}^{\infty} \delta^t \cdot \pi^K \cdot \frac{1}{n} \geq \pi^K + \sum_{t=1}^{\infty} \delta^t \cdot 0$$

$$\frac{\pi^K}{1-\delta} \cdot \frac{1}{n} \geq \pi^K$$

$$\delta \geq \tilde{\delta} \equiv \frac{n-1}{n}$$

Somit erhalten wir das wenig überraschende Ergebnis, dass mit zunehmender Anzahl an Unternehmen im Markt kollusives Verhalten immer schwieriger wird – je höher n, desto höher muss der Diskontfaktor der Unternehmen mindestens sein, damit sich die Grim-Trigger-Strategie stützen lässt. Während er bspw. bei $n = 2$ bei $\tilde{\delta} = 1/2$ liegt, ist er bei $n = 3$ bereits auf $\tilde{\delta} = 2/3$ angestiegen und beträgt bei $n = 4$ sogar schon $\tilde{\delta} = 3/4$. Das Ergebnis ist dabei auch unabhängig von der Höhe des Kollusionsgewinns.

Teil b)

Als Erweiterung zu Teil a) ist hier nun zusätzlich die Wachstumsrate des Marktes μ zu berücksichtigen:[1]

$$\sum_{t=0}^{\infty} \delta^t \cdot \mu^t \cdot \pi^K \cdot \frac{1}{n} \geq \pi^K + \sum_{t=1}^{\infty} \delta^t \cdot \mu^t \cdot 0$$

$$\frac{\pi^K}{1 - \delta \cdot \mu} \cdot \frac{1}{n} \geq \pi^K$$

$$\delta \geq \tilde{\delta} \equiv \frac{n-1}{n} \cdot \frac{1}{\mu}$$

Wir sehen, dass die rechte Seite der Ungleichung für $\mu > 1$ kleiner ist als in Teil a). Das bedeutet, dass der Diskontfaktor der Unternehmen nicht mehr so hoch sein muss, um die Kollusion aufrechtzuerhalten. Kollusion ist also in wachsenden Märkten ($\mu > 1$) stabiler, da die Zukunft mit höheren Gewinnen verbunden ist. Eine Abweichung zugunsten eines im Vergleich zur Zukunft nur geringen Gewinns lohnt sich nur für sehr kurzsichtige Unternehmen. Umgekehrt wird es in schrumpfenden Märkten ($\mu < 1$) sehr schwierig, Kollusion aufrecht zu erhalten, da die Unternehmen die heutigen höheren Gewinne lieber (komplett) abschöpfen möchten, als sich die künftigen kleineren Gewinne zu teilen.

8.2.8 Kartelle und abgestimmtes Verhalten bei vielen Unternehmen

Aufgabentext in Abschn. 8.1.8

Teil a)

Das Vorgehen für Cournot-Wettbewerb bei vielen Unternehmen wurde in Abschn. 3.4 beschrieben. Da in c) mehr als zwei Unternehmen betrachtet werden, stellen wir den Ansatz allgemein in Abhängigkeit von n auf. Zunächst ist das Gewinnmaximierungskalkül zu bestimmen, wobei die (inverse) Marktnachfrage $p = 24 - X$ verwendet wird:

$$\pi_i = \left[24 - \left(x_i + \sum_{j \neq i} x_j\right)\right] \cdot x_i = 24 \cdot x_i - x_i^2 - x_i \cdot \sum_{j \neq i} x_j$$

$$\frac{\partial \pi_i}{\partial x_i} = 24 - 2 \cdot x_i - \sum_{j \neq i} x_j \overset{!}{=} 0$$

Substitution im symmetrischen Gleichgewicht ergibt dann

---

[1] Die technische Annahme, dass $\mu \cdot 1 < 1$ gilt, wurde getroffen, damit die Formel $\sum_{t=1}^{\infty} q^t = q/(1-q)$ anwendbar bleibt. Diese gilt nämlich nur für $0 \leq q < 1$.

$$\frac{\partial \pi_i}{\partial x_i} = 24 - 2 \cdot x_i - (n - 1) \cdot x_i \stackrel{!}{=} 0$$

$$x_i(n) = \frac{24}{n + 1}$$

Hiermit lassen sich Preis und Gewinn bestimmen:

$$p(n) = 24 - n \cdot x_i(n) = \frac{24}{n + 1}$$

$$\pi_i(n) = p(n) \cdot x_i(n) = \frac{24}{n + 1} \cdot \frac{24}{n + 1} = \frac{576}{(n + 1)^2}$$

Für die Auszahlungen bei (Kollusion, Kollusion) benötigen wir die Kollusionslösung. Kollusion ist dadurch gekennzeichnet, dass die Unternehmen den gemeinsamen Gewinn maximieren, das heißt sich gemeinsam wie ein Monopolist verhalten. Damit können wir die Auszahlung einfach bestimmen, indem wir die Lösung für $n = 1$ betrachten:

$$x_M(1) = 12, \quad p(1) = 12, \quad \pi_M(1) = 144$$

Die beiden Unternehmen werden dann Produktion und Gewinn gleichmäßig aufteilen ($x_1 = x_2 = 12/2 = 6$ und $\pi_1 = \pi_2 = 144/2 = 72$). Die Lösung bei Wettbewerb ergibt sich für $n = 2$:

$$x_i(2) = 8, \quad p(2) = 8, \quad \pi_i(2) = 64$$

Somit haben wir die symmetrischen Auszahlungen bestimmt. Für die asymmetrischen Auszahlungen (Kollusion und Cournot) müssen wir die Gewinne der beiden Unternehmen berechnen, die sich ergeben, wenn eines abweicht. Weicht Unternehmen i ab, das heißt, es wählt die Cournot-Menge $x_i^C = 8$ anstelle der halben Monopolmenge $x_i^M/2 = 6$, so erhält es als Gewinn

$$\pi_i = (24 - 8 - 6) \cdot 8 = 80.$$

Das andere Unternehmen, das sich an die Absprache hält und somit $x_i^M/2 = 6$ wählt, hat dann einen Gewinn von

$$\pi_j = (24 - 6 - 8) \cdot 6 = 60.$$

Damit kann die Matrix wie folgt komplettiert werden:

U1, U2	Kollusion	Cournot
Kollusion	(72, 72)	(60, 80)
Cournot	(80, 60)	(64, 64)

Wenn ein bindender Vertrag möglich ist (i), werden die beiden Unternehmen die Kollusions-Lösung wählen, da sie hier eine höhere Auszahlung (72, 72) als bei Wettbewerb (64, 64) erhalten. Da der Vertrag annahmegemäß bindend ist, kann keines der Unternehmen von der Strategiewahl „Kollusion" abweichen.

Wenn aufgrund eines Kartellverbots kein bindender Vertrag möglich ist (ii), werden beide den Wettbewerbspreis wählen – es kommt zum klassischen Gefangenendilemma. Dabei ist ein Verbot abgestimmten Verhaltens nicht erforderlich, da „Cournot" eine dominante Strategie darstellt, das heißt, selbst wenn sich die beiden Unternehmen im Vorfeld abstimmen sollten und sich beide für „Kollusion" entscheiden, wird sich keiner daran halten und abweichen.

Teil b)

Die Grim-Trigger-Strategie kann wie folgt formuliert werden:

„Wähle beginnend mit der ersten Periode in jeder Periode die Kollusionsmenge, es sei denn, in der Vorperiode hat ein Spieler eine andere Menge gewählt, dann wähle bis in alle Ewigkeit die Cournotmenge."

Um den kritischen Diskontfaktors, bis zu dem mit dieser Strategie Kollusion gestützt werden kann, zu bestimmen, wenden wir das Einmalabweichungsprinzip an (wobei $\sum_{t=1}^{\infty} \delta^t = \delta/(1-\delta)$):

$$\sum_{t=0}^{\infty} \delta^t \cdot 72 \geq 80 + \sum_{t=0}^{\infty} \delta^t \cdot 64$$

$$\frac{72}{1-\delta} \geq 80 + \frac{64 \cdot \delta}{1-\delta}$$

$$\delta \geq \widetilde{\delta} \equiv 0{,}5$$

Der Diskontfaktor muss somit mindestens $\widetilde{\delta} = 0{,}5$ betragen, um Kollusion durch die Grim-Trigger-Strategie stützen zu können.

Haben die Unternehmen wie bei (i) einen Diskontfaktor von $\delta_N = 0{,}25$, dann weisen sie künftigen Auszahlungen nur eine geringe Bedeutung zu. Da zudem $\delta_N < \widetilde{\delta}$ gilt, lässt sich Kollusion in diesem Fall nicht stützen. Das bedeutet auch, dass ein Verbot abgestimmten Verhaltens nicht erforderlich ist, da die Unternehmen gar keine Bereitschaft für kollusives Verhalten haben.

Anders sieht es bei (ii) mit dem deutlich höheren Diskontfaktor $\delta_H = 0{,}75$ aus. Dieser ist größer als $\tilde{\delta}$, was bedeutet, dass Kollusion gestützt werden kann. Da nun ein Anreiz zu kollusivem Verhalten besteht, ist ein Verbot abgestimmten Verhaltens erforderlich.

Bei einer endlichen Wiederholung des Spiels kann Rückwärtsinduktion angewandt werden, um zu überprüfen, ob sich die Unternehmen kollusiv verhalten. Dabei sehen wir, dass in der letzten Periode keine Bestrafung möglich ist, sollte sich ein Unternehmen nicht an die Absprache halten. Das bedeutet, dass beide „Cournot" wählen werden. Dies wissen beide schon in der vorletzten Periode und wählen daher ebenfalls „Cournot". Diese Überlegungen können wir bis zur ersten Periode fortsetzen, wodurch wir zeigen können, dass Kollusion bei endlicher Wiederholung nicht möglich ist. Dies bedeutet zudem, dass ein Verbot abgestimmten Verhaltens bei einer endlichen Wiederholung nicht erforderlich ist.

Teil c)

Kollusion sieht vor, dass die Monopolmenge von 12 gleichmäßig von den n Unternehmen produziert wird. Somit weiß das abweichende Unternehmen, dass die restliche Menge im Markt bei $(n-1) \cdot 12/n$ liegt. Berücksichtigt es dies, stellt sich sein Gewinnmaximierungskalkül wie folgt dar:

$$\pi_i = \left[24 - x_i - (n-1) \cdot \frac{12}{n} \right] \cdot x_i$$

$$\frac{d\pi}{dx_i} = 24 - 2 \cdot x_i - \frac{12 \cdot (n-1)}{n} \overset{!}{=} 0$$

$$x_i = \frac{6 \cdot (n+1)}{n}$$

Bei dieser Menge erhält es einen Gewinn von:

$$\pi = \left[24 - \frac{6 \cdot (n+1)}{n} - (n-1) \cdot \frac{12}{n} \right] \cdot \frac{6 \cdot (n+1)}{n} = \frac{36 \cdot (n+1)^2}{n^2}$$

Dieser Gewinn ist höher als bei kollusivem Verhalten, $144/n$ (siehe a)).

Wir wissen nun, wie hoch der Gewinn bei Abweichung ist und können dies entsprechend bei der Bestimmung des kritischen Diskontfaktors unter Anwendung der Grim-Trigger-Strategie berücksichtigen:

$$\sum_{t=0}^{\infty} \delta^t \cdot \frac{144}{n} \geq \frac{36 \cdot (n+1)^2}{n^2} + \sum_{t=1}^{\infty} \delta^t \cdot \frac{576}{(n+1)^2}$$

$$\frac{1}{1-\delta} \cdot \frac{144}{n} \geq \frac{36 \cdot (n+1)^2}{n^2} + \frac{\delta}{1-\delta} \cdot \frac{576}{(n+1)^2}$$

$$\delta \geq \tilde{\delta} \equiv \frac{(n+1)^2}{1 + n \cdot (6+n)}$$

Um herauszufinden, wie der kritische Diskontfaktor von n abhängt, können wir diesen nach n ableiten und erhalten:

$$\frac{d\delta}{dn} = \frac{4 \cdot (n^2 - 1)}{[1 + n \cdot (6+n)]^2} > 0$$

Der kritische Diskontfaktor hängt also positiv von n ab. Das bedeutet, je mehr Unternehmen im Markt sind, desto schwieriger ist es, Kollusion zu stützen.

Im nächsten Schritt erweitern wir den Ansatz um die Wachstumsrate des Marktes

$$\sum_{t=0}^{\infty} \delta^t \cdot \mu^t \cdot \frac{144}{n} \geq \frac{36 \cdot (n+1)^2}{n^2} + \sum_{t=0}^{\infty} \delta^t \cdot \mu^t \cdot \frac{576}{(n+1)^2}$$

$$\delta \geq \tilde{\delta} \equiv \frac{(n+1)^2}{1 + n \cdot (6+n)} \cdot \frac{1}{\mu}$$

Es ist leicht zu erkennen, dass Kollusion in wachsenden Märkten ($\mu > 1$) leichter möglich ist als in schrumpfenden Märkten ($\mu < 1$) – der kritische Diskontfaktor sinkt mit steigendem μ. Kollusion ist daher in konkurrenzstarken und schrumpfenden Märkten viel schwerer durchzusetzen als in konkurrenzschwachen und wachsenden Märkten.

8.2.9 Werbung

Aufgabentext in Abschn. 8.1.9

Teil a)
Das Spiel weist die beiden Unternehmen Sumsang und Pear als Spieler auf. Sumsang kann dabei zunächst über seine Werbinvestitionen entscheiden und anschließend über seine Ausbringungsmenge im Wettbewerb, $\{w, x_S(w)\}$. Pear kann nur über seine Produktion entscheiden, $\{x_P(w)\}$. Die Auszahlungsfunktionen der beiden Spieler entsprechen ihren Gewinnfunktionen, die in Abhängigkeit von den strategischen Variablen w, x_S, x_P formuliert werden können:

$$\pi_S = (100 + w - x_S - x_P) \cdot x_S - 400 - 10 \cdot x_S - 0{,}5 \cdot w^2$$
$$\pi_P = (230 - 2 \cdot x_P - x_S) \cdot x_P - 400 - 10 \cdot x_P$$

Das Spiel ist sequenziell und besteht aus zwei Stufen mit jeweils unterschiedlicher Informationsstruktur. Auf der ersten Stufe herrscht perfekte und vollständige Information, während auf der zweiten Stufe imperfekte und vollständige Information vorliegt.

Teil b)

Zur Bestimmung der Reaktionsfunktionen sind die Gewinnfunktionen in Bezug auf die strategischen Variablen der Spieler abzuleiten. Zum Zeitpunkt des Wettbewerbs auf dem Absatzmarkt sind die Werbeinvestitionen schon getätigt worden, weshalb dies in der zweiten Stufe keine strategische Variable von Sumsang mehr ist. Sumsang kann hier nur über die Wahl seiner Absatzmenge x_S entscheiden:

$$\pi_S = (100 + w - x_S - x_P) \cdot x_S - 400 - 10 \cdot x_S - 0{,}5 \cdot w^2$$
$$\frac{\partial \pi_S}{\partial x_S} = 100 + w - 2 \cdot x_S - x_P - 10 \overset{!}{=} 0$$
$$x_S(x_P) = 45 + 0{,}5 \cdot w - 0{,}5 \cdot x_P$$

Analog ist x_P die strategische Variable von Pear:

$$\pi_P = (230 - 2 \cdot x_P - x_S) \cdot x_P - 400 - 10 \cdot x_P$$
$$\frac{\partial \pi_P}{\partial x_P} = 230 - 4 \cdot x_P - x_S - 10 \overset{!}{=} 0$$
$$x_P(x_S) = 55 - 0{,}25 \cdot x_S$$

Teil c)

Zur Bestimmung der gleichgewichtigen Mengen müssen die beiden Reaktionsfunktionen $x_S(x_P)$ und $x_P(x_S)$ ineinander eingesetzt werden. So erhält man für die Absatzmenge von Sumsang:

$$x_S = 45 + 0{,}5 \cdot w - 0{,}5 \cdot (55 - 0{,}25 \cdot x_S)$$
$$x_S = \frac{8}{7} \cdot (45 + 0{,}5 \cdot w - 27{,}5) = 20 + \frac{4}{7} \cdot w$$

Diese Menge kann in $x_P(x_S)$ eingesetzt werden, um die Menge von Pear zu bestimmen,

$$x_P = 55 - 0,25 \cdot \left(20 + \frac{4}{7} \cdot w\right) = 50 - \frac{1}{7} \cdot w.$$

Es ist zu erkennen, dass beide gleichgewichtigen Mengen von Sumsangs Werbemaßnahmen abhängen. Dabei wirken sie positiv auf die Gleichgewichtsmenge von Sumsang und negativ auf die Menge von Pear.

Grafisch stellen sich die Reaktionsfunktionen wie folgt dar (durchgezogene Linien):

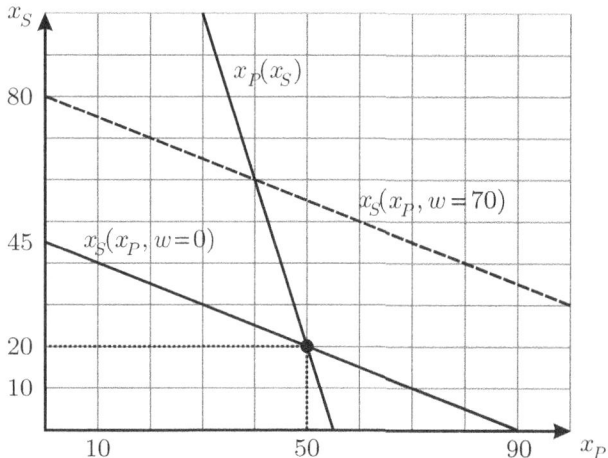

Im Schnittpunkt der Reaktionskurven sind die gewählten Mengen wechselseitig beste Antworten: Gemäß seiner Reaktionsfunktion erreicht Sumsang sein Gewinnmaximum, gegeben Pear wählt $x_P = 50$, bei $x_S = 45 - 0,5 \cdot 50 = 20$, während Pear für $x_S = 20$ seinen Gewinn mit $x_S = 55 - 0,25 \cdot 20 = 50$ maximiert. Eine Abweichung in diesem Punkt wird nur zu einer Gewinnreduktion führen, weshalb kein Unternehmen von dieser Mengenwahl abweichen wird. Für $w = 0$ beträgt das Nash-Gleichgewicht damit ($x_S = 20$, $x_P = 50$).

Teil d)
Für die drei zur Verfügung stehenden Werbepakete ergeben sich die folgenden Werte:

$$w = 0: \quad x_S = 20 \quad x_P = 50 \quad \pi_S = 0 \quad\quad \pi_P = 4600$$
$$w = 70: \quad x_S = 60 \quad x_P = 40 \quad \pi_S = 750 \quad \pi_P = 2800$$
$$w = 105: \quad x_S = 80 \quad x_P = 35 \quad \pi_S = 487,5 \quad \pi_P = 2050$$

Sumsang hat den höchsten Gewinn bei $w = 70$ und sollte sich daher für dieses Werbepaket entscheiden. Investiert es mehr in Werbung, dann überwiegen die exponentiell steigenden Kosten der Werbemaßnahmen, $0,5 \cdot w^2$, ihren nur linear steigenden Vorteil, $100 + w$.

Wie in der Abbildung in c) schon eingezeichnet wurde, verschiebt sich die Reaktions-funktion von Sumsang nach außen: Bei jeder gegebenen Menge von Pear wird Sumsang jetzt mehr anbieten – dies ist auch an der Reaktionsfunktion gut erkennbar, in welche die Werbemaßnahmen positiv eingehen: $x_S(x_P) = 45 + 0{,}5 \cdot w - 0{,}5 \cdot x_P$. Da hierdurch auch der Preis sinkt, wird Pear seine Menge einschränken, um seine Gewinneinbuße zu redu-zieren.

Könnte Pear die Investition nicht beobachten, würde es seine Menge nicht einschränken und weiterhin 50 produzieren. Sumsang würde zwar entsprechend seiner Reaktionsfunk-tion seine Menge ausweiten, $x_S(x_P = 50) = 45 + 0{,}5 \cdot 70 - 0{,}5 \cdot 50 = 55$, aber nicht in dem Umfang wie es bei Beobachtung der Fall wäre, $x_S = 60$. Dies liegt daran, dass in diesem Fall der zentrale strategische Effekt der Investition (= Investition hat Mengenreaktion des anderen zur Folge) entfällt.

Teil e)

Die Informationsstruktur ist nun unvollständig: Sumsang kann zwei Typen aufweisen, entweder seine Werbemaßnahmen sind erfolgreich oder sie sind es nicht.

Das Lösungskonzept der Teilspielperfektheit ist nicht mehr anwendbar, da es keine eigenständigen Teilspiele gibt. Nun muss das sequenzielle Gleichgewicht als Kombination von Strategie und Wahrscheinlichkeit für jeden Typ angewandt werden. Die Lösung dieses modifizierten Spiels ist dann das Bayes-Nash-Gleichgewicht, in dem jeder Spieler die beste Antwort auf eine gegebene Strategie der Mitspieler für eine gegebene Wahrscheinlich-keitsverteilung über alle Spieler-Typen und unter der Bedingung, dass jeder Spieler seinen eigenen Typ kennt, wählt.

Pear muss sich überlegen, ob es aus dem Verhalten von Sumsang auf dessen Typ schließen kann. Es muss dabei aber folgendes berücksichtigen: Der nicht erfolgreiche Typ von Sumsang könnte – trotz Kosten der Werbemaßnahme – einen Anreiz haben, Werbung zu schalten, um Pear davon zu überzeugen, dass er der erfolgreiche Typ ist. Daraufhin würde Pear seine Menge senken – zum Vorteil von Sumsang. Von daher kann Pear aus der Beobachtung, dass eine Werbemaßnahme geschaltet wurde, nicht auf den erfolgreichen Typen schließen. Allerdings wird umgekehrt ein erfolgreicher Typ immer Werbung schalten. Damit kann aus der Beobachtung, dass keine Werbung gewählt wurde, auf einen nicht-erfolgreichen Typen geschlossen werden, da der erfolgreiche Typ keinen Anreiz hat, sich als nicht erfolgreich darzustellen.

8.2.10 Lobbyarbeit

Aufgabentext in Abschn. 8.1.10

Teil a)

Als Spieler lassen sich die beiden Konzerne 1 und 2 identifizieren, die jeweils über die Anzahl ihrer Beratungssitzungen, h_1 und h_2, entscheiden können.

Es ergibt sich folgende Auszahlungsmatrix:

1, 2	$h_2 = 30$	$h_2 = 90$
$h_1 = 30$	$(\underline{2250}, \underline{2250})$	$(\underline{5850}, -1350)$
$h_1 = 90$	$(-1350, \underline{5850})$	$(4050, 4050)$

Beide Spieler verfügen hier über die strikt dominante Strategie $h_i = 30$, sodass sich das eindeutige Nash-Gleichgewicht ($h_1 = 30$, $h_2 = 30$) ergibt. Dieses Gleichgewicht wird allerdings von ($h_1 = 90$, $h_2 = 90$) pareto-dominiert, bei dem beide Spieler eine höhere Auszahlung von 4050 anstelle von nur 2250 erhalten würden.

Teil b)
Zur Bestimmung der Reaktionsfunktionen ist zunächst die Gewinnfunktion aufzustellen. Diese ist abhängig von den eigenen und den fremden Beratungsstunden. Sie lautet für Unternehmen i allgemein

$$\pi_i\left(h_i, h_j\right) = \frac{1}{2} \cdot \left[90 \cdot \left(h_i + h_j\right) + h_i \cdot h_j\right] - h_i^2.$$

Die strategische Variable von Spieler i sind seine Beratungsstunden h_i. Somit ist nach diesen partiell abzuleiten und diese Ableitung null zu setzen,

$$\frac{\partial \pi_i\left(h_i, h_j\right)}{\partial h_i} = \frac{90}{2} + \frac{1}{2} \cdot h_j - 2 \cdot h_i \overset{!}{=} 0.$$

Anschließend lösen wir diese Bedingung nach h_i auf, um die Reaktionsfunktion

$$h_i\left(h_j\right) = \frac{90}{4} + \frac{1}{4} \cdot h_j$$

zu erhalten.
Um die gleichgewichtigen Beratungsstunden zu erhalten, sind die Reaktionsfunktionen ineinander einzusetzen und wir erhalten

$$h_i = h_j = 30.$$

Damit lautet das Nash-Gleichgewicht ($h_1 = 30$, $h_2 = 30$) und beide Spieler haben jeweils eine Auszahlung von 2250.

Teil c)

Wenn die Firmen ihre Konkurrenzhaltung aufgeben und bei der Beratung miteinander kooperieren, ändert sich das Optimierungsproblem zur Maximierung des gemeinsamen Gewinns $\pi = \pi_1 + \pi_2$: $\max_{h_i, h_j} \pi(h_i, h_j)$. Das bedeutet, dass die Unternehmen gemeinsam beraten, dadurch den gemeinsamen Gewinn maximieren und sich danach den daraus resultierenden Gesamtgewinn teilen. Die Ableitung der Reaktionsfunktionen erfolgt auf die gleiche Weise wie in Teil b). Für die Berechnungen erhält man

$$\pi = \pi_1 + \pi_2 = 90 \cdot \left(h_i + h_j\right) + h_i \cdot h_j - h_i^2 - h_j^2$$

$$\frac{\partial \pi}{\partial h_i} = 90 + h_j - 2 \cdot h_i$$

$$\frac{\partial \pi}{\partial h_j} = 90 + h_i - 2 \cdot h_j$$

Da die Situation symmetrisch ist (aufgrund identischer Kostenfunktion werden beide Firmen die gleiche Anzahl an Beratungsstunden $h_1 = h_2$ anbieten), lässt sich die Lösung bereits mit bloßem Auge erkennen: Die Anzahl der Beratungsstunden, die jede Firma in die Kooperation einbringt, beträgt $h_1^* = h_2^* = 90$. Durch Einsetzen in die Gewinnfunktion erhält man einen Gesamtgewinn in Höhe von $\pi^* = 8100$; somit beträgt der Gewinn für die beiden Firmen $\pi_1^* = \pi_2^* = 4050$.

Unter einem externen Effekt versteht man allgemein die Auswirkung der eigenen Handlung auf unbeteiligte Dritte. Im konkreten Fall würde ein (positiver oder negativer) externer Effekt vorliegen, wenn jede Firma bei individueller Gewinnmaximierung (Teil b)) die (positive oder negative) Auswirkung ihrer eigenen gewählten Zahl an Beratungsstunden auf den Konkurrenten ignoriert. Am Ergebnis der gemeinsamen Gewinnmaximierung erkennen wir, dass die Firmen in Kooperation wesentlich mehr Beratung anbieten. Das bedeutet, dass hier ein positiver externer Effekt vorliegen muss: Aus der gemeinsamen Beratungsleistung der Firmen zieht die Regierung einen größeren Wert (und fördert dies dementsprechend auch mit Subventionen) als aus den Einzelleistungen. Wir erkennen auch an den Bedingungen erster Ordnung, dass bei Kooperation der Anreiz zur Beratung für jede Firma höher ist, als wenn sie nur auf „ihre Hälfte des Kuchens" schaut: Die Bedingung erster Ordnung für Firma i ist im Vergleich zur individuellen Gewinnmaximierung um $0,5 \cdot (90 + h_i)$ höher. Dieser Betrag entspricht gewissermaßen der „zweiten Hälfte des Kuchens", den sie erst bei gemeinsamer Gewinnmaximierung berücksichtigt. Immer dann, wenn ein externer Effekt vorliegt, ist das Nash-Gleichgewicht nicht pareto-optimal. Somit ist das in Teil b) ermittelte Nash-Gleichgewicht ineffizient nach dem Pareto-Kriterium.

8.2.11 Holdup-Problem

Aufgabentext in Abschn. 8.1.11

Teil a)
In diesem Spiel interagieren die beiden Spieler Blubberama und Nerdsoft. Nerdsoft kann sich in der ersten Stufe zwischen der Erstellung der Software und der Absage an Blubberama entscheiden und auf der dritten Stufe zwischen der Annahme des Angebots und der Ablehnung. Blubberama kann in der zweiten Stufe entweder ein hohes oder ein niedriges Angebot abgeben. Die Informationsstruktur ist vollständig und perfekt, sodass die extensive Form (Spielbaum) zu wählen ist. Diese stellt sich wie folgt dar:

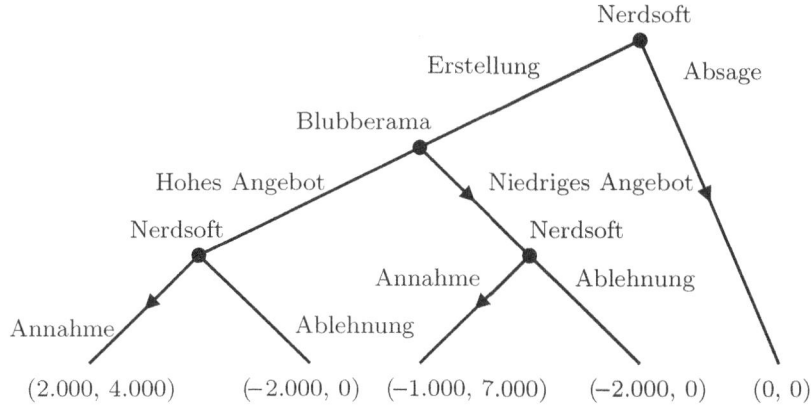

Das teilspielperfekte Nash-Gleichgewicht ergibt sich durch Rückwärtsinduktion und lautet

{{Absage, Annahme (Erstellung, Hohes Angebot), Annahme (Erstellung, Niedriges Angebot)}, {Niedriges Angebot}}.

Das eher unbefriedigende Ergebnis, dass die Software nicht erstellt wird, ist ein Beispiel für das sogenannte Holdup-Problem: Die Abhängigkeit von Blubberama nach Erstellung der Software, die an kein anderes Unternehmen verkauft werden kann (die Software ist eine für die Transaktion sogenannte „faktorspezifische Investition"), führt dazu, dass Blubberama seine Verhandlungsmacht zum Nachteil Nerdsofts voll ausschöpft. Da Nerdsoft dies aber antizipiert, wird es sich nicht auf ein Geschäft mit Blubberama einlassen, wodurch eine ökonomisch sinnvolle Aktivität unterbleibt (der ökonomische Gesamtvorteil wäre 6000 Euro – der Nutzen von Blubberama abzüglich der Entwicklungskosten von Nerdsoft).

Teil b)
Durch die Strafzahlung ändert sich die Auszahlungsstruktur des Spiels wie folgt:

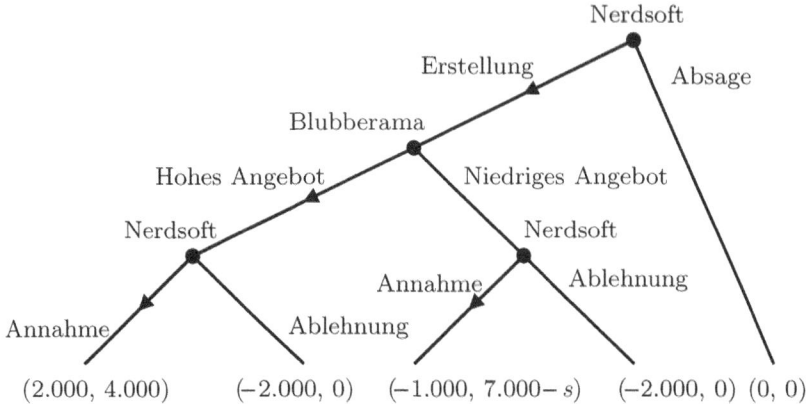

(2.000, 4.000)   (−2.000, 0)   (−1.000, 7.000− s)   (−2.000, 0) (0, 0)

Die Strafe muss verhindern, dass sich Blubberama für die Abgabe eines niedrigen Angebots entscheidet – Nerdsoft wird jedes Angebot annehmen. Blubberama hat bei Abgabe des niedrigen Angebots nun eine Auszahlung von 7000 − s Euro und bei einem hohen Angebot von 4000 Euro. Somit wird es sich für ein hohes Angebot entscheiden, wenn 4000 Euro > 7000 Euro − s bzw. die Strafe s > 3000 Euro ist. Dadurch, dass Blubberama jetzt ein hohes Angebot abgeben wird, wird Nerdsoft die Software erstellen, wovon letztlich beide profitieren: Durch die Selbstverpflichtung von Blubberama bekommen beide eine höhere Auszahlung. Das Holdup-Problem ist überwunden, da sich jetzt Blubberama glaubhaft an die Abgabe eines hohen Angebots binden kann.

Teil c)
Die veränderte Auszahlungsstruktur stellt sich wie folgt dar:

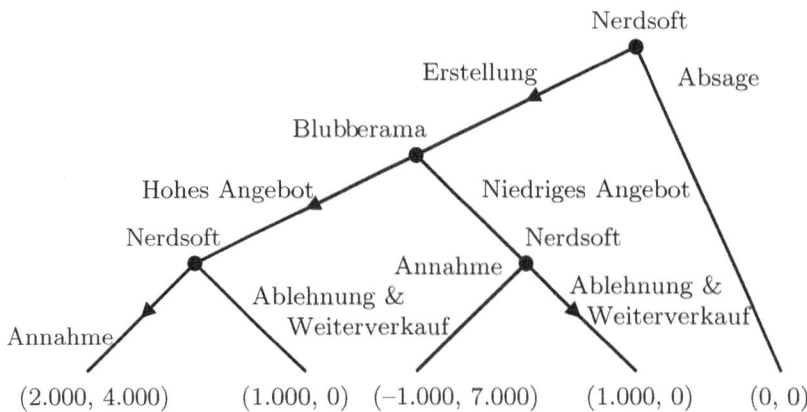

(2.000, 4.000)   (1.000, 0) (−1.000, 7.000)   (1.000, 0)   (0, 0)

Auch durch diese Modifikation kann das für beide vorteilhafte Gleichgewicht erreicht werden: Sollte Blubberama das niedrige Angebot abgeben, so wird Nerdsoft ablehnen, was nicht im Interesse Blubberamas ist. Durch die zusätzliche Konkurrenz hat Blubberamas Verhandlungsmacht abgenommen, was ihm jedoch wie in b) eine glaubwürdige Selbstbindung an das hohe Angebot ermöglicht. Alles was die Verhandlungsmacht der abhängigen Partei stärkt, reduziert das Holdup-Problem.

Bei einem Gebot von 6000 Euro wird Nerdsoft immer an die andere Firma verkaufen und Blubberama erhält die Software nicht. In diesem Fall ist zumindest für Blubberama die Konkurrenz schädlich. Einzig durch ein noch höheres Gebot kann Blubberama die Software erhalten – aufgrund der lukrativen Außenoption verfügt Nerdsoft jetzt über eine hohe Verhandlungsmacht.

8.2.12 Wettbewerb bei unvollständiger Information

Aufgabentext in Abschn. 8.1.12

Teil a)
Da sich die Unternehmen nur in ihren Grenzkosten unterscheiden, sich aber der gleichen Preisabsatzfunktion gegenübersehen, kann das Gewinnmaximierungskalkül zunächst allgemein aufgestellt werden (mit $i, j = 1, 2$ und $i \neq j$):

$$\pi_i(x_i) = (12 - x_i - x_j) \cdot x_i - c_i \cdot x_i$$
$$\frac{\partial \pi_i}{\partial x_i} = 12 - 2 \cdot x_i - x_j - c_i \stackrel{!}{=} 0$$
$$x_i^*(x_j) = 6 - 0{,}5 \cdot c_i - 0{,}5 \cdot x_j$$

Die zweite partielle Ableitung, $\partial^2 \pi / \partial x_i^2 = -2$, ist kleiner als Null, somit ist die Bedingung für ein Maximum erfüllt.

Unternehmen 1 weist nur einen Typ mit Stückkosten von $c_1 = 3$ auf. Es ist aber unsicher, welchen Typ Unternehmen 2 aufweist und damit darüber, mit welcher Reaktion es zu rechnen hat. Es wird von einer erwarteten Mengenentscheidung $E(x_2)$ von Unternehmen 2 ausgehen, wobei es berücksichtigt, dass der Konkurrent mit Wahrscheinlichkeit ρ hohe Kosten, bei denen mit einer Menge x_2^h zu rechnen wäre, und mit $1 - \rho$ niedrige Kosten, bei denen mit einer Menge x_2^l zu rechnen wäre, hat:

$$x_1^*[E(x_2)] = 6 - 0{,}5 \cdot 3 - 0{,}5 \cdot E(x_2) = 0{,}5 \cdot [9 - E(x_2)] =$$
$$= 0{,}5 \cdot [9 - \rho \cdot x_2^h - (1 - \rho) \cdot x_2^l]$$

Unternehmen 2 kann zwei mögliche Typen aufweisen. Da es seinen Typ kennt, kann für jeden der beiden Typen die optimale Reaktion bestimmt werden. Weist es hohe Grenzkosten $c_2^h = 6$ auf, so lautet seine optimale Reaktion

$$x_2^h(x_1) = 3 - 0{,}5 \cdot x_1$$

und bei niedrigen Grenzkosten $c_2^l = 0$ entsprechend

$$x_2^l(x_1) = 6 - 0{,}5 \cdot x_1.$$

Teil b)

Unternehmen 1 wird sich bei seiner Mengenwahl an der erwarteten Reaktion von Unternehmen 2 orientieren. Diese lässt sich dadurch bestimmen, dass die Reaktionen der beiden Typen von Unternehmen 2 mit ihren jeweiligen Wahrscheinlichkeiten gewichtet werden. So erhält man eine Reaktionsfunktion von Unternehmen 2, die sowohl von der von Unternehmen 1 gewählten Menge als auch von der Wahrscheinlichkeit der beiden Typen von Unternehmen 2 abhängig ist:

$$
\begin{aligned}
E[x_2(x_1)] &= \rho \cdot x_2^h(x_1) + (1 - \rho) \cdot x_2^l(x_1) = \\
&= p \cdot [3 - 0{,}5 \cdot x_1] + (1 - \rho) \cdot [6 - 0{,}5 \cdot x_1] = 6 - 3 \cdot \rho - 0{,}5 \cdot x_1
\end{aligned}
$$

Im konkreten Beispiel beträgt die Wahrscheinlichkeit für hohe Kosten $\rho = 0{,}5$, sodass die erwartete Reaktion mit $E[x_2(x_1)] = 4{,}5 - 0{,}5 \cdot x_1$ angegeben werden kann.

Die optimale Mengenwahl von Unternehmen 1 ergibt sich durch Einsetzen der erwarteten Reaktion $E[x_2(x_1)]$ in die Reaktionsfunktion von Unternehmen 1:

$$
\begin{aligned}
x_1[E(x_2)] &= 4{,}5 - 0{,}5 \cdot E[x_2(x_1)] = 4{,}5 - 3 + 1{,}5 \cdot \rho + 0{,}25 \cdot x_1 \\
x_1^*(\rho) &= 2 + 2 \cdot \rho
\end{aligned}
$$

Je höher ρ, das heißt, je wahrscheinlicher Unternehmen 2 hohe Kosten aufweist und damit ineffizienter produziert, desto größer ist x_1. Für $\rho = 0{,}5$ ergibt sich konkret $x_1^* = 3$.

Unternehmen 2 berücksichtigt die Erwartungen von Unternehmen 1 in seiner Reaktion. Es versetzt sich hierzu in die Lage seines Konkurrenten, der seine Kosten nicht kennt und daher Erwartungen bilden muss, auf deren Grundlage er entscheidet. Das bedeutet, Unternehmen 2 weiß, dass Unternehmen 1 $x_1^* = 3$ wählen wird und sich daher – je nach eigenem Typ – daran orientieren wird. Konkret wird Unternehmen 2, sollte es hohe Kosten haben, mit $x_2^h(x_1^*) = 3 - 0{,}5 \cdot (2 + 2 \cdot \rho) = 2 - \rho$ bzw. für $\rho = 0{,}5$ mit $x_2^{h*} = 1{,}5$ antworten und bei niedrigen Kosten entsprechend mit $x_2^l(x_1^*) = 6 - 0{,}5 \cdot (2 + 2 \cdot \rho) = 5 - \rho$ bzw. x_2^{l*}

$= 4{,}5$. Der effizientere Typ von Unternehmen 2 mit den geringen Kosten wird also eine höhere Ausbringungsmenge wählen. Das Bayessche Gleichgewicht lautet damit

$$\left(x_1^* = 3, \left\{x_2^{h*} = 4,5, x_2^{l*} = 4,5\right\}\right).$$

Die folgende Abbildung stellt die Überlegungen nochmals grafisch dar. Eingezeichnet wurden die Reaktionsfunktion von Unternehmen 1, die Reaktionsfunktionen der beiden Typen von Unternehmen 2 und die von Unternehmen 1 erwartete Reaktionsfunktion von Unternehmen 2. Die erwartete Reaktionsfunktion liegt zwischen den beiden Reaktionsfunktionen der Typen – im konkreten Fall genau in der Mitte, da beide Typen gleich wahrscheinlich sind. Je wahrscheinlicher ein Typ ist, desto näher wird die erwartete Reaktionsfunktion an der Reaktionsfunktion dieses Typen liegen.

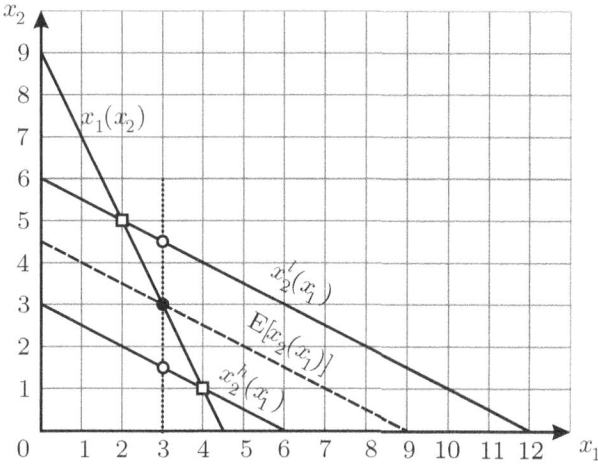

Aus dem Schnittpunkt der erwarteten Reaktionsfunktion $E[x_2(x_1)]$ mit der Reaktionsfunktion von Unternehmen 1, $x_1(x_2)$, bestimmt sich die von Unternehmen 1 gewählte optimale Menge $x_1^* = 3$. Auf diese Menge reagieren die beiden Typen von Unternehmen 2 entsprechend ihrer Reaktionsfunktionen, $x_2^l(x_1)$ bzw. $x_2^h(x_1)$, mit $x_2^{l*} = 4,5$ bzw. $x_2^{h*} = 1,5$ (in der Abbildungen durch die weißen Kreise auf den Reaktionsfunktionen gekennzeichnet).

Teil c)
Bei vollständiger Information weiß Unternehmen 1 gegen welchen Typen von Unternehmen 2 er konkurriert und wird seine Menge entsprechend anders wählen. Hat Unternehmen 2 hohe Kosten, wird Unternehmen 1 darauf reagieren,

$$x_1\left(x_2^h\right) = 4,5 - 0,5 \cdot (3 - 0,5 \cdot x_1) \quad \Rightarrow x_1 = 4, \quad x_2^h = 1.$$

Im Vergleich zur Mengenwahl bei unvollständiger Information wird Unternehmen 1 seine Ausbringungsmenge erhöhen, und Unternehmen 2 wird seine senken. Dies ist darauf zurückzuführen, dass beide Unternehmen um die hohen Kosten und damit um die ineffizientere Produktion von Unternehmen 2 wissen, worauf der effizientere Anbieter (in diesem Fall Unternehmen 1) seine Menge ausweiten wird. Anders sieht es bei geringen Kosten von Unternehmen 2 aus:

$$x_1\left(x_2^l\right) = 4{,}5 - 0{,}5 \cdot (6 - 0{,}5 \cdot x_1) \quad \Rightarrow x_1 = 2, \quad x_2^h = 5$$

Hier weitet das effizientere Unternehmen 2 seine Menge aus, während Unternehmen 1 weniger anbietet.

In der Abbildung sind die beiden Gleichgewichte durch die weißen Vierecke auf den Reaktionsfunktionen gekennzeichnet.

Finanzwissenschaftliche Anwendungsbeispiele 9

9.1 Aufgaben

9.1.1 Öffentliches Gut

Die beiden Nachbargemeinden Bangehausen (B) und Zockerburg (Z) möchten gemeinsam ein Casino errichten, um den örtlichen Tourismus zu fördern. Von den Einnahmen würden beide Gemeinden gleichermaßen profitieren, unabhängig davon wie sehr sie sich an den Baukosten beteiligen. Ein öffentlich verfügbares Gutachten weist für beide Gemeinden folgende monetäre Nettoauszahlungen aus:

B, Z	keine Beteiligung	Beteiligung
keine Beteiligung	(9, 2)	(25, 1)
Beteiligung	(4, 4)	(16, 3)

Von beiden Gemeinden sind ferner die jeweiligen Erwartungsnutzenfunktionen mit $U_B(x) = \sqrt{x}$ und $U_Z(x) = x^2$ bekannt. Beide Gemeinden treffen ihre Entscheidung unbeobachtbar voneinander.

a) Bestimmen Sie die Matrix der Auszahlungen basierend auf den jeweiligen Nutzenfunktionen! Welche Art von Spiel liegt hier vor (Zugreihenfolge, Informationsstruktur)? Beschreiben Sie kurz die Ihnen bekannten Lösungskonzepte für diese Art von Spiel und erläutern Sie, welches hier angewendet werden kann!
b) Ist die Lösung pareto-optimal? Diskutieren Sie, worin bei diesem Spiel das Problem besteht! Würde sich daran etwas ändern, wenn eine Gemeinde die andere Gemeinde bei ihrer Strategiewahl beobachten könnte (Begründung)?

Lösung in Abschn. 9.2.1

© Springer Fachmedien Wiesbaden GmbH, ein Teil von Springer Nature 2020
F. Bartholomae, M. Wiens, *Spieltheorie*,
https://doi.org/10.1007/978-3-658-28279-0_9

9.1.2 Öffentliches Gut II

Ein Feuerwerk soll auf einer Party mit n Personen stattfinden. Jeder Partygast zieht aus dem Feuerwerk einen Nutzen von $w > 0$. Allerdings muss das Feuerwerk von einer Person gezündet werden, der dadurch Opportunitätskosten von $c > 0$ entstehen, da sie das Feuerwerk dadurch nur noch eingeschränkt genießen kann. Eine Person ist allerdings ausreichend, um das Feuerwerk zu starten.

a) Formulieren Sie die Situation als Spiel: Wer sind die Spieler? Welche Aktionen haben sie zur Verfügung? Welche Auszahlungen ergeben sich?
b) Gehen Sie von $n = 2$ Personen aus. Stellen Sie das Spiel in einer geeigneten Form dar! Ist sichergestellt, dass es ein Feuerwerk geben wird?
c) Wie ändert sich die Wahrscheinlichkeit, dass das Feuerwerk stattfinden wird, wenn die Anzahl der Partygäste zunimmt und $w > c$ gilt?

Lösung in Abschn. 9.2.2

9.1.3 Medianwähler-Theorem

Die beiden Kontrahenten Che Castro und Fidel Guevara möchten sich zum Revolutionsführer der Republik Coconut Paradise wählen lassen. Sie können dazu zwischen drei politischen Positionen wählen: Konservativ, Liberal oder Sozialistisch. Die 20.000 Wähler teilen sich dabei wie folgt auf die einzelnen Positionen auf:

Sozialistisch	Liberal	Konservativ
5000	10.000	5000

Jeder Wähler gibt demjenigen Kandidaten seine Stimme, der seiner Position am nächsten kommt, das heißt, ein Konservativer würde eher einem liberalen Kandidaten seine Stimme geben als einem sozialistischen. Sind beide Kandidaten gleich weit entfernt, so entscheidet der Wähler per Münzwurf. Es gewinnt der Kandidat, der die meisten Stimmen auf sich vereinigen kann.

a) Stellen Sie zunächst das Spiel (Spieler, Strategien und Auszahlungen) in strategischer Form (Matrix) dar! Che fühlt sich dem sozialistischen Lager zugehörig, während Fidel erzkonservativ ist. Wer gewinnt in diesem Fall, wenn sich beide entsprechend ihrer Präferenzen für den Wähler ideologisch eindeutig positionieren?
b) Wenn beide unbedingt gewinnen möchten und ideologische Fragen hintenanstellen, wie werden sich beide verhalten? Vergleichen Sie Ihr Ergebnis mit a) und erläutern Sie vor diesem Hintergrund das Konzept des Nash-Gleichgewichts!

c) Die Ausgangssituation wird nun in zwei Punkten abgeändert:
- Das Politspektrum – und damit auch die Strategiemenge der Kandidaten – ist nun stetig zwischen 0 und 1, das heißt, jeder Kandidat kann zusätzlich zu den Randpositionen (sozialistisch = 0, konservativ = 1) jede beliebige Position (0, 1) dazwischen einnehmen.
- Alle Wähler sind über diesem Spektrum gleichmäßig verteilt.

  Sei s^* der Median der Wähler-Verteilung, das heißt jeweils 50 % der Wähler befinden sich zu beiden Seiten dieser Position. Zeigen Sie, dass die Strategiekombination (s^*, s^*) das eindeutige Nash-Gleichgewicht des Spiels darstellt (Medianwähler-Theorem)! Verdeutlichen Sie Ihr Ergebnis auch grafisch anhand der Reaktionsabbildungen!

d) Gehen Sie weiterhin von einem stetigen Politspektrum aus. Zeigen Sie, dass kein Nash-Gleichgewicht in reinen Strategien existiert, wenn drei Kandidaten antreten würden!

Lösung in Abschn. 9.2.3

9.1.4 Steuerhinterziehung

Um ihre Staatsschulden nachhaltig abzubauen, beschließt die Regierung der Republik Graecia härter gegen Steuerhinterziehung vorzugehen. Da gleichzeitig ein Beschäftigungsabbau im öffentlichen Dienst erfolgen soll, wird ein Steuerprüfer aus der Privatwirtschaft eingesetzt. Hellas Inc., das größte Unternehmen des Landes, gerät in den Fokus seiner Ermittlungen. Durch „kreative Buchführung" ist Hellas Inc. in der Lage, den Gewinn nach Steuern im Vergleich zu einer korrekt erstellten Bilanz um 200 Mio. Euro zu erhöhen. Wird das Unternehmen durch den Steuerprüfer kontrolliert, so wird diese Steuerhinterziehung aufgedeckt. Hellas Inc. muss dann eine Zahlung (Steuernachzahlung und Strafe) in Höhe von s leisten, wovon 5 % als Erfolgsprämie an den Steuerprüfer gehen. Die Prüfung verursacht für den Steuerprüfer Kosten von 10 Mio. Euro. Verzichtet er auf die Prüfung, so entstehen ihm keine Kosten. Die Entscheidungen des Steuerprüfers und des Unternehmens fallen unmittelbar vor Abschluss des Steuerjahres.

a) Formulieren Sie die dargestellte Situation als Spiel: Wer sind die Spieler? Welche Strategien haben sie jeweils zur Verfügung? Charakterisieren Sie die Informationsstruktur und stellen Sie die Auszahlungen in Abhängigkeit der gewählten Strategiekombinationen in geeigneter Form dar!

b) Charakterisieren Sie die Strategien der Spieler für $s < 200$ Mio. Euro und $s > 200$ Mio. Euro und bestimmen Sie jeweils alle Nash-Gleichgewichte!

c) Stellen Sie die Reaktionsabbildungen für $s = 500$ Mio. Euro formal und grafisch dar! Welches Ihnen bekannte Spiel liegt im konkreten Fall vor?

d) Ein Berater der Regierung schlägt vor, dass die Entscheidung über die Kontrolle eines Unternehmens bereits zu Beginn einer Steuerperiode verbindlich getroffen und öffentlich bekanntgemacht werden sollte. Zeigen Sie anhand einer geeigneten grafischen

Darstellung für $s = 500$ Mio. Euro die daraus resultierende Spielstruktur und bestimmen Sie das resultierende Gleichgewicht! Ist es im vorliegenden Fall tatsächlich vorteilhaft, sich vorzeitig festzulegen?

e) Die Regierungschefin Mamandreou ist darüber verärgert, dass aufgrund der Erfolgsprämie für den privaten Steuerprüfer nur 95 % der zusätzlichen Steuereinnahmen tatsächlich beim Staat ankommen und auch bei einer Prüfung durch staatliche Stellen Kosten für die Prüfung anfallen. Sie schlägt vor, stattdessen jedem Unternehmen anzukündigen, dass es am Ende des Jahres geprüft würde, wodurch die Unternehmen einen Anreiz zur Steuerehrlichkeit hätten. Auf die tatsächliche Prüfung könnte man dann ja verzichten, da wegen der angekündigten Prüfung kein Unternehmen Steuern hinterziehen würde.

Welches Problem sehen Sie bei dieser „idealen" Lösung, wenn von rationalen Unternehmen ausgegangen wird? In welchen anderen Kontexten mit staatlicher Politik trifft man auf eine vergleichbare Problemstruktur? Wieso tritt das Problem nicht auf, wenn die Lösung mit den privaten Steuerprüfern gewählt wird? Wie kann bei einer rein staatlichen Kontrolle dieses Problem bei jährlich anfallenden Steuern vermieden werden?

Lösung in Abschn. 9.2.4

9.1.5 Politische Reformen

In Democratia stehen Wahlen an. Da das Land unter einer schweren Wirtschaftskrise leidet, legen die Wähler besonderen Wert auf die wirtschaftliche Positionierung der Parteien. Die derzeitige Regierungspartei „New Democracy" überlegt, wie sie den bevorstehenden Wahlkampf führen soll.

Als mögliche Aktionen kann sie ankündigen, in der kommenden Legislaturperiode ein Reformprogramm aufzusetzen oder auf Reformen zu verzichten. Anschließend kann die Bevölkerung entscheiden, ob sie die Partei wählt oder abwählt. Hat die Partei ein Reformprogramm angekündigt und wird gewählt, kann sie schließlich entscheiden, ob sie das Programm tatsächlich umsetzen möchte oder nicht.

Ein Wahlsieg stiftet der Partei immer einen Bruttonutzen von 5, eine Abwahl führt hingegen zu einem Nutzen von 0. Kommt es im Land zu keinen Reformen, verschlechtert sich die wirtschaftliche Situation weiter, was von der Bevölkerung mit -10 bewertet wird. Als Alternative zu New Democracy stehen nur extremistische Parteien zur Wahl, deren Politik zu einer politischen Lähmung und internationalen Isolierung des Landes führen wird, was von der Bevölkerung mit -10 bewertet wird. Werden die Reformen durch die Regierungspartei angegangen, profitiert das ganze Land, was die Bevölkerung mit 10 bewertet. Allerdings ist die Reformgestaltung sehr komplex und erfordert lange Nachtsitzungen der Parteifunktionäre. Diese Unannehmlichkeit führt zu einem Nutzenverlust von -3 für die Partei. Bricht die Regierung aber ihre Wahlversprechen, das heißt, sie setzt angekündigte Reformen nicht um, setzt bei der Bevölkerung eine Politikverdrossenheit ein, was den Nutzen der Bevölkerung um zusätzliche -15 reduziert.

a) Formulieren Sie die Situation als Spiel: Wer sind die Spieler? Welche Aktionen haben sie zur Verfügung? Wie ist die Informationsstruktur beschrieben? Stellen Sie das Spiel in geeigneter Form dar!

b) Begründen Sie, ob sich der Pfad „Reformprogramm – Wahl – Umsetzung" realisieren lässt! Welches Gleichgewicht wird sich einstellen? Geben Sie dieses Gleichgewicht vollständig an!

c) Democratia ist Mitglied eines größeren Staatenbündnisses, das großes Interesse daran hat, dass es in Democratia zu Reformen kommt. Um die notwendigen Reformen einzuleiten, werden verschiedene Maßnahmen erwogen: (i) eine Strafzahlung der Regierung, falls sie Wahlversprechen bricht, (ii) eine Strafzahlung der Regierung, wenn sie keine Reformen durchführt und (iii) finanzielle Hilfe für die Regierung, falls sie die angekündigten Reformen umsetzt. Da die Zahlungen direkt das Budget und damit auch die Wiederwahlwahrscheinlichkeit der Partei beeinflussen, senkt eine Strafe den Nutzen der Regierung, während eine Hilfe diesen erhöht.

Wie hoch muss bei den drei Maßnahmen jeweils die aus der Strafe/Hilfe resultierende Nutzenänderung der Regierung ausfallen, damit diese erfolgreich sind? Begründen Sie, ob alle Maßnahmen gleichermaßen dazu geeignet sind zu bewirken, dass es zu Reformen im Land kommt!

d) Gehen Sie nun davon aus, dass es zwei Lager in der Partei gibt: den reformwilligen Flügel und den radikalen Flügel. Setzt sich der radikale Flügel durch, so ändert sich der Nutzen der Partei für den Fall, dass eine angekündigte Reform nicht umgesetzt wird auf 7, setzt sich der reformwillige Flügel durch, so beträgt der Nutzen bei Umsetzung der Reform 7. Wer sich durchsetzt, kann von der Bevölkerung nicht beobachtet werden. Begründen Sie, ob es aus Sicht der Bevölkerung sinnvoll ist, anzunehmen, dass sich bei Ankündigung einer Reform der reformwillige Flügel durchgesetzt hat!

Lösung in Abschn. 9.2.5

9.1.6 Öffentliche Güter und Clarke-Grove-Mechanismus

In der fußballbegeisterten Kleinstadt Bolzino gibt es zwei Fußballvereine: Den großen etablierten Erfolgsverein 1. FC Bolzino, sowie den kleineren – regional mindestens ebenso beliebten – Amateurverein TSV 1816 Bolzino. Da der angestammte Fußballplatz schon sehr alt ist, spielen beide Vereine mit dem Gedanken, gemeinsam ein kleines Stadion zu bauen. Ein solches Stadion kostet $K = 120$ GE, die beiden Vereine würden aber unterschiedlichen Nutzen daraus ziehen: Der 1. FC hat eine Zahlungsbereitschaft in Höhe von $v_1 = 100$ GE und der TSV eine Zahlungsbereitschaft in Höhe von $v_2 = 50$ GE. Jeder Verein kennt seine eigene Zahlungsbereitschaft, aber auch diejenige des jeweils anderen Vereins

aufgrund der guten Kontakte in der Fußballszene. Die Bürgermeisterin von Bolzino hat bei
diesem Projekt das letzte Wort und wird den Stadionbau nur dann genehmigen, wenn beide
Vereine die erforderlichen 120 GE zusammenbringen. Zu diesem Zweck befragt sie beide
Vereine unabhängig voneinander nach ihrer Zahlungsbereitschaft v_i, die sie leider nicht
kennt. Die von den Vereinen angegebene Zahlungsbereitschaft ist verbindlich, das heißt,
sie müssen sich – sollte das Geld reichen – auch in dieser Höhe an den Baukosten beteiligen. Jeder Verein hat nun zwei Möglichkeiten: Entweder er gibt der Bürgermeisterin
ehrlich die tatsächliche Höhe der eigenen Zahlungsbereitschaft bekannt ($s_i = v_i$), oder er
spekuliert darauf, dass der jeweils andere Verein dies tut, wodurch er nur noch für die
Differenz zu den erforderlichen 120 GE zu sorgen hat. Im letzteren Fall verhält sich der
betreffende Verein also unehrlich, da er eine geringere Zahlungsbereitschaft angibt, als sie
tatsächlich ist ($s_i < v_i$). Übersteigt die Summe der bekundeten Zahlungsbereitschaften den
Betrag von 120 GE, dann werden die Vereine im Verhältnis ihrer bekundeten Zahlungsbereitschaften an den Kosten beteiligt, etwa wenn beide ehrliche Angaben in Höhe von v_1
bzw. v_2 machen entsprechend im Verhältnis 2:1.

a) Ermitteln Sie nun die Auszahlungen für alle Strategiekombinationen und stellen Sie das
   resultierende Spiel in Matrixform dar!

b) Bestimmen Sie mit Hilfe von Dominanzüberlegungen eine plausible Lösung des Simul-
   tanspiels! Benennen Sie die hierfür verwendeten Verfahren! Handelt es sich bei der
   Lösung um ein Nash-Gleichgewicht? Falls ja, stellt das letztendlich zur Lösung
   führende Verfahren sicher, dass das Nash-Gleichgewicht eindeutig ist? Bestimmen
   Sie alle Nash-Gleichgewichte in reinen Strategien! Handelt es sich im vorliegenden
   Fall um einen Interessenkonflikt und/oder ein Koordinationsproblem? Begründen Sie!

c) Die Bürgermeisterin ist zwar keine Fußball-Expertin, dafür aber studierte Volkswirtin
   mit profunden Kenntnissen in der Finanzwissenschaft. Bei der Suche nach einer Lösung
   ihres Problems stößt sie auf die sogenannte *Clarke-Steuer*, die folgendermaßen funktioniert: Jeder der beiden Vereine gibt verbindlich seine Zahlungsbereitschaft bekannt.
   Kann das Stadion gebaut werden (das heißt erreicht die Summe der Zahlungsbereitschaften die Kosten in Höhe von 120 GE), dann muss jeder der beiden Vereine eine
   Steuer entrichten mit $t_i = K - s_j$. Die Steuer, die der Verein i zahlen muss, hängt also nur
   von der bekundeten Zahlungsbereitschaft vom Verein j ab. Die Auszahlung jedes
   Spielers ergibt sich dann als Differenz aus seiner tatsächlichen Zahlungsbereitschaft
   und der Steuer: $u_i = v_i - t_i$.

   Ermitteln Sie nun für die Bedingungen der Clarke-Steuer die Auszahlungen für alle
   Strategiekombinationen und stellen Sie das resultierende Spiel in Matrixform dar!
   Bestimmen Sie alle Nash-Gleichgewichte in reinen Strategien und geben Sie eine
   plausible Lösung des Spiels an! Vergleichen Sie Ihr Ergebnis mit dem aus Aufgabenteil
   b) hinsichtlich der Pareto-Effizienz!

Lösung in Abschn. 9.2.6

9.2 Lösungen

9.2.1 Öffentliches Gut

Aufgabentext in Abschn. 9.1.1

Teil a)

Es ergibt sich folgende Auszahlungsmatrix:

B, Z	keine Beteiligung	Beteiligung
keine Beteiligung	(3, 4)	(5, 1)
Beteiligung	(2, 16)	(4, 9)

Da die Gemeinden unbeobachtbar voneinander entscheiden, liegt imperfekte Information vor. Das Gutachten selbst ist öffentlich, weshalb von vollständiger Information ausgegangen werden kann. Es liegt somit ein Simultanspiel vor.

Als prinzipielle Lösungskonzepte kommen Dominanzüberlegungen oder die direkte Suche nach dem Nash-Gleichgewicht in Frage. Bei Dominanzüberlegungen wird entweder nach einer dominanten Strategie gesucht, die gespielt werden kann oder nach dominierten Strategien, die nicht gewählt werden (iterierte Elimination dominierter Strategien). Bei der Suche nach dem Nash-Gleichgewicht wird nach einem Paar wechselseitig bester Antworten gesucht. Im vorliegenden Spiel zeigt sich, dass Zockerburg über die dominante Strategie „keine Beteiligung" verfügt, und auch Bangehausen die strikt dominante Strategie „keine Beteiligung" aufweist.

Teil b)

Die Lösung (keine Beteiligung, keine Beteiligung) ist nicht pareto-optimal, da sich beide bei der Strategiekombination (Beteiligung, Beteiligung) besserstellen könnten: Bangehausen hätte einen Nutzen von 4 anstelle von 3 und Zockerburg hätte 9 anstelle von 4. Das Problem besteht darin, dass das Pareto-Optimum nicht erreicht werden kann, da beide die strikt dominante Strategie „keine Beteiligung" haben und daher immer von diesem Optimum abweichen werden. Das Spiel weist somit die Anreizstruktur des Gefangenendilemmas auf.

Die Zugreihenfolge hat bei Vorliegen strikt dominanter Strategien keine Auswirkungen auf das Ergebnis: (Beteiligung = b, keine Beteiligung = nb):

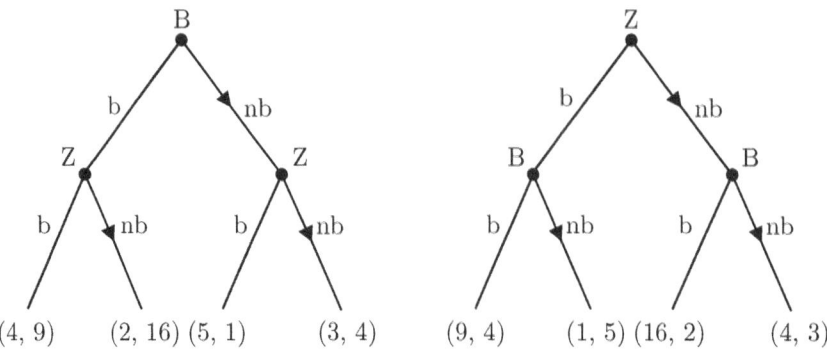

Wir sehen, dass es in beiden Fällen dazu kommt, dass sich keine Gemeinde am Bau des Casinos beteiligt.

9.2.2 Öffentliches Gut II

Aufgabentext in Abschn. 9.1.2

Teil b)
Als Spieler lassen sich die n Partygäste identifizieren, die jeweils die beiden Aktionen zum Feuerwerk „beitragen" oder „nicht beitragen" zur Verfügung haben. Die resultierenden Auszahlungen jedes Spielers lauten:

$$U_i = \begin{cases} 0 & \text{falls keiner beiträgt} \\ w - c & \text{falls Spieler } i \text{ beiträgt} \\ w & \text{falls ein anderer Spieler beiträgt} \end{cases} \tag{9.1}$$

Teil b)
Da es sich um ein Simultanspiel handelt, kann das Spiel in der Matrixform dargestellt werden.

1, 2	beitragen	nicht beitragen
beitragen	$(w - c, w - c)$	$(w - c, w)$
nicht beitragen	$(w, w - c)$	$(0, 0)$

Da keine genaueren Angaben über w und c gemacht wurden, müssen hier drei Fälle unterschieden werden: $w < c$, $w = c$ und $w > c$.

Falls $w < c$ gilt, stellt „nicht beitragen" für beide Spieler eine strikt dominante Strategie dar: Trägt der andere Spieler bei, so ist es besser nicht beizutragen, das gleiche gilt, falls der andere Spieler nicht beiträgt. Somit stellt {nicht beitragen, nicht beitragen} das einzige Nash-Gleichgewicht des Spiels dar.

Falls $w = c$ gilt, stellt „nicht beitragen" für beide Spieler eine schwach dominante Strategie dar und es gibt insgesamt drei Nash-Gleichgewichte: {nicht beitragen, beitragen}, {beitragen, nicht beitragen} und {nicht beitragen, nicht beitragen}.

Für $w > c$ liegen zwei Nash-Gleichgewichte in reinen Strategien vor: Eines bei {nicht beitragen, beitragen} und eines bei {beitragen, nicht beitragen}. Da zwei Nash-Gleichgewichte in reinen Strategien vorliegen, muss noch ein weiteres in gemischten Strategien existieren. Dieses kann mithilfe des Erwartungsnutzen-Vergleichs leicht gefunden werden. Aufgrund der Symmetrie ist es zudem ausreichend, nur einen Spieler zu betrachten. Bezeichne p_1 die Wahrscheinlichkeit, dass Spieler 1 „beitragen" wählt und p_2 die Wahrscheinlichkeit, dass Spieler 2 „beitragen" wählt. Der Nutzen für Spieler 1 aus den jeweiligen Strategien stellt sich wie folgt dar:

$$E[u_1(\text{beitragen})] = p_2 \cdot (w - c) + (1 - p_2) \cdot (w - c) = w - c$$
$$E[u_1(\text{nicht beitragen})] = p_2 \cdot w + (1 - p_2) \cdot 0 = p_2 \cdot w$$

Spieler 1 wird somit beitragen, falls $w - c \geq p_2 \cdot w$ bzw. $p_2 \leq (w - c)/w$ gilt. Das Nash-Gleichgewicht in gemischten Strategien lautet in diesem Fall $\{p_1 = (w - c)/w, p_2 = (w - c)/w\}$.

Für keinen der Fälle ist eindeutig sichergestellt, dass das Feuerwerk stattfinden wird: Bei $w < c$ wird definitiv kein Feuerwerk stattfinden, für $w = c$ ist es ebenfalls nicht sichergestellt, da nur bei zwei der drei Nash-Gleichgewichte das Feuerwerk stattfinden wird. Für $w > c$ findet das Feuerwerk mit Sicherheit statt, sofern es die beiden Spieler schaffen, sich auf eines der Gleichgewichte in reinen Strategien zu koordinieren. Wenn sie dies nicht schaffen und die strategische Unsicherheit bestehen bleibt, findet das Feuerwerk mit einer Wahrscheinlichkeit von $1 - c/w$ statt – und ist damit umso wahrscheinlicher je größer w im Vergleich zu c ist.

Teil c)

Wir wissen, dass es grundsätzlich nur dann besser ist „beizutragen", wenn keiner der anderen Spieler beiträgt (findet das Feuerwerk statt, hat man auf jeden Fall einen Nutzen, trägt man selbst bei, hat man aber auch Kosten). Wenn die Anzahl der Spieler steigt, müsste es doch wahrscheinlicher werden, dass einer der anderen Spieler beiträgt.

Zur Bestimmung des Gleichgewichts verwenden wir erneut den Erwartungsnutzen-Vergleich und betrachten die Situation aus Sicht von Spieler 1:

$$E[u_1(\text{beitragen})] = w - c$$

$$E[u_1(\text{beitragen})] = w \cdot \text{Wsk.}(\text{„mind.einer der } n - 1 \text{ Spieler trägt bei“}) =$$

$$= w \cdot [1 - \text{Wsk.}(\text{„keiner der } n - 1 \text{ Spieler trägt bei“})] =$$

$$= w \cdot \left[1 - \prod_{j=2}^{n} (1 - p_j) \right]$$

Spieler 1 wird somit beitragen, wenn $w - c \geq w \cdot \left[1 - \prod_{j=2}^{n}(1 - p_j) \right]$ bzw. $\prod_{j=2}^{n}(1 - p_j) \geq$ c/w. Wir können uns die Symmetrie des Spiels zunutze machen, das heißt unterstellen, dass $p_1 = \ldots = p_n = p$. Dadurch vereinfacht sich der Produktausdruck und damit die Bedingung zu $(1 - p)^{n-1} \geq c/w$. Ziehen der $(n - 1)$-ten Wurzel ergibt $1 - p \geq \sqrt[n-1]{c/w}$ bzw.

$$p \leq 1 - \sqrt[n-1]{c/w}.$$

Somit beträgt die Wahrscheinlichkeit, dass im symmetrischen Gleichgewicht ein Partygast zum Feuerwerk beiträgt

$$1 - p(\text{„keiner trägt bei“}) = 1 - (1 - p)^n = 1 - \left(\frac{c}{w} \right)^{\frac{n}{n-1}} =$$

$$= 1 - \left(\frac{c}{w} \right)^{1 + \frac{1}{n-1}} = 1 - \frac{c}{w} \cdot \left(\frac{c}{w} \right)^{\frac{1}{n-1}}.$$

Wie wir uns leicht für $w > c > 0$ mit einem Zahlenbeispiel verdeutlichen können, wird dieser Term mit steigendem n immer kleiner. Das führt zu dem interessanten Ergebnis, dass die Wahrscheinlichkeit für ein Feuerwerk sinkt(!), je mehr Partygäste teilnehmen. Der Grund dafür liegt darin, dass jeder – mit steigender Zahl an Gästen – umso sicherer davon ausgeht, dass sich schon ein anderer darum kümmern wird. Psychologen sprechen in solchen Kontexten von dem Problem der Verantwortungsdiffusion.

9.2.3 Medianwähler-Theorem

Aufgabentext in Abschn. 9.1.3

Teil a)

Die Anzahl der zu erwartenden Stimmen kann als Auszahlung der Spieler aufgefasst werden. Damit erhalten wir die folgende Matrix:

Che, Fidel	Sozialistisch	Liberal	Konservativ
Sozialistisch	(10.000, 10.000)	(5000, 15.000)	(10.000, 10.000)
Liberal	(15.000, 5000)	(10.000, 10.000)	(15.000, 5000)
Konservativ	(10.000, 10.000)	(5000, 15.000)	(10.000, 10.000)

Positionieren sich beide Kandidaten entsprechend ihrer Präferenzen, so werden beide 10.000 Stimmen bekommen und somit wird keiner der beiden als Sieger aus der Wahl hervorgehen.

Teil b)

Es ist zu erkennen, dass für beide Spieler „Liberal" eine strikt dominante Strategie darstellt: Gegeben der Konkurrent wählt eine Extremposition, so ist „Liberal" jeder anderen Position vorzuziehen, da dann sowohl die Wähler aus dem „liberalen" Lager als auch von der anderen Extremposition gewonnen werden können. Wählt der Konkurrent ebenfalls „Liberal", ist „Liberal" gleichfalls vorzuziehen, da andernfalls die Wahl sicher verloren ist. Damit resultiert („Liberal", „Liberal") als eindeutiges Nash-Gleichgewicht des Spiels und beide haben (wie auch schon in a)) eine Auszahlung von je 10.000 Stimmen. Zwar haben sich beide hierdurch nicht bessergestellt, allerdings hat im Nash-Gleichgewicht keiner der Spieler einen Anreiz abzuweichen. Geht ein Kandidat davon aus, dass sein Konkurrent seiner Ideologie folgt, so hätte er einen Anreiz, nicht gleichfalls seiner Ideologie zu folgen, sondern stattdessen „Liberal" zu wählen, da er sich hierdurch besserstellen kann.

Teil c)

Die beiden Spieler haben nun eine stetige Strategiewahl, das heißt sie können eine beliebige Position zwischen 0 (Sozialistisch) und 1 (Konservativ) wählen. Da die Wähler gleichmäßig verteilt sind, liegt der Median der Verteilung bei 0,5, das heißt, wir müssen zeigen, dass die Strategiekombination $\{s_1 = 0{,}5, s_2 = 0{,}5\}$ das Nash-Gleichgewicht des Spiels darstellt. Wir überprüfen daher, ob sich eine einseitige Abweichung von dieser Strategiekombination lohnt. Aufgrund der Symmetrie ist es ausreichend, nur einen Spieler zu betrachten.

Konkret kann die Verteilung grafisch wie folgt beschrieben werden (bei einer Dichtefunktion gilt, dass sich die Gesamtfläche genau auf 1 addiert):

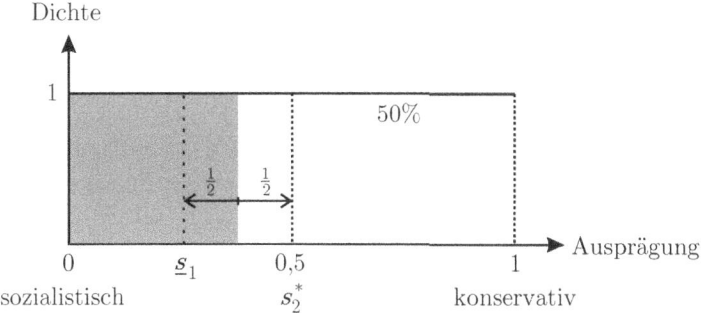

Gehen wir davon aus, dass sich Kandidat 2 in der Mitte positioniert hat, $s_2^* = 0{,}5$.

- Die Grafik zeigt den Fall, wenn sich Kandidat 1 für eine Position $\underline{s}_1 < 0{,}5$ entscheidet, sich demnach sozialistischer als Kandidat 2 positioniert. Seine Auszahlung ist dabei durch die graue Fläche dargestellt. Zum einen erhält er die Stimmen aller Wähler, die sozialistischer als er sind (im Bereich $[0; \underline{s}_1]$) und zudem die Stimmen aller Wähler, die konservativer als er sind, sich allerdings näher an seiner Position als an der des Gegenkandidaten befinden. Dies trifft auf alle zu, die sich links des Mittelpunkts der Strecke zwischen ihm und Kandidat 2 befinden, $\left[\underline{s}_1, \frac{1}{2} \cdot \left(s_2^* - \underline{s}_1\right)\right]$. Seine Auszahlung ist daher:

$$\left[\underline{s}_1 + \frac{1}{2} \cdot \left(s_2^* - \underline{s}_1\right)\right] \cdot 20.000 = \left[\underline{s}_1 + \frac{1}{2} \cdot \left(0,5 - \underline{s}_1\right)\right] \cdot 20.000 =$$
$$= 5000 + 10.000 \cdot \underline{s}_1$$

Es ist zu erkennen, dass die Auszahlung mit zunehmendem $\underline{s}_1$ steigt und im Bereich $\underline{s}_1 \in [0; 0,5)$ immer kleiner als 10.000 ist. Somit liefert $s_2 = 0,5$ immer eine höhere Auszahlung als $s_2 < 0,5$.

- Wenn Kandidat 1 sich für eine Position $\overline{s}_1 > 0,5$ entscheidet und sich somit konservativer als Kandidat 2 positioniert, dann erhält er als Auszahlung alle Stimmen der Wähler, die konservativer sind als er (im Bereich $[\overline{s}_1 ; 1]$) und alle Stimmen der Wähler, die sozialistischer sind als er aber näher an seiner Position als an der seines Gegenkandidaten sind, $\left[\frac{1}{2} \cdot \left(\overline{s}_1 - s_2^*\right); \overline{s}_1\right]$. Seine Auszahlung ist daher:

$$\left[(1 - \overline{s}_1) + \frac{1}{2} \cdot \left(\overline{s}_1 - s_2^*\right)\right] \cdot 20.000 = \left[1 - \overline{s}_1 + \frac{1}{2} \cdot \left(\overline{s}_1 - 0,5\right)\right] \cdot 20.000 =$$
$$= 15.000 - 10.000 \cdot \overline{s}_1$$

Wir sehen hier, dass die Auszahlung mit fallendem $\underline{s}_1$ steigt und im Bereich $\overline{s}_1 \in (0,5; 1]$ immer kleiner als 10.000 ist. Somit liefert $s_2 = 0,5$ auch immer eine höhere Auszahlung als $s_2 > 0,5$.

Zusammenfassend sehen wird, dass sich bei einer Strategiewahl des Gegenkandidaten von $s_2^* = 0,5$ eine Abweichung von $s_1^* = 0,5$ weder zu $s_2 < 0,5$ noch zu $s_2 > 0,5$ lohnt: In beiden Fällen wird er die Wahl sicher verlieren, da er weniger Stimmen als sein Gegenkandidat auf sich vereinen kann. Die Strategiekombination $\{s_1 = 0,5; s_2 = 0,5\}$ stellt daher ein Nash-Gleichgewicht dar.

Um das Gleichgewicht grafisch darzustellen, werden noch die Reaktionsabbildungen benötigt, das heißt, wir müssen bestimmen, wie die optimale Reaktion bei einer gegebenen Positionierung des Gegenkandidaten aussieht. Im Prinzip stehen immer drei Möglichkeiten zur Verfügung: eine konservativere Positionierung, eine sozialistischere Positionierung oder eine Positionierung auf der Position des Gegenkandidaten. Wie wir gesehen haben, resultieren je nachdem, welche Position der Gegenkandidat einnimmt, andere Auszahlungen. Ist der Gegenkandidat sozialistischer als der Median, ist es nicht sinnvoll, sich noch sozialistischer als er zu positionieren, da man damit nur noch die wenigen Wählerstimmen links von ihm bekommen kann, wohingegen der andere Kandidat alle Stimmen der Wähler bekommt, die konservativer als er sind, und die Wahl somit gewinnt. Es ist hier also die beste Antwort, sich konservativer als er zu geben, aber zugleich möglichst nahe an seiner Position zu bleiben. Hiermit erhält man die Stimmen aller Wähler, die konservativer sind als man selbst und verliert bei sehr naher Positionierung am Gegenkandidaten auch nur sehr wenige Stimmen derjenigen Wähler, die sozialistischer als man selbst aber konservativer als der Gegenkandidat sind und gewinnt die Wahl. Analog ist die Überlegung, wenn der Gegenkandidat sich konservativer als der Median positioniert hat. Hier sollte man sich sozialistischer und möglichst nahe an der Position des Gegenkandidaten positionieren. Die Regel ist somit, sich immer näher am Median als der andere zu positionieren, aber dennoch sehr nahe an der Position des Konkurrenten zu bleiben. Einzig wenn der Gegenkandidat sich genau im Median positioniert hat, sollte die gleiche Position gewählt werden, da man andernfalls die Wahl verliert.

Formal lauten die Reaktionsfunktionen der Spieler

$$s_1(s_2) = \begin{cases} s_2 + \varepsilon & s_2 \in [0;0,5) \\ 0,5 & s_2 = 0,5 \\ s_2 - \varepsilon & s_2 \in (0,5;1] \end{cases} , \quad s_2(s_1) = \begin{cases} s_1 + \varepsilon & s_1 \in [0;0,5) \\ 0,5 & s_1 = 0,5 \\ s_1 - \varepsilon & s_1 \in (0,5;1] \end{cases}$$

wobei ε einen sehr kleinen Wert darstellt und bedeutet, dass die Positionierung sehr nahe an der des Gegenkandidaten (allerdings eben nicht direkt auf dessen Position) erfolgen soll. Die folgende Abbildung stellt die Reaktionsfunktionen grafisch dar. Diese liegen sehr nahe beieinander und kreuzen sich nur im Punkt ($s_1 = 0,5$; $s_2 = 0,5$), dem Nash-Gleichgewicht.

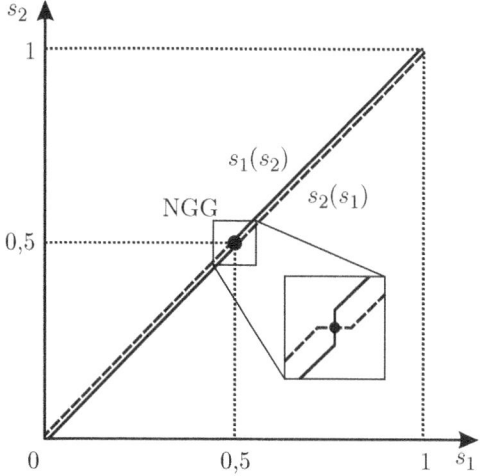

Das sogenannte *Medianwählertheorem* besagt nun, dass bei Mehrheitswahlen für die Kandidaten/Parteien der Anreiz besteht, sich mittig zu positionieren, um möglichst viele Wählerstimmen zu erhalten und dadurch die Wahl zu gewinnen. Wie sich aber zeigt, sind dadurch die Parteien für die Wähler kaum noch zu unterscheiden und der Wahlerfolg ist auch nicht sichergestellt, da sich die Wähler gleichmäßig auf die beiden Kandidaten aufteilen.

Teil d)
Wir wollen uns, basierend auf der folgenden Abbildung, eine Situation mit drei Kandidaten besser veranschaulichen:

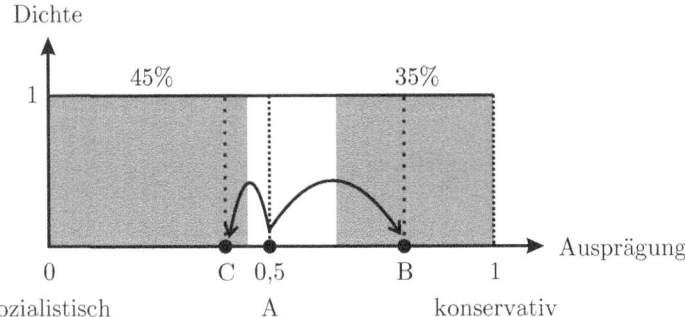

Gehen wir davon aus, dass sich in der Ausgangssituation die drei Kandidaten im Median (Punkt A in der Abbildung) positionieren. In diesem Fall teilen sich die Wähler gleichmäßig auf die drei Kandidaten auf und jeder erhält somit 33 % der Wählerstimmen. Nun könnte aber ein Kandidat Position B wählen, also eine konservativere Haltung als der Median einnehmen. Bei B würde der Kandidat alle Stimmen der Wähler, die konservativer als seine Position sind bekommen, ebenso wie alle Stimmen der Wähler die zwar sozialistischer als er eingestellt sind, aber konservativer als der Median. Im konkreten Fall würde der Kandidat auf Position B 35 % der Stimmen erhalten und somit die Wahl gewinnen (die restlichen 65 % würden sich gleichmäßig auf die anderen beiden Kandidaten aufteilen, sodass jeder nur 32,5 % der Stimmen hat). Nun könnte allerdings einer der beiden anderen Kandidaten auf Position C wechseln, also eine sozialistische Gegenposition zu B einnehmen. Bei dieser Position würde er sogar 45 % der Stimmen erhalten und die Wahl gewinnen (B käme auf 35 % und A auf 20 %). Nun könnte A seinerseits eine sozialistischere Position als C einnehmen und dadurch beispielsweise 44 % der Stimmen erreichen (dann hätte C 21 % und B 35 %). Jeder Kandidat kann sich damit bei gegebener Positionswahl der anderen Kandidaten immer verbessern, hat also immer einen Anreiz, von seiner Ausgangsposition abzuweichen. Somit gibt es hier kein Nash-Gleichgewicht in reinen Strategien.

9.2.4   Steuerhinterziehung

Aufgabentext in Abschn. 9.1.4

Teil a)
Als Spieler lassen sich das Unternehmen Hellas sowie der Steuerprüfer identifizieren. Hellas kann sich dabei zwischen den Strategien „Kreative Buchführung" und „Korrekte Abrechnung" entscheiden und der Steuerprüfer zwischen „Kontrolle" und „Keine Kontrolle". Da die Entscheidungen unbeobachtbar voneinander getroffen werden, liegt imperfekte Information vor, zugleich besteht aber Common Knowledge über die Auszahlungen und Strategien der Spieler, sodass vollständige Informationen vorliegen. Aufgrund der imperfekten Informationsstruktur empfiehlt sich die Darstellung der Auszahlungen in der Matrixform:

Hellas, Steuerprüfer	Kontrolle	Keine Kontrolle
Kreative Buchführung	$(200 - s, 0{,}05 \cdot s - 10)$	$(200, 0)$
Korrekte Abrechnung	$(0, -10)$	$(0, 0)$

Teil b)
Für $s < 200$ Mio. Euro stellt „Kreative Buchführung" eine strikt dominante Strategie von Hellas dar: Im Falle der Kontrolle ist der Gewinn höher als die Strafe, sodass sich die korrekte Abrechnung nicht lohnt. Findet keine Kontrolle statt, ist die „kreative Buchführung" ohnehin zu bevorzugen. Umgekehrt stellt auch „Keine Kontrolle" eine strikt dominante Strategie des Steuerprüfers dar: Seine Kontrollkosten übersteigen die Prämie im Falle des Kontrollerfolgs. Somit liegt ein eindeutiges Nash-Gleichgewicht in dominanten Strategien bei (Kreative Buchführung, Keine Kontrolle) vor.

Für $s > 200$ Mio. Euro liegt kein Nash-Gleichgewicht in reinen Strategien vor: Kontrolliert der Steuerprüfer, wird Hellas eine korrekte Abrechnung durchführen. Bei einer korrekten Abrechnung möchte der Steuerprüfer aber nicht kontrollieren. Findet keine Kontrolle statt, hat Hellas jedoch einen Anreiz zu kreativer Buchführung. Hier möchte der Steuerprüfer aber kontrollieren, womit wir wieder am Anfang des Zyklus angelangt sind. Damit muss ein Gleichgewicht in gemischten Strategien vorliegen.

Bezeichne p_1 die Wahrscheinlichkeit, mit der Hellas „Kreative Buchführung" wählt und p_2 die Wahrscheinlichkeit, mit der der Steuerprüfer kontrolliert. Hellas wird sich dann für „Kreative Buchführung" entscheiden, wenn

$$E[u_H(\text{„Kreative Buchführung“})] > E[u_H(\text{„Korrekte Abrechnung“})]$$

$$(200 - s) \cdot p_2 + 200 \cdot (1 - p_2) > 0 \cdot p_2 + 0 \cdot (1 - p_2)$$

$$p_2 < 200/s.$$

Der Steuerprüfer wird sich für „Kontrolle“ entscheiden, wenn

$$E[u_S(\text{„Kontrolle“})] > E[u_S(\text{„Keine Kontrolle“})]$$

$$(0{,}05 \cdot s - 10) \cdot p_1 - 10 \cdot (1 - p_1) > 0 \cdot p_1 + 0 \cdot (1 - p_1)$$

$$p_1 > 200/s.$$

Das Nash-Gleichgewicht in gemischten Strategien ist somit ($p_1 = 200/s$; $p_2 = 200/s$). Eine höhere Strafe senkt also gleichermaßen die Wahrscheinlichkeit, mit der die Behörde kontrolliert als auch die Wahrscheinlichkeit für kreative Buchführung. Das liegt daran, dass die Strafe s in beide Nutzenfunktionen eingeht und dabei Betrug unattraktiver und Kontrolle attraktiver macht.

Teil c)
Für $s = 500$ Mio. Euro (> 200 Mio. Euro) liegt ein Nash-Gleichgewicht in gemischten Strategien bei ($p_1 = 0{,}4$; $p_2 = 0{,}4$) vor mit den Reaktionsabbildungen:

$$p_1(p_2) = \begin{cases} 1 & p_2 \in [0; 0,4) \\ [0; 1] & p_2 = 0,4 \\ 0 & p_2 \in (0,4; 1] \end{cases} , \quad p_2(p) = \begin{cases} 0 & p_1 \in [0; 0,4) \\ [0; 1] & p_1 = 0,4 \\ 1 & p_1 \in (0,4; 1] \end{cases}$$

Grafisch ergeben sich somit die Reaktionsabbildungen mit nur einem Schnittpunkt bei ($p_1 = 0{,}4$; $p_2 = 0{,}4$):

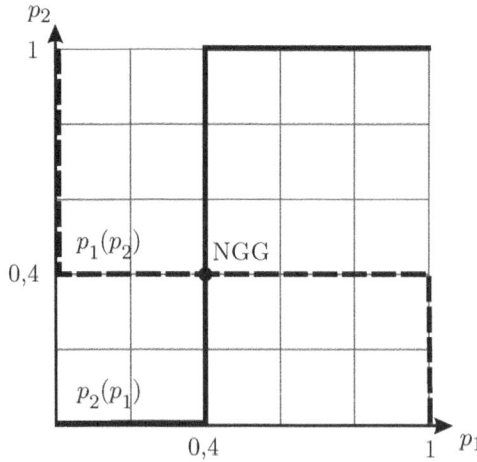

Beim vorliegenden Spiel handelt es sich um ein Inspektionsspiel bzw. Kontrollspiel, das die Eigenschaften eines Anti-Koordinationsspiels (wie etwa auch Elfmeter, Matching Pennies) aufweist.

Teil d)
Durch diese Änderung liegt nun perfekte Information vor und es ist die extensive Form bzw. der Spielbaum als Darstellungsform zu wählen:

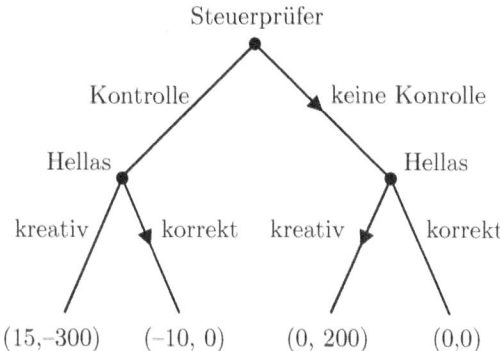

Es resultiert das teilspielperfekte Nash-Gleichgewicht („Keine Kontrolle", („Korrekte Abrechnung" („Kontrolle"), „Kreative Buchführung" („Keine Kontrolle")}. Bei diesem Spiel liegt ein Second-Mover Advantage vor, das heißt, der zweitziehende Spieler kann das für ihn günstigere Ergebnis bestimmen. Somit ist es für den Steuerprüfer nicht vorteilhaft, sich als erster festzulegen.

Teil e)
Die vorgeschlagene „ideale Lösung" beruht auf dem Problem der *zeitlichen Inkonsistenz*: Die Regierung hat den Anreiz, die Kontrolle der Unternehmen anzukündigen, wird allerdings zur Vermeidung der Kosten auf die Kontrolle verzichten. Die Ankündigung der Regierung ist somit nicht glaubwürdig. Ein rationales Unternehmen wird diese Inkonsistenz antizipieren und sich daher für die kreative Buchführung entscheiden, womit die ursprünglich von der Regierung angestrebte Lösung nicht erreicht wird.

Eine hierzu vergleichbare Problemstruktur gibt es beispielsweise in der Geldpolitik: Die Zentralbank hat den Anreiz, geldpolitische Maßnahmen anzukündigen, um dadurch die Erwartungen der Wirtschaftssubjekte zu beeinflussen; sie wird diese, wenn sie ihr Ziel erreicht hat, aber nicht umsetzen wollen. Ein anderes Beispiel ist der Patentschutz, der dazu dienen soll, die Unternehmen zu Innovationstätigkeit anzuregen. Sobald die Innovation erfolgt ist, ist es aus Sicht der Gesellschaft aber wünschenswert, dass sie allen zur Verfügung steht und das innovative Unternehmen nicht die Monopolrente für sich beansprucht. Es besteht somit ex post der Anreiz, den Patentschutz aufzuheben.

Dieses Problem tritt bei privaten Steuerprüfern nicht auf: Sie haben immer den Anreiz zu kontrollieren, da sie nur dann eine Auszahlung erhalten (zumindest sofern sie gegenüber ihrem Auftraggeber die Kontrollen nachweisen müssen).

Die Regierung kann das Problem dadurch umgehen, dass sie eine Reputation dafür aufbaut, immer zu kontrollieren. Bei einer wiederholten Prüfung ist dies möglich, da die Unternehmen aus der Vergangenheit wissen, dass die Ankündigung der Regierung keine leere Drohung war. Um die Kosten zu reduzieren, kann die Prüfung auch nur mit einer gewissen Wahrscheinlichkeit erfolgen, die aber hoch genug ist, um dafür zu sorgen, dass die Unternehmen korrekt abrechnen.

9.2.5 Politische Reformen

Aufgabentext in Abschn. 9.1.5

Teil a)
Als Spieler lassen sich die Partei „New Democracy" sowie die Bevölkerung identifizieren. Die Partei kann sich dabei vor der Wahl zwischen den Aktionen „Reformprogramm ankündigen" und „Kein Reformprogramm ankündigen" entscheiden und nach der Wahl zwischen „Reformen umsetzen" und „Reformen nicht umsetzen". Die Bevölkerung wiederum kann sich zwischen „Wahl" und „Abwahl" entscheiden. Alle Entscheidungen werden beobachtbar voneinander getroffen, das heißt, die Bevölkerung kann beobachten, welches Programm die Partei ankündigt und die Partei kann beobachten, ob sie gewählt wurde. Somit liegt perfekte Information vor. Zugleich besteht *Common Knowledge* über die Auszahlungen und Strategien der Spieler, sodass vollständige Informationen vorliegen. Aufgrund der perfekten Informationsstruktur empfiehlt sich die Darstellung der Auszahlungen in extensiver Form (Spielbaum):

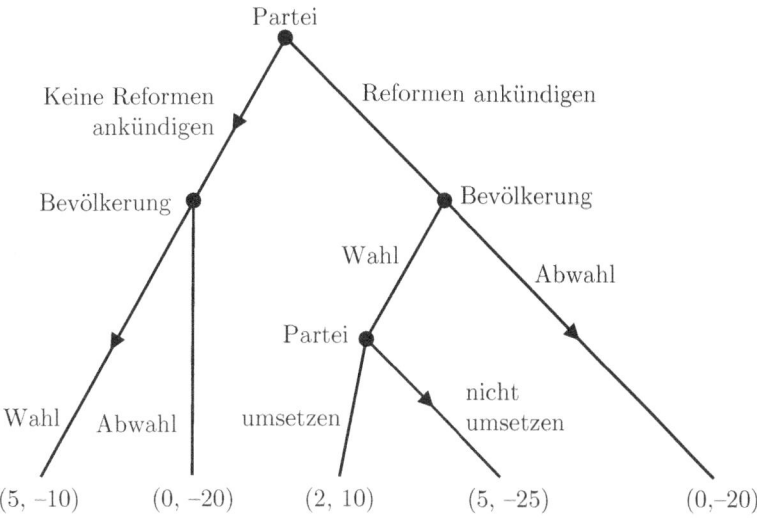

Teil b)

Der angegebene Pfad stellt kein Gleichgewicht des Spiels dar. Er beruht auf dem unglaubwürdigen Versprechen, die Reformen umzusetzen. Wenn die Partei gewählt wurde,
hat sie jedoch keinen Anreiz dies zu tun, was von der Bevölkerung antizipiert und mit der
Abwahl der Partei quittiert wird. Nur wenn die Partei kein Reformprogramm ankündigt,
wird dies von der Bevölkerung als glaubhaft empfunden und führt zum Wahlerfolg (und
damit zu einer höheren Auszahlung) der Partei.

Das teilspielperfekte Nash-Gleichgewicht lässt sich mithilfe der Rückwärtsinduktion
(wie in der Abbildung in a) bereits geschehen) bestimmen. Dieses lautet hier: {{„Keine
Reformen ankündigen", „Reformen nicht umsetzen"}, {„Wahl" („Keine Reformen ankündigen"), „Abwahl" („Reformen ankündigen")}}.

Teil c)

Um bei Maßnahme (i) die Partei dazu zu bewegen, die angekündigten Reformen umzusetzen, muss ihre Nutzenänderung bei der Nicht-Umsetzung angekündigter Reformen
mindestens -3 betragen (nur dann ist ein geringerer Nutzen bei der Nicht-Umsetzung im
Vergleich zur Umsetzung sichergestellt). Die Partei wird dann zwar immer ihre angekündigten Reformen umsetzen und wird in diesem Fall auch gewählt, allerdings wird sie
nach wie vor keine Reformen ankündigen (die Auszahlung der Partei beträgt in diesem Fall
5 und ist damit höher als die Auszahlung von 2, die sie beim Reformprogramm erhalten
würde).

Bei Maßnahme (ii) muss die Nutzenänderung der Partei mindestens -3 betragen. Diese
Strafe ist fällig, wenn sie keine Reformen ankündigt ebenso wie wenn sie angekündigte
Reformen bricht (wie im Fall von Maßnahme (i)). Führt sie angekündigte Reformen durch,
erhält sie eine Auszahlung von 2; somit muss die Auszahlung, wenn sie keine Reformen

ankündigt und gewählt wird geringer als 2 ausfallen, was bei einer Strafe von mindestens 3 der Fall ist. Im Gleichgewicht wird die Partei dann Reformen ankündigen und auch durchführen.

Maßnahme (iii) ist die Gegenvariante zu Maßnahme (ii) und erhöht den Nutzen der Regierung, wenn diese Reformen ankündigt und umsetzt. So wie bei Maßnahme (iii) eine Strafe von 3 erforderlich ist, muss hier der Nutzen bei Umsetzung der angekündigten Reform entsprechend um 3 erhöht werden, da sie dann eine höhere Auszahlung als bei der Nicht-Ankündigung der Reformen ebenso wie bei der Nicht-Umsetzung angekündigter Reformen erhält. Auch in diesem Fall wird es zum gewünschten Ergebnis kommen.

Zusammenfassend zeigt sich, dass die Maßnahmen (ii) und (iii) dazu geeignet sind, das Ziel des Staatenbündnisses zu erreichen, da nur dann die Regierung auch bereit ist, Reformen anzukündigen und umzusetzen.

Teil d)

Es liegt nun unvollständige Information vor, da die Partei zwei Typen – reformwillig oder radikal – annehmen kann. Während der reformwillige Typ angekündigte Reformen immer umsetzen wird, wird der radikale Typ dies nicht in Erwägung ziehen.

Um zu überprüfen, ob es aus Sicht der Bevölkerung sinnvoll ist, anzunehmen, dass sich bei einer Reformprogrammankündigung der reformwillige Flügel durchgesetzt hat, muss untersucht werden, ob der radikale Typ einen Anreiz hat, sich durch Ankündigung von Reformen als reformwilliger Typ auszugeben. Geht die Bevölkerung davon aus, dass die Partei reformwillig ist, wird sie die Partei immer wählen, da diese die Reformen auch umsetzen wird. Eine radikale Partei kann ihren Nutzen erhöhen, wenn sie Reformen ankündigt, die sie aber nicht umsetzt (sie erhält dann eine Auszahlung von 7 anstelle von 5). Sie hat also einen Anreiz, sich als reformwillig darzustellen und Reformen anzukündigen. Daher kann die Bevölkerung sich niemals sicher sein, welcher der beiden Flügel sich durchgesetzt hat, da beide einen Anreiz haben, Reformen anzukündigen. Es ist somit nicht möglich, aus der beobachteten Aktion „Reformen ankündigen" auf den reformwilligen Typ der Partei zu schließen.

9.2.6   Öffentliche Güter und Clarke-Grove-Mechanismus

Aufgabentext in Abschn. 9.1.6

Teil a)

Die beiden Spieler (1. FC Bolzino als Spieler 1 und TSV 1816 Bolzino als Spieler 2) haben jeweils zwei Strategien: Die eigene Zahlungsbereitschaft „ehrlich" angeben ($s_i = v_i$) oder „unehrliche" Angaben machen in der Hoffnung, dass der jeweils andere Verein j seine tatsächliche Zahlungsbereitschaft beiträgt ($s_i = K - v_j$) und Verein i nur noch den Rest dazu geben muss, um die Finanzierung des Stadions zu ermöglichen.

Machen beide unehrliche Angaben, kann das Stadion nicht gebaut werden, da sie zusammen nur 90 GE beitragen und somit die erforderlichen 120 GE nicht erreichen. Machen beide ehrliche Angaben, dann würden sie mehr als nötig beitragen. Verteilt man die Anteile der Beiträge auf die Kosten, dann trägt Spieler 1 80 GE und Spieler 2 40 GE bei. In den beiden asymmetrischen Konstellationen, bei denen sich stets ein Verein „ehrlich" und der jeweils andere „unehrlich" verhält, addieren sich die Beiträge immer auf die benötigte Summe $K = 120$. Die Auszahlung von Spieler i berechnet sich dann als Differenz aus der eigenen Zahlungsbereitschaft und dem eigenen Beitrag: $u_i = v_i - s_i$. Wir erhalten damit die folgende Matrix:

1.FC, TSV 1816	Ehrlich $s_2 = 50 \, (= v_2)$	Unehrlich $s_2 = 20 \, (= K - v_1)$
Ehrlich $s_1 = 100 \, (= v_1)$	(20, 10)	(0, 30)
Unehrlich $s_1 = 70 \, (= K - v_2)$	(30, 0)	(0, 0)

Teil b)

Wie man an der Matrix erkennen kann, haben beide Vereine eine schwach dominante Strategie bei „unehrlich": Wenn Spieler j „unehrliche" Angaben macht, ist Spieler i indifferent, da er bei Ehrlichkeit und Unehrlichkeit die Auszahlung null erhält. Verhält i sich „ehrlich" während Spieler j „unehrlich" ist, kann letzterer den gesamten Vorteil aus dem Stadionbau vereinnahmen. Verhält sich Spieler i hingegen auch „unehrlich", kann das Stadion nicht gebaut werden, woraus wieder die Auszahlung null resultiert.

Dominanzüberlegungen führen somit zur Bestimmung eines Gleichgewichts in dominanten Strategien, das bei {unehrlich, unehrlich} liegt. Ein mit diesem Verfahren gefundenes Gleichgewicht stellt zwar stets ein Nash-Gleichgewicht dar, allerdings stellt dieses Verfahren nicht die Eindeutigkeit des Gleichgewichts sicher (das heißt, es kann noch weitere Nash-Gleichgewichte geben). Im Gegensatz dazu wäre ein Gleichgewicht in *strikt* dominanten Strategien immer eindeutig. Ob es noch weitere Nash-Gleichgewichte gibt und wo diese liegen wird mittels der Unterstreichungsmethode herausgefunden werden. Wie die Matrix zeigt, gibt es noch zwei weitere Nash-Gleichgewichte, nämlich eines bei {ehrlich, unehrlich} sowie bei der umgekehrten Konstellation {unehrlich, ehrlich}. Da die Anzahl der gefundenen Nash-Gleichgewichte in reinen Strategien bereits ungerade ist, existiert kein weiteres in gemischten Strategien.

Da die beiden asymmetrischen Nash-Gleichgewichte pareto-optimal sind handelt es sich um kein Kooperationsproblem, sondern um ein Koordinationsproblem. Das Koordinationsproblem beinhaltet einen Interessenkonflikt, da zwischen den Gleichgewichten kein Kompromiss möglich ist. Eine Überwindung des Problems wäre hier nur über einen exogenen Fokuspunkt denkbar, etwa dadurch, dass bekannt ist, dass einer der beiden Vereine über höhere Finanzreserven verfügt.

Teil c)

Wendet man die beschriebene Prozedur auf das vorliegende Problem an, dann erhält Spieler i eine Auszahlung in Höhe von $u_i = v_i - t_i$ und für $t_i = K - s_j$ erhält man entsprechend $u_i = v_i - K + s_j = v_i + s_j - 120$. Jeder Spieler entrichtet also die *Clarke-Steuer* t_i, die sich genau an dem Betrag bemisst, der noch zur Finanzierung des Stadions benötigt wird. Sind beispielsweise beide Vereine „ehrlich", dann zahlt Spieler 1 $u_1 = v_1 + s_2 - 120 = 100 + 50 - 120 = 30$ GE. Auf die gleiche Weise lassen sich alle Auszahlungen transformieren. Mit der Steuer ändert sich das Spiel dann wie folgt:

1.FC, TSV 1816	Ehrlich $s_2 = 50$	Unehrlich $s_2 = 20$
Ehrlich $s_1 = 100$	($\underline{30}$, $\underline{30}$)	($\underline{0}$, $\underline{30}$)
Unehrlich $s_1 = 70$	($\underline{30}$, $\underline{0}$)	($\underline{0}$, $\underline{0}$)

Wie man sieht, stellen nun alle vier Strategiekombinationen ein Nash-Gleichgewicht in reinen Strategien dar. Da diese Anzahl gerade ist, existiert auch noch ein Gleichgewicht in gemischten Strategien, das hier aber nicht ermittelt werden soll. Es sind nun beide Spieler indifferent zwischen ihren Strategien, wodurch sich einerseits unser Koordinationsproblem um ein weiteres Gleichgewicht (in reinen Strategien) verschärft hat. Andererseits jedoch ist das neue Gleichgewicht bei {ehrlich, ehrlich} als einziges pareto-optimal und stellt somit für beide Vereine einen sehr überzeugenden endogenen Fokuspunkt zur Überwindung des Dilemmas dar.

Der Mechanismus der Clarke-Steuer, in der Literatur noch besser als *Clarke-Groves-Mechanismus* bekannt, ist ein sogenannter *truthtelling-mechanism*, also ein Mechanismus, der den Spielern den Anreiz nimmt zu lügen. Wie an dem Spiel erkennbar ist, ergibt es nun für keinen der beiden Vereine Sinn, eine unehrliche Angabe zu machen, da „ehrlich" und „unehrlich" zur gleichen Auszahlung führen. Das liegt daran, dass die Steuer, die der Verein i zahlen muss, nur von der bekundeten Zahlungsbereitschaft des Vereins j abhängt. Die Clarke-Steuer hat somit die Eigenschaft, dass sie genau den (positiven) externen Effekt ausgleicht, den Verein i gegenüber Verein j verursacht: Dadurch, dass er zu wenig beiträgt und die Kosten K nicht gedeckt werden, würde das Stadionprojekt zu Fall gebracht, für das Verein j aber eine positive Zahlungsbereitschaft hat.

Militärische Anwendungsbeispiele 10

10.1 Aufgaben

10.1.1 Schlacht in der Bismarcksee

Im zweiten Weltkrieg erhielt 1943 ein japanischer Admiral den Auftrag, Truppen und Material vom Bismarck Archipel zum Festland von Papua-Neuguinea zu verlegen.[1] Die Japaner hatten die Wahl zwischen einer regnerischen Nordroute und einer sonnigeren Südroute. Die U.S. Air Force war über die geplante Verlegung informiert und wollte den Konvoi bombardieren. Sie wusste jedoch nicht, welchen Seeweg die Japaner wählen würden. Um dies herauszufinden, mussten Aufklärungsflüge unternommen werden. Es standen jedoch nicht genügend Flugzeuge zur gleichzeitigen Überprüfung beider Routen zur Verfügung. Der Konvoi würde drei Tage unterwegs sein und wenn er sich tatsächlich auf dem Kurs befände, den die Amerikaner zuerst untersuchten, so könnten sie sofort mit den Angriffen beginnen. Auf der regnerischen Route hätte die Air Force damit zu rechnen, dass Luftangriffe wegen schlechter Sicht an einem Tag unterbleiben müssten. Würden zuerst auf der nördlichen Route Aufklärungsflüge unternommen, ergäben sich somit unabhängig von der Entscheidung der Japaner zwei Tage Bombardierung; bei einer Untersuchung der südlichen Route stünden demgegenüber drei Tage für Luftangriffe zur Verfügung, wenn die Japaner tatsächlich diese Route wählten, und nur ein Tag, wenn sie sich stattdessen für den nördlichen Kurs entschieden.

a) Formulieren Sie diese Situation als Spiel: Wer sind die Spieler? Welche Strategien haben sie jeweils zur Verfügung? Welche Auszahlungen ergeben sich in Abhängigkeit

---

[1]Vgl. hierzu auch Haywood Jr, O. G. (1954): Military decision and game theory, Journal of the Operations Research Society of America, 2(4), 365–385.

© Springer Fachmedien Wiesbaden GmbH, ein Teil von Springer Nature 2020
F. Bartholomae, M. Wiens, *Spieltheorie*,
https://doi.org/10.1007/978-3-658-28279-0_10

der gewählten Strategiekombinationen? Lässt sich die Situation im Rahmen eines Matrixspiels adäquat analysieren oder muss es in extensiver Form dargestellt werden?

b) Wie kann mithilfe von Dominanzüberlegungen eine plausible Lösung des Spiels ermittelt werden? Ist diese Lösung eindeutig?

c) Stellt die Lösung aus b) auch ein Nash-Gleichgewicht dar?

d) Würde sich bei Anwendung der Maximin-Regel eine andere Lösung ergeben? Stellt das Maximin-Kriterium im konkreten Fall ein sinnvolles Lösungskonzept dar? Ist es bei ökonomischen Anwendungen plausibel?

Lösung in Abschn. 10.2.1

10.1.2 Terrorismusbekämpfung

Aufgrund jüngster Drohungen sieht sich die Regierung gezwungen, die Überwachungsstandards im Objektschutz zu überdenken. Dabei hat der Schutz eines bestimmten Objekts für die Regierung einen Wert von E, wohingegen die Terroristen der Vernichtung dieses Gutes einen Wert von G zumessen. Die Regierung kann sich entscheiden, schwache Kontrollen (w) durchzuführen, bei denen der Anschlag mit der Wahrscheinlichkeit ρ_w verhindert werden kann oder stark zu kontrollieren (s), wodurch ein Anschlag mit ρ_s verhindert werden kann, aber zusätzliche Kosten von c anfallen. Ist die Kontrolle erfolgreich, wird der Anschlag verhindert und die Terroristen erhalten eine Strafe S. Die Entscheidungen der Regierung und der Terroristen erfolgen simultan. Die Auszahlungen sind in der folgenden Matrix zusammengefasst:

Regierung, Terroristen	Anschlag	Kein Anschlag
Schwache Kontrolle	$(\rho_w \cdot E, (1 - \rho_w) \cdot G - \rho_w \cdot S)$	$(E, 0)$
Starke Kontrolle	$(\rho_s \cdot E - c, (1 - \rho_s) \cdot G - \rho_s \cdot S)$	$(E - c, 0)$

a) Definieren Sie die beiden Merkmale der Informationsstruktur kurz und charakterisieren Sie die vorliegende Situation! Halten Sie die angegebene Informationsstruktur im Kontext der Analyse für plausibel?

b) Zeigen Sie, dass für $\rho_w = \rho_s$, die Strategie „Schwache Kontrolle" eine dominante Strategie für die Regierung darstellt! Erläutern Sie knapp, warum dieses Ergebnis plausibel erscheint! Begründen Sie, ob eine sequenzielle Spielstruktur Ihr Ergebnis beeinflussen würde!

c) Die Regierung beauftragt einen privaten Sicherheitsdienstleister damit, die Situation explizit zu analysieren. Dieser ermittelt hierfür folgende Werte: $E = 100$, $\rho_w = 0{,}8$, $\rho_s = 0{,}95$, $c = 10$, $G = 50$ und $S = 10$.

i) Stellen Sie die resultierende Auszahlungsmatrix dar und zeigen Sie, dass im vorliegenden Fall kein Nash-Gleichgewicht in reinen Strategien vorliegt!

ii) Definieren Sie den Begriff „gemischte Strategie"! Erläutern Sie, warum im hier beschriebenen Spiel eines vorliegen muss! Bestimmen Sie dann das Nash-Gleichgewicht in gemischten Strategien! Bestimmen und zeichnen Sie anschließend die Reaktionsfunktionen! Kennzeichen Sie in der Abbildung alle Nash-Gleichgewichte!

iii) Diskutieren Sie, ob das Konzept der gemischten Strategie in der vorliegenden Situation (1) aus spieltheoretischer Sicht plausibel erscheint und (2) aus Sicht der Bevölkerung (als unbeteiligte, aber betroffene) Partei wünschenswert ist!

iv) Der Sicherheitsdienstleister schlägt der Regierung ferner zwei Optionen vor, um das Risiko eines Anschlags weiter zu reduzieren: Option 1 sieht vor, die Strafe zu verdoppeln, wohingegen Option 2 an der Kostenseite ansetzt und diese halbiert. Diskutieren Sie, welche der beiden Möglichkeiten Sie als vorteilhafter bzw. zielgerichteter ansehen!

Lösung in Abschn. 10.2.2

10.1.3 Kampf im Morgengrauen

Im Zweiten Punischen Krieg stritten die Karthager unter der Führung Hannibals und die Römer um das strategisch wichtige Capua. Eine Schlacht im Morgengrauen sollte die Entscheidung bringen. Beide Kriegsparteien haben jeweils die Wahl zwischen „Angriff" und „Zögern". Da die Schlacht sehr früh am Morgen stattfindet, sind die Soldaten jeweils mit gleicher Wahrscheinlichkeit entweder „ausgeschlafen" oder „müde" – die Realisierung des Typs der Soldaten beider Parteien ist unabhängig voneinander. Jeder Befehlshaber kennt dabei nur den Typ der eigenen Soldaten. Die Einnahme Capuas wird von beiden Seiten mit 100 bewertet. Eine Einnahme ist jedoch nur dann möglich, wenn der Gegner entweder zögert oder die eigenen Soldaten ausgeschlafen sind, während der Gegner noch müde ist. Sind die Soldaten beider Armeen im gleichen Zustand, ist ein Angriff nicht erfolgreich. Kommt es zu einem Kampf, entstehen bei ausgeschlafenen Soldaten Verluste, die mit -40 bewertet werden. Sind die Soldaten müde, kommt es zu einer Katastrophe, die mit -200 bewertet wird. Kommt es zu keinem Kampf, so fallen auch keine Verluste an.

Bestimmen Sie alle Strategien der Spieler! Bestimmen Sie alle Bayes-Nash-Gleichgewichte in reinen Strategien!

Lösung in Abschn. 10.2.3

10.2   Lösungen

10.2.1 Schlacht in der Bismarcksee

Aufgabentext in Abschn. 10.1.1

Teil a)
Als Spieler können wir hier konkret die Japaner (Spieler 1) und die U.S. Airforce (Spieler 2) identifizieren. Aus dem Text geht hervor, dass den Japanern zwei Routen zur Verfügung stehen, was gleichbedeutend mit ihrer Strategie zu sehen ist: Sie können sich entscheiden, ob sie die Nordroute oder die Südroute wählen. Gleiches gilt für die U.S. Airforce.

Aus der Informationsstruktur ergibt sich, dass es sich um ein Spiel mit imperfekter Information – die Aktion des Gegenspielers ist nicht beobachtbar –, dafür aber vollständiger Information – alle Auszahlungen und Strategien sind *Common Knowledge* – handelt und somit ein Simultanspiel vorliegt. Wir können daher die Auszahlungen in einer Matrix darstellen. Eine Darstellung in extensiver Form ist zwar ebenfalls möglich, allerdings liefert dies keine zusätzlichen Informationen und erschwert die Auswertung des Spiels unnötig.

Die Auszahlungen ergeben sich in Abhängigkeit von den Strategiekombinationen, das heißt, es ergeben sich insgesamt $2 \cdot 2 = 4$ Kombinationsmöglichkeiten. Da nicht präzisiert wurde, wie die gegebenen Informationen in konkrete Auszahlungen zu übertragen sind, gibt es zwei äquivalente Möglichkeiten, wie das Spiel dargestellt werden kann:

Möglichkeit 1

JAP, USA	Nordroute	Südroute
Nordroute	$(-2, 2)$	$(-1, 1)$
Südroute	$(-2, 2)$	$(-3, 3)$

Möglichkeit 2

JAP, USA	Nordroute	Südroute
Nordroute	$(1, 2)$	$(2, 1)$
Südroute	$(1, 2)$	$(0, 3)$

Möglichkeit 1 stellt die Gewinne und Verluste direkt gegenüber: Beispielsweise haben bei der Kombination (Nordroute, Nordroute) die Amerikaner 2 Tage, an denen sie die Japaner bombardieren können, wohingegen die Japaner eben genau diese 2 Tage dem Bombardement ausgesetzt sind. Möglichkeit 2 stellt die Situation etwas „positiver" dar: Die Japaner werden von den drei möglichen Tagen an nur einem Tag nicht bombardiert. Die Grundaussagen bzw. die Ergebnisse, die wir erhalten werden, sind aber unabhängig davon, für welche der beiden Varianten wir uns entscheiden.

Wenn wir die Matrizen genauer betrachten, stellen wir fest, dass es sich um ein sogenanntes *Konstantsummenspiel* handelt. Bei Matrix 1 addieren sich die Auszahlungen der jeweiligen Strategiekombination sogar auf null, das heißt, es liegt der Spezialfall des Nullsummenspiels vor: Der Gewinn des einen Spielers ist der unmittelbare Verlust des anderen Spielers. Bei Matrix 2 ergibt sich als Summe 3, also genau die Anzahl der maximal möglichen Tage. Die Konstantsummen-Eigenschaft des Spiels wird im weiteren Verlauf der Analyse von besonderer Relevanz sein, da einige unserer Ergebnisse auf diese Besonderheit zurückzuführen sind.

Teil b)

Wir wollen nun mithilfe von Dominanzüberlegungen versuchen, eine Lösung des Spiels zu finden. Betrachten wir hierzu Matrix 1 (die Überlegungen für Matrix 2 sind analog). Japan hat im Falle, dass die USA die Nordroute wählen, bei Wahl der Nordroute eine Auszahlung von -2 und bei der Wahl der Südroute ebenfalls von -2. Wählen die USA die Südroute, erhalten die Japaner auf der Nordroute -1 und auf der Südroute -3. Somit stellt die Wahl der Nordroute eine schwach dominante Strategie dar, da sie bei US-Wahl der Südroute echt besser ($-1 > -3$) und bei US-Wahl der Nordroute gleich gut ($-2 = -2$) wie die Nordroute ist. Für die USA ist hingegen keine dominante Strategie zu identifizieren. Dies ist auch vor dem Hintergrund der geschilderten Situation plausibel: Da die USA die Japaner bombardieren möchten, möchten sie auch immer die Route wählen, die von den Japanern gewählt wird. Die Japaner möchten dies natürlich vermeiden. Auf der Nordroute haben sie allerdings aufgrund der schlechten Wetterverhältnisse die Chance auf geringere Verluste als auf der Südroute.

Wählen die Japaner ihre schwach dominante Strategie „Nordroute", so werden die USA ebenfalls mit „Nordroute" antworten, das heißt {Nordroute, Nordroute} wird sich als Lösung des Spiels einstellen. Da es sich nur um ein Gleichgewicht mit einer schwach dominanten Strategie handelt, ist diese Lösung nicht notwendigerweise eindeutig.

Teil c)

Zur Bestimmung des Nash-Gleichgewichts des Spiels betrachten wir die jeweils besten Antworten der Spieler auf die Strategie ihres Gegenspielers (die Überlegungen sind für beide Matrizen identisch). Diese können wir mittels der Reaktionsabbildungen darstellen. Es ergeben sich

$$r_{\text{JAP}}(\text{Nordroute}) = \{\text{Nordroute, Südroute}\} \quad r_{\text{JAP}}(\text{Südroute}) = \{\text{Nordroute}\}$$

$$r_{\text{USA}}(\text{Nordroute}) = \{\text{Nordroute}\} \quad\quad r_{\text{USA}}(\text{Südroute}) = \{\text{Südroute}\}$$

Analog können wir unsere Überlegungen auch in der Tabelle kennzeichnen, indem wir die jeweils besten Antworten (die jeweils höchste Auszahlung bei gegebener Strategie des Gegenspielers) unterstreichen:

JAP, USA	Nordroute	Südroute
Nordroute	$(-\underline{2}, 2)$	$(-\underline{1}, 1)$
Südroute	$(-\underline{2}, 2)$	$(-3, \underline{3})$

Wie wir anhand der Reaktionsabbildungen ebenso wie in der Matrix erkennen können, stellt {Nordroute, Nordroute} das eindeutige Nash-Gleichgewicht des Spiels dar: Die beste Antwort von Japan auf die US-Wahl der Nordroute ist es, die Nordroute zu wählen und die beste Antwort der U.S. Airforce auf die japanische Wahl der Nordroute ist es gleichermaßen, die Nordroute zu wählen. Wir haben somit ein Paar wechselseitig bester Antworten, also ein Nash-Gleichgewicht vorliegen.

Teil d)
Allgemein lautet die Maximin-Regel:

$$\max_{s_i \in S_i} \left\{ \min_{s_{-i} \in S_{-i}} u_i(s_i, s_{-i}) \right\} \forall i$$

Dieser kompliziert wirkende Ausdruck schildert einen einfachen Zusammenhang, wenn man ihn von innen nach außen liest: Betrachtet wird der Nutzen bzw. die Auszahlung von Spieler i. Spieler i geht davon aus, dass alle anderen Spieler („$-i$") versuchen, seine Auszahlung zu minimieren, das heißt, er überlegt sich, mit welcher schlechtesten Auszahlung er bei der Wahl einer bestimmten Strategie rechnen muss. Unter dieser Prämisse sucht sich Spieler i schließlich die Bestmögliche (das heißt die Strategie mit dem am wenigsten schlechten Ergebnis) aus.

Im konkreten Fall überlegen wir uns, was die für jede Strategie schlechteste Auszahlung darstellt. In der folgenden Tabelle sind diese jeweils fett markiert:

JAP, USA	Nordroute	Südroute
Nordroute	$(\mathbf{-2}, \mathbf{2})$	$(-1, \mathbf{1})$
Südroute	$(-2, \mathbf{2})$	$(\mathbf{-3}, 3)$

Wenn sich die Japaner für die Nordroute entscheiden, müssen sie im schlimmsten Fall mit einer Auszahlung von -2 (die USA wählen die Nordroute) rechnen, wohingegen bei der Wahl der Südroute mit einer Auszahlung von -3 (die USA wählen die Südroute) zu rechnen ist. Will Japan den Worst Case minimieren, so wird es sich hier für die Nordroute entscheiden, da dort der mögliche Schaden am geringsten ist (seine schlechteste Auszahlung ist minimal). Die gleichen Überlegungen können wir für die USA anstellen: Entscheiden sie sich für die Nordroute, haben sie im Worst Case mit einer Auszahlung von 2 und bei Wahl der Südroute mit 1 zu rechnen. Sie stellen sich folglich am besten, wenn sie die Nordroute wählen.

Wir erhalten somit als Maximin-Lösung {Nordroute, Nordroute} und stellen fest, dass diese genau unserem gefundenen Nash-Gleichgewicht entspricht.

Dass das Nash-Gleichgewicht und die Maximin-Lösung identisch sind, hängt damit zusammen, dass es sich bei dem vorliegenden Spiel um ein Konstantsummenspiel handelt. Wenn wir uns überlegen, was die Maximin-Strategie und das Nash-Gleichgewicht auszeichnen, dann stellen wir fest, dass bei Konstantsummenspielen diese beiden Konzepte immer zusammenfallen: Die Grundstruktur dieser strikt kompetitiven Spiele ist, dass der Gewinn des einen Spielers immer der Verlust des anderen Spielers ist. Die Maximin-Strategie besagt nun, dass immer die beste Strategie auf Basis aller schlechtesten Ergebnisse gewählt werden soll. Die schlechtesten Ergebnisse des einen Spielers sind aber in einem Konstantsummenspiel die bestmöglichen Ergebnisse des anderen Spielers. Damit ist die Maximin-Strategie nichts anderes als die beste Antwort auf die beste Antwort des anderen Spielers und liefert somit nichts anderes als das Nash-Gleichgewicht! Somit stellt die Maximin-Lösung im konkreten Fall ein sinnvolles Lösungskonzept dar, da sie dem Nash-Gleichgewicht entspricht. Zudem ist hier die Maximin-Lösung immer pareto-effizient: Es kann kein Spieler bessergestellt werden, ohne einen anderen Spieler schlechter zu stellen. Auch diese Eigenschaft ist für Konstantsummenspiele verallgemeinerbar.

Generell stellt die Maximin-Strategie aber keine gute Herangehensweise für ökonomische Fragestellungen dar, basiert sie doch auf der sehr pessimistischen Einstellung, dass alle anderen Spieler selbst auf Kosten ihres eigenen Vorteils versuchen werden, den Nutzen des Spielers zu minimieren. Eine weitere Begründung ist zudem, dass der diese Strategie anwendende Spieler eine extreme Risikoaversion an den Tag legt und Verluste auf jeden Fall vermeiden möchte. Wie wir gesehen haben ist dies zwar in Konstantsummenspielen durchaus erfolgversprechend, aber diese Art von Spielen ist insbesondere in ökonomischen Kontexten nur sehr selten anzutreffen. Ein ökonomisches Beispiel kann sein, dass Unternehmen auf einem stagnierenden Markt unmittelbar um Marktanteile konkurrieren, folglich ist der Gewinn zusätzlicher Marktanteile durch ein Unternehmen nur auf Kosten anderer Unternehmen möglich. Dennoch ist es aus Unternehmenssicht eher sinnvoll, als Zielgröße den Gewinn und nicht den Marktanteil zu formulieren und hier reduziert ein von einem Unternehmen zusätzlich verdienter Euro nicht notwendigerweise den Gewinn der anderen Unternehmen um genau diesen Euro.

10.2.2 Terrorismusbekämpfung

Aufgabentext in Abschn. 10.1.2

Teil a)
Die Information kann anhand der Perfektheit und der Vollständigkeit charakterisiert werden. Die Information ist perfekt, wenn die Spieler die Strategiewahl des jeweils anderen Spielers beobachten können und sie ist vollständig, wenn die Auszahlungen und Strategien aller Spieler *Common Knowledge* sind. Im vorliegenden Fall ist die Information somit imperfekt und vollständig. Im Kontext der Analyse erscheint dies plausibel, da beide Seiten

wissen, welche Ziele die andere Seite verfolgt, allerdings nicht beobachten können, welche Handlungen sie durchführt.

Teil b)

Für $\rho_w = \rho_s = \rho$ ändert sich die Auszahlungsmatrix zu

Regierung, Terroristen	Anschlag	Kein Anschlag
Schwache Kontrolle	$(\rho \cdot E, (1 - \rho) \cdot G - \rho \cdot S)$	$(E, 0)$
Starke Kontrolle	$(p \cdot E - c, (1 - \rho) \cdot G - \rho \cdot S)$	$(E - c, 0)$

Somit wird „Schwache Kontrolle" zur dominanten Strategie der Regierung: Entscheiden sich die Terroristen für einen Anschlag, liefert „schwache Kontrolle" eine höhere Auszahlung ($\rho \cdot E > \rho \cdot E - c$) ebenso wie im Fall, wenn die Terroristen keinen Anschlag durchführen ($E > E - c$).

Das Ergebnis ist plausibel, da die starke Kontrolle mit zusätzlichen Kosten einhergeht, aber keinen zusätzlichen Nutzen in Form eines besseren Schutzes (höhere Wahrscheinlichkeit der Anschlagsverhinderung) stiftet.

Im Fall einer dominanten Strategie ändert auch die sequenzielle Struktur nichts an der Strategiewahl, da eine dominante Strategie unabhängig davon, was der Gegenspieler wählt, immer gespielt wird.

Teil c)

i) Die Auszahlungsmatrix lautet:

Regierung, Terroristen	Anschlag (A)	Kein Anschlag (kA)
Schwache Kontrolle (w)	$(80, \underline{2})$	$(\underline{100}, 0)$
Starke Kontrolle (s)	$(\underline{85}, -7)$	$(90, \underline{0})$

Es zeigt sich, dass dieses Spiel kein Nash-Gleichgewicht in reinen Strategien aufweist.

ii) Eine gemischte Strategie ordnet jeder reinen Strategie des Spielers eine Wahrscheinlichkeit zu, mit der diese gespielt wird.

Da die Anzahl der Nash-Gleichgewichte immer ungerade ist und kein Nash-Gleichgewicht in reinen Strategien vorliegt, muss im vorliegenden Spiel ein Nash-Gleichgewicht in gemischten Strategien vorliegen. Da die Reaktionsabbildungen zu zeichnen sind, empfiehlt sich die Methode des Erwartungsnutzen-Vergleichs. Bezeichne p_1 die Wahrscheinlichkeit, mit der die Regierung „Schwache Kontrolle" wählt und p_2 die Wahrscheinlichkeit, mit der die Terroristen einen „Anschlag" verüben.

Die Regierung muss prüfen, für welche Werte von p_2 es besser (oder gleich gut) ist, nur schwach zu kontrollieren:

$$E[u_R(w)] \geq E[u_R(s)]$$
$$80 \cdot p_2 + 100 \cdot (1 - p_2) \geq 85 \cdot p_2 + 90 \cdot (1 - p_2)$$
$$p_2 \leq 2/3$$

Die Reaktionsabbildung der Regierung lautet somit

$$p_1(p_2) = \begin{cases} 0 & p_2 \in (2/3; 1] \\ [0;1] & p_2 = 2/3 \\ 1 & p_2 \in [0; 2/3) \end{cases}$$

Analog ist für die Terroristen zu prüfen, bei welchen Werten von p_1 sie einen Anschlag verüben werden:

$$E[u_T(A)] \geq E[u_T(kA)]$$
$$2 \cdot p_1 + (-7) \cdot (1 - p_1) \geq 0 \cdot p_1 + 0 \cdot (1 - p_1)$$
$$p_1 \geq 7/9$$

Die Reaktionsabbildung der Terroristen lautet damit

$$p_2(p_1) = \begin{cases} 0 & p_1 \in [0; 7/9) \\ [0;1] & p_1 = 7/9 \\ 1 & p_1 \in (7/9; 1] \end{cases}$$

Grafisch ergibt sich:

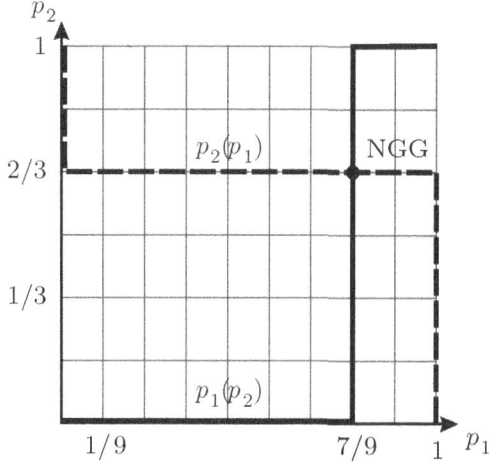

iii) Da es sich beim vorliegenden Spiel um ein Kontrollspiel bzw. ein Anti-Koordinations-problem handelt, ist die Lösung plausibel: Während die Regierung den Schutz des Objekts – allerdings nicht um jeden Preis – garantieren möchte, möchten die Terroristen ihren Anschlag möglichst erfolgreich verüben.

Aus Sicht der Bevölkerung ist die Möglichkeit, dass die Regierung nicht ihre ganzen Anstrengungen auf den Schutz vor dem Anschlag verwendet, nicht wünschenswert. Es ist etwa nicht bekannt, wie die Regierung bei ihrem Nutzenkalkül mögliche Opfer in der Bevölkerung durch den Anschlag berücksichtigt hat. Die Bevölkerung würde daher den größtmöglichen Schutz bevorzugen – allerdings muss dabei abgewogen werden, welchen Preis sie hierfür zu zahlen bereit ist (etwa in Form höherer Steuern oder stärkerer Einschränkung der Privatsphäre). Möchte man diese Aspekte mitberücksichtigen, dann müsste man das obige Spiel um die Bevölkerung als dritten Spieler erweitern und ihre Opportunitätskosten, die aus der „starken Kontrolle" in Höhe von c resultieren, explizit mit aufführen.

iv) Die Auszahlungsmatrix bei Option 1 lautet:

Regierung, Terroristen	Anschlag	Kein Anschlag
Schwache Kontrolle	(80, −6)	(100, 0)
Starke Kontrolle	(85, −16,5)	(90, 0)

Die Auszahlungsmatrix bei Option 2 lautet:

Regierung, Terroristen	Anschlag	Kein Anschlag
Schwache Kontrolle	(80, 2)	(100, 0)
Starke Kontrolle	(90, −7)	(95, 0)

Option 1 führt dazu, dass „kein Anschlag" für die Terroristen zur dominanten Strategie wird, und somit die Regierung selbst bei schwacher Kontrolle die Sicherheit des Objekts garantieren kann. Option 2 wiederum löst das grundsätzliche Problem nicht, da die Terroristen nach wie vor einen Anschlag verüben wollen. Einzig die Regierung hat nun einen größeren Anreiz, stark zu kontrollieren. Somit ist Option 1 wesentlich besser zur Zielerreichung geeignet.

10.2.3 Kampf im Morgengrauen

Aufgabentext in Abschn. 10.1.3

Jeder der beiden Spieler, die Karthager und die Römer, verfügen über vier Strategien, die sich in Abhängigkeit ihres Typs ergeben:

- „Angreifen", wenn „ausgeschlafen"; „Angreifen", wenn „müde" (Strategie AA)
- „Angreifen", wenn „ausgeschlafen"; „Zögern", wenn „müde" (Strategie AZ)
- „Zögern", wenn „ausgeschlafen"; „Angreifen", wenn „müde" (Strategie ZA)
- „Zögern", wenn „ausgeschlafen"; „Zögern", wenn „müde" (Strategie ZZ)

Somit gibt es insgesamt 16 Auszahlungskombinationen, die zu bestimmen sind, um schließlich das Gleichgewicht des Spiels zu ermitteln.

Wir können nun für jeden Typ die Auszahlung bestimmen, wenn sich dieser entweder für „Angriff" oder für „Zögern" entscheidet und dabei auf einen „ausgeschlafenen" oder „müden" Gegner trifft. Da sich die Situation für beide Kriegsparteien symmetrisch darstellt, betrachten wir nur die karthagische Seite.

Betrachten wir als erstes „ausgeschlafene" Karthager, die sich für einen Angriff entscheiden. Entscheiden sich die Römer für „Zögern", so gewinnen die Karthager unabhängig vom Typ der Römer ohne Verluste und haben somit eine Auszahlung von 100, während die Römer eine Auszahlung von 0 erhalten. Entscheiden sich die Römer allerdings ebenfalls für einen Angriff, so kommt es für die Karthager darauf an, welchen Typ die Römer haben. Sind sie „ausgeschlafen", so gewinnt keiner (Nutzen von 0), allerdings fallen Verluste von 40 an, sodass die Auszahlung $0-40 = -40$ für die Karthager und ebenfalls -40 für die Römer beträgt. Sind die Römer „müde", gewinnen die Karthager und erhalten eine Auszahlung von $100 - 40 = 60$, während die Römer aufgrund höherer Verluste eine Auszahlung von -200 erhalten.

Betrachten wir als nächstes „müde" Karthager, die sich für einen Angriff entscheiden. Wählen die Römer „Zögern", so gewinnen die Karthager und haben eine Auszahlung von 100 und die Römer von 0. Entscheiden sich „ausgeschlafene" Römer für einen Angriff, verlieren die Karthager und erhalten eine Auszahlung von -200, während die siegreichen Römer $100 - 40 = 60$ bekommen. Sind die angreifenden Römer jedoch auch „müde", gewinnt keiner und beide erhalten eine Auszahlung von -200.

Entscheiden sich die Karthager für „Zögern", spielt ihr Typ keine Rolle und sie erhalten immer eine Auszahlung von 0. Zögern die Römer ebenfalls, ist auch ihre Auszahlung 0. Greifen die Römer jedoch an, werden sie unabhängig von ihrem Typ immer eine Auszahlung von 100 erhalten.

Zusammenfassend ergeben sich folgende Auszahlungen:

Karthago, Rom	Angriff (ausgeschlafen)	Angriff (müde)	Zögern
Angriff (ausgeschlafen)	$-40, -40$	$60, -200$	$100, 0$
Angriff (müde)	$-200, 60$	$-200, -200$	$100,0$
Zögern	$0, 100$	$0, 100$	$0, 0$

Gewichtet mit den Wahrscheinlichkeiten ergibt sich schließlich folgende Auszahlungsmatrix:

K, R	AA	AZ	ZA	ZZ
AA	$(-95, -95)$	$(-10, \underline{5})$	$(15, -100)$	$(\underline{100}, 0)$
AZ	$(\underline{5}, -10)$	$(\underline{15}, \underline{15})$	$(\underline{40}, -25)$	$(50, 0)$
ZA	$(-100, 15)$	$(-25, \underline{40})$	$(-25, -25)$	$(50, 0)$
ZZ	$(0, \underline{100})$	$(0, 50)$	$(0, 50)$	$(0, 0)$

Bei der Berechnung wurden die Werte der vorigen Überlegungen bezüglich der Auszahlungen der einzelnen Typen mit den jeweiligen Wahrscheinlichkeiten gewichtet. Folgende drei Beispiele sollen dies verdeutlichen:

- Strategiekombination (AA, AA): Dies besagt, dass jeder Typ der Karthager und jeder Typ der Römer angreift. Greifen ausgeschlafene Karthager an, so treffen sie mit einer Wahrscheinlichkeit von 0,5 auf ausgeschlafene, angreifende Römer und haben eine Auszahlung von -40 und mit einer Wahrscheinlichkeit von 0,5 auf müde, angreifende Römer mit einer Auszahlung von 160. Somit haben ausgeschlafene Karthager eine erwartete Auszahlung von $0,5 \cdot (-40) + 0,5 \cdot 60 = 10$. Allerdings können die Karthager auch müde sein und haben dann unabhängig vom Typ der angreifenden Römer eine erwartete Auszahlung von -200. Die Karthager selbst sind zu 0,5 ausgeschlafen und zu 0,5 müde, das heißt, die Strategie liefert ihnen eine erwartete Auszahlung von $0,5 \cdot 10 + 0,5 \cdot (-200) = -95$. Analoges gilt für die Römer.
- Strategiekombination (AZ, AZ): Hier greifen nur die ausgeschlafenen Karthager an, während die müden Karthager zögern. Gleiches gilt für die Römer. Somit gilt: Bei ihrem Angriff treffen ausgeschlafene Karthager mit 0,5 auf ausgeschlafene, angreifende Römer und haben eine Auszahlung von -40 und mit 0,5 auf müde, zögernde Römer, was ihnen eine Auszahlung von 100 ermöglicht. Die erwartete Auszahlung der ausgeschlafenen Karthager ist damit $0,5 \cdot (-40) + 0,5 \cdot 100 = 30$. Sind die Karthager müde, greifen sie nicht an und haben eine erwartete Auszahlung von 0. Damit liefert die Strategie AZ die erwartete Auszahlung $0,5 \cdot 30 + 0,5 \cdot 0 = 15$. Analoges gilt für die Römer.
- Strategiekombination (AZ, ZA): Bei dieser Strategiekombination greifen ausgeschlafene Karthager an, während müde Karthager zögern. Umgekehrt zögern ausgeschlafene Römer, während müde Römer angreifen. Der Angriff ausgeschlafener Karthager führt damit mit 0,5 bei müden, zögernden Römern zu einer Auszahlung von 100 und zu 0,5 bei müden, angreifenden Römern zu einer Auszahlung von 60. Die erwartete Auszahlung ist damit $0,5 \cdot 100 + 0,5 \cdot 60 = 80$. Müde Karthager zögern und haben eine Auszahlung von 0, was zu einer erwarteten Auszahlung der Karthager von $0,5 \cdot 80 + 0,5 \cdot 0 = 40$ führt. Auf römischer Seite sieht es anders aus: Ausgeschlafene Römer werden zögern und folglich eine Auszahlung von 0 haben. Müde Römer werden angreifen und treffen mit 0,5 auf ausgeschlafene, angreifende Karthager, wodurch sie

eine Auszahlung von -200 erhalten und mit 0,5 auf müde, zögernde Karthager, was ihnen eine Auszahlung von 100 generiert. Sie haben damit eine erwartete Auszahlung von $0,5 \cdot (-200) + 0,5 \cdot 100 = -50$. Somit ist die erwartete Auszahlung der römischen Strategie $0,5 \cdot 0 + 0,5 \cdot (-50) = -25$.

Wie in der Tabelle zu erkennen ist, weist dieses Spiel nur ein Bayes-Nash-Gleichgewicht in reinen Strategien bei (AZ, AZ) auf, das heißt, ein Angriff wird nur in ausgeschlafenem Zustand erfolgen.

11.1 Aufgaben

11.1.1 Quizshow

Gitta Gierig sitzt in der Quizshow „Wer wird Millionär" vor der letzten Frage für 1 Million Euro, kann aber leider mit der Frage nichts anfangen. Der Publikums- sowie der Telefonjoker stehen nicht mehr zur Verfügung. Sie setzt den 50:50-Joker und hat nun zwei Möglichkeiten: Entweder sie hört auf und nimmt 500.000 Euro sicher mit nach Hause oder sie versucht trotz ihrer Unsicherheit die Frage zu beantworten. Ist die Antwort korrekt, bekommt sie 1 Million Euro, ist die Antwort falsch, fällt sie auf die letzte sichere Gewinnstufe von 16.000 Euro zurück und scheidet aus (klassische Version der Quizshow). Ihre Nutzenfunktion lautet $u(y) = \ln(y)$.

a) Treffen Sie eine Aussage über Gittas Risikoneigung! Spielt sie weiter oder steigt sie aus?

b) Ein Fernsehzuschauer (der natürlich alles besser weiß) behauptet: Jeder Kandidat, der sich in Gittas Situation befindet und weiterspielt, kann nur risikofreudig sein. Können Sie ihn widerlegen? (*Hinweis: Wie würde sich ein risikoneutraler Kandidat verhalten?*) Zu welchem Ergebnis kommen Sie bei der riskanten Variante der Quizshow, bei der die letzte sichere Gewinnstufe 500 Euro beträgt?

Lösung in Abschn. 11.2.1

11.1.2 Versicherung und Versicherungsnachfrage

Ein Individuum mit der Nutzenfunktion $u(y) = \sqrt{y}$ hat ein Vermögen von $W = 25$ Euro. Mit Wahrscheinlichkeit $\rho = 0{,}25$ erleidet es einen Schaden von $L = 16$ Euro.

a) Bestimmen Sie die relevante Indifferenzkurve des Individuums und skizzieren Sie diese ebenso wie die Sicherheitsgerade im Zustandspräferenzdiagramm!
b) Das Individuum kann für jeweils $q = 0{,}25$ Euro Versicherungspolicen kaufen, die im Schadensfall jeweils 1 Euro auszahlen. Zeichnen Sie im Zustandspräferenzdiagramm die Budgetgerade ein! (*Hinweis: Die Budgetbedingung beschreibt, wie Vermögen aus einem Zustand der Welt in einen anderen transferiert werden kann.*) Wie viele Policen wird das Individuum kaufen? Zeichnen Sie auch die Indifferenzkurve nach dem Kauf der Versicherung!
c) Gehen Sie allgemein von einem Individuum mit Nutzenfunktion $u(y)$ und Vermögen W aus, das mit Wahrscheinlichkeit ρ einen Schaden $L < W$ erleiden kann. Für jeweils q Euro kann es Versicherungspolicen kaufen, die im Schadensfall jeweils 1 Euro auszahlen. Unter welcher Bedingung wird sich ein risikoaverses Individuum ($u'(y) > 0$ und $u''(y) < 0$) vollständig versichern, das heißt, eine Situation anstreben, in der es in beiden Zuständen der Welt über das gleiche Vermögen verfügt?

Lösung in Abschn. 11.2.2

11.1.3 Wahlkampf

Auf Druck der Weltgemeinschaft sieht sich der karibische Diktator Che Castro gezwungen, „freie" Wahlen in der Republik Coconut Paradise abzuhalten. Mittlerweile ist Che aber schon in hoch betagtem Alter und möchte nicht mehr aktiv in den Wahlkampf einschreiten und hofft, dass die Bürger seine bisherigen Leistungen honorieren. Gewinnt er die Wahl, so kann er weiter regieren und 5 Millionen Coconut-Dollar von den künftigen Steuereinkommen für seine Altersvorsorge auf ein Schweizer Nummernkonto abzweigen. Verliert er jedoch, so wird ihn sein Nachfolger mit leeren Händen ins Exil schicken. Unabhängigen Wahlbeobachtern zufolge wird er mit $\rho = 0{,}6$ die Wahl gewinnen. Ches Nutzenfunktion ist durch $u(y) = 10 \cdot y/(y + 3)$ gegeben, wobei y das Einkommen in Millionen angibt.

a) Zeichnen Sie Ches Nutzenfunktion und bestimmen Sie rechnerisch und grafisch die erwartete Auszahlung, den Erwartungsnutzen und den Nutzen der erwarteten Auszahlung! Welche Risikoeinstellung hat der Diktator?
b) General José Matador bietet an, den „Wahlkampf" für Che durchzuführen. Dadurch würde er mit Sicherheit die Wahl gewinnen. Wie viel wäre der Diktator maximal bereit, für die Hilfe zu bezahlen? Beschreiben Sie Ihr Vorgehen! Erläutern Sie, welche

konkrete Bedeutung hier „Risikoprämie" und „Sicherheitsäquivalent" haben und machen Sie beide in Ihrer Zeichnung aus a) kenntlich!

Lösung in Abschn. 11.2.3

11.1.4 Schere, Stein, Papier

Die Spieler können zwischen den drei Strategien „Schere", „Stein" und „Papier" wählen. Dabei gilt: Wählen beide Spieler die gleiche Strategie, so endet das Spiel unentschieden. Wählen beide Spieler verschiedene Strategien, so gilt „Schere schlägt Papier", das heißt, der Spieler der „Schere" wählt gewinnt, während der Spieler der „Papier" gewählt hat, verliert, „Papier schlägt Stein" und „Stein schlägt Schere".

Stellen Sie dieses Spiel in Matrixform dar und bestimmten Sie alle Nash-Gleichgewichte!

Lösung in Abschn. 11.2.4

11.1.5 Adverse Selektion und Garantie

Die Geschäfte zweier konkurrierender Gebrauchtwagenhändler liegen nebeneinander an einer Hauptverkehrsstraße. Der erste, Harrys Autosalon, verkauft qualitativ hochwertige Autos, die von einem unabhängigen Gutachter sorgfältigen Inspektionen unterzogen wurden. Diese Inspektionen und der Ankauf eines Gebrauchtwagens kosten Harry im Durchschnitt 8000 Euro. Leos Automarkt hingegen verkauft Fahrzeuge geringerer Qualität, die er für durchschnittlich 5000 Euro ankauft.

Bei voller Information über die Qualität der Autos wären die Käufer bereit, für hochwertige Autos 10.000 Euro und für Autos geringerer Qualität 7000 Euro zu bezahlen. Jedoch sind die beiden Geschäfte noch zu neu, als dass sich schon ein Ruf gebildet hätte. Die Käufer sind daher nicht über den wahren Wert der Autos informiert. Somit rechnen die Käufer mit 50 % damit, ein qualitativ hochwertiges Auto zu bekommen, egal für welchen Händler sie sich entscheiden und sind bereit 8500 Euro zu bezahlen.

Harry hat eine Idee: Er bietet seinen Käufern eine Garantie gegen Durchrostung auf alle bei ihm gekauften Fahrzeuge. Wie allgemein bekannt ist, betragen die erwarteten Kosten einer solchen Garantie bei hochwertigen Autos 500 Euro pro Jahr, während diese bei Autos geringerer Qualität mit 1000 Euro pro Jahr zu veranschlagen sind. Gehen Sie zur Vereinfachung davon aus, dass die Garantieleistung nur eine Signalwirkung hat und den Wert der Fahrzeuge aus Sicht der Konsumenten nicht erhöht.

a) Angenommen Harry gewährt eine einjährige Garantie auf alle Fahrzeuge. Wäre dies ein glaubwürdiges Signal für die Qualität seiner Autos? Wird Leo ebenfalls eine einjährige

Garantie geben oder wird er sie nicht geben und damit in Kauf nehmen, dass die Käufer seine Autos nur mit 7000 Euro bewerten?

b) Nehmen Sie an, dass Harry eine zweijährige Garantie gewährt. Wäre dies ein glaubwürdiges Signal für die Qualität seiner Autos? Was ist mit einer dreijährigen Garantie? Welchen Zeitraum für die Garantie würden Sie Harry raten? Begründen Sie Ihre Antwort!

Lösung in Abschn. 11.2.5

11.1.6 Vickrey-Auktion (Zweitpreis-Auktion)

In einer „Second-Bid-Auction" erhält die Person mit dem höchsten Gebot den Zuschlag und muss als Preis das zweithöchste Gebot entrichten (sind die Gebote identisch, so wird ausgelost, wer den Zuschlag erhält). Angenommen n Personen beteiligen sich an der Auktion. Der Wert, den jeder dem zu ersteigernden Objekt beimisst, beträgt $0 \leq v_1 \leq v_2 \leq \ldots \leq v_n$. Zur Vereinfachung wird angenommen, dass die v_i allen bekannt sind. Die Gebote b_i werden simultan abgegeben. Derjenige Spieler, der den Zuschlag erhält, bekommt eine Auszahlung in Höhe von $u_i = v_i - \max_{j \neq i} b_j$, für die anderen ergibt sich $u_i = 0$.

a) Angenommen, an einer Auktion nehmen nur zwei Bieter teil und die Wertschätzung eines Bieters beträgt $v_1 = 500$ Euro. Gibt es eine Bewertung v_2 des anderen Bieters, bei der sich Bieter 1 mit einem Gebot von 450 Euro strikt besserstellen könnte als beim Bieten seiner eigenen Wertschätzung in Höhe von 500 Euro?

b) Beweisen Sie nun für die allgemeine Formulierung, dass die schwach dominante Strategie für jeden Spieler darin besteht, ein Gebot in Höhe der eigenen Bewertung des Gutes abzugeben ($b_i^* = v_i$)! Wer erhält den Zuschlag? Wie hoch ist die Auszahlung dieses Bieters?

c) Ändert sich etwas an dem Ergebnis, wenn jedem Spieler nur die eigene Wertschätzung des Gutes bekannt ist?

Lösung in Abschn. 11.2.6

11.1.7 All-pay-Auktion

An einer Auktion nehmen zwei risikoneutrale Spieler teil, die um ein Objekt im Wert von m Euro simultan bieten. Das höhere Gebot erhält den Zuschlag, jedoch müssen beide Spieler ihr abgegebenes Gebot bezahlen. Bieten beide den gleichen Betrag, erhält keiner der beiden das Objekt. In der Auktion darf nur in ganzen Eurobeträgen geboten werden.

a) Bestimmen Sie die Auszahlungsstruktur der Auktion und geben Sie allgemein die Strategien b_i an, die ein rationaler Bieter wählen wird!

b) Geben Sie für $m = 1$ Euro, $m = 2$ Euro und $m = 3$ Euro jeweils alle rationalisierbaren Strategien an und stellen Sie das Spiel in geeigneter Form dar! Bestimmen Sie alle Nash-Gleichgewichte in reinen Strategien!

c) Begründen Sie intuitiv, dass es für $m > 2$ kein Gleichgewicht in reinen Strategien geben kann!

d) Bestimmen Sie für $m > 2$ das Gleichgewicht in gemischten Strategien!

Lösung in Abschn. 11.2.7

11.1.8 Glaubwürdigkeit der Geldpolitik

Auf der Insel Monetaria ist die Zentralbank (Spieler 1) für die Geldpolitik und damit auch für die Inflationsrate p verantwortlich. Es sei angenommen, dass p von der Zentralbank perfekt steuerbar ist. Für die Bevölkerung (Spieler 2) der Insel geht es darum, die Entscheidung der Zentralbank bereits im Voraus präzise einzuschätzen, um beim Abschluss von Arbeits- und Mietverträgen möglichst wenig Fehler zu machen.

Die Bevölkerung bildet eine Erwartung p^e über die Inflationsrate. Immer wenn die tatsächliche Inflationsrate von der Inflationserwartung abweicht, entstehen ihr Kosten in Höhe von $(p - p^e)^2$. Unter Berücksichtigung dieser Kosten lautet die Nutzenfunktion von Spieler 2 somit $u_2(p^e) = 16 - (p - p^e)^2$.

Die Zentralbank muss bei ihrer Entscheidung einerseits beachten, dass eine hohe Inflation an sich volkswirtschaftliche Kosten (Effizienzverluste) in Höhe von $K^E(p) = p^2$ verursacht. Andererseits kann Inflation kurzfristig das Problem der Arbeitslosigkeit abmildern, denn dadurch sinken die Reallöhne und der Faktor Arbeit wird für die Unternehmen billiger. Damit das gelingt, muss die Zentralbank die Bevölkerung jedoch „überraschen", das heißt eine Inflationsrate wählen, die die Erwartung der Bevölkerung übersteigt. Die Zentralbank weiß aus Erfahrung, dass der Wirkungsgrad der Inflation auf die Beschäftigung am höchsten ist, wenn gilt: $p = p^e + 4$, wenn also die tatsächliche Inflationsrate die erwartete um exakt 4 Prozentpunkte übersteigt. Verfehlt die Zentralbank diese Differenz von 4 Prozentpunkten, dann entstehen ihr Kosten durch einen zu geringen Wirkungsgrad gemäß der Funktion $K^W(p) = [p - (p^e + 4)]^2$. Die Zentralbank gewichtet beide Kostenkomponenten gleich hoch, das heißt $K = 0{,}5 \cdot K^E(p) + 0{,}5 \cdot K^W(p)$. Unter Berücksichtigung der Kosten lautet ihre Nutzenfunktion somit $u_1(p) = 32 - [0{,}5 \cdot K^E(p) + 0{,}5 \cdot K^W(p)]$.

a) Betrachten Sie das Simultanspiel mit diskreten Strategien. Nehmen Sie an, dass die Zentralbank zwischen $p = 0$ (keine Inflation) und $p = 4$ (Inflation) wählen kann. Der Bevölkerung stehen dementsprechend die Strategien $p^e = 0$ und $p^e = 4$ zur Verfügung.

Ermitteln Sie die Auszahlungen für alle Strategiekombinationen und stellen Sie das resultierende Spiel in Matrixform dar!

b) Bestimmen Sie nun mithilfe von Dominanzüberlegungen eine plausible Lösung des Spiels! Handelt es sich bei der Lösung um ein Nash-Gleichgewicht? Falls ja, stellt das letztendlich zur Lösung führende Verfahren sicher, dass das Nash-Gleichgewicht eindeutig ist? Bestimmen Sie über die Reaktionsabbildungen $r_i(s_j)$ alle Nash-Gleichgewichte in reinen Strategien!

c) Gehen Sie jetzt von stetigen Strategien aus. Bestimmen Sie die Reaktionsfunktionen und ermitteln Sie dann grafisch und rechnerisch das Nash-Gleichgewicht des Simultanspiels inklusive der dabei erzielten Auszahlungen!

Unterstellen Sie nun die folgende sequenzielle Struktur: Die Zentralbank legt sich in der ersten Stufe bindend auf eine Strategie fest; die Bevölkerung beobachtet die Strategiewahl und bestimmt in der zweiten Stufe ihre Strategie.

d) Bestimmen Sie das Gleichgewicht dieses sequenziellen Spiels inklusive der resultierenden Auszahlungen!

e) Das teilspielperfekte Nash-Gleichgewicht aus d) stellt im vorliegenden Spiel das Pareto-Optimum dar. Es lässt sich jedoch nur dann realisieren, wenn die Festlegung der Zentralbank wirklich bindend ist.

Zeigen Sie zunächst unter Zuhilfenahme Ihrer Reaktionskurven-Grafik, dass für die Zentralbank ein Anreiz zum Abweichen von der pareto-optimalen Lösung besteht! Erläutern Sie dann für jeden der folgenden drei Vorschläge jeweils kurz, ob sich damit die sozial wünschenswerte Lösung auch bei simultaner Strategiewahl von Bevölkerung und Zentralbank realisieren lässt:

   i. Die Zentralbank kündigt öffentlich an, eine Inflationsrate von $p = 0$ zu realisieren.

  ii. Für den Zentralbankpräsidenten wird für die Bevölkerung beobachtbar eine erfolgsabhängige Entlohnung festgelegt: Bei hoher Inflation sinkt sein Gehalt, bei $p = 0$ wird es maximal.

 iii. Das Spiel der Bevölkerung gegen die Zentralbank wird vor endlichem oder unendlichem Zeithorizont wiederholt. Betrachten Sie in diesem Kontext folgende Strategiekombination:

Die Zentralbank legt die Inflationsrate immer auf $p = 0$ fest. In der ersten Periode geht die Bevölkerung von einer Inflationsrate von Null aus. Falls sie nicht in einer Vorperiode in ihren Erwartungen getäuscht wurde, wählt sie auch in den weiteren Perioden die Aktion $p^e = 0$. Weicht die Zentralbank jedoch in einer Periode von der sozial optimalen Lösung ab, so bildet die Bevölkerung für alle Folgeperioden hohe Inflationserwartungen.

Lösung in Abschn. 11.2.8

11.1.9 Übersee-Handel

Ab dem 11. Jahrhundert erfuhr der Übersee-Handel im Mittelmeer eine beachtliche Entwicklung, was zum wirtschaftlichen Wachstum Südeuropas, Nordafrikas und des Nahen Ostens erheblich beitrug. Beim Fernhandel wurden insbesondere Waren wie Metalle, Wachs, Teer, Holz, Leder und Textilien über weite Distanzen transportiert. Diese Form des Handels war für die Kaufleute sehr lukrativ, jedoch auch äußerst riskant.

So stand ein Übersee-Kaufmann grundsätzlich vor folgendem Problem: Um das Geschäft lohnend betreiben zu können, musste er fremde Händler als Kommissionäre bzw. als „Agenten" mit der Überfahrt und Abwicklung beauftragen, das heißt ihnen das Schiff samt Ware überlassen. Waren diese Agenten redlich und pflichtbewusst, führten sie den Auftrag aus, lieferten das Schiff beim Auftraggeber ab und erhielten ihren Lohn. Es bestand jedoch auch die Möglichkeit, dass der Kaufmann an einen Betrüger geriet, der mit Schiff samt Ware davonsegelte, beides verkaufte und mit dem Erlös verschwand.

Betrachten Sie vor diesem Hintergrund ein Simultanspiel in diskreten Strategien zwischen einem Übersee-Kaufmann, der entscheiden muss, ob er einen Agenten beauftragt, und einem (anonymen) Agenten, der sich pflichtbewusst oder betrügerisch verhalten kann. Bei Betrug veruntreut der Agent das Schiff und die Handelsware. Der Erlös aus dem Handelsgeschäft betrage 3 GE, wovon der Agent 1 GE als Lohn erhält, wenn er den Auftrag pflichtgemäß ausführt. Der Wert des Schiffes in Höhe von 2 GE spielt nur dann eine Rolle, wenn der Kaufmann an einen betrügerischen Agenten gerät.

a) Formulieren Sie diese Situation als Spiel: Wer sind die Spieler? Welche Strategien haben sie jeweils zur Verfügung? Welche Auszahlungen ergeben sich in Abhängigkeit der gewählten Strategiekombinationen?

b) Bestimmen Sie nun mit Hilfe von Dominanzüberlegungen eine plausible Lösung des Spiels. Handelt es sich bei der Lösung um ein Nash-Gleichgewicht? Falls ja, stellt das für die Bestimmung der Lösung verwendete Verfahren grundsätzlich sicher, dass ein ermitteltes Nash-Gleichgewicht eindeutig ist? Bestimmen Sie nachvollziehbar alle Nash-Gleichgewichte in reinen Strategien. Vermuten Sie noch ein Nash-Gleichgewicht in gemischten Strategien?

c) Ist die in b) ermittelte Lösung Ihrer Meinung nach plausibel? Handelt es sich bei der vorliegenden Auszahlungsstruktur eher um ein Kooperations- oder ein Koordinationsproblem?

d) Die Übersee-Kaufleute hatten alternativ die Option, den Auftrag einem sogenannten „Maghribi"-Händler anzuvertrauen. Die Maghribi-Händler bildeten eine Art enge Handelskoalition mit außerordentlich effizientem Informationsfluss und strengem Ehrencodex. Mitglied dieser Koalition war man üblicherweise sein Leben lang und profitierte von gegenseitiger Unterstützung in Form von Krediten und Nächstenhilfe. Wurde jedoch bekannt, dass ein Maghribi-Händler gegen den Ehrencodex – egal ob gegenüber Mitgliedern oder Nichtmitgliedern – verstoßen hat, etwa durch Betrug oder Unterschlagung, dann wurde der Händler lebenslang aus der Koalition ausgeschlossen und diese Nachricht über einige tausend Kilometer im Mittelmeerraum verbreitet. Wenn der Betroffene floh und für den verursachten Schaden nicht aufkam, wurde sogar seine Familie zur Begleichung haftbar gemacht.

Betrachten Sie nun ein Superspiel zwischen Übersee-Kaufmann und Maghribi-Händler. In jeder Periode haben beide die Möglichkeit, ein Geschäft abzuschließen. Gehen Sie davon aus, dass für einen Maghribi-Händler der monetäre Schaden durch Verlust seiner Reputation pro Periode -1 GE beträgt, das heißt, er verliert die Lohnzahlung, weil er mit niemandem mehr ins Geschäft kommen wird. Der Vorteil, den er aus der Mitgliedschaft in der Koalition zieht, ist ihm 1 GE pro Periode wert (zusätzlich zum Lohn). Ermitteln Sie, für welche Diskontfaktoren ein pflichtgemäßes Verhalten des Maghribi-Händlers als Gleichgewicht des unendlich wiederholten Spiels realisiert werden kann!

Lösung in Abschn. 11.2.9

11.2   Lösungen

11.2.1 Quizshow

Aufgabentext in Abschn. 11.1.1

Teil a)
Gitta ist risikoavers, da ihre Nutzenfunktion rechtsgekrümmt (konkav) ist – die Bedingung zweiter Ordnung ist negativ:

$$\frac{du(y)}{dy} = \frac{1}{x} \Rightarrow \frac{d^2u(y)}{dy^2} = -\frac{1}{x^2} < 0$$

Wenn Gitta rational ist, wird sie ihre Entscheidung darauf basierend treffen, welche Option ihr den höheren Nutzen stiftet: Entscheidet sie sich dafür weiterzuspielen, beträgt ihr Erwartungsnutzen

$$E\left[u\left(y^L\right)\right] = 0{,}5 \cdot \ln 16.000 + 0{,}5 \cdot \ln 1.000.000 \approx 11{,}75.$$

Hört sie auf, hat sie den Nutzen aus der sicheren Auszahlung von $u(500.000) \approx 13{,}12$. Somit hat Gitta einen höheren Nutzen, wenn sie aussteigt und die sichere Zahlung von 500.000 Euro annimmt.

Teil b)

Ein risikoneutrales Individuum orientiert sich am Erwartungswert der Lotterie. Dieser beträgt hier

$$E(y^L) = 0,5 \cdot 16.000 + 0,5 \cdot 1.000.000 = 508.000$$

und ist damit höher als die sichere Auszahlung von 500.000 Euro. Daher wird jedes risikoneutrale Individuum weiterspielen. Die Aussage des Fernsehzuschauers ist damit falsch. (Sogar einige nicht sehr risikoaverse Individuen werden hier weiterspielen!)

Bei der riskanten Version beträgt der Erwartungswert

$$E(y^L) = 0,5 \cdot 500 + 0,5 \cdot 1.000.000 = 500.250$$

und ist ebenfalls höher als 500.000 Euro. Somit wird auch hier ein risikoneutrales Individuum weiterspielen. Es ist zu erkennen, dass ein risikoneutrales Individuum auch für jeden (echt) positiven Betrag der letzten sicheren Gewinnstufe weiterspielen wird.

11.2.2 Versicherung und Versicherungsnachfrage

Aufgabentext in Abschn. 11.1.2

Teil a)

Die Indifferenzkurve ist als (geometrischer) Ort aller Auszahlungskombinationen in den verschiedenen Zuständen der Welt bestimmt, die den gleichen Nutzen liefern. Wir müssen also alle Auszahlungskombinationen finden, die den gleichen Erwartungsnutzen wie die Lotterie liefern. Der Erwartungsnutzen der Lotterie beträgt konkret:

$$E[u(a)] = (1 - \rho) \cdot \sqrt{W} + \rho \cdot \sqrt{W - L} = 0,75 \cdot \sqrt{25} + 0,25 \cdot \sqrt{25 - 16} =$$
$$= 3,75 + 0,75 = 4,5$$

Jetzt benötigen wir alle (y_1, y_2)-Kombinationen – wobei y_1 die Auszahlung im Zustand ohne Schaden und entsprechend y_2 die Auszahlung im Zustand mit Schaden bezeichnet –, die einen Erwartungsnutzen von 4,5 stiften:

$$0.75 \cdot \sqrt{y_1} + 0,25 \cdot \sqrt{y_2} = 4,5$$

Um die Kurve zeichnen zu können, lösen wir sie nach der Auszahlung in einem Zustand (hier y_2) auf:

$$y_2 = \left[\left(4{,}5 - 0{,}75 \cdot \sqrt{y_1}\right) \cdot 4\right]^2 = \left(18 - 3 \cdot \sqrt{y_1}\right)^2$$

Wir können damit jeder Auszahlung in dem Zustand, in dem es zum Schaden kommt, eine Auszahlung im guten Zustand zuordnen, die dem Individuum den gleichen Nutzen stiftet.

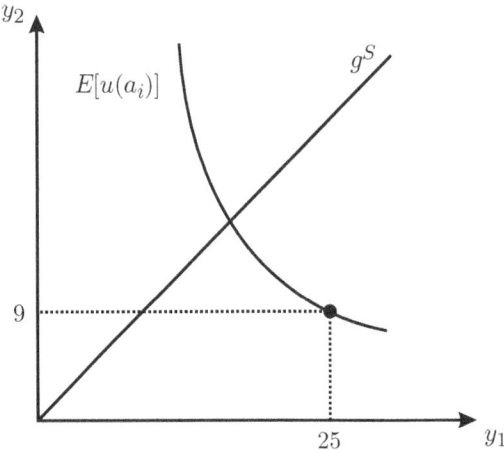

Die Sicherheitsgerade ist wiederum durch eine 45-Grad-Linie bzw. eine Gerade mit Steigung 1 gegeben und repräsentiert alle sicheren Auszahlungskombinationen, die dadurch gekennzeichnet sind, dass sie in beiden Zuständen denselben Wert aufweisen.

Teil b)
Die Police sieht vor, den Betrag $q = 0{,}25$ Euro aufzugeben, um im schlechten Zustand, in dem ein Schaden auftritt, eine Zahlung von 1 Euro zu erhalten. Dieser Betrag ist dabei unabhängig vom realisierten Zustand zu zahlen – das heißt die Versicherungsprämie q muss sowohl im guten als auch im schlechten Zustand gezahlt werden; dafür wird im schlechten Zustand der Schaden je Police um 1 gesenkt (die Versicherungsleistung ist somit zustandsabhängig). Für die Budgetbedingung werden Preise benötigt; diese ergeben sich hier aus den Opportunitätskosten: Das Individuum kann entweder q im guten Zustand der Welt oder $1 - q$ im schlechten Zustand haben. Durch die Versicherung kann das Individuum sein Einkommen (y_1, y_2) in eine Auszahlungskombination (x_1, x_2) umwandeln. Dabei ergibt sich das Budget aus den mit den Opportunitätskosten gewichteten Auszahlungen in den beiden Zuständen, $q \cdot W + (1 - q) \cdot (W - L) = q \cdot y_1 + (1 - q) \cdot y_2$. Dieses Budget kann es dann verwenden, um sich für $q = 0{,}25$ Euro 1 Euro im schlechten Zustand (x_2) und für $1 - q = 0{,}75$ Euro 1 Euro im guten Zustand (x_1) zu kaufen. Damit lautet die Budgetbedingung allgemein

$$(1-q) \cdot x_1 + q \cdot x_2 \leq q \cdot y_1 + (1-q) \cdot y_2$$

Aufgelöst nach der Auszahlung im schlechten Zustand:

$$x_2 = \frac{1}{q} \cdot [q \cdot y_1 + (1-q) \cdot y_2] - \frac{1-q}{q} \cdot x_1$$

Im konkreten Fall beträgt $q = 0{,}25$, sodass das Individuum über ein Budget von $(1 - 0{,}25) \cdot 25 + 0{,}25 \cdot (25 - 16) = 21$ verfügt und entspricht hier somit genau dem erwarteten Einkommen, $0{,}75 \cdot 25 + 0{,}25 \cdot (25 - 16) = 21$. Dies überrascht nicht, da der Preis für den guten Zustand genau der Wahrscheinlichkeit dieses Zustands entspricht. Damit lautet die Budgetgerade

$$x_2 = \frac{1}{0{,}25} \cdot 21 - \frac{1 - 0{,}25}{0{,}25} \cdot x_1 = 84 - 3 \cdot x_1. \tag{11.1}$$

Das Individuum wird seinen Erwartungsnutzen maximieren. Dies kann es durch Wahl der Anzahl an Policen n erreichen, die es jeweils zum Preis q kauft und dafür 1 im schlechten Zustand erhält

$$\max_n E[u(a)] =$$
$$= \max_n \left\{ (1-\rho) \cdot \sqrt{W - q \cdot n} + \rho \cdot \sqrt{W - L - q \cdot n + 1 \cdot n} \right\} =$$
$$= \max_n \left\{ 0{,}75 \cdot \sqrt{25 - 0{,}25 \cdot n} + 0{,}25 \cdot \sqrt{25 - 16 - 0{,}25 \cdot n + 1 \cdot n} \right\} =$$
$$= \max_n \left\{ 0{,}75 \cdot \sqrt{25 - 0{,}25 \cdot n} + 0{,}25 \cdot \sqrt{9 + 0{,}75 \cdot n} \right\}$$

Die Versicherung muss in beiden Zuständen der Welt bezahlt werden, generiert aber nur im Schadensfall eine Auszahlung.

$$\frac{dE[u(a)]}{dn} = \frac{0{,}75 \cdot (-0{,}25) \cdot 0{,}5}{\sqrt{25 - 0{,}25 \cdot n}} + \frac{0{,}25 \cdot 0{,}75 \cdot 0{,}5}{\sqrt{9 + 0{,}75 \cdot n}} =$$
$$= \frac{3}{32} \cdot \left[\frac{1}{\sqrt{9 + 0{,}75 \cdot n}} - \frac{1}{\sqrt{25 - 0{,}25 \cdot n}} \right]$$

Diese Bedingung wird null gesetzt, wodurch die optimale Anzahl an Policen gefunden werden kann:

$$\frac{1}{\sqrt{9 + 0,75 \cdot n}} = \frac{1}{\sqrt{25 - 0,25 \cdot n}}$$

$$\sqrt{25 - 0,25 \cdot n} = \sqrt{9 + 0,75 \cdot n}$$

$$25 - 0,25 \cdot n = 9 + 0,75 \cdot n$$

$$n^* = 16$$

Somit wird das Individuum 16 Policen kaufen und dafür 16·0,25 Euro = 4 Euro bezahlen. Es wird damit in jedem Zustand ein sicheres Einkommen von 25 − 4 = 25 − 16 + 16 − 4 = 21 haben.

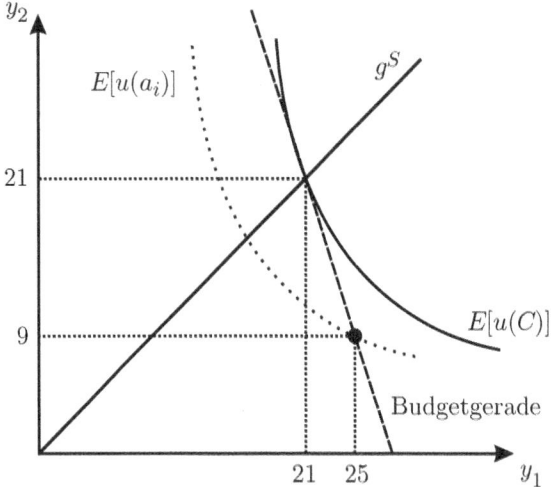

Grafisch muss die Budgetgerade sowohl den Ausstattungspunkt ($y_1 = W = 25$, $y_2 = W - L = 9$) enthalten sowie das sichere Einkommen, das es nach Versicherungsabschluss hat ($y_1 = 21$, $y_2 = 21$) – oder wir verwenden einfach die bereits in (11.1) bestimmte Gerade. In der Abbildung ist zu erkennen, dass das Individuum mit der Versicherung ein höheres erwartetes Nutzenniveau $E[u(C)]$ erreicht als es ursprünglich hatte, $E[u(a_i)]$.

Teil c)

Bei Wahl von n Versicherungspolicen stellt sich der erwartete Nutzen folgendermaßen dar:

$$E[u(a)] = (1 - \rho) \cdot u(W - q \cdot n) + \rho \cdot u(W - L - q \cdot n + 1 \cdot n)$$

Um die optimale Anzahl an Policen zu bestimmen, muss der erwartete Nutzen in Bezug auf die Anzahl maximiert werden, $\max_n E[u(a)]$, und wir erhalten als Ableitung

$$\frac{dE[u(a)]}{dn} = (1 - \rho) \cdot u'(W - q \cdot n) \cdot (-q) + \rho \cdot u'[W - L + (1 - q) \cdot n] \cdot (1 - q)$$

Im Optimum muss dieser Ausdruck gleich null sein.

Eine Vollversicherung verlangt, dass das Individuum in beiden Zuständen über das gleiche Einkommen verfügen muss, $W - q \cdot C = W - L - (1 - q) \cdot n$. Ein gleiches Einkommen impliziert auch gleichen Grenznutzen $\bar{u}'$, sodass wir die Bedingung erster Ordnung vereinfachen können.

$$(1 - \rho) \cdot \bar{u}' \cdot (-q) + \rho \cdot \bar{u}' \cdot (1 - q) \overset{!}{=} 0$$

Diese Bedingung ist dann erfüllt, wenn $\rho = q$ gilt. Das Individuum wird sich somit nur dann voll versichern, wenn der Preis eines Euros im Schadensfall genau dessen Wahrscheinlichkeit entspricht. Ist der Preis höher als die Wahrscheinlichkeit, wird das Individuum weniger Versicherung nachfragen, ist er niedriger, wird sich das Individuum überversichern.

Das Individuum hat sich somit in b) voll versichert, da der Preis der Versicherungspolice genau der Schadenswahrscheinlichkeit entspricht. Man spricht in einem solchen Fall davon, dass die Versicherung aktuarisch fair ist.

11.2.3 Wahlkampf

Aufgabentext in Abschn. 11.1.3

Teil a)

Rechnerisch bestimmt sich der Erwartungswert als

$$E(a) = 0{,}6 \cdot 5 + 0{,}4 \cdot 0 = 3,$$

der Erwartungsnutzen gemäß

$$E[u(a)] = 0{,}6 \cdot 10 \cdot \frac{5}{5 + 3} + 0{,}4 \cdot 10 \cdot \frac{0}{0 + 3} = 3{,}75$$

und der Nutzen der erwarteten Auszahlung als

$$u[E(a)] = 10 \cdot \frac{3}{3 + 3} = 5.$$

Da der Erwartungsnutzen kleiner ist als der Nutzen des Erwartungswerts, ist Che risikoavers. Entsprechend verläuft seine Nutzenfunktion konkav:

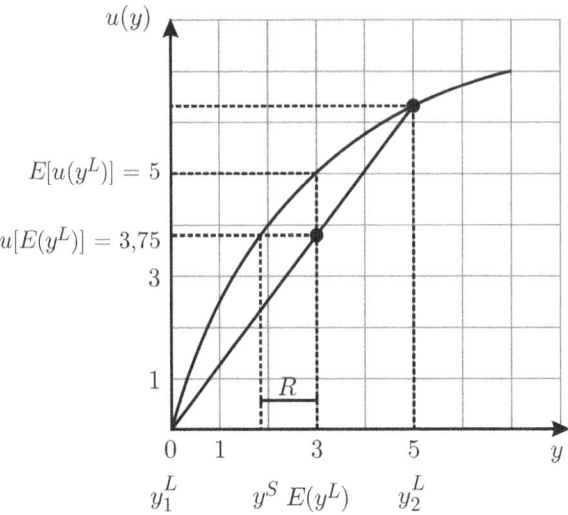

Teil b)

Che wäre bereit, maximal so viel für die Wahlhilfe zu bezahlen, dass er den gleichen Nutzen wie bei der Lotterie erhalten würde. Das heißt, er wäre gerade bereit, die Risikoprämie der Lotterie zu bezahlen. Zur Berechnung der Risikoprämie wird das Sicherheitsäquivalent benötigt, also diejenige sichere Auszahlung, die ihm den gleichen Nutzen wie die Lotterie generiert. Diese berechnet sich als

$$u(y_S) = E[u(a)] \quad \Leftrightarrow \quad 10 \cdot \frac{y_S}{y_S + 3} = 3{,}75 \quad \Leftrightarrow \quad y_S = 1{,}8$$

Die Differenz zwischen Erwartungswert und Sicherheitsäquivalent liefert schließlich die Risikoprämie,

$$R = E(a) - y_S = 3 - 1{,}8 = 1{,}2.$$

Der Diktator ist somit bereit, bis zu 1,2 Millionen Coconut-Dollar an den General zu bezahlen.

In der Abbildung in c) sind sowohl das Sicherheitsäquivalent als auch die Risikoprämie bereits eingezeichnet.

11.2.4 Schere, Stein, Papier

Aufgabentext in Abschn. 11.1.4

Weisen wir dem Sieg eines Spielers eine Auszahlung von 1, einem Unentschieden eine Auszahlung von 0 und einer Niederlage von −1 zu, ergibt sich folgende Auszahlungsmatrix:

1, 2	Schere	Stein	Papier
Schere	(0, 0)	(−1, 1)	(1, −1)
Stein	(1, −1)	(0, 0)	(−1, 1)
Papier	(−1, 1)	(1, −1)	(0, 0)

Das Spiel weist kein Nash-Gleichgewicht in reinen Strategien auf, daher muss ein Nash-Gleichgewicht in gemischten Strategien vorliegen. Da nur nach dem Nash-Gleichgewicht gefragt wurde und nicht nach den Reaktionsfunktionen, ist es in diesem Fall mit drei Strategien günstiger, den Maximierungsansatz zu wählen. Aufgrund der Symmetrie ist es zudem ausreichend, nur einen Spieler zu betrachten.

Die Wahrscheinlichkeit, dass Spieler 1 „Schere" wählt betrage p_1, die Wahrscheinlichkeit für „Stein" p_2 und für „Papier" verbleibt damit $1 - p_1 - p_2$. Entsprechend bezeichnen q_1, q_2 und $1 - q_1 - q_2$ die Wahrscheinlichkeiten für Spieler 2. Der Maximierungsansatz aus Sicht von Spieler 1 lautet damit

$$
\begin{aligned}
E(u_1) = {} & p_1 \cdot q_1 \cdot 0 + p_1 \cdot q_2 \cdot (-1) + p_1 \cdot (1 - q_1 - q_2) \cdot 1 + \\
& + p_2 \cdot q_1 \cdot 1 + p_2 \cdot q_2 \cdot 0 + p_2 \cdot (1 - q_1 - q_2) \cdot (-1) + \\
& + (1 - p_1 - p_2) \cdot q_1 \cdot (-1) + (1 - p_1 - p_2) \cdot q_2 \cdot 1 + \\
& + (1 - p_1 - p_2) \cdot (1 - q_1 - q_2) \cdot 0 = \\
= {} & p_1 \cdot (1 - 3 \cdot q_2) + p_2 \cdot (3 \cdot q_1 - 1) - q_1 + q_2
\end{aligned}
$$

Aus der Maximierung (Ableitung nach beiden strategischen Variablen p_1 und p_2) folgt

$$
\frac{\partial E(u_1)}{\partial p_1} = 1 - 3 \cdot q_2 \overset{!}{=} 0 \quad \Leftrightarrow \quad q_2 = \frac{1}{3}
$$

$$
\frac{\partial E(u_1)}{\partial p_2} = 3 \cdot q_1 - 1 \overset{!}{=} 0 \quad \Leftrightarrow \quad q_1 = \frac{1}{3}.
$$

Somit werden im Gleichgewicht alle drei Strategien mit positiver und identischer Wahrscheinlichkeit gespielt, $p_1 = p_2 = (1 - p_1 - p_2) = 1/3$ und $q_1 = q_2 = (1 - q_1 - q_2) = 1/3$.

11.2.5 Adverse Selektion und Garantie

Aufgabentext in Abschn. 11.1.5

Teil a)

Die Garantie soll hier als Signal für hohe Qualität dienen, das heißt, sie muss so ausgestaltet sein, dass sie diese Funktion erfüllt und somit nicht von beiden gewählt wird. Wählen beide „Garantie" oder beide „keine Garantie", sind sie aus Sicht der Konsumenten nicht unterscheidbar, das heißt, es ist gibt kein Signal und es kommt zu Pooling. Nur wenn einer die Garantie gewährt und der andere nicht, wird derjenige mit Garantie als Anbieter hochwertiger Autos gesehen.

Allgemein ergibt sich folgende Auszahlungsmatrix in Abhängigkeit von der Garantielänge n:

Harry, Leo	Keine Garantie	Garantie
Keine G.	(500, 3500)	$(-1000, 5000 - n \cdot 1000)$
Garantie	$(2000 - n \cdot 500, 2000)$	$(500 - n \cdot 500, 3500 - n \cdot 1000)$

Bei einer einjährigen Garantie ($n = 1$) ergibt sich:

Harry, Leo	Keine Garantie	Garantie
Keine Garantie	(500, 3500)	$(-1000, \underline{4000})$
Garantie	$(\underline{1500}, 2000)$	$(\underline{0}, \underline{2500})$

Für beide stellt „Garantie" eine strikt dominante Strategie dar. Damit hat die Garantie hier keine Signalwirkung.

Teil b)

Es ist für beide nur sinnvoll, die gleiche Garantielänge zu wählen, da sonst derjenige mit der kürzeren Garantiedauer als Anbieter von Autos geringer Qualität angesehen wird. Das heißt, ihm entstehen nur die Kosten der Garantie, ohne dass diese ihm einen Vorteil gewährt – oder anders formuliert, ist eine solche Strategie nicht rationalisierbar.

Bei einer zweijährigen Garantie ($n = 2$) ergibt sich nun:

Harry, Leo	Keine Garantie	Garantie
Keine Garantie	$(500, \underline{3500})$	$(-1000, 3000)$
Garantie	$(\underline{1000}, 2000)$	$(\underline{-500}, 1500)$

Wir erhalten als Nash-Gleichgewicht somit {Garantie, Keine Garantie}. Harry kann sich jetzt als Anbieter hochwertiger Autos von Leo unterscheiden, eine zweijährige Garantie ist somit ein glaubwürdiges Signal.

Bei einer dreijährigen Garantie ($n = 3$) ergeben sich folgende Auszahlungen:

Harry, Leo	Keine Garantie	Garantie
Keine Garantie	($\underline{500}$, $\underline{3500}$)	(-1000, 2000)
Garantie	($\underline{500}$, 2000)	($-\underline{1000}$, 500)

Wir erhalten jetzt sogar zwei Nash-Gleichgewichte in reinen Strategien: {Keine Garantie, Keine Garantie} und {Garantie, Keine Garantie}. Somit existiert sogar noch ein drittes Nash-Gleichgewicht in gemischten Strategien, das hier aber wenig sinnvoll ist. Wir sehen, dass die Garantie zwar gerade noch eine Signalwirkung entfaltet, aber dies zu einer Schmälerung der Auszahlung von Harry führt.

Harry sollte somit eine zweijährige Garantie geben, da dieser Zeitraum ausreicht, damit die Garantie eine Signalwirkung entfalten kann und ein zusätzliches Jahr nur den Gewinn von Harry reduziert.

11.2.6 Vickrey-Auktion (Zweitpreis-Auktion)

Aufgabentext in Abschn. 11.1.6

Teil a)

Wir gehen davon aus, dass der andere Bieter genau seine Wertschätzung v_2 bieten wird. Nun ist zu überprüfen, für welches $b_2 = v_2$ sich Spieler 1 durch das Gebot $b_1 = 450$ besserstellen kann als durch das Gebot $b_1^* = v_1 = 500$.

Gehen wir davon aus, dass Bieter 2 eine Wertschätzung von weniger als 450 Euro hat, beispielsweise $v_2 = 400$ Euro. Dann würde Spieler 1 sowohl bei einem Gebot von $b_1 = 450$ Euro als auch bei $b_1^* = v_1 = 500$ Euro den Zuschlag erhalten, da er das höchste Gebot abgegeben hat. In beiden Fällen müsste er 400 Euro bezahlen und hätte damit eine Auszahlung von 500 Euro − 400 Euro = 100 Euro. Er kann sich in diesem Fall somit nicht besserstellen.

Anders sieht es aus, wenn die Wertschätzung von Bieter 2 zwischen dem Gebot von Spieler 1 und seiner Wertschätzung liegt, etwa bei 475 Euro. Hier würde er beim Gebot $b_1 = 450$ Euro keinen Zuschlag erhalten und hätte damit eine Auszahlung von null. Bei einem Gebot von $b_1^* = 500$ Euro erhält er jedoch den Zuschlag und muss 475 Euro bezahlen, womit er eine Auszahlung von 500 Euro − 475 Euro = 25 Euro hat und somit bessergestellt ist als bei $b_2 = 450$ Euro.

Bei einer Wertschätzung des anderen Bieters oberhalb der Wertschätzung von Spieler 1 spielt es keine Rolle, ob $b_1 = 450$ Euro oder $b_1^* = 500$ Euro geboten wurde, da er in beiden Fällen den Zuschlag nicht erhält und somit eine Auszahlung von null hat.

Somit gibt es keine Bewertung v_2 des anderen Bieters, bei der sich Bieter 1 mit einem Gebot von 450 Euro strikt besserstellen könnte.

Teil b)

Um zu beweisen, dass es sich bei dem Gebot der eigenen Wertschätzung um eine schwach dominante Strategie handelt, müssen wir zeigen, dass dieses Gebot in jeder Situation zumindest die gleiche Auszahlung wie alle anderen Strategien liefert und mindestens einmal sogar echt besser ist. Zwar hat der Spieler unendlich viele Strategien (er kann jedes beliebige Gebot abgeben), aber wir können die Analyse auf drei relevante Bereiche wie in Teil a) beschränken. Es reicht aus, zu zeigen, dass die eigene Wertschätzung zu bieten besser ist, als ein höheres Gebot abzugeben und auch besser ist, als ein geringeres Gebot abzugeben. Die sich ergebenden Auszahlungen resultieren aus der relativen Position aller anderen Gebote. Relevant ist hier allerdings nur das höchste Gebot aller anderen Bieter, b_j^{max}. Es spielt hierbei keine Rolle, ob sie ihre Wertschätzung bieten oder nicht, da wir hier auf Dominanz untersuchen und eine schwach dominante Strategie unabhängig von der Wahl der anderen Spieler immer gewählt wird.

Fall 1: Vergleich der Strategie seine Zahlungsbereitschaft zu bieten, $b_i^* = v_i$, mit den Strategien, mehr als seine Zahlungsbereitschaft zu bieten, $b_i > v_i$. Für die relative Position von b_j^{max} gibt es drei Möglichkeiten:

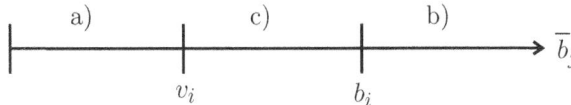

a) Das höchste Gebot b_j^{max} aller anderen Teilnehmer ist kleiner als die Wertschätzung von Bieter i, $b_j^{max} < v_i$.
 - Bei Gebot $b_i > v_i$ erhält Spieler i den Zuschlag und seine Auszahlung beträgt $u_i = v_i - b_j^{max}$.
 - Bei Gebot $b_i^* = v_i$ erhält Spieler i den Zuschlag und seine Auszahlung beträgt $u_i = v_i - b_j^{max}$.
b) Das höchste Gebot b_j^{max} aller anderen Teilnehmer ist größer als das Gebot von Bieter i, $b_i < b_j^{max}$.
 - Bei Gebot $b_i > v_i$ erhält Spieler i den Zuschlag nicht und seine Auszahlung ist null.
 - Bei Gebot $b_i^* = v_i$ erhält Spieler i den Zuschlag nicht und seine Auszahlung ist null.
c) Das höchste Gebot b_j^{max} aller anderen Teilnehmer ist größer als die Wertschätzung von Bieter i aber kleiner als sein Gebot, $v_i < b_j^{max} < b_i$.
 - Bei Gebot $b_i > v_i$ erhält Spieler i den Zuschlag und seine Auszahlung beträgt $u_t = v_i - b_j^{max} < 0$.
 - Bei Gebot $b_i^* = v_i$ erhält Spieler i den Zuschlag nicht und seine Auszahlung ist null.

Wir sehen somit, dass die Strategie $b_i^* = v_i$ in a) und b) gleich gut wie die Strategien $b_i > v_i$ ist, aber in c) echt besser ist. Somit dominiert die Strategie, seine eigene Zahlungsbereitschaft zu bieten, die Strategien, mehr als seine Zahlungsbereitschaft zu bieten, schwach.

Fall 2: Vergleich der Strategie seine Zahlungsbereitschaft zu bieten, $b_i^* = v_i$ mit den Strategien, weniger als seine Zahlungsbereitschaft zu bieten, $b_i < v_i$. Für die relative Position von b_j^{max} gibt es drei Möglichkeiten:

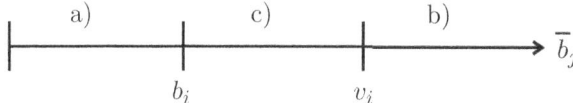

a) Das höchste Gebot b_j^{max} aller anderen Teilnehmer ist kleiner als das Gebot von Bieter i, $b_j^{max} < b_i$.
- Bei Gebot $b_i < v_i$ erhält Spieler i den Zuschlag und seine Auszahlung beträgt $u_i = v_i - b_j^{max}$.
- Bei Gebot $b_i^* = v_i$ erhält Spieler i den Zuschlag und seine Auszahlung beträgt $u_i = v_i - b_j^{max}$.
b) Das höchste Gebot b_j^{max} aller anderen Teilnehmer ist größer als die Wertschätzung von Bieter i, $v_i < b_j^{max}$.
- Bei Gebot $b_i < v_i$ erhält Spieler i den Zuschlag nicht und seine Auszahlung ist null.
- Bei Gebot $b_i^* = v_i$ erhält Spieler i den Zuschlag nicht und seine Auszahlung ist null.
c) Das höchste Gebot b_j^{max} aller anderen Teilnehmer ist größer als das Gebot von Bieter i aber kleiner als seine Wertschätzung, $b_i < b_j^{max} < v_i$.
- Bei Gebot $b_i < v_i$ erhält Spieler i den Zuschlag nicht und seine Auszahlung ist null.
- Bei Gebot $b_i^* = v_i$ erhält Spieler i den Zuschlag und seine Auszahlung beträgt $u_i = v_i - b_j^{max} > 0$.

Auch hier zeigt sich, dass die Strategie $b_i^* = v_i$ in a) und b) gleich gut wie die Strategien $b_i < v_i$ ist, aber in c) echt besser ist. Somit dominiert die Strategie, seine eigene Zahlungsbereitschaft zu bieten, die Strategien, weniger als seine Zahlungsbereitschaft zu bieten, schwach.

Zusammenfassend konnten wir damit zeigen, dass es sich bei der Strategie $b_i^* = v_i$ um eine schwach dominante Strategie handelt.

Da jeder Spieler über diese schwach dominante Strategie verfügt, wird der Bieter mit der höchsten Wertschätzung gewinnen, das heißt Spieler n mit v_n. Der Bieter mit der zweithöchsten Wertschätzung v_{n-1} wird genau seine Wertschätzung geboten haben, weshalb Spieler n als Auszahlung $u_n = v_n - v_{n-1}$ erhalten wird.

Teil c)

Da jeder Spieler mit $b_i^* = v_i$ über eine schwach dominante Strategie verfügt, die er unabhängig von der Strategiewahl der anderen wählen wird, ändert eine unvollständige Informationsstruktur nichts am Ergebnis. Nur bei $b_i^* = v_i$ ist sichergestellt, dass der Spieler, sollte er über die höchste Wertschätzung verfügen, das Versteigerungsobjekt auch erhält (dies wäre bei $b_i < v_i$ nicht sichergestellt) und dass der Spieler, sollte er nicht über die höchste Wertschätzung verfügen, das Versteigerungsobjekt nicht erhält (dies wäre bei $b_i > v_i$ nicht sichergestellt).

11.2.7 All-pay-Auktion

Aufgabentext in Abschn. 11.1.7

Teil a)

Ist das Gebot von Spieler 1 größer als das Gebot von Spieler 2, $b_1 > b_2$, so erhält er das Objekt und muss dafür sein Gebot bezahlen. Seine Auszahlung ergibt sich daher aus der Differenz zwischen dem Wert des Objekts und seinem abgegebenen Gebot, $m - b_1$. Der unterlegene Spieler 2 muss hingegen ohne Gegenleistung sein Gebot bezahlen und seine Auszahlung ist daher $-b_2$. Umgekehrt ist für $b_1 < b_2$ die Auszahlung für Spieler 1 $-b_1$ und für Spieler 2 $m - b_2$. Bei gleichem Gebot $b_1 = b_2$ ist die Auszahlung beider Spieler negativ, $-b_1$ und $-b_2$.

Ein rationaler Spieler wird nur Gebote bis maximal dem Wert des Objekts m abgeben. Dies kann einfach gezeigt werden: Bietet etwa Spieler 1 $b_1 > m$ und erhält den Zuschlag (da $b_1 > b_2$), dann erhält er die Auszahlung $m - b_1 < 0$. Erhält er den Zuschlag nicht (da $b_1 \leq b_2$), so beträgt seine Auszahlung $-b_1 < 0$. Bei einem Gebot von $b_1 = 0$ ist immer sichergestellt, dass der Spieler eine Auszahlung von 0 erhält. Somit dominiert die Strategie $b_1 = 0$ jede Strategie $b_1 > m$ strikt. Die Strategie $b_1 = m$ wird hingegen nur schwach von $b_1 = 0$ dominiert. Alle anderen Strategien $b_1 < m$ werden hingegen nicht dominiert, da im Fall des Zuschlags eine positive Auszahlung $m - b_1 > 0$ resultiert. Für Spieler 2 sind die Überlegungen analog durchzuführen.

Teil b)

Da es sich um ein Simultanspiel handelt, ist das Spiel am Besten in der Matrixform darzustellen und zu lösen.

Bei $m = 1$ Euro werden rationale Spieler entweder 0 oder 1 Euro bieten:

1, 2	$b_2 = 0$	$b_2 = 1$
$b_1 = 0$	$(\underline{0}, \underline{0})$	$(0, \underline{0})$
$b_1 = 0$	$(\underline{0}, \underline{0})$	$(-1, -1)$

Hier haben beide Spieler jeweils die schwach dominante Strategie 0 zu bieten. Es ergeben sich insgesamt drei Nash-Gleichgewichte in reinen Strategien: $\{b_1 = 0, b_2 = 0\}$, $\{b_1 = 1, b_2 = 0\}$ und $\{b_1 = 0, b_2 = 1\}$.

Bei $m = 2$ Euro werden rationale Spieler entweder 0, 1 oder 2 Euro bieten:

1, 2	$b_2 = 0$	$b_2 = 1$	$b_2 = 2$
$b_1 = 0$	$(0, 0)$	$(0, \underline{1})$	$(\underline{0}, 0)$
$b_1 = 1$	$(\underline{1},\underline{0})$	$(-1, -1)$	$(-1, \underline{0})$
$b_2 = 2$	$(0, 0)$	$(\underline{0}, -1)$	$(-2, -2)$

Es ergeben sich somit zwei Nash-Gleichgewichte in reinen Strategien: $\{b_1 = 1, b_2 = 0\}$ und $\{b_1 = 0, b_2 = 1\}$.

Bei $m = 3$ Euro werden rationale Spieler entweder 0, 1, 2 oder 3 Euro bieten:

1, 2	$b_2 = 0$	$b_2 = 1$	$b_2 = 2$	$b_2 = 3$
$b_1 = 0$	$(0, 0)$	$(0, \underline{2})$	$(\underline{0}, 1)$	$(\underline{0}, 0)$
$b_1 = 1$	$(\underline{2},\underline{0})$	$(-1, -1)$	$(-1, \underline{1})$	$(-1, 0)$
$b_1 = 2$	$(1, \underline{0})$	$(\underline{-1}, -1)$	$(-2, -2)$	$(2, \underline{0})$
$b_1 = 3$	$(0, \underline{0})$	$(0, -1)$	$(\underline{0}, -2)$	$(-3, -3)$

Hier liegt kein Nash-Gleichgewicht in reinen Strategien vor.

Teil c)

Wir können uns dies bereits für $m = 3$ überlegen: Gegeben das Gebot von Spieler 2, wird Spieler 1 dessen Gebot höchstens um 1 Euro überbieten wollen. Überbietet er um mehr als 1 Euro, so senkt er nur seine Auszahlung. Die Spieler überbieten sich dann immer weiter um 1 Euro. Bietet schließlich ein Spieler das höchste Gebot, das heißt den Wert des Objekts m, so hat der andere Spieler keinen Anreiz mehr zu überbieten, da er damit nur Verlust machen würde. Ebenfalls kommt nicht in Frage, das gleiche Gebot abzugeben, da er dann sein Gebot bezahlen muss, ohne etwas zu erhalten. Jedes andere positive Gebot hätte den gleichen Effekt und somit ist es am besten nichts zu bieten. Bietet der Spieler aber 0, so hat der andere Spieler keinen Anreiz, den Wert des Objekts zu bieten, da er bereits mit einem Gebot von 1 das Objekt erhalten würde und seine Auszahlung dadurch deutlich höher ausfallen würde. Somit beginnt der Bietwettkampf von vorne. Ein Ruhepunkt, das heißt ein Nash-Gleichgewicht in reinen Strategien, kann hier somit nicht existieren.

Teil d)

Bei einem Gebot von 0 Euro ist die Auszahlung des Spielers immer sicher 0 Euro. Somit müssen alle reinen Strategien, die mit positiver Wahrscheinlichkeit gespielt werden, einen erwarteten Nutzen von 0 haben.

Bezeichne p_j die Wahrscheinlichkeit, mit der Spieler 2 das Gebot j abgibt. Dann muss für Spieler 1, der 1 Euro bietet, gelten, dass

$$0 = (m - 1) \cdot p_0 + (-1) \cdot (1 - p_0).$$

Nur dann, wenn Spieler 2 ein Gebot von 0 abgibt – was mit Wahrscheinlichkeit p_0 der Fall ist – wird Spieler 1 das Objekt erhalten und hat die Auszahlung $m - 1$ (Wert des Objekts abzüglich seines abgegebenen Gebots von 1). Für alle anderen Gebote von Spieler 2 – die mit der Gegenwahrscheinlichkeit $1 - p_0$ auftreten – zahlt Spieler 1 sein Gebot ohne jegliche Gegenleistung. Lösen wir diese Bedingung nach p_0 auf, sehen wir, dass sie für $p_0 = 1/m$ erfüllt ist.

Wenn Spieler 1 genau 2 Euro bietet, muss analogen Überlegungen zufolge gelten, dass

$$0 = (m - 2) \cdot (p_0 + p_1) + (-2) \cdot (p_0 + p_1).$$

Da wir wissen, dass $p_0 = 1/m$ gilt, ergibt sich $p_1 = 1/m$.

Aufgrund der Symmetrie kann dies für alle weiteren Gebote durchgeführt werden, sodass gelten muss, dass

$$p_0 = p_1 = \ldots = p_m = 1/m.$$

Analog kann für Spieler 2 verfahren werden. Somit wird jeder in seiner gemischten Strategie jedes einzelne Gebot mit gleicher Wahrscheinlichkeit von $1/m$ spielen.

11.2.8 Glaubwürdigkeit der Geldpolitik

Aufgabentext in Abschn. 11.1.8

Teil a)
Die Zentralbank (Spieler 1), verfügt über die zwei diskreten Strategien $p = 0$ (keine Inflation erzeugen) und $p = 4$ (Inflation erzeugen). Die Bevölkerung (Spieler 2) hat die Strategien $p^e = 0$ (keine Inflation erwarten) und $p^e = 4$ (Inflation erwarten). Setzt man diese Strategien in die Nutzenfunktion der Zentralbank sowie in die der Bevölkerung ein, erhält man die Auszahlungsmatrix für dieses Spiel. Bei der Strategiekombination ($p = 0, p^e = 0$) ergibt sich etwa für die Zentralbank eine Auszahlung von $u_1(p = 0, p^e = 0) = 32 - [0,5 \cdot K^E(p = 0) + 0,5 \cdot K^W(p = 0, p^e = 0)] = 32 - [0,5 \cdot 0 + 0,5 \cdot 16] = 24$. Für die Bevölkerung ergibt sich für diese Strategiekombination entsprechend $u_1(p = 0, p^e = 0) = 16$. Man erhält so die Auszahlungsmatrix:

ZB, Bev.	$p^e = 0$	$p^e = 4$
$p = 0$	(24, 16)	(0, 0)
$p = 4$	(24, 0)	(16, 16)

Teil b)

Wenn wir mithilfe von Dominanzüberlegungen nach einer Lösung suchen, prüfen wir zunächst, ob ein Gleichgewicht in dominanten Strategien vorliegt. Das ist hier offensichtlich nicht der Fall, da nur ein Spieler, nämlich die Notenbank, eine dominante Strategie hat: Ihre Strategie $p = 4$ (Inflation erzeugen) ist schwach dominant. Wenn die Notenbank inflationiert, dann besteht die beste Reaktion der Bevölkerung darin, die Inflation auch zu erwarten ($p^e = 4$), sodass sich als Lösung des Spiels die Strategiekombination ($p = 4$, $p^e = 4$)* als Nash-Gleichgewicht ergibt. Die Auszahlungen der Spieler in diesem Gleichgewicht betragen jeweils 16. Da bei den Dominanzüberlegungen lediglich eine schwach dominante Strategie eines Spielers berücksichtigt werden konnte, ist das damit ermittelte Nash-Gleichgewicht nicht notwendigerweise eindeutig. Durch die Prüfung mittels Reaktionsabbildungen können wir eine vollständige Suche nach allen Nash-Gleichgewichten in reinen Strategien durchführen. Wir erhalten:

$$r_1^*(p^e = 0) = \{0,4\}, r_1^*(p^e = 4) = 4 \quad \text{für die Notenbank und}$$
$$r_2^*(p = 0) = 0, r_2^*(p = 4) = 4 \quad \text{für die Bevölkerung.}$$

Damit erkennen wir, dass es in diesem Spiel zwei Nash-Gleichgewichte in reinen Strategien gibt: eines ohne Inflation und ohne Inflationserwartung ($p = 0$, $p^e = 0$)* sowie eines mit Inflation und positiven Inflationserwartungen ($p = 4$, $p^e = 4$)*. Nur das zweite haben wir über Dominanzüberlegungen gefunden, das erste wurde nur mithilfe von Reaktionsabbildungen sichtbar.

Teil c)

Die Spieler verfügen nun über stetige Strategien, können also jede beliebige Höhe an Inflation und Inflationserwartung wählen. Das Nash-Gleichgewicht in stetigen Strategien erhalten wir durch Herleitung der Reaktionsfunktionen der Spieler und durch anschließende Bestimmung des Schnittpunkts der Reaktionsfunktionen. Die Reaktionsfunktion eines Spielers erhalten wir durch Bestimmung der Bedingung erster Ordnung (partielle Ableitung der Nutzenfunktion nach der jeweiligen strategischen Variablen des Spielers und nullsetzen). Die Nutzenfunktion der Zentralbank lautet:

$$u_1(p, p^e) = 32 - [0,5 \cdot K^E(p) + 0,5 \cdot K^W(p, p^e)] =$$
$$= 32 - 0,5 \cdot p^2 - 0,5 \cdot [p - (p^e + 4)]^2 =$$
$$= 30 - p^2 + p \cdot (p^e + 4) - 0,5 \cdot p^e$$

Durch partielles Ableiten nach p erhalten wir die Bedingung erster Ordnung der Zentralbank; lösen wir diese anschließend nach p auf, erhalten wir ihre Reaktionsfunktion:

$$\frac{\partial u_1}{\partial p} = p^e + 4 - 2 \cdot p \stackrel{!}{=} 0 \Rightarrow p^*(p^e) = 2 + 0,5 \cdot p^e$$

Für die Nutzenfunktion der Bevölkerung $u_2(p, p^e) = 16 - (p - p^e)^2$ gehen wir analog vor und erhalten:

$$\frac{\partial u_2}{\partial p^e} = 2 \cdot p - 2 \cdot p^e \overset{!}{=} 0 \Rightarrow p^{e*}(p) = p$$

Die Reaktionsfunktion der Bevölkerung ist also mit der 45-Grad-Linie identisch: Sie erwartet stets exakt die von der Zentralbank gewählte Inflationsrate. Immer dann, wenn die Erwartungslinie (wie hier) einer 45-Grad-Linie entspricht, spricht man von rationaler Erwartungsbildung.

Grafisch stellen sich die Reaktionsfunktionen wie folgt dar:

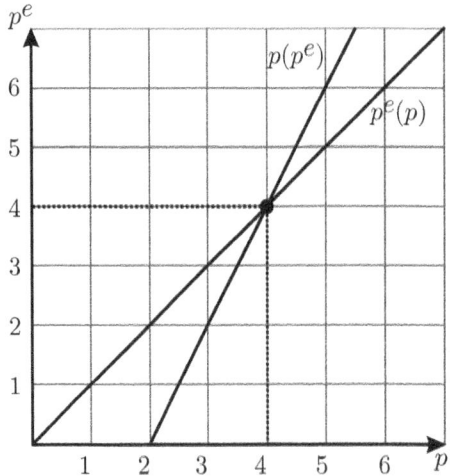

Wie wir an der Abbildung erkennen und auch durch Gleichsetzen der beiden Reaktionsfunktionen bestätigen können, lautet das Nash-Gleichgewicht ($p = 4$, $p^e = 4$). Beide Spieler haben damit jeweils eine Auszahlung von 16.

Teil d)
Im Unterschied zu Teil c) liegt hier nun ein sequenzielles Spiel vor und wir wenden zur Lösung des Spiels das Konzept der Rückwärtsinduktion an. Hierzu wird zunächst die Reaktionsfunktion des Second-Movers (Bevölkerung) bestimmt und in die Nutzenfunktion des First-Movers (Zentralbank) eingesetzt. Im zweiten Schritt wird dann die Nutzenfunktion des First-Movers nach seiner strategischen Variablen abgeleitet. Das Ergebnis ist das teilspielperfekte Nash-Gleichgewicht.

Wir kennen bereits die Reaktion der Bevölkerung in der zweiten Stufe auf die Politikwahl der Zentralbank – diese entspricht der Reaktionsfunktion aus dem Simultanspiel aus c):

$$\frac{\partial u_2}{\partial p^e} = 2 \cdot p - 2 \cdot p^e \overset{!}{=} 0 \Rightarrow p^{e*}(p) = p$$

Diese Reaktion kann dann in die Nutzenfunktion der Zentralbank in der ersten Stufe eingesetzt werden:

$$u_1(p, p^e) = 24 + 4 \cdot p - p^2 - 4 \cdot [p] + p \cdot [p] - 0{,}5 \cdot [p]^2 = 24 - 0{,}5 \cdot p^2$$

Um das optimale p zu bestimmen, ist der Nutzen der Zentralbank zu maximieren, $du_1/dp = p \overset{!}{=} 0$. Es ergibt sich somit als teilspielperfektes Nash-Gleichgewicht ($p = 4$, $p^e = 4$) mit der daraus resultierenden Auszahlungskombination (24, 16).

Teil e)

An der Reaktionsfunktion der Zentralbank ist zu erkennen: Wenn die Bevölkerung $p^e = 0$ wählt, dann wird die Zentralbank mit $p = 2$ antworten, das heißt von (0,0) abweichen.
Somit kann sich (0,0) nicht als Gleichgewicht einstellen.

 i) Die hier unterstellte einfache, verbale Ankündigung einer Nullinflation ist nicht glaubwürdig („cheap talk"), da sie die Anreizproblematik nicht löst.
 ii) Eine erfolgsabhängige Entlohnung erhöht den Anreiz des Zentralbankers zu inflationsaversem Handeln. Ein zweistufiges Spiel, bei dem auf der ersten Stufe die Höhe der optimalen Entlohnung, auf der zweiten p^e bzw. p optimal festgelegt werden, führt direkt zum teilspielperfekten Nash-Gleichgewicht. Somit lässt sich mit einer erfolgsabhängigen Entlohnung die pareto-optimale Lösung realisieren.
 iii) Hier wird nun eine Grim-Trigger-Strategie unterstellt. Bei einer endlichen Wiederholung kann mittels Rückwärtsinduktion gezeigt werden, dass das Anreizproblem nicht überwunden werden kann, da die Spieler in der letzten Periode immer davon abweichen werden und daher keine Möglichkeit der Bestrafung besteht. Eine unendliche Wiederholung des Spiels ermöglicht jedoch die Realisierung der sozial wünschenswerten Lösung (Folk-Theorem).

11.2.9 Übersee-Handel

Aufgabentext in Abschn. 11.1.9

Teil a)

In diesem Spiel gibt es zwei Spieler, den Kaufmann (Spieler 1) und den Agenten (Spieler 2). Der Kaufmann hat zwei Strategien: Er kann entweder einen „Auftrag" erteilen oder „keinen Auftrag" an den Agenten vergeben. Der Agent hat ebenfalls zwei Strategien: er kann den Auftrag pflichtbewusst „erfüllen" oder den Kaufmann „betrügen". In der folgenden Matrix sind die resultierenden Auszahlungskombinationen aufgeführt.

Kaufmann, Agent	Erfüllen	Betrügen
Auftrag	$(\underline{2}, 1)$	$(-2, \underline{5})$
Kein Auftrag	$(0, \underline{0})$	$(\underline{0}, \underline{0})$

Teil b)

Wie wir erkennen können, hat der Agent die schwach dominante Strategie „Betrügen": Erhält er den Auftrag, ist „Betrügen" mit einer Auszahlung von 5 besser als „Erfüllen" mit einer geringeren Auszahlung von 1. Erhält er keinen Auftrag, ist „Betrügen" genauso gut wie „Erfüllen" – in beiden Fällen erhält er 0. Der Kaufmann hat keine (schwach) dominante Strategie. Reagiert er daher optimal auf die schwach dominante Strategie des Agenten, wird er keinen Auftrag erteilen, sodass sich das Nash-Gleichgewicht (Kein Auftrag, Betrügen) mit der Auszahlungskombination (0, 0) ergibt. Da die dominante Strategie von Spieler 2 lediglich schwach dominant ist, ist das Nash-Gleichgewicht nicht notwendigerweise eindeutig: Es könnte noch weitere geben. Eine systematische Überprüfung, wie in der Matrix bereits durch die Unterstreichen-Methode geschehen, zeigt uns aber, dass kein weiteres Nash-Gleichgewicht existiert. Da die Anzahl ungerade ist, kann auch kein weiteres Nash-Gleichgewicht in gemischten Strategien vorliegen,

Teil c)

Die in b) ermittelte Lösung ist plausibel. Im betrachteten Kontext ist das Nash-Gleichgewicht als Lösungskonzept sinnvoll, zumal es auch das einzige Gleichgewicht des Spiels darstellt. Wir sehen allerdings, dass die bei der Strategiekombination (Auftrag, Erfüllen) resultierende Auszahlung (2, 1) pareto-effizient wäre, das heißt beide Spieler hätten ein Interesse, diese Strategiekombination anstelle des Nash-Gleichgewichts mit (0, 0) zu verwirklichen. Allerdings kann dies ohne bindende Absprachen der beiden Spieler nicht realisiert werden, da der Agent immer den Anreiz hat, auf „Betrügen" abzuweichen. Das hier zugrundeliegende Kooperationsproblem stellt ein asymmetrisches Gefangenendilemma dar, da nur Spieler 2 über eine dominante Strategie verfügt, die zu einem für beide Spieler nachteiligen Ergebnis führt.

Teil d)

Die Maghribi-Händler praktizieren eine Trigger-Strategie: Um den Händlern den Betrugsanreiz zu nehmen, der darin besteht, durch Abweichen in einer Periode einen hohen Gewinn von 5 zu realisieren, wird eine Bestrafung in Form des Verlusts der Existenzgrundlage und der Reputation angedroht, die ab der Folgeperiode bis in alle Ewigkeit zu einer Auszahlung von 0 führt. Nur wenn der Händler den Auftrag immer erfüllt, kann er mit einer beständigen Auszahlung von 2 rechnen.

Wenden wir das Einmalabweichungs-Prinzip an, erhalten wir somit

$$\sum_{t=0}^{\infty} \delta^t \cdot 2 > 5 + \sum_{t=1}^{\infty} \delta^t \cdot 0$$

$$2 \cdot \frac{1}{1+\delta} > 5 \Rightarrow \delta \geq \tilde{\delta} \equiv 0{,}6$$

Somit müssen die Händler eine moderate Zukunftspräferenz aufweisen, damit die Strategie erfolgreich ist und die Kaufleute den Maghribi-Händlern vertrauen können.

Wichtige Ableitungsregeln

Da bei vielen Problemen eine Optimierung erforderlich ist, ist es von Vorteil, mit den wichtigsten Ableitungsregeln vertraut zu sein:

Regel	Funktion	Ableitung
Konstante	$f(x) = C$	$f'(x) = 0$
Potenzregel	$f(x) = a \cdot x^n$	$f'(x) = a \cdot n \cdot x^{n-1}$
Summenregel	$f(x) = u(x) + v(x)$	$f'(x) = u'(x) + v'(x)$
Produktregel	$f(x) = u(x) \cdot v(x)$	$f'(x) = u'(x) \cdot v(x) + u(x) \cdot v'(x)$
Quotientenregel	$f(x) = \dfrac{u(x)}{v(x)}$	$f'(x) = \dfrac{u'(x) \cdot v(x) - u(x) \cdot v'(x)}{[v(x)]^2}$
Kettenregel	$f(x) = u[v(x)]$	$f'(x) = u'[v(x)] \cdot v'(x)$

Daneben gibt es noch spezielle Funktionen, die im ökonomischen Kontext immer wieder auftauchen:

Funktion	Ableitung
$f(x) = \sqrt{x} = x^{0{,}5}$	$f'(x) = \dfrac{1}{2 \cdot \sqrt{x}} = 0{,}5 \cdot x^{-0{,}5}$
$f(x) = \ln x$	$f'(x) = \dfrac{1}{x}$
$f(x) = a \cdot e^x$	$f'(x) = f(x) = a \cdot e^x$

Bei einer Optimierung muss die erste Ableitung gleich null sein (Bedingung erster Ordnung). Ist die zweite Ableitung an diesem Punkt positiv, ist der Graph konvex und weist den Punkt als Minimum aus. Ist die zweite Ableitung an diesem Punkt negativ, ist der Graph konkav und weist den Punkt als Maximum aus:

Maximum: $f'(x) = 0, f''(x) < 0$
Minimum: $f'(x) = 0, f''(x) > 0$

© Springer Fachmedien Wiesbaden GmbH, ein Teil von Springer Nature 2020
F. Bartholomae, M. Wiens, *Spieltheorie*,
https://doi.org/10.1007/978-3-658-28279-0

Da Auszahlungsfunktionen von mehr als einer Variablen abhängen, kann immer nur eine partielle Ableitung in Bezug auf die zu untersuchende Variable bestimmt werden. Partielle Ableitungen werden durch ∂ dargestellt. Hierbei spielen alle anderen Variablen keine Rolle, sodass diese Variablen bei den Ableitungsregeln einfach als Konstante angesehen werden und somit die Ableitungsregeln nur auf die zu berücksichtigende strategische Variable angewandt werden.

Glossar

Aktion Eine Aktion bezeichnet die kleinste Handlungseinheit in der Entscheidungstheorie. In der Spieltheorie besteht eine *Strategie* aus einem vollständigen Plan über alle Aktionen eines Spielers. *Siehe* Abschn. 1.1.

Arrow-Pratt-Maß Das Arrow-Pratt-Maß misst die *Risikoeinstellung* eines Entscheiders. *Siehe* Abschn. 1.3.

Auszahlung Die Auszahlungen beschreiben die Motivationen der Spieler und legen damit die Anreizstruktur des Spiels fest. Auszahlungen werden meistens in monetären Einheiten ausgedrückt, im Allgemeinen können Auszahlungen aber auch nicht-monetäre Größen umfassen (wie beispielsweise Freizeit oder das angenehme Gefühl von Genugtuung). *Siehe* Abschn. 2.2.

Bayes-Nash-Gleichgewicht Ein Bayes-Nash-Gleichgewicht stellt ein *Nash-Gleichgewicht* dar, in dem für eine gegebene Wahrscheinlichkeitsverteilung über die Spielertypen keiner der Spieler bzw. Spielertypen einen Anreiz zum Abweichen hat. *Siehe* Abschn. 6.1.

Bayessche Formel Mithilfe der Bayesschen Formel (auch „Satz von Bayes" genannt) lässt sich für zwei Ereignisse A und B die bedingte (Posteriori-)Wahrscheinlichkeit $P(A|B)$ berechnen, wenn die Priori-Wahrscheinlichkeiten $P(A)$ und $P(B)$ sowie die bedingte Wahrscheinlichkeit $P(B|A)$ gegeben sind. Sofern also $P(B|A)$ bekannt ist, lässt sich so die Priori-Wahrscheinlichkeit $P(A)$ zur Posteriori-Wahrscheinlichkeit „updaten". *Siehe* Abschn. 6.1.

Diskontfaktor Ein Diskontfaktor beschreibt den Wert der Zukunft für einen Spieler bzw. die Geduld eines Spielers, in der Zukunft liegende *Auszahlungen* abzuwarten. *Siehe* Abschn. 5.1.

Diskontrate Die Diskontrate (oder auch der „Diskontsatz") entspricht dem Zinssatz, also dem für Geld- und Kreditgeschäfte zugrunde gelegten Marktpreis. Die Diskontrate stellt aus ökonomischer Sicht die Opportunitätskosten für einen zeitlich begrenzten Ressourcenverzicht dar. Zwischen der Diskontrate i und dem *Diskontfaktor* δ besteht (unter der Annahme vollkommener Kapitalmärkte) der folgende theoretische, grundlegende Zusammenhang: $i = (1 - \delta)/\delta$. *Siehe* Abschn. 5.1.

Dominante Strategie Durch die Wahl einer dominanten *Strategie* kann sich ein Spieler nie verschlechtern und durch die Wahl einer strikt dominanten *Strategie* kann er sich stets verbessern, und zwar unabhängig von der *Strategie*wahl seiner Gegenspieler. Ein

© Springer Fachmedien Wiesbaden GmbH, ein Teil von Springer Nature 2020
F. Bartholomae, M. Wiens, *Spieltheorie*,
https://doi.org/10.1007/978-3-658-28279-0

rationaler Spieler wird eine strikt dominante *Strategie* mit Sicherheit spielen. Verfügen alle Spieler über eine strikt dominante *Strategie*, dann ergibt sich als Lösung des Spiels ein eindeutiges *Nash-Gleichgewicht*. *Siehe* Abschn. 3.1.

Eigennutz Die Eigennutzannahme unterstellt, dass sich ein Akteur bei der Bewertung von Entscheidungsoptionen ausschließlich am eigenen Nutzen orientiert und somit den Nutzen anderer Individuen außer Acht lässt. Ein strikt eigennützig motivierter Akteur unterliegt somit keinerlei sozialer Motivation. Die Eigennutzannahme stellt neben der *Rationalität*sannahme die zentrale Wesenseigenschaft des Homo Oeconomicus dar. *Siehe* Abschn. 2.2.

Einmalabweichungsprinzip Ein Strategieprofil *s* eines unendlich oft wiederholten Spiels erfüllt das Einmalabweichungs-Prinzip, wenn ein Spieler nach keiner Geschichte h^t des Spiels einen Anreiz hat, von *s* abzuweichen – unabhängig davon, ob sich die Spieler in der betrachteten Periode auf oder abseits des Gleichgewichtspfades befinden. *Siehe* Abschn. 5.3.

Entscheidung unter Risiko Bei einer Entscheidung unter Risiko ist zwar nicht bekannt, welcher Zustand vorliegt, es sind aber die Wahrscheinlichkeiten der Zustände $\rho(z_j)$ bekannt. *Siehe* Abschn. 1.3.

Externer Effekt Ein externer Effekt bezeichnet die Auswirkung der Handlung von Akteur *i* auf eine unbeteiligte Person(engruppe) *j*, die Akteur *i* bei seiner Entscheidung nicht berücksichtigt. *Siehe* Abschn. 3.4.

Extensive Form Unter der extensiven Form (auch Extensivform) wird die Darstellung eines Spiels als Spielbaum verstanden. *Siehe* Abschn. 2.3 *und* Kap. 4.

First-Mover Advantage Wenn der First-Mover die Möglichkeit hat, das Spielergebnis eines *Sequenziellen Spiels* dadurch zu seinen Gunsten zu beeinflussen, dass er als Erster zum Zug kommt, so spricht man von einem First-Mover Advantage. *Siehe* Abschn. 4.2.

Fokuspunkt Ein Fokuspunkt stellt eine Art Anhalts- oder Orientierungspunkt für die Spieler bei der Gleichgewichtsauswahl dar und kann somit die Überwindung eines *Koordinationsproblems* erleichtern. Ergibt er sich aus dem Spiel, etwa durch besonders attraktive *Auszahlung*skombinationen, die sich als Lösung anbieten, oder durch den Einsatz von *Strategien* als Kommunikationsmittel, dann spricht man von einem *endogenen* Fokuspunkt. Liegen hilfreiche Anhaltspunkte nur außerhalb des Spiels (Hintergrundinformationen, Normen etc.), dann spricht man von einem *exogenen* Fokuspunkt. *Siehe* Abschn. 3.4.

Gemischte Strategie Eine gemischte Strategie ordnet jeder reinen Strategie eine Wahrscheinlichkeit zu. *Siehe* Abschn. 3.3.

Imperfekte Information Ein Spieler, der über imperfekte Information verfügt, kann (mindestens) eine *Strategie*wahl seines Gegenspielers nicht beobachten. Ist – im Gegensatz dazu – die *Strategie*wahl des Gegenspielers für den betreffenden Spieler beobachtbar, so spricht man von perfekter Information. In einem *Simultanspiel* verfügen definitionsgemäß alle Spieler über imperfekte Information. *Siehe* Abschn. 2.3 *und* Kap. 4.

Indifferenzkurve Die Indifferenzkurve ist der geometrische Ort aller *Auszahlung*skombinationen, die dem Individuum den gleichen Nutzen stiften. *Siehe* Abschn. 1.3.

Informationsasymmetrie Eine Informationsasymmetrie (oder auch Zustand asymmetrischer Information) liegt vor, wenn der Informationsstand der Spieler (etwa über *Aktio-*

nen oder *Auszahlungen*) unterschiedlich ist. Im Gegensatz dazu spricht man bei identischem Informationsstand der Spieler von symmetrischer Information. *Siehe* Abschn. 2.3*; Imperfekte Information; Unvollständige Information*.

Interessenkonflikt Ein Interessenkonflikt liegt vor, wenn die von einem Spieler angestrebte günstige *Auszahlung* für den anderen Spieler ungünstig ist, sodass dieser einen anderen Spielausgang anstrebt (und umgekehrt). Ein sehr hoher Grad an Interessenkonflikt liegt in einem *Konstantsummenspiel* vor, bei dem der Zugewinn des einen Spielers exakt dem Verlust des anderen entspricht. *Siehe* Abschn. 2.2.

Kardinale Nutzenfunktion Bei einer kardinalen Nutzenfunktion (oder auch „kardinalen Präferenzen") sind quantitative Angaben zu Nutzenunterschieden ökonomisch interpretierbar. So sind Aussagen darüber möglich (und ökonomisch von Bedeutung), ob ein Entscheidungsträger in Situation X einen doppelt oder drei Mal so hohen Nutzen hat wie in einer Vergleichssituation Y. *Siehe* Abschn. 1.3.

Konstantsummenspiel Bei einem Konstantsummenspiel addieren sich die *Auszahlungen* der Spieler bei allen möglichen Stratgiekombinationen jeweils auf den gleichen Wert. *Siehe* Abschn. 2.2.

Koordinationsproblem In Spielen, in denen mehrere *Nash-Gleichgewichte* vorliegen, stehen die Spieler vor dem Problem der Gleichgewichtsauswahl, das heißt, sie müssen einen Weg finden, sich explizit oder implizit auf ein Gleichgewicht zu verständigen. Bei einem Koordinationsproblem besteht die Gefahr, dass die Abstimmung auf ein effizientes *Nash-Gleichgewicht* scheitert, entweder weil die in Frage kommenden Gleichgewichte für die Spieler unterschiedlich attraktiv sind (*Interessenkonflikt* hinsichtlich der Gleichgewichte) oder aufgrund von Missverständnissen in der Kommunikation. Ein Beispiel für ein Spiel mit einem Koordinationsproblem ist das Spiel „Kampf der Geschlechter". *Siehe* Abschn. 3.4.

Kooperationsproblem Es liegt in Spielen ein Kooperationsproblem vor, wenn ein paretoeffizienter und für die Spieler akzeptabler Spielausgang (effiziente „Kompromisslösung") kein *Nash-Gleichgewicht* darstellt, die Spieler also einen Anreiz haben, von dieser Konstellation abzuweichen und schließlich in einem ineffizienten Nash-Gleichgewicht landen. Ein Beispiel für ein Spiel mit einem Kooperationsproblem ist das Gefangenendilemma. *Siehe* Abschn. 3.4.

Kooperative Spieltheorie In der kooperativen Spieltheorie unterliegen alle Überlegungen der Annahme, dass die Spieler bindende Absprachen treffen können. *Siehe Nichtkooperative Spieltheorie*.

Lotterie Eine Lotterie wird durch jeden möglichen *Zustand der Welt*, deren Eintrittswahrscheinlichkeiten sowie durch die zugehörigen *Auszahlung*en bestimmt. *Siehe* Abschn. 1.3.

Maximin-Strategie Bei einer Maximin-Strategie geht der Spieler davon aus, dass ihm der Gegenspieler den größtmöglichen Schaden zufügen möchte, weshalb er sich für die Strategie entscheidet, bei das für ihn am wenigsten schlechte Ergebnis resultiert. Mit Ausnahme von *Konstantsummenspielen* ist die Anwendung dieser Strategie nicht plausibel, da sie eine extrem pessimistische Einstellung des Spielers unterstellt. *Siehe* Abschn. 1.4.

Nullsummenspiel Ein Nullsummenspiel ist ein spezielles *Konstantsummenspiel*, bei dem sich die *Auszahlungen* der Spieler bei allen möglichen Stratgiekombinationen jeweils auf null addieren. *Siehe* Abschn. 2.2.

Ordinale Nutzenfunktion Bei einer ordinalen Nutzenfunktion (oder auch „ordinalen Präferenzen") sind quantitative Angaben zu Nutzenunterschieden ökonomisch nicht interpretierbar, das heißt, die Präferenzordnung gibt nur Auskunft darüber, ob ein Güterbündel besser oder schlechter ist, aber nicht „um wie viel" besser oder schlechter. Es kommt bei einer ordinalen Nutzenfunktion somit nur auf die Ordnung bzw. Reihung der Optionen (etwa Güterbündel oder *Auszahlung*en) an. *Siehe* Abschn. 1.3.

Pareto-Optimalität Eine Situation ist pareto-optimal, wenn es nicht mehr möglich ist, einen Spieler besser zu stellen, ohne gleichzeitig einen anderen Spieler schlechter zu stellen. *Siehe* Abschn. 3.4.

Perfekte Information *Siehe Imperfekte Information.*

Nichtkooperative Spieltheorie In der nichtkooperativen Spieltheorie unterliegen alle Überlegungen der Annahme, dass die Spieler keine bindenden Absprachen treffen können. *Siehe Kooperative Spieltheorie.*

Nash-Gleichgewicht Ein Nash-Gleichgewicht beschreibt ein *Strategie*profil wechselseitig bester Antworten. In einem Nash-Gleichgewicht hat kein Spieler einen Anreiz zum Abweichen. Ein Nash-Gleichgewicht ist effizient, wenn kein *Externer Effekt* vorliegt. *Siehe* Abschn. 2.4, 3.2 *und* 3.4.

Rationalität Die Annahme (strikter) Rationalität gibt vor, dass jeder Spieler eine konsistente, zielgerichtete Entscheidung trifft und dabei keine systematischen Fehler macht. Die Rationalitätsannahme stellt neben der *Eigennutz*annahme die zentrale Wesenseigenschaft des Homo Oeconomicus dar. *Siehe* Abschn. 2.3.

Rationalisierbare Strategien Rationalisierbare *Strategien* überleben die Prozedur der iterativen Elimination strikt dominierter *Strategien*. Nur rationalisierbare Strategien werden von einem rationalen Spieler in Betracht gezogen. *Siehe* Abschn. 3.1.

Risikoeinstellung Unter Risikoeinstellung (oder auch „Risikopräferenz") wird der Grad der Risikoneigung eines Individuums verstanden. Je nach Risikoeinstellung wird Risiko unterschiedlich bewertet: Bei einem risikoaversen Individuum führt höheres Risiko zu einer Nutzeneinbuße, bei einem risikoneutralen zu keiner Nutzenänderung und bei einem risikofreudigen zu einem Nutzenzuwachs. *Siehe* Abschn. 1.3.

Rückwärtsinduktion Ein *Sequenzielles Spiel* wird mittels Rückwärtsinduktion gelöst. Dabei beginnt man zuerst mit der Entscheidung des zweiten (letzten) Spielers und passt daran die Entscheidung des ersten (zuvor ziehenden) Spielers an. Mithilfe der Rückwärtsinduktion wird das *Teilspielperfekte Nash-Gleichgewicht* ermittelt. *Siehe* Abschn. 4.1 *und* 4.2.

Second-Mover Advantage Wenn der Second-Mover die Möglichkeit hat, das Spielergebnis eines *Sequenziellen Spiels* dadurch zu seinen Gunsten zu beeinflussen, dass er als zweiter zum Zug kommt, so spricht man von einem Second-Mover Advantage. *Siehe* Abschn. 4.2.

Sequenzielles Spiel Bei einem sequenziellen (oder auch mehrstufigen) Spiel treffen die Spieler ihre *Aktion*en nacheinander, wodurch der Spielzug des First-Movers für den Second-Mover beobachtbar wird. In Bezug auf die Beobachtbarkeit der Spielzüge sind sequenzielle Spiele somit stets Spiele mit *Informationsasymmetrie*. *Siehe* Kap. 4.

Sicherheitsgerade Die Sicherheitsgerade repräsentiert alle *Auszahlung*skombinationen, die sicher sind, das heißt, die in jedem *Zustand der Welt* die gleiche *Auszahlung* liefern. *Siehe* Abschn. 1.3.

Signalspiel Ein Signalspiel ist ein *Sequenzielles Spiel* mit *Unvollständiger Information* des Second-Movers, der (zumindest teilweise) in der Lage ist, aus der vorausgehenden *Aktion* seines Gegenspielers – dem „Signal" – Informationen über dessen Typ abzuleiten. *Siehe* Abschn. 6.3.

Simultanspiel Ein Simultanspiel ist ein Spiel mit symmetrischer und *Imperfekter Information*, bei dem somit alle Spieler die Züge ihrer Gegenspieler nicht beobachten können. Die Bezeichnung „simultan" ist insofern etwas ungenau, da es bei einem Simultanspiel nicht auf die Gleichzeitigkeit, sondern auf die Beobachtbarkeit der Spielzüge ankommt. *Siehe* Kap. 3.

Soziale Motivation Ein Spieler mit sozialer Motivation bewertet nicht nur sein eigenes Spielergebnis, sondern achtet auch auf die Auszahlungen der anderen Spieler. *Siehe* Abschn. 2.2.

Stackelberg-Gleichgewicht Ein Stackelberg-Gleichgewicht (oder auch Stackelberg-Lösung) ist das *Teilspielperfekte Nash-Gleichgewicht* eines *Sequenziellen Spiels* zwischen zwei Unternehmen, bei dem der Marktführer – der sogenannte Stackelberg-Führer – einen *First-Mover Advantage* hat. *Siehe* Abschn. 4.3.

Strategie Eine Strategie ist ein vollständiger Plan über alle *Aktionen*. Im einfachsten Fall kann eine Strategie aus nur einer einzigen *Aktion* bestehen. *Siehe* Abschn. 2.1.

Strategische Form Unter der strategischen Form (auch Normalform) wird die Darstellung eines Spiels als Matrix verstanden. *Siehe* Abschn. 2.1 *und* Kap. 3.

Superspiel Unter einem Superspiel versteht man ein unendlich wiederholtes Spiel mit stationärer Struktur, bei dem in jeder Periode das gleiche Basisspiel mit festen *Auszahlungen* gespielt wird. In einem unendlich oft wiederholten Spiel mit stationärer Struktur sieht die Zukunft des Spiels von jeder Periode aus gesehen gleich aus. *Siehe* Abschn. 5.1 *und* 5.3.

Teilspiel An einem Entscheidungsknoten X fängt ein (eigenständiges) Teilspiel an, wenn alle nachfolgenden Knoten mit dem Rest des Spiels nur über diesen Knoten X verbunden sind. *Siehe* Abschn. 4.2.

Teilspielperfekte Nash-Gleichgewicht In einem teilspielperfekten *Nash-Gleichgewicht* besteht in keinem *Teilspiel* ein Anreiz zum Abweichen. Zur Ermittlung des teilspielperfekten Nash-Gleichgewichts wird das Konzept der *Rückwärtsinduktion* angewandt. *Siehe* Abschn. 4.2.

Trigger-Strategie Eine Trigger-Strategie beschreibt eine *Strategie*, die einmal durch eine *Aktion* ausgelöst eine bestimmte Aktionsabfolge vorschreibt. Bei einer Grim-Trigger-Strategie besteht die ausgelöste Abfolge aus einer einzigen Strafaktion, die unendlich lange („auf ewig") gespielt wird. *Siehe* Abschn. 5.3.

Ungewissheit Ungewissheit liegt immer dann vor, wenn die Eintrittswahrscheinlichkeit der Zustände unbekannt ist. *Siehe* Abschn. 1.2.

Unvollständige Information Ein Spieler, der über unvollständige Information verfügt, kann den Typen seines Gegenspielers nicht identifizieren. Ist dem Spieler hingegen der Typ des Gegenspielers bekannt, so spricht man von vollständiger Information. Ein Spiel mit unvollständiger Information wird auch als Bayessches Spiel bezeichnet. *Siehe* Abschn. 2.3 *und* Kap. 6.

Verhandlungsspiel Unter einem Verhandlungsspiel versteht man in der Regel ein sequenzielles *Konstantsummenspiel*, bei dem danach unterschieden werden muss, ob die Spieler bindende Absprachen treffen können oder nicht. Verhandlungsspiele, in denen keine bindenden Absprachen möglich bzw. vorgesehen sind, bezeichnet man als nicht-kooperative Verhandlungsspiele, ein Beispiel hierfür wäre das Rubinstein-Verhandlungsspiel. Das Teilgebiet der Spieltheorie, das sich mit Verhandlungen auf Basis bindender Absprachen befasst, ist die *Kooperative Spieltheorie.Siehe* Abschn. 7.1.11.

Vollständige Information *Siehe Unvollständige Information.*

Zustand der Welt Als Zustand der Welt (oder auch „Kontingenz") werden die Realisierungen der einzelnen Ergebnisse bezeichnet. *Siehe* Abschn. 1.1.

Weiterführende Literatur

Kapitel 1

Bamberg G, Coenenberg AG (2008) Betriebswirtschaftliche Entscheidungslehre, 14. Aufl. München: Kapitel 5

Kapitel 2

Dixit A, Skeath S (2014) Games of strategy, 4. Aufl. W. W. Norton & Company, New York: Kapitel 1–3
Dutta PK (1999) Strategy and games, theory and practice. MIT Press, Cambridge

Kapitel 3

Dixit A, Skeath S (2014) Games of strategy, 4. Aufl. W. W. Norton & Company, New York: Kapitel 1–3
Holler MJ, Illing G (2006) Einführung in die Spieltheorie, 6. Aufl. Springer, Berlin
Morasch K, Bartholomae F, Wiens M (2010) Spieltheoretische Grundkonzepte. wisu 39(8–9): 1135–1140

Kapitel 4

Bester H (2012) Theorie der Industrieökonomik, 6. Aufl. Springer Gabler, Berlin: Kapitel 6.2.2
Dixit A, Skeath S (2014) Games of strategy, 4. Aufl. W. W. Norton & Company, New York: Kapitel 6 und 10
Kydland FE, Prescott EC (1972) Rules rather than discretion: the inconsistency of optimal plans. J Polit Econ 4:103–124
Tirole J (1988) The theory of industrial organization. MIT-Press, Cambridge, MA: Kapitel 11.1 bis 11.3

Kapitel 5

Mailath GJ, Samuelson L (2006) Repeated games and reputations: long-run relationships. Oxford University Press, Oxford/New York

The manufacturer's authorised representative in the EU is Springer
Nature Customer Service Centre GmbH, Europaplatz 3, 69115 Heidelberg,
Germany. If you have any concerns regarding our products, please
contact ProductSafety@springernature.com

Printed and bound by CPI Group (UK) Ltd, Croydon, CR0 4YY
24/04/2026
02096334-0010